韩国外交政策的困境

国家安全与国家统一目标的定义

KOREA'S FOREIGN POLICY DILEMMAS
Defining State Security and
the Goal of National Unification

〔韩〕姜声鹤　著
（Sung-Hack Kang）

王亚丽　译

社会科学文献出版社
SOCIAL SCIENCES ACADEMIC PRESS (CHINA)

英文原版：博睿学术出版社（BRILL）；地址：荷兰莱顿；网址：http://www. brillchina. cn

献给过去三十年中，
高丽大学所有信任我和我爱的学生们

序 一

　　这是一部出众而又独特的作品。现在关于韩国外交政策和朝韩两国安全与统一战略的研究有很多。其中，大多数文章发表在学术期刊上，或者以著作、会议记录的形式出版。然而据我所知，还没有一本书以宏大的历史视野和全面的哲学思想从理论上对该主题进行讨论。这本书收集了高丽大学姜声鹤教授在过去30年所写的英文作品。直到几年前退休，我一直在高丽大学与姜教授共事。在这本独特而又厚重的书中，姜教授对不同时期的韩国外交政策进行了分析，时间跨度非常长，从前现代时期到当下亚太地区第二次核危机。在姜教授的分析中出现了一系列连贯而又综合的话题，这确实难能可贵。在韩国国际研究协会于1997年3月21~22日举办的国际会议中，姜教授发表了一篇题为《全球化和信息化时代的韩国：面向21世纪的韩国外交与传播方向》的文章。文中他将韩国外交政策的风格描述为"搭便车求生存"，该文章也被收录为本书的第一章。

　　姜教授是韩国政治学和国际关系领域为数不多的高产作家之一。他著有多部杰出作品，如《变色龙和西西弗斯：变化的国际秩序与韩国的安全》。这本书曾于1995年荣获由韩国国际研究协会颁发的首个最佳图书奖，该奖项是为了纪念韩国解放五十周年而创办的。1997年，我恰好为姜教授的另一部厚重的作品——

《制空权时代中的美国与韩国》写了评论，发表在《外交政策》杂志上（1997年秋季第108号）。它是继该杂志新出台书评政策后，获评的首批非英文著作之一。我在评论中提到："在这本综合性的书中，高丽大学政治外交学系的姜声鹤教授警告韩国人民应该为韩美间的本质变化做好准备"（第158页）。正如卡桑德拉（Cassandra）的警告一样，他的警告当时也没有被采纳，但是此后韩美两国关系的持续动荡证明在广泛的意义上他的预测是正确的。

在随后的几年中，他又出版了许多重要作品（韩文），例如《西伯利亚的列车和武士：日俄战争中的外交和军事战略》《人间神与和平的巴别塔：国际政治原则与探索和平的世界宪法秩序》，这两本书与上述获奖著作一起，构成了姜教授以"战争""和平""朝鲜半岛的安全和统一"为主题的学术著作三部曲。有一次他告诉我，尽管他出版了许多书，但是他只把这三本书看作自己的代表作，因为他不敢超越现代国际关系理论之父摩根索的三部曲，正如贝多芬不敢超越九部交响曲那样（然而，苏联作曲家肖斯塔科维奇不仅超越了九部，而且最终创作了十五部交响曲）。

每一个读这本书的人都会发现，该书字里行间都向读者展现了一种哲学普遍性与历史特殊性、严格的政治分析与文学魅力的结合。正如作者强调的那样，本书并非是按照政策建议备忘录的形式创作的，而是希望它能作为一本教科书，促进知识的不断发酵。不过，我认为这本书肯定也会对韩国外交政策制定者产生一定的影响。基于上述以及其他众多原因，我推荐姜教授于英国出版了他的首部英文著作。我不仅想把这本非比寻常的作品推荐给那些对韩国外交政策感兴趣的学生，也想把它推荐给对韩国及朝鲜半岛未来感兴趣的每一个人。

韩升洙（Sung-Joo Han）

韩国前外交部部长

序 二

外交政策可以被定义为一系列的目标，这些目标在于寻求一个特定国家如何与其他国家以及国际组织或非政府组织在官方基础上相互作用。外交政策可能涉及诸多广泛的提议，包括与其他国家经济、社会以及政治方面的关系。本书主要分析韩国的外交政策和韩国面临的和平与安全问题，这也是任何国家外交政策中最重要的方面。书中选定的文章是韩国著名国际关系学者姜声鹤教授在过去 30 年中撰写的。这些文章不仅展示了他作为一名政治学者所具备的专业知识，也体现了他在政治哲学和世界历史领域的独特见解。2014 年，姜教授步入了花甲之年。无论在我的学习生涯还是在个人生活中，他都是我的榜样和动力。因此，我想表达由衷的感谢，并希望他能够继续享受知识所带来的喜悦与创作力。

本书中，姜教授从国际关系专家的角度解答了韩国外交政策中最重要的问题：

（1）韩国外交政策的定义或者说什么是韩国式的外交政策？

（2）韩国外交政策的历史教训及未来的方向是什么？

（3）如何分析韩国的安保政策？

（4）美国对东亚和韩国外交政策的发展趋势是什么？冷战结束后美国在朝鲜半岛扮演了何种角色？

（5）韩国应对朝鲜采取什么样的政策？阳光政策是否可行？

（6）朝鲜的安保政策是什么？

（7）朝鲜半岛统一的条件是什么？

（8）如何实现朝鲜半岛的和平与裁军？

（9）亚太地区地缘政治新构造会产生哪些影响？

（10）韩国在国际社会中能扮演何种角色？

下面的介绍将为读者提供一个关于韩国外交政策的简单回顾。大部分主题都将在本书的各章节中得到更深入的讨论。

1. 朝鲜半岛：鲸群中的小虾

朝鲜半岛人民历来认为自己是外国势力包围下的牺牲品——就像鲸群中的一只小虾。他们将朝鲜半岛比喻成小虾是因为它的弱小无助；将中国和日本等国外列强比喻成鲸鱼是因为它们很强大而且喜食小虾。朝鲜半岛的国际地位很大程度上是由大国间的对抗所决定的。在漫长历史的绝大多数时间里，被称为"白衣民族"或"晨静之地"的朝鲜半岛是独立的。从 13 世纪到 19 世纪中国势力衰退前，朝鲜半岛一直是中国的藩属国。当时朝鲜王国被公认为隐士王国，与中国和日本不同，它对接触和贸易不感兴趣。直到 19 世纪，朝鲜被迫开放对外贸易，此后俄国、中国与日本则在对朝鲜半岛的控制权上争斗不休。1894～1895 年中日甲午战争以后，日本加紧了对朝鲜半岛的干预。之后，通过在 1904～1905 年的日俄战争中击败俄国，日本最终获得了对朝鲜半岛的控制权。1906 年，朝鲜半岛变成了一个受日本控制并被剥夺了推行本国外交政策权利的国家。日本于 1910 年正式吞并了朝鲜半岛。直到 1945 年解放之前，朝鲜半岛一直是日本帝国的一部分。二战结束后，朝鲜半岛分裂并且在 1950 年爆发了朝鲜战争。冷战时期，韩国外交政策的主要关注点在于防止与朝鲜再次发生战争，以及与美国建立紧密的同盟关系。正如姜声鹤教授指出的那样："除了被日本殖民统治的时期，韩国的外交政策从历史的角度而言可以被视为成功的。因为它保持了自身的独立，或者至少实现了国家自治。"（关于韩国外交政策的特点和历史教训参见本书第一章和第二章。）

2.1989 年以来韩国的外交政策

自冷战结束以来，韩国经历了巨大的变化，这是由国家民主化以及全球化引起的。如今，韩国政府不再一味地关注如何在朝鲜半岛维持和平与安全的问题，而是发展了一个更为灵活全面的方法应对安全问题（关于韩国安保政策的历史回顾参见本书第五章）。

韩国支持人类安全和所谓国家保护责任（R2P）的理念，该理念是指政府必须保护其公民免于遭受种族灭绝、种族清洗和战争，而当一个国家未能做到这些时，其他国家应该介入。2009 年7 月，联合国大会讨论了国家保护责任。当一些国家因为担心外部介入而对国家保护责任进行批判时，韩国对该理念表示支持，但同时强调并非所有人道主义悲剧或侵犯人权行为都能够或应该触动国家保护责任。2009 年春，韩国派出海军驱逐舰"文武大王"号前往索马里海域打击海盗。

李明博政府希望实现真正"全球性韩国"（Global Korea）的愿景。其外交政策的三个主要目标包括：通过外交努力振兴韩国经济、进一步发展韩美战略同盟关系以及推动朝核问题取得实质性进展。更深层次的外交政策目标包括：在东亚地区形成新的区域治理；扩展韩国的亚洲外交；支持绿色增长，实现经济发展的同时保护环境；增加政府开发援助（ODA）数额以加入国际社会消除贫困的行列。2009 年 3 月，李明博总统宣布实施"新亚洲构想"，扩大与包括南太平洋在内的亚洲国家及地区之间的经济、文化和安保联系。同年 8 月，李明博总统对朝鲜提出"朝鲜半岛新和平构想"。总体而言，比起前任总统，李明博总统在朝鲜问题上采取了更为强硬的立场。他没有继续推进"阳光政策"，在他看来，该政策对朝鲜的影响微乎其微，并且只有韩国单方面承担了代价。

3. 韩国与美国、日本和朝鲜等国的外交政策关系

韩国的外交政策依然受制于它同朝鲜、日本、中国、俄罗斯和美国的关系。韩国位于世界上最为活跃且发展最快的地区之一（关于亚太地缘政治新构造参见本书第十三章）。东北亚是安理会五个常任理事国中三大成员国（中国、俄罗斯和美国）的"战略基地"（strategic home）。尽管东北亚地区已有50多年没有爆发过国际武装冲突，但这一地区存在包括朝鲜半岛和台湾海峡在内的许多重要热点问题。此外，还存在一些领土争端，包括关于南沙群岛、钓鱼岛和独岛的争议等。威胁该地区和平的最大因素便是朝核问题。美国、中国、日本、俄罗斯和韩国、朝鲜在所谓的六方会谈中未能成功地解决该问题。

3.1 美国

二战结束以来，韩国最重要的同盟国是美国（关于美国对韩国及亚洲的外交政策参见本书第二、四、六及十一章）。美国于1948年协助了大韩民国的建立并在朝鲜战争时期（1950～1953年）成为联合国军的主力。两国通过1954年的共同防御条约结为联盟。美国提供的经济支援对韩国从朝鲜战争中恢复及60年代的经济发展起到了重要作用。美国还协助建立了韩国军队，并派遣了约2.5万名美国士兵驻扎在韩国。

然而，两国之间也存在一些摩擦，其中包括关于美军从韩国撤离的争论、贸易关系的调整，以及对朝态度和手段的差异。

3.2 日本

日本和韩国通过1965年签订外交关系基本条约实现了关系正常化。尽管韩日两国在维护半岛和平与朝鲜无核化等问题上保持了紧密合作，但两国间仍存在一些矛盾，例如，独岛的领土纠纷、东海命名纠纷、对日本领导人参拜靖国神社的争议、日本篡

改历史书纠纷，以及日本对韩国慰安妇的处理问题。

3.3　中国

朝鲜半岛与中国关系历史悠久。几个世纪以来，在宗藩体系下，中国以宗主国的身份支配着包括古朝鲜在内的绝大多数东亚国家。朝鲜战争时期，中国与苏联一起为朝鲜提供了重要的军事支援。由于冷战以及意识形态的差异，韩国与中国直到1992年才建立外交关系。如今，中国是韩国最大的贸易伙伴。中国在六方会谈中扮演着重要的角色，并且多次尝试调解朝韩两国间的冲突。

3.4　朝鲜

朝韩关系中出现过许多起伏（关于1945年以来朝鲜半岛两国关系参见本书第八、九、十章；关于统一的前景参见本书第九章）。即使在朝鲜战争结束以后，两国也时常处于战争的边缘。尽管金大中总统曾提出所谓的"阳光政策"，并且为实现和解而做出了种种努力，但目前在朝鲜半岛还不太可能出现稳定的和平。

韩国政府尝试和解的努力包括：1971年南北红十字会谈判，1984年朝鲜红十字会提供人道主义援助，1991年签订"朝韩基本协议书"，2000年金大中与金正日参加首次朝韩领导人峰会，2000年举办朝韩两国离散家庭第一次会面，2007年召开第二次朝韩领导人峰会。在第二次朝韩领导人峰会上，卢武铉和金正日签订了和平宣言，呼吁实现永久和平。

朝鲜在1968年试图袭击青瓦台，同年俘获美国"普韦布洛号"军舰，1976年在板门店斧头杀人事件中杀害两名美国士兵，1983年针对韩国领导人发动仰光袭击，1999年与2002年双方发生海上冲突，2008年朝鲜军人开枪射杀一名韩国游客。在这些事件之后都曾出现冲突期。此外，朝鲜在1993年、1998年、2006年以及2009年分别进行了导弹试射。在2006年与2009年进行核试验之后，朝鲜遭到比之前更为严重的孤立。其核试验遭到包括中国在内的国际社会的广泛谴责。2006年10月14日，联合国安理会根据《联合国宪章》第七章谴责这一试验是对和平的威胁，并通过 1718 号决议对其施行经济和军事制裁。在 2009 年 5 月 25 日朝鲜进行第二次核试验以后，联合国安理会 1874 号决议对朝鲜的制裁更为严厉。对此，朝鲜宣布不再接受 1953 年的停战协议约束。

2010 年 3 月，韩国天安舰被鱼雷击沉。韩国宣称朝鲜是此起事故的幕后主使，但朝鲜拒绝对天安舰的沉没承担任何责任。在 2010 年 7 月的主席声明中，联合国安理会对此次袭击进行了谴责但未确认袭击者。

3.5　俄罗斯

从 20 世纪 80 年代末卢泰愚总统推行北方政策——该政策旨在与朝鲜的传统盟国建立联系——开始，韩国同苏联以及中国的外交关系逐渐正常化。苏联解体后，俄罗斯联邦与韩国建立了外交关系（关于两国的历史关系参见本书第三章）。1992 年，俄罗斯与韩国签署了双边关系条约。两国间的经济和军事合作不断增加，合作内容包括韩国从昔日的敌人——俄罗斯进口了武器和军事设备等。

4. 韩国积极加入国际组织和联合国

韩国与世界上 170 多个国家保持着外交关系，同时是众多国际及区域组织如亚太经合组织（APEC）、东亚峰会（EAS）等的成员。此外，韩国还是东盟（ASEAN）的对话伙伴国，并与其第三大出口对象——欧盟保持紧密关系。

韩国也展示了对国际法的严格遵守并加入了所有主要的国际条约。除此之外，韩国也是以下六个核心人权条约的签署国：《公民权利与政治权利国际公约》（ICCPR）、《经济社会国际权力公约》（ICESCR）、《消除一切形式种族歧视国际公约》（CERD）、《消除对妇女一切形式歧视公约》（CEDAW）、《联合国反酷刑公约》（CAT）以及《儿童权利公约》（CRC）。此外还签署了 1949

年《日内瓦公约》及 1977 年附加协议、《国际刑事法院规约》、《核不扩散条约》（NPT）、《禁止化学武器公约》、《全面禁止核试验条约》。

在试图加入联合国的过程中经历了多次失败以后，朝鲜和韩国终于在 1991 年成为联合国成员国。联合国在韩国的历史中扮演了非常重要的角色（参见本书第十二章），尤其在大韩民国的成立过程中联合国大会曾成立联合国朝鲜半岛问题临时委员会（UNTCOK）以推动二战后韩国国内的自由选举。联合国在朝鲜战争中为韩国提供了军事援助并起到了调解作用。联合国的朝鲜半岛问题主要涉及以下五个方面：①朝鲜半岛的和平与安全问题；②朝鲜要求所有外国军队撤离朝鲜半岛以及加入联合国问题；③朝鲜核武器计划；④朝鲜的人权问题；⑤"脱北者"问题。

韩国是联合国主要财政贡献国之一。多名韩籍公民在联合国担任要职，其中包括联合国秘书长潘基文、国际刑事法庭法官宋相现（Sang-Hyun Song），以及最近当选国际海洋法法庭法官的白珍铉（Jin-Hyun Paik）教授。韩国在联合国主要关心的话题包括：①防止大规模杀伤性武器扩散；②应对与食物、气候、能源相关的全球危机；③保护和促进人权、解决人道主义援助的需求及联合国改革。

韩国还积极参与了一系列维和行动。1993 年 7 月至 1994 年 3 月韩国派遣人员参加了第二期联合国索马里维和行动（UNOSOM Ⅱ），1994 年 9 月至今坚持参加联合国西撒哈拉全民投票特派团（MINURSO），1995 年 10 月至 1996 年 12 月参加第三期联合国安哥拉核查团（UNAVEM Ⅲ），1994 年 11 月至今参加联合国驻印度和巴基斯坦军事观察组（UNMOGIP），自 1994 年 10 月至今参加联合国驻黎巴嫩临时部队（UNOMIG），自 2003 年 11 月至今参加联合国利比里亚特派团（UNMIL），自 2003 年 11 月至今参加联合国阿富汗援助团（UNAMA），自 2006 年 12 月至今参加联合国东帝汶综合特派团（UNMIT），自 2007 年 3 月至今参加联合国驻尼泊尔特派团（UNMIN），自2007年7月至今参加联合国驻黎巴嫩临时部队（UNIFIL）。韩国是在维和行动中发挥更大作用的理想候选国。韩国在历史上几乎没有侵犯过邻国，并拥有从事维和行动的专业部队及接受过高等教育的人才。由于其地理位置距许多冲突发生地点较远，韩国通常很适合扮演公正的维和人员角色。然而，截至2010年6月韩国仅向联合国提供了641名维和人员，在派遣维和部队的国家中排在第31位。韩国派往国外的军队被指责没能为平民提供足够的保护。

人们也许希望在建立并进一步加强能够促进区域和平与经济发展的东亚地区机构和组织方面，韩国能扮演更为重要的角色。尽管一些前景光明的组织，如亚太经合组织（APEC）和东盟（ASEAN）提供了健全的地域主义，但仍然缺乏强有力的制度化结构。在2009年8月第五届济州和平论坛上，韩国时任总理韩升洙呼吁将东北亚多边框架扩展为一个更为广泛的东亚共同体。然而，东亚地区能否建立持久的和平机制尚待观察。这很大程度上取决于东亚国家能否克服相互之间的历史争端、互不信任以及意识形态的差异。

鲍里斯·康多赫（Boris Kondoch）
《国际维和杂志》执行主编
驻韩国首尔和平与安保研究亚洲中心主管

英文版自序

> 写书就像是一场冒险。一开始它是一种消遣，然后，它变成了你的情妇，然后成了你的主人，最后变成一个暴君。
> 话语乃唯一持久不灭之物。
>
> ——温斯顿·丘吉尔

1985年，当我正式被任命为高丽大学的教授时，我的博士论文导师劳伦斯·芬克尔斯坦教授（Lawrence Finkelstein）于同年10月13日写信祝贺我晋升为正教授，他在信中如下写道。

> 听到这个消息我非常高兴。我一直相信没有比这更高的职位了。相比国王、上将或是电影明星，我更愿意成为一个教授，因为我认为我和现在的你，远在他们之上。

如此令人鼓舞和感动的祝贺话语，激励我去做高丽大学的一名终身教授。我从未期待去寻找比我的母校薪酬更高或者更加美丽的地方，因为高丽大学一直是我无比热爱的学校。

正如英国桂冠诗人约翰·爱德华·梅斯菲尔德（John Edward Masefield）所说的那样，大学校园是世俗世界上最美丽的地方，并不是因为那里有高大的建筑、金色的草地，或是树下舒适的长椅，而是因为大学是厌恶愚昧无知的人试图受到启发，并将自己得到的启示传达给他人的地方。回想起来，能够在这个世俗世界上最美的地方之一——高丽大学的校园里，把精力集中在所谓的"追求真理"上，对我来说，确实是笔巨大的财富和珍贵的祝福。此外，我坚信"教学相长"，学习是一种真正的享受。中国人和韩国人眼中历史上最伟大的老师、古代的圣人——孔子，早在2500 年前便说过这样的话。

自 1991 年韩国成为联合国正式成员国后，韩国的外交政策已经趋向成熟。目前，约有 1200 名韩国军人在 14 个国家的 17 个地区开展联合国维和行动，其中包括黎巴嫩、索马里、苏丹、尼泊尔和阿富汗，为促进国际和平与安全做出了贡献。韩国国际地位的提高得到国际社会的广泛认可，对国际社会的贡献也在不断增加。然而，近几年来韩国的发展状况也证实了笔者在研究韩国外交政策时得出的一些主要结论：韩国仍然不是本国命运的主宰者。

当我写这篇序言时，整个朝鲜半岛又沸腾了起来。2010 年 3 月 26 日发生了天安舰事件，船上 46 名韩国海军士兵遇难，为此，韩国和美国试图对朝鲜采取经济上和外交上的制裁。当年 7 月 25~26 日，两国在东海展开了为期 4 天的联合军事演习，以此向朝鲜领导人发出明确的警告。朝鲜对此表示不满，并对韩方的调查结果予以否认。

事实上，自朝鲜研发大规模杀伤性武器，并于 2006 年 10 月 9 日进行第一次核试验以来，韩国便开始面临一系列来自朝鲜的威胁。尽管来自朝鲜的核威胁不断增加，2007 年 2 月 24 日，韩美两国还是决定将战时作战指挥权于 2012 年 4 月 17 日从美国转交到韩国手中，这对韩国安保政策和防御战略的"韩国化"（Koreanize）具有决定性作用。然而，针对朝鲜无核化的六方会谈却毫无收获。2008 年一名韩国女性游客在金刚山附近军事禁区被朝鲜士兵开枪射杀。这一问题引发了关于跨境交通的争议，2009 年两国战舰发生了交火事件。由此，朝韩两国间的紧张局势不断加剧。2009 年 5 月 25 日朝鲜进行了第二次核试验，不仅是对韩国，同时也是试图对美国进行勒索。事实上，朝鲜半岛此时已经陷入"战争状态"。天安舰事件的发生迫使韩国总统李明博和美国总统贝拉克·奥巴马将战时作战指挥权的移交推迟到 2015 年 12 月 1 日。如今的朝鲜半岛充满了前所未有的危机，此处可以引用前法国外交部部长于贝尔·韦德里纳（Hubert Védrine）著作——《历史的反击》（*History has struck back*），在众多韩国人民满足于朝鲜半岛的和平，并相信最终会实现和平统一的十年后，历史却给了他们沉重的一击。东亚国际关系也被笼罩在一个随时可能爆发战争，和平却遥不可及的氛围之中。

当"历史"开始反击朝鲜半岛时，我们有义务从实用性和道德出发，了解韩国外交政策的历史并从中得到一个永恒的教训。"强者行其所能为，弱者忍其所必受"，这句话是修昔底德的著作《伯罗奔尼撒战争史》中强国雅典对弱小国家米诺斯说的话。它一直被视为西方世界国际政治思想现实主义传统的极致表达。在东方国家，儒家思想伟大的解说家孟子也曾说过，弱国追随强国，并非可耻之事。历史上，为了在东亚国际社会中求生存，朝鲜王朝积极效仿中国，追随中国的霸权。在漫长的历史进程中，朝鲜半岛人民也已成为正统的儒教人士。然而，近代以来，朝鲜半岛人民如同古希腊世界的米诺斯人民，在某种意义上陷入了大国争霸的残酷斗争之中。在这样的情况下，因想要避免卷入外部世界而被称为隐士王国的朝鲜半岛，也遭到了西方帝国主义的入侵。

朝鲜半岛漫长而曲折的历史早已被其位于东亚十字路口的这一地理位置所决定。在这样的历史条件下，朝鲜半岛人民常用一个谚语描述自己的命运："小虾的背在鲸鱼的争斗中也会被震裂。"第二次世界大战后，大国为了争夺各自的战略利益导致了朝鲜半岛的分裂，从此，朝鲜半岛的命运变得更加悲惨。最终，1948 年，朝鲜半岛分裂为两个国家——韩国和朝鲜，两国为了实现各自"统一祖国"的目标，开始展开对峙和竞争。

换言之，朝韩双方都同时肩负着保卫国家安全和实现统一这两个看似矛盾的国家任务。这确实是一个艰巨的历史任务，以至于超过了朝鲜半岛两国的能力范围。也就是说，对于朝鲜半岛人民而言，这是一个难以依靠自身力量来打开的巨大的"戈尔迪之结"（Gordian Knot）。尽管如此，正如西西弗斯一样，朝鲜半岛人民为国家安全和统一做出了不懈的努力，但国家统一进程的毫无进展也给韩国人民带来了些许挫败感。

韩国将维护国家安全作为首要任务，但同时决定不会在以军事力量统一国家的"斯库拉"（Scylla）和完全放弃国家统一目标的"卡律布狄斯"（Charybdis）之间做出选择。因此，韩国的外交政策无法摆脱现实与理论的困境：应该选择基本维持现状的"国家安全优先"政策，还是应该选择修正主义外交政策式的"国家统一优先"政策？韩国未能完全实现这两项外交政策中的任何一项。直到现在，韩国未表现出希望在朝鲜半岛问题上充分发挥作用的意志。然而，朝鲜战争后，韩国不仅以一个独立国家的身份生存了下来，而且还依靠经济的迅速发展成了经济合作与发展组织（OECD）中的一员。

这里出现了一些耐人寻味的问题：在如此艰难的国际形势下，韩国生存和发展的原因是什么？韩国是否存在独特的外交政策风格？在过去60年中，韩国面临了怎样的危机和挑战？它又是如何回应的？冷战体系突然崩溃后，韩美同盟经历了怎样的发展？韩国成为世界和平组织成员国后，韩国的助产士——联合国与韩国间形成了怎样一种特殊的关系？韩国的国家安全和国家统一政策面临哪些新的挑战和危机？我会在本书的章节中尝试直接或间接对上述及相关问题做出解答。

尽管韩国人民通过60多年的不懈努力，试图解决国家安全和民族统一这两个看似互不兼容、相互对抗问题之间的政策困境，但最终的问题仍然归结为：究竟什么才是国家安全和民族统一之间的适当关系？国家安全和民族统一并不像速溶咖啡那样，只需要加上水，简单地搅拌一下就可以，对于韩国来说，这注定将是一个漫长的过程。韩国人民最大的愿望便是实现民族统一。然而如此雄心勃勃的目标却可能永远不会完全实现。尽管如此，一切为了接近这一目标所付出的努力都值得坚持下去。这种责任感体现了韩国的强大信念。

拙作是我过去 30 年英文作品的选集。它不是一部简单叙述朝鲜半岛发生的所有重大事件和韩国政府应对方式的作品，而是一部尝试将朝鲜半岛（包括朝鲜和韩国）的外交政策理论化，或尝试将当代国际关系的相关理论应用于两国外交政策中的作品。我试图超越对朝鲜半岛国际关系的简单描述，正如伍德罗·威尔逊总统在他还是一个教授时呼吁所有作家去做的那样，尝试撰写一部不朽之作。不朽的思想并不只属于一个时代，因此作家应该超越他所处时代的琐碎问题，寻求永恒的真理。正如过去的每一个时代那样，当下这一时代也是一个过渡的时代。那个在我们眼前似乎主宰一切的利益有一天会改变，甚至变得毫无意义。因此，作家应该超越那些琐碎的问题，提出一些在任何地方、对任何人都有效的、有启发性的想法，因为无原则的争议和问题很快就会消亡。这是一种精神上的解放。伴随着脑海中这种精神解放，在过去 30 年的学术生涯中，我都尝试着在作品中写出一些需要长时间发酵而慢慢成熟的知识"红酒"，而不是即开即饮的"甜汽水"。

换言之，我不对当前的"热点"问题发表有趣的评论，而是以韩国为侧重点，试图找出朝鲜半岛外交政策以及朝韩两国安全和统一问题的本质，尽管我知道自己一直都在努力捕捉更加全面的知识。由于本书的各个章节均是我在过去 30 年的不同时期针对不同的主题所写，因此，其连贯性和全面性只有在通读本书之后才能掌握。但我想说，书中的每一章都有它独特的魅力，正如人类世界中每个人的儿女那样。

　　这是我人生中的第一本，也许也是最后一本英文书。它的出版，给了我一个宝贵的机会让我得以表达长期居于内心深处的感激。首先，我要感谢鲍里斯教授，他在偶然读到我关于韩国外交政策和韩国对联合国政策的几篇文章后，最先建议并鼓励我出版一本英文书。是他的坚持让我从缺乏自信慢慢变得越来越有信心，并使我最终努力完成了这部在英国出版的作品。在此我非常感谢鲍里斯夫妇的支持，在个人电脑还未广泛普及的年代，他们辛苦地帮我扫描之前发表过的论文。当我邀请他为这本书写一篇序言时，尽管这会花费一些时间，但他还是很高兴地答应了。我相信我们之间这种美好的友谊在当代学术界十分难得，这种友谊已远远超越单纯的学术分享。我做梦也没有想过在一个英语国家用英文出版一本关于韩国外交政策的书。而自从见到了鲍里斯教授，我开始做这样的梦。感谢他成功为我和保罗诺波利（Paul Norbury）——英国环球东方出版商之间搭建了桥梁，让我的梦变成了现实。感谢鲍里斯教授勇敢甚至冒险地决定出版拙作。

　　其次，我要感谢我的老师们。金璥元（Kyung-Won Kim）教授曾亲切地建议我追求学术，成为我人生中具有决定性作用的转折点。通过他，我开始接触并掌握了国际关系的基础和重点，同时也阅读了许多名人的著作，其中包括雷蒙·阿隆、斯坦利·霍夫曼和亨利·基辛格的著作。作为我在高丽大学的研究生导师，他让我感受到了知识的魅力与美好。

　　韩昇助（Sung-Joe Hahn）教授则向我展示了一个韩国传统绅士学者的教学方式，他总是谈到"真理的力量"——无论是政治力量还是人民的力量。在许多传统的高等教育观念方面，他是真正的良师益友。我从他那里了解到在 40 多年前韩国国家发展和民主化的艰辛过程。每当我在这个残酷的世界感到孤单时，他无限真挚的建议和鼓励都会帮助我克服绝望。

　　劳伦斯·芬克尔斯坦（Lawrence S. Finkelstein）教授十分慷慨，他给予我宝贵的时间、苏格拉底式的建议和盛情的款待；同时，感谢富布赖特奖学金，正是有了这一帮助，我在 30 年前顺利完成了在美国进修的博士课程。从芬克尔斯坦教授身上，我看到了一个完美的学术顾问和导师的形象。甚至在我回到韩国成为高丽大学的一名教授后，他仍然孜孜不倦地为我提供建议和指导。对我来说，他是上帝派来的。否则，像我这样一个贫穷、卑微、迷茫的外国学生怎么会在如此巨大的世界里，且恰好在人生中正确的时间遇到一位这么好的教授呢？

我还想感谢已故的莫顿·弗里希（Morton Frisch）教授，他是我政治哲学专业的硕士生导师，从古代的柏拉图到现代的约翰·洛克和《联邦党人文集》，特别是修昔底德，他带领我领略到国际关系学科永恒的财富，为我打开了政治思想那扇沉重的窗户。弗里希教授总是赞赏我在美国高等教育机构的政治科学略显专制的时代，对政治哲学的那份"特殊的偏爱"。

韩升洙（Sung-Joo Han）教授是高丽大学一位资历深厚的教授，也是我的同事。在国际上，他是知名的前外交部长和前韩国驻美国大使。而我是他在高丽大学众多后辈同事中的一员，他不仅扩大了我的社交圈子，也拓宽了我的精神视野。他慷慨地为这本书写了序言，为此我再次向他表示感谢。

接下来我要感谢我的家人。首先要感谢我亲爱的母亲——郭洪淳（Hong-Soon Kwack）女士，自从我的父亲在朝鲜战争中牺牲后，她用我未曾看到的孤独的泪水、汗水和心血独自抚养我长大并给予我支持。我没有关于父亲的记忆，我只知道我的母亲在过去 60 年里没有一天不在为我祈祷。她是我唯一的女神。这就是为什么阿尔贝·加缪（Albert Camus）会对法国左翼人士说："我相信正义，但我会在正义面前捍卫我的母亲。"

我还要感谢我的爱人辛惠庚（Hye-Kyung Shin）女士，以及我的儿子相温（Sang-On）、丞温（Seung-On），女儿荣温（Young-On），他们原谅了我作为丈夫和父亲的不足之处。作为一名过着如牧师般谦逊生活的大学教授，我以此为借口忽略了他们太多、太久。

接下来我要感谢我的大学和一些帮助过我的基金会。首先感谢高丽大学，在过去的半个世纪里，她将我从一名学生培养成为一名教授，我拥有令人羡慕的机会，即最舒适的生活和学术自由。我还想对美国政府富布赖特基金会表示衷心的感谢，其在经济上帮助我完成了彻底改变我一生的博士课程。同时还要感谢英国外交联邦事务部通过英国文化协会颁发给我的奖学金，让我有这样难得的机会在伦敦大学经济政治学院丰富我的历史知识。最后感谢多年前日本政府国际交流基金会为我提供在早稻田大学和东京大学学习的机会，让我专心完成了本书的部分章节，以及另外两本韩文书。

最后，我想把这本书献给过去30年曾经或一直陪伴着我的所有学生们。他们信任我，我也爱他们。他们总是提醒着我教学不仅是一件快乐的事，同时也是一个学习的过程。正如索福克勒斯（Sophocles）——其名字的意思是"明智和荣耀"——的《安提戈涅》（Antigone）中，海蒙（Haemon）恳求克瑞翁（Creon）——他的父亲，同时也是底比斯的统治者时所说的那样：

> 你不要老抱着这唯一的想法，
> 认为只有你的话对，别人的话不对。
> 因为尽管有人认为只有自己聪明，
> 只有自己说的对、想的对，别人都不行，
> 可是把他们揭开来一看，里面全是空的。
> 一个人即使很聪明，懂得再多别的道理，
> 放弃自己的成见，也不算可耻啊。
> 请你息怒，放温和一点吧！
> 如果我，一个很年轻的人，
> 也能贡献什么意见的话，

我就说一个人最好天然拥有绝顶的聪明；
要不然——因为往往不是那么回事——
听听聪明的劝告也是好的啊。

　　此外，我要感谢罗圭焕（Kyu-Hwan Rah）和金恩惠（Eun-Hye Kim），在我完成这本书时，他们作为我的研究生助理给了我诸多帮助。我还要感谢李有振（Yoo-Jin Rhee）博士，他长期以来陪我一起工作并帮助我将汇聚了 30 年学术生涯成果的这部知识性作品出版成册。

姜声鹤
2010 年 8 月

目　录

第一章
韩国式外交政策：国际
搭便车求生存[*]

外交政策的制定不会磨灭治国之道的创造力，但创造力也不可凭空运作。政治家不是米开朗琪罗，不是只用石头或黏土就可以雕刻出任何其想要的视觉效果。

——斯坦利·霍夫曼①

朝鲜有句谚语："小虾的背在鲸鱼的争斗中也会被震裂。"这确切地描绘了朝鲜半岛人民在周边强权林立国际环境下的危险处境。现代国际关系理论之父汉斯·摩根索以朝鲜半岛的命运为例，解释了他的势力均衡理论。他如下写道：

---

* 第一章最早刊载于任用淳与金基正所著《全球化与信息化时代下的韩国》，首尔：韩国 KBS 与国际研究韩国协会出版社，KAIS 国际会议论文集第 7 号，1997，第 3～33 页。经许可后转载（Yong Soon Yim and Ki-Jung Kim，eds *Korea in the age of Globalization and Information*，Seoul：Korean Broadcasting System and Korean Association of International Studies，The KAIS International Conference Series No. 7，1997，pp. 3 – 33. Reprinted by permission）。

① Stanley Hoffmann，*Janus and Minerva-Essays in the Theory and Practice of International Politics*，Boulder：Westview Press，1987，p. 6.

　　由于地理位置靠近中国，凭借这一强大邻国的支配或干预，（朝鲜）在悠久历史的绝大多数时间里都以一个自主国家的形态存在。一旦中国的力量不足以保护朝鲜的自主，就会有另一个国家——通常是日本，试图谋取在朝鲜半岛上的一席之地。自公元前一世纪以来，朝鲜的国际地位就基本取决于中国的"霸权"或中国和日本之间的竞争。

　　朝鲜早在 7 世纪的统一便是中国干预的结果。从 13 世纪到中国力量逐渐被削弱的 19 世纪，作为藩属国，朝鲜一直与中国保持着从属关系，并且在政治和文化上接受中国的领导。16 世纪末，日本入侵朝鲜却未能获得持久的胜利。此后，日本不顾中国反对，宣称自己对朝鲜拥有控制权。日本之所以有能力这样做是因为它在 1894 ~ 1895 年的中日甲午战争中取得了胜利。随后，日本对朝鲜的支配权受到了俄国的挑战，而且自 1896 年起，俄国对朝鲜的影响占据了主导地位。日俄之间控制朝鲜的竞争以俄国在 1904 ~ 1905 年日俄战争中的失败而告终。日本对朝鲜的控制权由此得以牢固地确立，而随着日本在二战中的失败，其对朝鲜的支配也宣告结束。而中国则通过参加朝鲜战争重塑了其在朝鲜半岛的传统利益。因此，朝鲜两千多年的命运不是被一个主导国家掌控，就是受困于两个势均力敌国家之间的相互竞争。[①]

　　当然，韩国的国际地位早已被大国间的竞争所决定，但摩根索没有注意到韩国人民为他们自己做过些什么。换句话说，他没有告诉我们任何关于韩国外交政策的情况。

---

①　Hans J. Morgenthau, *Politics Among Nations: The Struggle for Power and Peace*, 5*th re. ed.*, New York: Alfred A. Knopf, 1978, pp. 183 – 184.

　　如果说外交政策是对国际体系变化的基本适应①，那么可以说除了受日本殖民统治的相当短的时期以外，韩国的外交政策在历史上是成功的，因为韩国成功地维护了国家的独立或至少维持了国家的自治。② 尽管东北亚群雄逐鹿，韩国依然作为一个独立国家而得以存在，其中可能存在着秘密，而这个秘密可以被称为"韩国式外交政策"。一个国家的外交风格是其处理外交事务时所确立的方式，包括外交心理习惯以及国家赖以生存的、不言而喻的前提，这些都受到传统的影响并反映在其对外政策上。一个国家的外交风格同样也包括对其所处国际环境的管理方式。外交风格稳定有助于制定符合其所处的国际环境的特殊政策，尽管这些政策在别处可能毫无意义。这种风格也为观察者提供了线索，比如某个特定国家将会如何对一系列特殊情况做出反应。③ 韩国作为一个独立的政治体在漫长的历史斗争中孕育了这种外交政策风格。如今，韩国人民想知道这种外交政策在他们刚刚踏入的后冷战世界，究竟将会成为一种优势，还是一种阻碍。

---

① James N. Rosenau, "Foreign Policy as Adaptive Behavior: Some Preliminary Notes for a Theoretical Model," *Comparative Politics*, Vol. 2, No. 3 (April 1970), pp. 365 – 387; F. S. Northedge, "The Nature of Foreign Policy," in F. S. Northedge, ed., *The Foreign Policies of the Powers*, New York: The Free Press, 1974, p. 12.

② 相对于其他被大国包围的弱小国家，韩国这里的"成功"并非是个夸张的用词。最典型的例子便是19世纪的波兰。根据克劳塞维茨的主张，波兰是一个无害的和平的国家，然而这样一个国家却在没有任何一个国家提供援助的情况下灭亡了。但是他同时强调，"假如一个国家的完整必须靠他国来维持，这个要求未免太高了"。参见 Cal von Clausewitz, *On War*, Micheal Howard, translated by Peter Paret, New Jersey: Princeton Press, 1976, pp. 374 – 375。

③ F. S. Northedge, "The Nature of Foreign Policy," in F. S. Northedge, *The Foreign Policies of the Powers*, New York: The Free Press, 1974, p. 23.

一只小虾的烦恼：韩国外交
政策的背景

19 世纪中期西方大国 "打开" 东北亚主要国家的国门之前，国际系统并非全球性的。西方的势力均衡体系是通过其成员国对东北亚——被西方称为 "远东" ——的国家进行帝国主义渗透才开始慢慢扩张的。① 换句话说，在西方强国的帝国主义渗透出现在这里之前，东北亚一直处于西方国际体系之外。东北亚被排除在西方政治国家体系之外有两个原因：第一，地理距离与能力上的限制阻碍了欧洲国家在东北亚采取军事行动，同时也限制了欧洲在东北亚部署军事力量；第二，两地区巨大的文化差异阻碍了它们之间的对话及相互理解。② 另外，可以说东北亚未能构成一个独立的国际体系，即中国和日本这两个主要的东北亚角色之间缺乏明显的常规性政治互动。直到被西方势力强行打开国门之前，中国和日本都保持着其 "与世隔绝" 的国家政策。

在东北亚，有一个被称为 "隐士之国" 的李氏朝鲜政权，它是中国 "宗藩体制"③ 中的一员。几个世纪以来，朝鲜半岛人民的世界观建立在儒家世界秩序理论的基础上，④ 然而这一基础却在 19 世纪早期遭到了西方帝国主义的破坏。儒家理论认为，世

---

① 从欧洲中心论的角度来看，这种现象可被视为国际社会的扩张或演变。参见 Hedley Bull and Adam Watson, *The Expansion of International Society*, Oxford：Clarendon Press, 1984；Adam Watson, *The Evolution of International Society*, London：Routledge, 1992。

② Raymond Aron, *Peace and War*, translated by Richard Howard and Annette Baker Fox, New York：Frederick A. Praeger, 1966, p. 95.

③ 该体系中，一个政治单位维持对其他单位的宗主权或最高权威。关于这个术语，参见 Martin Wight, *Systems of States*, England：Leicester University Press, 1977, p. 17。

④ 更多内容可参见 Frederick Nelson, *Korea and the Old Orders in Far Eastern Asia*, Baton Rouge：Louisiana State University Press, 1946, chap. 1。

界是由一些关系不平等的层级结构组成的单一体，中国（中央王国）则是世界的中心。正如大约 2500 年前雅典被视为古希腊世界的"学校"那样，中国被视为高级文明的"老师"。中国国际力量的核心是文化而不是军事力量。因此，自 1648 年三十年战争结束以来，被欧洲国家所广泛采用的现实政治（权力政治）并不被以中国为中心的儒家世界所认知。直到 19 世纪初期，人们才知道国家理性这一概念。① 朝鲜半岛人民或多或少满足于以儒家文化为中心的世界秩序。他们拒绝向被他们称为"野蛮人"的西方人民敞开国门，因为西方处于儒家世界文明之外。

· 当欧洲人，尤其是法国牧师偷偷来到朝鲜半岛时，他们遭到了迫害，而欧洲的船只也被禁止停泊在朝鲜半岛的港口。当美国人到达朝鲜半岛并且试图解释美国与欧洲、天主教和新教的不同时，朝鲜半岛人民同样没能接受其关于通商的解释和恳请。对朝鲜半岛人民来说，所有的西方人都长得一样：他们都是大鼻子。

然而，1860 年强大的中国被西方打败，位于北京的圆明园被烧毁，这些消息引起了朝鲜半岛人民对西方的恐惧。尽管朝鲜半岛人民仍然相信中华世界秩序的儒家理论，但也开始慢慢失去在这方面的自信，勉强开始适应西方或者现代国际体系。在日本的"炮舰外交"下，李氏朝鲜被迫在 1876 年向西方世界打开国门，正如美国在 1853 年打开了日本的国门那样。日本很快学会了西方帝国主义的行事方式，并且将它所理解的帝国主义应用到朝鲜半岛。②

---

① 这并不意味着没有任何伟大的军事理论和战略家。相反，不但有，而且有很多。参见 Chen-Ya Tien, *Chinese Military Theory: Ancient and Modern*, Oakville, Ontario: Mosaic Press, 1992。

② 尽管日本帝国主义与为其提供模型的西方殖民扩张具有相似点，但它也只是个"落后的帝国主义"，这源于日本对西方的自卑感，以及相对不发达的经济、有限的外交历史、对发达经济体的经济依赖，以及追随它们的强烈渴望。关于这点，可参见 Peter Duss, *The Abacus and the Sword: The Japanese Penetration of Korea, 1895 – 1910*, Berkeley: University of California Press, 1995, pp. 424 – 438。

因此，日本被贴上了野蛮西方帝国主义国家的标签，并且遭到了朝鲜半岛人民的强烈抵抗。中国和日本之间针对控制朝鲜半岛的竞争，以及随后的冲突和对抗，引起大国在朝鲜半岛上竞相进行权力斗争，从而把以儒家文化为中心的世界融入全球体系，即克劳塞维茨的"现实政治"（Realpolitik）体系。

自中国和日本在朝鲜半岛争夺权力的那刻起，东北亚地区的子系统也开始在国际体系的边缘慢慢成形。中国在甲午战争中的惨败打开了帝国主义争夺中国财富的大门。甲午战争促使东北亚权力重新分配。当中国暴露出自己只是一条外强中干的"纸龙"时，西方帝国主义紧紧抓住了这个弱点。因此，中国转而开始保护和巩固本国的国家利益。

对日本取代中国这一前景最先感到震惊的是俄国。作为当时国际体系主要角色的俄国也成了东北亚区域子系统的主要参与者。当亚洲力量在遍及各地的战争中与欧洲力量直接交锋时，国际体系实现了全球化。

自此以后，朝鲜半岛，这个相对较弱的区域成了强国之间激烈争夺的对象，成了国际体系多极竞争中的一个"赌注"。造成这一不幸命运的原因主要在于朝鲜半岛的地理战略位置。在争夺朝鲜半岛的过程中，日本在1904～1905年的战争中打败了俄国。于是1905年，朝鲜半岛被日本剥夺了独立行使外交政策的主权。朝鲜半岛的一名爱国人士刺杀了当时的总督伊藤博文后，日本于第二年吞并了朝鲜半岛，自此独立的朝鲜半岛从世界版图中消失了。直到在第二次世界大战中战败，日本才收起了无限野心。

第二次世界大战后，虽然朝鲜人民希望并期盼建立一个独立、民主、单一的国家政权，但是在两个超级大国的支持下，朝韩两个国家最终分别成立。此后，两个超级大国在对朝鲜半岛的控制上重新展开了传统力量的对抗。联合国在韩国政府的创建过程中扮演了"助产士"的角色，又在韩国政府的合法化过程中扮演了"神父"的角色。① 随着国际组织对其唯一合法性的认可，韩国作为朝鲜半岛唯一合法政府的"标志"得以确立。

然而，这个朝鲜半岛唯一的合法政府在其成立之初就备受挑战。朝鲜战争一开始，联合国便高度关注韩国安全。能否保护韩国的安全，击退朝鲜的进攻，成了检验联合国权威与能力的试金石。②

虽然朝鲜战争中，联合国军高举联合国的旗帜，但是帮助韩国打退朝鲜的主力军还是美国，因为美国认为朝鲜对韩国的进攻是苏联策划的一部分。自此，美国代替日本开始监视苏联在朝鲜半岛的野心。而中国也为了保卫其国家利益被迫加入了朝鲜战争。

随着 1953 年朝鲜战争的中止，韩国与美国建立了军事同盟关系。从此，美国在韩国的生存和发展中扮演着最重要的，而且也是唯一支持者的角色。对韩国来说，美国扮演着几乎所有的角色（教父、保姆、老师、银行家等）。美国在韩国社会及民众中所扮演角色的广度和深度都大大超过了 19 世纪末中日甲午战争爆发前中国扮演了几千年的角色。对韩国来说，美国可谓一个乐善好施的大国。

---

① 联合国大会第 195 号（Ⅲ）案，1948 年 12 月 12 日。详情可参见 Se-Jin Kim, *Korean Unification: Source Materials with an Introduction*, Seoul: Research Center for Peace and Unification, 1976, pp. 109 – 110。

② 1950 年的朝鲜战争并非起源于联合国的重要转变，而是突然爆发的。详情可参见 L. Larry Leonard, *International Organization*, New York: McGraw-Hill Book, 1951, Epilogue of pp. 535 – 550; Leland M. Goodrich, *Korea: A Study of U. S. Policy in the United Nations*, Westport, Connecticut: Greenwood Press, 1956; Leon Gordenker, *The United Nations and the Peaceful Unification of Korea: The Politics of Field Operation, 1947 – 1950*, The Hague, Netherlands: Martinus Nijhoff, 1959; Lawrence D. Weiler, Anne Patricia Simons, *The United States and the United Nation: The Search of International Peace and Security*, New York: Manhattan Publishing Company, 1967。

朝鲜战争的影响：搭乘
美国的便车

由于朝鲜战争，美国和苏联之间的政治竞争变成了全球性的军事化竞争。两个超级大国将国际体系转变成了两极格局，这反过来又影响了本国政策和行为。韩国与朝鲜也都陷入了两个超级大国紧张的、系统的联动模式。朝鲜半岛的子系统没有也不能发挥任何独特的功能，因为两个超级大国的侵入式系统（the intrusive systems）① 凌驾于朝鲜半岛的子系统之上。美国对共产主义阵营的牵制也成了韩国外交政策的目标，而韩国人民也没有任何迟疑和保留。韩国继续以朝鲜半岛唯一合法政府的身份自居，而不考虑事实上在朝鲜半岛存在着南北两个政府。

然而，在20世纪60年代初期，随着第三世界国家在国际事务中要求平等投票以实现话语权平等，国际环境开始变化。与美国的同盟关系仍然是韩国外交和安全政策的支柱，其他一切均在此基础上发展。朝鲜半岛的分裂和朝鲜战争的经验告诉韩国人民，谋求国家的生存才是本国当务之急。从那时起，韩国在朝韩对抗这一背景下，不断探索着本国的外交政策而无力顾及其他目标。美国则是韩国军队的现代化与扩张所需经济及军事援助的来源。

尽管存在韩美同盟与日美同盟，但直到1965年，韩日两国仍没有建立正常的外交关系。鉴于与美国的关系，韩国与日本都试图重视对方。经过自1951年以来漫长而又艰难的谈判，韩国与日

---

① 关于侵入式系统的概念，可参见 Louis J. Cantori and Steven L. Spiegel, *The International Politics of Regions: A Comparative Approach*, Englewood Cliffs, New Jersey: Prentice-Hall, 1970, p. 259。

本终于在 1965 年实现了外交关系正常化。① 当1964～1965 年关于正常化条约的谈判引发韩国国内的政治危机时，作为回应，韩国政府颁布了戒严令。当时，韩国总统朴正熙需要来自日本的经济援助以及贸易和投资以推进"祖国现代化"这一国家项目。在谈判期间，来自美国的友善而又强烈的建议使韩国和日本相信，两国关系的正常化将会扩大各自与美国同盟体系在经济方面的发展。这意味着美国可以将因朝鲜战争生成的部分"包袱"转移给日本，或者通过直接资助乃至援助重建韩国经济。

韩美同盟因 20 世纪 60 年代中期的越南战争得以深化。韩国政府之所以赞成美国卷入越南战争，仅仅因为韩国政府认为这是一次反共产主义的军事行动。美国表示愿意竭尽全力遏制亚洲的共产主义运动，让韩国政府感到自己不再是亚洲唯一孤独的反共力量，而是受到美国激励的更广大反共前线的一部分。为了进一步加强与美国的同盟关系，巩固反共战线，并补偿美国在朝鲜战争中做出的牺牲，韩国政府决定向南越派兵。事实上，韩国政府也无法拒绝美国的派兵要求。当时，全球体系不仅与朝鲜半岛的子系统重叠，而且也主导着这两个共存的复合性国际体系。它们是一致的或者是一个"和谐系统"（concordant system）②：子系统几乎完全嵌入全球系统。

韩国派出的第一支部队于 1965 年 10 月抵达，截至 1968 年共计派出 5 万人，远超过美国的其他盟国。直到巴黎和平协议签订两个月之后的 1973 年 3 月，韩国军队仍然留守在南越。③

---

① 详情可参见 Bae Ho Hahn, "Policy Toward Japan," in Youngnok Koo and Sung-joo Han, eds. , *The Foreign Policy of the Republic of Korea*, New York：Columbia University Press, 1985, pp. 168 - 175。

② Sung-joo Han, "South Korea's Participation in the Vietnam Conflict：An Analysis of the US-Korean Alliance," *ORBIS*, Vol. 21, No. 4（Winter 1978）, p. 893.

③ Donald J. Puchala, "Of Blind Men, Elephants and International Interaction," *Journal of Common Market Studies*, Vol. 10, No. 3（March 1974）, p. 277.

在全球冷战对峙背景下，全球体系和朝鲜半岛子系统之间并未出现政治上的中断。① 韩国无法逃脱美国侵入式系统的影响，韩美同盟远非建立在一种平等的伙伴关系之上。不对称的、双边同盟的唯一政治优势是它看起来比多个同盟国更可能达成一个共同政策。但这个共同政策可能更加接近较为强大一方的政策。② 尽管如此，韩国希望通过积极加入作为美国全球遏制政策一部分的越南战争，以在防御政策以及美国的亚洲政策上获得更大的发言权。

通过参加越南战争，韩国也意外收获了实质性的经济利益。③ 韩国在 1965～1973 年参加越战期间获得了大约 10 亿美元的收入，其中不包括美国为弥补韩国军队的部分转移而进行的直接经济及军事援助补偿。"越南收益"（Vietnam Earnings）在韩国经济发展的关键时期，几乎成为所谓出口导向型的韩国经济起飞时不可缺少的燃料。另外，韩国在越南的经济投入为其今后进入其他国家的经济发展轨道奠定了第一块基石。

韩国加入这场所谓"美帝国主义"在越南发动的战争，尽管付出了巨大的人员牺牲并在国际社会引起一些负面舆论，但韩国的商人和建筑工人在越南获得的经验和积累的知识、技术，在 20 世纪 70 年代初期进入中东时转化成了极有价值的资产，而当时石油危机已经威胁到了韩国的出口导向型经济政策及其特殊经济使命。特别值得指出的是，20 世纪 70 年代中东石油生产国的建设和发展可以说是韩国经济起飞和持续发展的一个重要机遇。

---

① 关于国际体系之间的政治中断概念，可参见 Oran R. Young, "Political Discontinuities in International System," in James Rosenau, *International Politics and Foreign Policy*, New York: Free Press, 1969, pp. 336－345。

② Robert L. Rothstein, *Alliances and Small States*, New York: Columbia University Press, 1968, p. 124.

③ Se-Jin Kim, "South Korea's Involvement in Vietnam and Its Economic and Political Impact," *Asian Survey* (June 1970), pp. 519－532.

20世纪60年代，国家政策的第一要务是从军事、经济以及政治方面巩固韩国，这在"先建设，后统一"的政治口号上也有所体现。在这十年间，朝鲜半岛发生过几次有可能升级为半岛战争的危机，其中包括1968年1月突袭韩国总统府、"普韦布洛号"危机以及1969年4月美国EC – 121侦察机被击落等事件。这些危机最后被美国化解，因为美国政府非常不愿意在正面临来自越南战争的国内外困难的同时，还要面对一个新的亚洲局势。

具有讽刺意味的是，冷战下的核两极体系反而使得20世纪60年代后期朝鲜半岛危机中使用的武力逐步降级。[①]另外，美国在1969年6月发表关岛（或尼克松）声明，根据这一新声明，尼克松政府于1971年从韩国撤出两个步兵师中的一个，韩国对此非常失望。

美国便车对韩国的倦怠与韩国重塑信心

1971年7月9日，尼克松总统的国家安全顾问亨利·基辛格（Henry Kissinger）博士秘密飞抵北京。6天后，尼克松总统宣布将亲自访华寻求两国关系正常化，这无疑震惊了世界。当整个世界即将通过共产主义中国和美国之间的"外交革命"而发生改变时，韩国不能只是坐等事态的发展。基于人道主义的考虑，紧随尼克松的声明之后，韩国立即向朝鲜提议进行"南北红十字会谈判"，试图通过谈判使大约1000万个离散家庭团聚。在得到朝鲜的积极回应后，会谈于1971年8月20日正式开始。

然而，由于朝鲜持续展开攻势并要求美国军队撤离韩国，韩

---

① 关于更加详细的讨论，可参见 Sung-Hack Kang, "Crisis Management Under Armistice Structure on the Korean Peninsula," *Korea Journal*, Vol. 31, No. 4 (Winter 1991), pp. 14 – 28。

国与朝鲜间的和解努力未取得任何成果。1971 年 10 月 25 日，中国恢复了在联合国的合法席位。为适应这一国际性变化，韩国时任总统朴正熙于 1973 年发表了"6·23 声明"，这是"在朝鲜半岛和平与统一外交政策上的一个特别声明"。这一声明的关键信息是：韩国将不反对朝鲜与韩国一起加入包括联合国在内的国际组织，并且不受任何政治意识形态的约束，在平等互惠原则的基础上向全世界打开国门。

这种新的外交政策方向与之前韩国对包括朝鲜在内的共产主义国家基本政策形成一种哥白尼式的背离。这意味着韩国愿意放弃其朝鲜半岛唯一合法政府这一地位。[1] 然而，朝鲜却拒绝了韩国的提议，因为这一政策等于说朝鲜半岛上存在朝韩两个国家，将会造成国家分裂。朝鲜提议在国家真正统一前的转换期，南北双方以"高丽联邦"（Confederal State of Koryo）的名称共同拥有一个联合国的独立席位。当 1975 年秋联合国大会令人意外地同时批准这两项决议草案时，朝鲜与韩国都加入了拉票取胜的竞争之中。韩国决定在联合国框架外解决朝鲜半岛问题。[2] 因此，直到 1991 年，朝鲜半岛问题都没有被提上联合国大会的议事日程。在近 30 年的时间里，朝鲜半岛问题对大多数的联合国成员来说都是个"烫手的山芋"，而今它终于被划出联合国的框架。朝韩双方终于认识到，直到 1976 年底还一直被联合国视为一个冷战的、两极的、零和博弈的朝鲜半岛问题，最终还是走进了一个死胡同。

但很快，韩国的外交政策就面临一个意想不到的困难——搭乘美国便车的问题。1977 年初，新当选的美国总统卡特重申了他

---

① Sung-Hack Kang, "South Korea's Policy Toward the United Nations: How the I-con was Buried and What New Challenge Lies Before South Korea in the World Organization," *Korea Journal*, Vol. 35, No. 1 (Spring 1995), p. 14.

② Yang Sung Chul, "The United Nations on the Korean Question Since 1974," *Korea Journal*, Vol. 21, No. 10 (October 1981), pp. 6 – 7.

的竞选承诺：在确保韩国的军事力量强大到没有美国的地面支持也能够保卫国家的前提下，美国将利用 4～5 年的时间撤出所有驻韩的地面部队。然而，1977 年中期，美国的立场有所缓和。强烈的反对意见广为流传：撤军将会影响朝鲜半岛稳定，并有可能诱使朝鲜重复 1950 年的那次"错误计算"（miscalculate）从而再次"进攻"韩国。对此，美国外交政策界也存在一定担心，他们认为撤军不应该是单方面的，而应该与中国及苏联进行谈判，尊重中苏两国对朝鲜的支持。虽然美国地面部队的重要性不及以前，但其仍然被视为重要的象征和实体威慑。对此，以议员休伯特·汉佛莱（Hubert Humphrey）和约翰·格伦（John Glenn）为代表，美国国会内部也出现了强烈的反对意见。1979 年 1 月，美国的新情报表明：南北双方之间的不平衡甚至比议员休伯特·汉佛莱和约翰·格伦所担忧的还要严重。1979 年 7 月，美国总统国家安全顾问兹比格涅夫·布热津斯基（Zbigniew Brzezinski）发表声明称从韩国撤军的计划已被暂停。

总的来说，20 世纪 70 年代的十年是韩美关系的黑暗期，韩国搭乘的美国便车似乎对其表现出了一些倦怠。同时，这也是韩国开始树立自信的时期，不仅在美国撤军的问题上，还在其他一些诸如华盛顿的游说丑闻（韩国门丑闻）以及韩国人权等伤脑筋的问题上努力树立自信。然而，不久后美国的便车就又重新回归了其原始的路线。

里根总统于 1981 年 1 月举行就职典礼，并于同年 11 月访问了汉城。美国对韩国的安保承诺似乎又恢复了常态，里根政府有意在公共场合回避韩国的人权问题，并再次强调两国的联合反共政策。里根总统称苏联是一个"邪恶帝国"（Evil Empire），因此至少从言辞上，他算是一个冷战分子。最好的证据就是他反共并且强烈支持诸如韩国这样的反共国家。然而，尽管他言辞激烈，但是在需要做出决定的关键时刻——例如，1983 年 9 月大韩航空007 号班机被苏联空军击落，1983 年 10 月朝鲜特工杀害了韩国重要内阁成员，甚至在差点成功刺杀韩国总统全斗焕的仰光袭击发生之后——他也没能比前任总统们做得更多。

1986年下半年，韩国政府开始将注意力集中转向即将举办的1988年汉城夏季奥运会。因此，为了缓解在奥运会前朝鲜半岛政治和军事紧张局势，韩国政府考虑减少或暂停名为"团队精神"（Team Spirit）的春季韩美联合军事演习。但是1987年11月，一架韩国客机被朝鲜特工炸毁，这个事件改变了韩美的态度，两国决定于1988年3月和4月举行联合军演。美国政府明确表示在奥运会期间应当开展安全和监视合作，特别是开展反恐行动并且制定应急计划：假如韩国面临来自朝鲜的干扰，必要时美国将从日本基地调兵。幸运的是，汉城奥运会成功举办，并未受到来自朝鲜的任何干扰。鉴于苏联和中国都会参加汉城奥运会，朝鲜没有采取任何行动。后来的资料显示，美国时任国务卿乔治·舒尔茨（George P. Schultz）曾对奥运会期间朝鲜可能会发动袭击表示担忧，美国总统里根也曾直接询问苏联外交部长谢瓦尔德纳泽（Shevardnadze）："在比赛期间是否有可能发生来自朝鲜的袭击？"对此，他得到回应："不必担心，我们将在汉城参加比赛，那里不会有任何恐怖事件。"① 而事实也正是如此。

奥运会举办前，韩国新任总统卢泰愚（自1988年2月起执政）曾于1988年7月7日声明韩国愿意放弃与朝鲜现存的对抗与竞争关系。他还表示韩国将不再反对其盟友与朝鲜之间的贸易及其他方面的接触。他继而声称愿意首先通过扩大非政治交流，如贸易、经济合作及文化交流来进一步加强同中国、苏联及其他东欧国家的关系。这项新政策被称为"北方政策"（Northern Policy），但这只不过是朴正熙总统1973年"6·23声明"的一种合理延伸。

---

① George P. Shultz, *Turmoil and Triumph: My Years as Secretary of State*, New York: Charles Scribner's Sons, 1993, p. 981.

汉城奥运会给韩国提供了一个向全世界（包括参加比赛的社会主义国家）展示其经济增长、活力及文化发展的机会，同时也为韩国赢得了巨大的声誉。伴随着1988年奥林匹克运动会的美好回忆，越来越多的联合国成员国渐渐达成了共识，即韩国应当被接纳。当时韩国人口仅为4200万但国民生产总值（GNP）却排在世界第十五位，因此产生这种观点是很自然的。

最终，韩国积极贯彻的"北方政策"开始有所收获。第一项外交成绩是1989年2月10日与匈牙利正式建交。之后，几乎所有的东欧国家都跟随匈牙利的步伐与韩国建立了正式外交关系，其中，波兰于1989年11月11日、前南斯拉夫于1989年12月27日、捷克斯洛伐克于1990年3月22日、保加利亚于1990年3月23日、蒙古国于1990年3月26日、罗马尼亚于1990年3月30日分别与韩国建交。

事实上，与匈牙利建立外交关系是韩国外交政策的一个显著突破，因为它是在东欧剧变之前实现的，而与其他社会主义国家正式建交则是在欧洲共产主义阵营衰落后实现的。最后，韩国与苏联也在1990年9月30日成功建立了外交关系。

与此相比，尽管韩国企业早在20世纪70年代通过香港与中国内地进行间接贸易，韩国同中国关系正常化的步伐却依旧迟缓。中韩两国关系的第一次意外突破发生在1983年5月，当时一架被劫持的中国客机被迫降落在汉城。这一事件导致两国政府首次开展交流，双方就归还被劫持客机、乘务人员及旅客达成了一项官方协议。自此以后，两国间的体育交流变得更加频繁。1986年，中国派出最大规模的运动员代表团赴汉城参加亚运会，并于1988年参加第二十四届汉城奥运会。作为回应，韩国也派运动员参加了中国北京在1990年举行的亚运会。然而，两国政治关系的发展却依然缓慢，因为中国在尽量维持与朝鲜的既有关系。

幸运的是经济关系的进一步增强最终为两国政治关系的改善铺平了道路。1991年，中国成为韩国第四大贸易伙伴，同时韩国成为中国第七大贸易伙伴。1991年10月联合国代表大会上两国外交部长首次接触，随后双方的频繁接触也为1992年8月24日两国关系最终实现正常化做出了贡献。

事实上，韩国的"北方政策"自1973年实施以来，与中国实现外交关系正常化一直是这项政策的最高目标。韩国在试图成为联合国成员国时饱受挫折，冷战结束前，与苏联社会主义阵营包括中国保持着长期敌对关系。面对这样的国际背景，韩国在1991年9月获得联合国成员国身份，1992年成功实现"北方政策"，确实取得了不少成就。这些成就向世界证明了韩国外交走向成熟，但还不能证明韩国已经可以摆脱对美国的追随而独立制定外交政策。然而，伴随着长达半个世纪的冷战的结束，以及两极国际体系的历史性转变，韩国迎来了一个全新的机会，即能够在后冷战全球政治中拥有前所未有的自由去制定本国的外交政策目标。

国际关系理论认为，搭便车（Bandwagoning）是指国家在面临一个重大外部威胁时，选择与危险源结盟的政策。[1] 从这个意义来说，搭便车包含着一个不等价交换：弱势国家对主导国家做出不对称的让步，并不得不扮演一个从属的角色。[2] 换句话说，搭便车意味着适应和妥协，甚至接受主导国的不正当行为。但将

---

[1] Stephen M. Walt, *The Origins of Alliance*, Ithaca: Cornell University Press, 1987, p. 17. 搭便车这个词最早是由肯尼斯·华尔兹提出的，它的意思是"为了达到缓靖或从中获取利益的目的而加入侵略一方"。华尔兹将这个词归功于 Stephen Van Evera。参见 Kenneth N. Waltz, *Theory of International Politics*, Reading, Massachusetts: Addison-Wesley Publishing Company, 1979, p. 126。

[2] Stephen M. Walt, "Alliance Formation in South West Asia," in Robert Jervis and Jack Snyder, *Dominoes and Bandwagons' Strategic Belief and Great Power Competition in the Eurasian Rimland*, New York: Oxford University Press, 1991, p. 55.

搭便车定义为对威胁的屈服，未免太过狭隘。① 兰德尔·施韦勒（Randall Schweller）认为，搭便车的目标是自我延伸——获得梦寐以求的价值。换句话说，搭便车是受到利益驱动的一种行为。② 黛博拉·魏尔奇·拉森（Deborah Welch Larson）称搭便车之所以被采用是由于它可以通过终结外部破坏、削弱国内竞争对手，帮助弱势一方维持政权，还能够为其提供经济援助以及"一个与大国联合的胜利光环"。③ 华尔兹（Kenneth Waltz）和沃尔特（Stephen Walt）认为，在大多数情况下，均衡（balancing）比搭便车更加常见。范·埃弗拉（Van Evera）也称搭便车是一个"低概率事件"，而且历史也表明搭便车是个例外而非准则，④ 但是罗伯特·考夫曼（Robert G. Kaufman）以及其他批判者却列举了历史上众多搭便车的案例，以证明均衡才是例外而非准则。⑤ 与此同时，保罗·施罗德（Paul Schroeder）也坚持认为搭便车在历史上

---

① Randall Schweller, "Bandwagoning for Profit: Bringing the Revisionist State back in," in Michael E. Brown, Sean M. Lynn-Jones, and Steven E. Miller, *The Perils of Anarchy: Contemporary Realism and International Security*, Cambridge, Massachusetts: The MIT Press, 1995, p. 251.

② Ibid. , p. 251.

③ Deborah Welch Larson, "Bandwagoning Images in American Foreign Policy: Myth or Reality?" Robert Jervis and Jack Snyder, op. cit. , p. 103.

④ Stephen Van Evera, "Primed for Peace: Europe After the Cold War," *International Security*, Vol. 15, No. 3 (Winter 1990/1991), pp. 36 – 37; "The Cult of the Offensive and the Origins of the First World War," *International Security*, Vol. 9, No. 1 (Summer 1984), p. 62.

⑤ Robert G. Kaufman, "To Balance or to Bandwagon: Alignment Decisions in the 1930s Europe," *Security Studies*, Vol. 1, No. 3 (Spring 1992), pp. 417 – 447; Paul Schroeder, "Historical Reality vs. Neo-realist Theory," *International Security*, Vol. 19, No. 1 (Summer 1994), pp. 108 – 148. For Walt's response, see Stephen M. Walt, "Alliance, Threats, and US Grand Strategy: A Reply to Kaufman and Labs," *Security Studies*, Vol. 1, No. 3 (Spring 1992), pp. 448 – 482.

较均衡更为常见，尤其是对弱小国家而言。[1]

在弱小国家，存在两种搭便车行为。一种是修正主义国家的搭便车；另一种是维持现状国家的搭便车。根据兰德尔·施韦勒的比喻，[2] 一方面，修正主义国家的追随（搭便车）就像豺，其目标在于获取利益。豺会经常向狼（修正主义领导者）摇尾巴，但同时它们也会向处于胜利边缘的狮子（现有领导者）摇尾巴。[3] 而且像豺一样的国家会花费巨大的成本去保卫自己的财产，甚至会花费更多的代价去增加自身价值。另一方面，那些只会付出低成本保卫或增加自身价值的国家被视为羔羊。在猎食者与猎物的世界里，这些羔羊一样的国家都是猎物，它们是能力相对较小的弱国。[4] 正如沃尔特的威胁均衡论（balance of threat theory）所暗示的那样，与豺不同，羔羊们经常随波逐流以转移和缓解威胁。它们会与较强一方结盟以期在更大的危险来临时获得保护，或者会参与"未来的潮流"和"多米诺"式的搭便车。[5] 从这个意义上来讲，搭便车并不总是弱小国家对大国的威胁恐吓做出的反应。事实上，搭便车往往是一种自发的选择。

---

[1] Paul Schroeder, op. cit., p. 117. Eric J. Labs 认为弱小国家搭便车的现象和大国搭便车同样罕见。参见 Eric J. Labs, "Do Weak States Bandwagon?" *Security Studies*, Vol. 1, No. 3 (Spring 1992), pp. 383 – 416。

[2] 我们使用隐喻是因为它们提供一种明显有效的思考方式以及处理国际事务中物质与非物质因素的方法。关于这点可参见 David B. Bobrow, "Complex Insecurity: Implications of a Sobering Metaphor," 1996 Presidential Address, *International Studies Quarterly*, Vol. 40, No. 4 (December 1996), p. 436。

[3] Randall Schweller, op. cit., p. 280. 豺原则通常与意大利的传统机会主义外交政策相关，参见 A. J. P. Tayler, *The Struggle for Mastery in Europe, 1848 – 1918*, Oxford: Oxford University Press, 1954, p. 286; Robert Rothstein, *Alliances and Small Powers*, New York: Columbia University Press, 1968, p. 227。

[4] Randall Schweller, op. cit., pp. 278 – 279.

[5] Randall Schweller, op. cit., pp. 278 – 279.

韩国的搭便车模式便是一个"羔羊"的例子。在整个冷战时期，除了搭乘美国的便车，韩国的外交政策别无选择。美国像丛林的狮子，花费了很大代价保护它所拥有并进行管理的国际体系。美国发现维持现状更加令人愉悦。作为现存秩序的主要创造者及维持现状的主要受益者，自二战特别是朝鲜战争结束以来，美国在维持这一秩序中获得了既定利益。正如狮子"吓唬狼群"一样，作为维持现状的超级大国，美国不得不阻止来自其他强大修正主义国家的攻击，而且一旦失败了，它就得为了击败它们而承受战斗的冲击。美国之所以会承担这些责任，并不是为了实现预期的收益，而主要是为了自我保护并维护其在全球系统中的相关地位和声誉。①

得益于美国的保护与支持，韩国成功地从"国际乞丐"（international beggar）转变成为某种意义上的"慷慨国家"（munificent nation），② 1994 年韩国为其他国家提供了约 4000 万美元的经济援助。③ 单单这个事实就可以证明自 1948 年成立以来，韩国的搭便车是一项成功的外交政策。外交政策中的搭便车行为虽然不是韩国外交的独有行为，但它确实成了具有韩国特色的外交政策。在漫长的两极格局中，某种社会化的过程限制并重塑了这一行为，④ 而韩国也满足于搭乘美国的便车。韩国外交政策的系统

---

① Randall Schweller, op. cit. , p. 278.

② 1964 年，咸秉春在《外交事务》杂志上发表了《韩国的乞讨心态》一文，批评美国对韩国的轻率态度，美国指责韩国人民的"乞丐心理"并将韩国视为一个乞丐国家，即韩国被认为是一个"国际乞丐"。不论这点是真是假，自咸先生试图通过这篇文章启发不谨慎的韩国人以来，韩国这个乞丐国家在不到三十年内将自己转变成一个施惠国家确实是件了不起的事。参见 Pyong Choon Hahm, "Korea's Mendicant Mentality? A Critique of US Policy," *Foreign Affairs*, Vol. 43, No. 1 （October 1964）, pp. 165 – 174。

③ *Statistical Yearbook of KOICA Operation*, Seoul, KOICA （June 1996）, p. 11.

④ Kenneth N. Waltz, *Theory of International Politics*, Reading, Massachussets: Addison-Wesley, 1979, p. 76.

性约束太重，不容忽视，但两个超级大国以及弱小国家在冷战期间缺乏一定的自由也是事实，因为当时的全球体系就像是"一群被锁在一起服劳役的囚犯"。① 其中有一些小囚犯、两个大囚犯，还有一些控制炸药的人。无论谁试图卸下镣铐都会割伤自己的脚踝，而谁若要抛下其他人，则可能将自己连同他们一起置于爆炸的危险中。因此，尽管在体重、肌肉、拳头大小上各不相同，尽管各存杀气、仇恨、嫉妒与不满，他们仍然被紧紧地绑在一起，虽然活着却无能为力。②

尽管如此，仍然存在一些意想不到的积极影响。全球冷战体系的两极结构很简单，不需要富有经验的领导人来维持。由于该体系下的巨大风险，无论所涉及人物的性格如何，世界两极体系都使两大霸权国家逐渐获得一种谨慎和克制的意识，这种意识阻止双方采取不负责的行为。③ 正如华尔兹所说的那样，相比根据个人性格所做的预测，两极世界的压力极大地促使美国和苏联的领导人站在国际层面进行决策。④ 20 世纪后半叶的长期和平对人类来说可能是个意想不到的结果，但是随着冷战的结束，或者引用福山（Fukuyama）的流行语——"历史的终结"，稳定的结构要素也已随之消失。

---

① Stanley Hoffmann, *Gulliver's Troubles, or the Setting of American Foreign Policy*, New York: Mcgraw-Hill, 1968, p. 52.

② Ibid., p. 52.

③ John Lewis Gaddis, "The Long Peace: Elements of Stability in the Postwar International System," *International Security*, Vol. 10, No. 4 (Spring 1986), pp. 108 – 109.

④ Kenneth N. Waltz, *Theory of International Politics*, p. 176. 这个命题首先由华尔兹在 "The Stability of a Bipolar World" 中提出，*Daedalus*, Vol. 93, No. 3 (Summer 1974)。最近重新收录在 Phil Williams, Donald M. Goldstein, Jay M. Shafritz, *Classic Readings of International Relations*, Belmont, California: Wadsworth Publishing Company, 1994, pp. 62 – 68。

后冷战世界与韩国的外交
政策：君往何处

冷战结束后——或许正是因为这一点——韩国面临着一个新的危机：朝鲜显然正试图将获取核能力作为对其政治与经济地位下降的一种补偿。虽然朝鲜于 1985 年正式加入了《核不扩散条约》（NPT），但是它拒绝签署国际原子能机构（IAEA）关于现场检查并核实其是否履行条约规定的必要文件。在发生多次停约与违约事件后，朝鲜拒绝了对指定站点的检查，其中包括 1994 年春对宁边的检查，这最终导致朝鲜宣布退出国际原子能机构。因此，美国要求联合国对其进行经济制裁。1994 年 7 月金日成突然病逝后，朝鲜终于承诺冻结其核武器发展计划，逐步拆除核设施，并允许对国内的两处可疑站点进行国际检查。作为回报，美国同意在平壤建立一个联络办事处，这是两国关系最终正常化不可或缺的前提，同时美国还向朝鲜提供重燃油作为对朝鲜结束核计划、放弃能源生产的补偿。由韩国和日本主导的一个国际财团为两个轻水反应堆的建设提供资金，以满足朝鲜长期的能源需求。

在关于国际组织进入宁边核废物处理场的争议中，朝鲜的中程弹道导弹测试报告强化了朝鲜的地位，假如朝鲜被允许制造核武器的运载系统，那么韩国与日本将面临可怕的情况，而这个噩梦也威胁到了美国在整个亚太区域的战略利益。基于这种背景，美国与朝鲜于 1996 年在柏林就导弹扩散一事进行了首次谈判。然而，仅靠之前的核谈判就希望有一个积极的结果还为时尚早。如果要对韩美间非对称的伙伴关系做出合理、现实的评价，那么有必要让韩国也加入核武器与导弹的谈判中。当韩国被允许与美国进行"密切磋商"时，它并不是坐在驾驶员的位置，而是坐在后座上。正如《日内瓦框架协议》预示的那样，在没有韩国直接参与的情况下，美国现在对朝鲜采取了一种安抚政策，包括提供消

极的安全保障、减缓经济制裁以及在没有韩国直接参与的情况下
积极地与朝鲜进行政府间的协商。① 在 1996 年 4 月 16 日举行的
济州岛会晤中，韩美领导人提议举行四方和平会谈，从表面上
看，韩国是与美国、朝鲜及中国平等的谈判国，然而，如果历史
经验对未来有任何指导意义的话，那么可以说所谓的平等谈判不
可能对四国中的任何一方都是平等的。即使美国和韩国在想法上
平等，它们的国力也不平等，这主要是由于朝鲜一方与韩美一方
之间存在不对称的敏感性和脆弱性，这种情况即使在后冷战世界
也没有改变。冷战的结束将美国的力量和声望提升到了一个空前
的高度。确实，美式和平（Pax Americana）已经成为事实，相比
美国的拥护者，这一观念更多地被美国的批判者使用。但是美国
既不是国际社会的"哲学王"（Philosopher-king），也不是后冷战
世界的"利维坦"（Leriathan）。尽管关于后冷战全球体系的本质
存在着巨大的"争论"，②（而且由于这无尽的争论）我们的水晶
球仍不清晰，这使我们无法看到新全球体系的本质。另外，东亚
的一个前超级大国依然处于崩溃瓦解的状态（俄罗斯），一个未
来的超级大国正在迅速崛起（中国），还有一个潜在超级大国尚
未明确其未来的身份（日本）。

　　如果东北亚各国间势力均衡的话，那么这种均衡也是包含着
巨大变动性的。东亚如今的转型无异于一场革命，③ 然而有一件

① Chae-Jin Lee, "US Policy Toward North Korea: The Dilemma of Containment and Engagement," *Korea and World Affairs*, Vol. 20, No. 3 (Fall 1996), p. 357.

② 关于这些争论可参见 Sean M. Lynn-Jones, *The Cold War and After: Prospects for Peace*, Cambridge, Massachusetts: The MIT Press, 1993; Richard K. Berts, ed., *Conflict after the Cold War: Arguments on Causes of War and Peace*, New York: Macmillan, 1994; Armand Clesse, Richard Cooper, and Yashikazu Sakamoto, *The International System After the Collapse of the East-West Order*, Dordrecht, The Netherlands: Martinus Nijhoff Publishers, 1994。

③ Kyung-Won Kim, "Korea and the US in the Post-Cold War World," *Korea and World Affairs*, Vol. 18, No. 2 (Summer 1994), p. 219.

事是毋庸置疑的，那就是在冷战结束的浪潮中发生的巨大变化解放了两极体系下被锁在一起服苦役的囚犯们，并引领我们进入一个全新的、不稳定的世界。[①]　此外，所谓的"软实力"（soft power）不断增加的影响力使世界逐渐迈进一个新的多极国际政治体系，并远离由美国主导的单极世界体系。换句话说，我们正驶向一个多极世界。[②]　然而，由于目前国际体系中存在权力的分配不均，这个全新的多极国际政治体系将不会完全等同于 19 世纪欧洲传统的多极体系。尽管如此，多极体系的这种理想型逻辑也许能告诉我们更多关于当今复杂国际体系的启示和教训。

在多极国际体系中，大国必须遵守一定的规则，而这些规则源于一种对普遍状态（universal state）的摒弃。结盟和敌对实际上都是暂时的，因为这取决于力量关系。由此类推，力量增长的国家肯定会预感到来自盟友的反对，它们可能会联合其他大国以维持均势。力量增长的国家预感到这种防御反应时，如果它没有称霸或建立帝国的意愿，克制自己的野心将会是个明智的选择。假如它渴望霸权，作为系统的分裂力量，它必须做好面对所有反对国家敌意的准备。

1957 年，莫顿·卡普兰（Morton A. Kaplan）构想了以下六个原则，并将其视作力量均衡体系，也就是所谓的多极国家体系成功运作的充分必要条件：（1）每个行为体必须采取行动增强实力，但必须更加倾向于谈判，而非战斗；（2）每个行为体必须去争取每一个增强实力的机会；（3）每个行为体必须停止与某个重要大国的战斗；（4）每个行为体必须采取行动以反对任何联盟或

---

① James N. Rosenau, *Turbulence in World Politics*, Princeton, New Jersey: Princeton University Press, 1990.

② Christopher Layne, "The Unipolar Illusion: Why Few Great Powers Will Rise," *International Security*, Vol. 17, No. 4（Spring 1993）, pp. 5 – 51; Kenneth N. Waltz, "The Emerging Structure of International Politics," *International Security*, Vol. 18, No. 2（Fall 1993）, pp. 44 – 79.

单个行为体谋取对系统内其他成员的支配权；（5）每个行为体必须采取行动以限制主张超国家组织原则的行为体；（6）不管是被攻击还是被强迫，每个行为体必须容许其作为可接受的伙伴回归体系，或者必须将一个先前不重要的行为体纳入重要范畴。必须把所有的基本行为体都当作可接受的伙伴来对待。①

在这六个原则中，我们可以迅速截取第四条原则，该原则适用于所有国际体系，最早由大卫·休谟（David Hume）在 18 世纪进行定义。② 从字面意思来看，其他原则严格来说没有一条明显适用于当今国际社会。③ 另外，每个原则都预先假设，即将保障国际体系中均势的安全作为国家的唯一目的，或者至少是国家必须考虑的问题。④ 但是，真正的均势外交忽视或必须忽视感情；它不分敌友，不会认为前者就会优于后者，而且也不会谴责战争。⑤

与此同时，一个国家对另一个国家的行为不仅由力量关系所支配，理念和情感也会影响行为体的决定。⑥ 同质系统（Homogeneous Systems）提供了极大的稳定，因为当权者不会没有意识到尽管国家利益可能使他们产生对抗，但意识形态方面的利益会把他们联合在一起。⑦ 体系的异质性则会产生相反的结果。当敌人

---

① Morton A. Kaplan, *System and Process in International Politics*, New York: Wiley, 1957, p. 23ff.

② David Hume, "On the Balance of Power," Arend Liphart, *World Politics: The Writings of Theorists and Practitioners*, *Classical and Modem*, 2nd. ed., Boston: Allyn and Bacon, 1971, pp. 248 – 254.

③ Raymond Aron, *Peace and War: A Theory of International Relations*, translated by Richard Howard and Annette Baker Fox, New York: Frederick A. Praeger, 1966, p. 129.

④ Ibid., p. 130.

⑤ Ibid., p. 132.

⑥ Ibid., p. 99.

⑦ 笔者遵循雷蒙·阿隆提出的概念：同质系统是指在这个系统中国家属于同一种类型，服从同一种政策概念；异质系统是指在这个系统中国家根据不同的系统被组织起来，并且诉诸矛盾的价值观。Raymond Aron, op. cit., p. 100.

作为一个政治对手而制造了某种意义上的内部冲突时，失败不仅影响国家的利益，也影响当权者的利益。国内和洲际冲突的交错会加剧系统的不稳定。国家对一个大国或其他国家的承诺遭到破坏是内部斗争的结果。党派斗争客观上成了国家冲突的插曲。一旦战争爆发，妥协式的和平将很难实现，故而推翻敌人的政权几乎不可避免地成了战争的目标之一。① 因此，异质系统（Heterogeneous System）事实上是一种革命性的体系。

异质系统往往通过大幅提高观念发生变化的可能性来削弱世界的稳定性。② 反体系外交政策（anti-systemic foreign policy）在革命性国家中的出现是该国家革命性内部条件与国际困境之间相互作用的结果。③ 19世纪庞大的多极体系大多由于系统的复杂而崩溃。那些国家需要梅特涅（Metternich）或俾斯麦（Bismarck）式的人物将它们团结在一起，而一旦政治家的能力变得有限，这一体系便开始走向分裂。④

换句话说，伟大政治家的存在对于维护多极国际体系至关重要。假如没有高度成熟的政治才能，最具诱惑的政策选择便是"相互推诿"（buckpassing），这是国际体系中多极化的异常状态。⑤ 面对增加的威胁，均势联盟（balancing alignment）已经过时，因为一些国家试图在其他国家的均衡努力上搭便车。它们之所以这样做不仅是希望避免承受不必要的损失，或者通过其他大国的相互

---

① Raymond Aron, op. cit., p. 101.

② Kyung-Won Kim, *Revolution and International System*, New York: New York University Press, 1970, p. 122.

③ Ibid., p. 127.

④ 关于这两位国家领导人维持国际体系的详细信息，参见 Henry A. Kissinger, *A World Restored*, Boston: Houghton Mifflin, 1957; "The White Revolutionary: Reflections on Bismarck," *Daedalus*, Vol. 97 (Summer 1968), pp. 888–923。

⑤ Thomas J. Christensen and Jack Snyder, "Chain Gangs and Passed Bucks: Predicting Alliance Patterns in Multipolarity," *International Organization*, Vol. 44, No. 2 (Spring 1990), p. 141.

争斗坐收渔翁之利，巩固自己相对较高的地位，[1] 同时也是因为周围不确定性问题的存在，例如谁对谁有危险，谁又能去处理这些威胁和问题。[2]

　　鉴于今天出现的多极化趋势、持续的异质性以及在美国责任分担口号下促进负担转移这一趋势的增强，世界似乎正在接近一个新的混乱或无秩序状态。[3] 随着冷战的结束，韩国外交政策早先较为简单的背景有所转换，小虾又重新陷入过去的困境。简单搭乘美国的便车已不再让韩国感到安全与舒适，韩国离下车的时间越来越近。

　　在失去了可以与其抗衡的敌人之后，美国似乎在新世界陷入了迷茫。美国变成了一个孤独的超级大国，失去了需要实现的目标。[4] 现在正是韩国去思考停止搭乘美国便车之后，该如何行动的重要时刻。

结　论

　　冷战结束后，在全球化的口号下，抵制强权政治，拥护经济和功能关系成了一种趋势。这个途径显然很有吸引力，但是在朝鲜半岛的整个历史中，地理因素及军事力量的薄弱迫使其在外交政策方面不得不搭乘便车。在没有足够的体力与脑力制衡外国强权的情况下，朝鲜半岛与外部世界的关系经历了中国对其长期拥

---

①　Thomas J. Christensen and Jack Snyder, op. cit. , p. 141.

②　Kenneth N. Waltz, op. cit. , p. 170.

③　关于新世界秩序的不稳定因素，参见 John Lewis Gaddis, "Toward the Post-Cold War World," *Foreign Affairs*, Vol. 70, No. 2, (Spring 1991), pp. 102 – 122; Robert D. Kaplan, "The Coming Anarchy," *The Atlantic Monthly* (February 1994), pp. 44 – 76; Samuel P. Huntington, "The Clash of Civilization," *Foreign Affairs*, Vol. 72, No. 3 (Summer 1993), pp. 22 – 49.

④　Michael Cox, *US Policy After the Cold War*: *Superpower Without a Mission*, London: Pinter, 1995.

有宗主权、日本的殖民统治，以及如今与美国军事联盟这几个阶段。随着冷战结束，韩国被推到了如何在多极国际体系潮流中塑造自身外部关系的十字路口。

回顾美国在冷战中所实施的外交策略，可以说它们既巧妙又有效，而且非常简单：牵制及破坏或逐渐瓦解苏联政权。[1] 结果美国外交政策的这两个目标都得以实现。然而自从布什总统通过海湾战争取得令人惊叹的军事胜利，进而提出"世界新秩序"以来，美国开始表现得像一只"神经质的狮子"。[2] 美国似乎要将自己的定位从世界领袖转化为一名聪明的均衡者。但是这种传统英国式的均衡游戏只会使它的朋友和敌人同时感到困惑。[3] 当需要权力平衡时，英国式均衡者通常无法应付长期的威胁。而且美国目前几乎无法扮演一个严格意义上的英国式均衡者的角色，除非它能从众多的同盟体系中完全退出。

美国还试图扮演一个类似于 1871 年德意志统一之后俾斯麦曾扮演的平衡角色。俾斯麦自称"公正的调解者"，但其本身有着强大的同盟体系作后盾。美国也许希望能成为最优秀的调解者，但它不喜欢代价高昂的权力政治。俾斯麦政策的目标非常明确，那就是孤立法国。相反，美国更加乐于和所有的大国斡旋，其中包括中国。它宁愿选择与所有潜在竞争者维持良好的关系，也不愿被其他竞争者排斥。不管怎样，俾斯麦成功地扮演了一名公正调解者的角色。对所有人来说，公正的调解者这一角色都是相当有吸引力的，因为他不需要付出任何代价。对于美国来说，

① George F. Kennan, "The Sources of Soviet Conduct," *Foreign Affairs*, Vol. 25, No. 2 (July 1947), pp. 556 – 582.

② Michael Elliott, "The Neurotic Lion: America's Skittishness About Committing to War Causes Global Problems," *Newsweek*, September 26, 1994, p. 23.

③ Joseph Joffe, " 'Bismarck' or 'Britain'? Toward an American Grand Strategy After Bipolarity," *International Security*, Vol. 19, No. 4 (Spring 1995), pp. 102 – 105.

这个角色同样具有诱惑力，它能使美国置身于正在逐渐形成的多极世界体系之外。通过扮演公正调解者的角色，美国可能会注意在充满变数的东北亚地区不过分扩张其势力范围。东北亚的活力依赖经济和军事力量的增长。俄罗斯的势力大不如前，但它的发展潜力巨大，虽然速度缓慢但正在逐渐从苏联瓦解的冲击中恢复过来。中国正在小心谨慎地把新的经济实力转换成军事力量。日本则对实现军事飞跃早已准备就绪。自冷战结束后，中日两国利益的相对一致性得到了广泛认同。日本孕育的独立政策，以及中国政策的独立自主，在国际政治的历史转换中成为令人瞩目的产物。

如果没有美国的干预，东北亚地区无法在可预见的未来独自维系自身的系统平衡。美国与俄罗斯、中国、日本、韩国都维持着良好的双边关系。整个亚洲都需要依靠美国的安全保障以防范日本凭借强大的经济实力进行军事扩张。在处理与朝鲜的关系上，中国、俄罗斯和韩国虽然都有各自的计划，但朝核问题的解决离不开美国的参与。美国已经开启了和朝鲜对话的直接通道，韩国甚至有时都被排挤在外。韩国并不反对美国的领导，因为除了跟随美国一起努力防止朝鲜核扩散之外，韩国没有更好的政策选择。然而，一旦公正的调解者失败了，其影响力的扩散也将是不均匀的。因此，韩国不可能只是静坐观望，也不能一直相信只要是对美国有利的就一定也有利于韩国。

后冷战时代，权力政治的多边均衡兴起，韩国已置身其中，却对此感到异常陌生。历史上，韩国搭乘超级大国便车的时间远远多于身处多极权力体系中的时间。因而韩国不曾有足够的机会发展自身的才能，以同时应付几个超级大国。韩国需要以卓越的政治才能去应对新的国际政治环境，并引领两个分裂的国家完成民族统一。20 世纪 90 年代，韩国外交政策所面临的时代不应该是尾声，而应该是一个崭新的、自信的、充满想象力的开始。它将会为世界的和平、全球的繁荣昌盛，以及民族的统一、安全和发展兴旺做出贡献。

　　世界从来不会顺从我们的意愿，而能否获得自由取决于我们能否察觉到自身所处环境中的首要目标。外交政策亦是如此，假如我们不顺其自然，就不能征服它。外交政策的制定离不开治国之道的创新，但是创新不能脱离现实。韩国必须消除因搭乘美国便车而感到"无能为力的绝望"。知识可以是自由的开始，无论自由的边缘多么狭窄。韩国的外交政策于 20 世纪 90 年代初逐步走向成熟，而且它也已经从"畏惧被朝鲜统一"转变成了"希望由韩国统一"。韩国人将自己从一个"怯懦者"变成了一个在主宰朝鲜民族命运上非常"自信"的角色。包括美国在内的东北亚主要大国，尽管口头上表示支持"朝鲜半岛的和平统一"，但实际上表现得十分冷漠。在外交政策上，特别是在国家统一问题上，韩国正需做出必要的选择，无论选择的范围多么狭窄。君往何处？古语有云：有志者事竟成！

第二章
朝鲜民族的历史教训：柏拉图式的朝鲜半岛、马基雅维利式的日本和帝国时代美国的亚洲政策[*]

> 手无寸铁带来诸多恶果，被蔑视即其中之一。
>
> ——马基雅维利

　　柏拉图曾经指出，如果一个国家规模较小，武器只属于守护阶级，并且独立于外贸的不良影响，那么它就是一个善良的国家。① 然而从马基雅维利的立场出发，这一论断并不合理。不管它多么善良，一个由手无寸铁的人民组成的小而孤立的国家终将

---

　*　第二章最早刊载于姜声鹤所著《西伯利亚的列车和武士：日俄战争中的外交和军事战略》（韩文版），首尔：高丽大学出版社，1999，第 615～655 页 [Sung-Hack Kang, *The Tran-Siberian Train and the Samurai: The Diplomacy and Military Strategy of the Russo-Japanese War* (in Korean), Seoul: Korea University Press, 1999, pp. 615–655]。

　①　*The Republic of Plato*, translated by Allan Bloom, New York: Basic Books, 1968, pp. 422b–423c; *The Laws of Plato*, translated by Thomas L. Pangle, New York: Basic Books, 1980, pp. 704a–707c, 742a. Jean Jacques Rousseau 拥有同样的观点，关于 Rousseau 的观点可参见 Sung-Hack Kang, *Socrates and Caesar*, Seoul: Pakyoungsa, 1997, pp. 175–179。

会变成魔鬼般好战国家的受害者。今天的柏拉图学派人物——列奥·施特劳斯（Leo Strauss）将马基雅维利描绘为"邪恶之师"，并且比起马基雅维利的德行（virtú），其更偏向于柏拉图的美德（virtue），即使他也认同马基雅维利的部分观点，特别是在谈论到以下内容时：

> 然而这就意味着，他们不得不承认，由好的和明智的城邦来对技术创新所行使的道德监督和政治监督，必然要受到一个必然性的制约束缚，这个必然性所指的是，对于道德上相对低劣的城邦所采用的做法，必须予以迁就适应，那些城邦对于这种监督，采取轻蔑奚落的态度，因为它们的终极目标，是掠夺攫取，或是不受约束。……只有在这一点上，马基雅维利关于善者无意为善因为恶者众的论断，才可以被证明是有根据的。……对涉及战争艺术的技术创新必须予以首肯和鼓励，这个认识，暗示了一个困难之处的存在，这个困难之处，是为马基雅维利对古典政治哲学所做的批评提供了某种依据、理由的唯一因素。然而，我们可以说，使得古典意义上的好的城邦成为空中楼阁的，并不是技术创新本身，而是为了带来这些技术创新而对科学的利用。①

因此，权力政治是国际关系的核心内容。尽管如此，怀有美德之热情的柏拉图可能会这样回答马基雅维利：

> 我们不赞成普遍的观点，即一个人的最高的善是活着并且仅仅是活下去。他的最高的善乃是尽可能成为有美德的

---

① Leo Strauss, *Thoughts on Machiavelli*, Chicago：University of Chicago Press, 1958, pp. 298 – 299.

人，并且终身如此。①

接下去，柏拉图可能会说："（他）深知一个邪恶的人不会有好下场，因为他必须邪恶地活着。"② 为了让自己的论断听起来言之有理，柏拉图要求我们相信不朽的灵魂可以克服肉体的死亡并保持美德的存在。③ 然而，这样的主张只能被视为一个"高尚的谎言"，因此，他的"理想国"从未在真实的历史中真正实现。显然，马基雅维利是一个外交政策的理论家，而柏拉图不是。对马基雅维利来说，安全来自统治。因此，对自卫的担忧使一个国家去寻求荣誉、统治和财富，换句话说，使其成为一个帝国。为了与其他国家竞争，一个国家需要建立国内秩序。一个毫无防御能力的国家就好像一座没有屋顶的华丽的合法宫殿，尽管这个宫殿用宝石与黄金加以装饰，却仍然无法避免雨水之害。④ 一个没有武装力量的国家不仅无法保护自己并且最终将会灭亡。⑤ 即便一个国家坚定地与其他国家保持友好关系并长期表现出和平的意图，这个国家依然应该警惕他国潜在的侵略之心。因为每个国家都会抱有以下的想法：处理未来威胁最为有效的方法就是尽快破坏或者击败未来的敌人。正因为如此，一旦一个国家希望击败潜在的敌人，其将被迫以理性的方式实施进攻计划。因此，区分"现状国家"（status-quo countries）与"侵略国家"（aggressors）可能并无意义。在马基雅维利的世界里，每个国家都是理性的潜

① *The Laws of Plato*, op. cit., p. 707d.

② Plato, *Gorgias*, translated by Donald J. Zeyl, Indianapolis: Hackett, 1987, 512b.

③ *The Republic of Plato*, pp. 608c – 621d; Gorgias, pp. 552b – 527d.

④ Niccolo Machiavelli, *The Art of War*, translated by Ellis Farnsworth, New York: A Da Capo, 1965, pp. 3 – 5.

⑤ Hannah Finichel Pitkin, *Fortune is a Woman: Gender and Politics in the Thought of Niccolo Machiavelli*, Berkeley: University of California Press, 1984, pp. 65 – 66.

在侵略者。① 即使一个国家保持中立，那也毫无帮助，它依然会陷入战争的状态。保持中立者肯定是一方面被失败者憎恨，另一方面被胜利者鄙视。② 对马基雅维利来说，以柏拉图的美德建立的国家将会因为其他以战争为建国法则的国家的存在而面临被破坏的危险。③

　　在无政府世界里，对一个相对弱小的国家而言，与其他面临相同威胁的国家结成同盟并发展足够的力量来应付这种威胁才是明智之举。但是，一旦这种担忧消失，同盟也将随之瓦解。这是因为当导致它们相互承诺防御的因素消失时，承诺也将难以兑现。因此，尽管马基雅维利明白这种同盟的合理性，他仍不相信同盟的作用。其原因在于，当国家意识到共同威胁时往往为时已晚，失去了适当应对的最佳时机，或者是这些国家只想获取安全之利，而不愿承担战争的负担，它们单纯地期待这种威胁被其他盟国化解，以使自身的安全得到维护。④ 当同盟失败或者不存在同盟的时候，弱者为了寻求保护将不得不顺从强者。因此，"弱者通过与征服者结盟来保护自己"。⑤ 比起对远方朋友的信任，人们往往对近处敌人会更强烈地感到恐惧。用当下的学术语言来说就是一个弱小国家需要"搭便车"。⑥ 事实上，马基雅维利将搭便车视作治国方法之大成。因此，一个遭到攻击的君主不能再犯更大的错误，尤其是当攻击者的实力远远超出自己时，选择协商是

①　Markus Fischer, "Machiavelli's Theory of Foreign Politics," *Security Studies*, Vol. 5, No. 2（Winter 1995）, p. 276.

②　Niccolo Machiavelli, "Letter to Vettori," in *Machiavelli: The Chief Works and Others*, translated by Allan Gilbert, Durham: Duke University Press, 1958, Vol. 2, pp. 948 – 959, 260.

③　Markus Fischer, op. cit., p. 248.

④　Markus Fischer, op. cit., pp. 261 – 262.

⑤　Niccolo Machiavelli, op. cit., p. 80

⑥　关于国家搭便车，参见 Stephen M. Walt, *The Origins of Alliance*, Ithaca: Cornell University Press, 1987; Kenneth N. Waltz, *Theory of International Politics*, Reading: Addison-Wesley, 1979, pp. 125 – 127。

最好的选择，尤其是在对方提供协商机会时。因为这些协商条件往往不至于特别苛刻乃至令人难以接受，而受到攻击的一方也会因之获得一部分的胜利。① 当一个国家失去机会来摆脱迫在眉睫的威胁时，它最好采用搭便车政策，而非试图形成一个对抗联盟。② 此外，在搭便车过程中还存在协商的余地，让这个国家能够为未来做好准备。

柏拉图式的朝鲜半岛和
马基雅维利式的日本

1905 年和 1910 年，朝鲜半岛面临着来自日本的威胁。朝鲜半岛是柏拉图式的美德之邦，而日本则是马基雅维利式的帝国。明治维新之后，日本对西方打开国门，计划促进本国繁盛，增强其防卫能力，朝鲜王国却在沉睡，还在期待"清晨的平静"，丝毫未能察觉到邻国的变化。当朝鲜半岛终于睁开双眼，却惊讶地发现日本帝国的枪口已对准自己。升起的太阳如此刺眼，清晨不再平静。当恐慌的朝鲜人民试图寻觅藏身之处时，没有人援助他们，因为日本早已采取措施使其他国家拒绝朝鲜人民的请求。朝鲜半岛的领导者处于分岔路口，并且需要选择其中的一条：是屈从并搭便车于日本，还是徒手抵抗。尽管哈姆雷特著名的独白——"生存还是死亡"（To be, or not to be）——是对这一情形完美的诠释，但对于朝鲜半岛人民来说，这次经历不是第一次，也不是仅有的一次。包括朝鲜半岛在内的很多弱小国家都多次面临这种悲惨的情况。修昔底德经典再现了马基雅维利的世界。他戏剧性地描绘了肢体力量和手无寸铁的正义之间的较量，或者说国家间权力与正义间的对抗。

---

① Niccolo Machiavelli, *Discourses*, Book 2, chap. 27.

② Niccolo Machiavelli, op. cit., Book 1, chap. 33.

在《伯罗奔尼撒战争史》（*History of the Peloponnesian War*）一书中，特别是在强者——雅典，与弱者——米诺斯进行辩论的故事里，修昔底德揭露了国际政治残酷的历史。当公元前 416 年这段辩论展开的时候，雅典人已经与斯巴达进行了长达 16 年的战争，因此，他们几乎没有对生活在米诺斯这个小岛上的人们表现出人道主义的同情。正如克劳塞维茨说的那样，战争往往让一切都走向了极端。[1] 当米诺斯人被雅典的军队包围时，他们很清楚雅典想要什么。在如此紧迫的情况下，很难期待这种辩论是正义公平的。对米诺斯岛上的人们来说，即便可以证明他们是正义的，这个辩论也依旧关系到他们究竟选择战争还是沦为奴隶。对一个弱国而言，由于双方力量悬殊，选择战争就意味着死亡。然而，雅典人却压迫米诺斯人，对他们说：

> 既然这样，我们这一方就不愿说一切好听的话，例如，因为我们打败了波斯人，我们有维持我们帝国的权利；或者说，我们现在和你们作战，是因为你们使我们受到了损害——这些套话都是大家所不相信的。我们要求你们那一方也不要说，你们虽然是斯巴达的移民，却没有联络斯巴达人同我们作战；或者说，你们从来没有给我们以损害；不要妄想以这套言词来影响我们的意志。我们建议：你们应该争取你们所能够争取的，要把我们彼此的实际思想情况加以考虑；因为你们和我们都知道，经历丰富的人谈起这些问题来，都知道正义的标准是以同等的强迫力量为基础的，同时也知道，强者能够做他们有权做的一切，弱者只能接受他们必须接受的一切。[2]

---

① Carl von Clausewitz, *On War*, translated by Michael Howard and Peter Paret, Princeton, New Jersey: Princeton University Press, 1976, pp. 75–78.

② Thucydides, *History of the Peloponnesian War*, translated by Rex Warner, New York: Penguin Books, 1972, Book 5, "The Melian Dialogue," chap. 89.

对雅典人来说，正义不过是个虚名。真正重要的是获得他们所想要的。但是，米诺斯人却相信正义是普遍存在的，未来强者也会变成弱者。因此，他们宣称应当遵守公平竞争和公正对待的原则，否则，雅典人将会遭到报复。雅典人回应说，为强者所征服是命运的裁决，并宣称放弃米诺斯对米诺斯人和雅典人都是件好事。而米诺斯人说，放弃米诺斯就意味着雅典人成了主人，米诺斯人成了奴隶，这对米诺斯人来说怎么会是件好事？雅典人冷酷地回答道：

> 屈服了，你们就可以保全自己而免于灾祸；不毁灭你们，我们就可以从你们那里取得利益。①

接着，米诺斯人开始探听其是否有可能在雅典与斯巴达之间保持中立，但雅典人的回应是无条件的拒绝。雅典人说，如果他们接受了这样的请求，雅典的其他附属国就会将之理解为雅典人的懦弱。他们还说，雅典作为海上霸主一定要展现其海上实力，因此，控制包括米诺斯在内的岛国至关重要。雅典人担心如果他们没能控制米诺斯岛，他们的海上霸权就会崩溃。米诺斯人强调他们依然是独立的，如果不战斗就投降，那将会成为可耻的懦夫。然而，雅典人却认为一个小国为自救而顺从一个强国并不是什么丢脸的事：

> 不，如果你们有脑筋，你们就不是懦夫。世界上没有公平的战争，没有光荣在一边、羞辱在另一边的战争。问题就在于怎样保全你们的生命，而不是去反抗过分强大的对手。②

---

① Thucydides, op. cit., chap. 93.
② Thucydides, op. cit., chap. 101.

之后，米诺斯人提出了战争的不确定性问题。他们指出，在战争中，比起交战双方的力量差距，命运会起到更为重要的作用。他们说，如果他们选择了战争，他们还有一线希望，否则所有的机会都会随之而去。随后，雅典人斥责了米诺斯人的妄想。

> 希望，那个危险中的安慰者！如果有结实可倚的资源，你们不妨沉醉在希望之中。那可能使人受到伤害，但不会使人遭到毁灭。但是按性质说，希望是一个要付出很大代价的商品。如果人们孤注一掷地把一切都寄托在它身上，只有完全失败以后，他们才知道那是怎么一回事；反过来说，知道了这一点而未雨绸缪的人们，希望是不会使他们失败的。你们是弱者，只要在天平上一摆动，你们的命运就被决定了，不要让希望辜负你们。不要跟那些人一样，他们经常在合乎情理、切实可行的方式中丧失保全自己的机会；当他们在困难中没有希望的时候，他们转而乞灵于盲目和渺茫的东西，乞灵于语言、神祇和其他类似的东西，以激励他们抱有希望，结果是他们遭到了毁灭。①

尽管米诺斯人清楚地认识到了对抗雅典人的困难，他们依然希望得到他们的神、雅典的强劲对手——斯巴达的帮助。

> 然而我们相信神祇会保佑我们，也和保佑你们一样，因为我们代表公理而反对不义；谈到我们力量的不够时，我们相信我们有弥补的办法，我们的同盟者斯巴达，丢开别的不讲，为了荣誉，也会援助我们的，因为我们有同族这层关系。②

---

① Thucydides, op. cit., chap. 103.
② Thucydides, op. cit., chap. 104.

雅典人驳斥了米诺斯首领的辩白，称雅典人正努力履行神的旨意，而且在神的世界里也是强者统治弱者。

> 关于神祇的庇佑，我们相信我们和你们都有神祇的庇佑。我们的目的和行动完全符合人们对神祇的信仰，也符合指导人们自己行动的原则。我们对神祇的意念和对人们的认识都是基于我们相信自然界的普遍和必要的规律，就是在可能范围以内扩张统治的势力，这不是我们制造出来的规律；这个规律产生之后，我们也不是最早遵循这个规律的人。我们发现这个规律早就存在，我们将让它在后世永远存在。我们不过照这个规律行事，我们知道，无论是你们还是别人，只要有了我们现有的力量，也会一模一样地行事。……在和他们自己以及和他们的政治有关的事务方面，斯巴达人是特别好的；说到他们和别人的关系，那个事情说来话就长了，但是我们可以简单明了地说，在我们所知道的人中，斯巴达人最显著的特点就是他们认为他们所爱做的就是光荣的，合乎他们利益的就是正义的。这样的态度对满足你们现在不合情理的安全要求是没有用处的。①

尽管如此，米诺斯人强烈期待着斯巴达的援助，认为不保护自己的殖民地——米诺斯，将对斯巴达不利。米诺斯人坚称如果斯巴达不保护米诺斯，那么斯巴达的其他盟国也将不再信任它。他们继续说道，因为这将意味着斯巴达权力的丧失，所以斯巴达一定会前来援助。然而，雅典人却主张，人们总会求得自己的安全，而寻求正义与荣耀会带来危险。他们说，像其他人一样，斯巴达也会努力避免危险。作为一个陆上强国，斯巴达不会为了拯救米诺斯这样一个小岛而去对抗希腊最强大的海上大国——雅

---

① Thucydides, op. cit., chap. 105.

典。后来，雅典人给米诺斯人发了最后通牒：

> 我们有些惊讶你们虽然宣称你们的目的是要商谈如何保全自己，但是在你们的谈话中，你们绝对没有说到一点事实足以证明你们是可以保全的。你们主要的论点只是对将来可能发生的事情的一种期望，而实际上你们的资源很少，并不能使你们应付目前所对抗的力量从而获得生存的机会。如果在你们要求我们停止会议以后，你们仍然不能得出一个比较聪明的结论来的话，你们的常识实在是非常缺乏的。不要因为一个虚妄的荣誉心而误入迷途……你们要晓得，向希腊最大的城邦低头，接受它所提出的合理条件——在缴纳贡赋的基础上加入同盟，而自由享用自己的财产——并不是一件不光荣的事。当你们可以任意选择战争或安全的时候，你们一定不会因为妄自尊大而做出错误的选择。以独立的态度对待地位相等的人，以恭顺的态度对待地位较高的人，以温和的态度对待地位较低的人，这是安全的常规。当我们退出会议之时，请你们再想一想，并且你们心中要经常记着，你们讨论的是国家命运的问题，你们只有一个国家，你们国家的兴衰全靠你们现在所做的这一个决定。[1]

经过这番对话，米诺斯人重申了他们决不妥协的立场。他们没有做好准备放弃700多年的自由。他们依然相信神的庇佑和斯巴达的援助，然后他们答复道：雅典人应该离开米诺斯岛。结束这次对话以后，雅典人为米诺斯人留话：

> 好的，从你们的决策来看，你们好像把将来看的比目前的形势更有把握些，把不可靠的将来看成真切的事实。你们

---

[1]　Thucydides, op. cit. , chap. 111.

的理由就是你们希望事情会是这样演变的，你们这种判断局势的能力可真算是奇特的。你们既然把一切都押在斯巴达人、命运和希望这一孤注上面，把信心寄托在它们中间，那你们终究是会上当的。①

最终，雅典人入侵了米诺斯。尽管米诺斯人怀有希望，但斯巴达的援助和神的庇佑都没有出现。米诺斯人不得不向雅典士兵屈服。雅典人杀了所有的米诺斯成年男性，女人和孩子沦为奴隶。在较温和的条件下拒绝服从，米诺斯人无疑是在自掘坟墓。然而，经过长时间的战争后，雅典被斯巴达击败。这难道真的是米诺斯所说的神的诅咒？即便是，也无法告慰米诺斯人，因为他们已经被杀害了。但是，修昔底德生动地为今天的我们传达了米诺斯的教训。这段对话展示了一个对现实置之不理的弱小国家的悲惨命运。这个例子揭示了马基雅维利式的大国和柏拉图式的小国之间冷酷无情的关系。

日俄战争后的朝鲜半岛与米诺斯的情况十分相似。面对作为马基雅维利式强国的日本，单纯尊崇美德并相信上天恩宠的柏拉图式的朝鲜半岛被迫选择了它的未来。19世纪末，朝鲜半岛人民对基于国家利益（rason d'état）的西方式国际关系一无所知。当时，朝鲜半岛是一个崇尚儒家美德的王国。朝鲜半岛人民对"外面的野蛮人"（西方人）关上了国门，一心培养儒家的道德修养和治国之术。对朝鲜半岛人民来说，他们的世界观仅仅局限于朝鲜半岛。在国王的绝对统治之下，一般百姓能够做的只有"个人道德培养和儒家式社会管理"。朝鲜半岛人民的思考方式不是从"政治"出发，而是从"道德"出发，因此，相比马基雅维利的暴力，他们更尊崇柏拉图的美德。如同米诺斯人一样，朝鲜半岛人民在被迫选择前途时相信上天的帮助。然而，与米诺斯人反抗残

---

① Thucydides, op. cit., chap. 113.

酷的命运不同，朝鲜半岛人民在面对自己的命运时，选择了屈服。

就无力做出决定而言，朝鲜半岛与马基雅维利谴责的佛罗伦萨很像。15 世纪末，佛罗伦萨人还不足以强大到做出自己的决定，且无力克服当前的困难。他们在困惑中徘徊，找不到出口。马基雅维利认为这在一定程度上源于基督教的思考方式。[①] 他将基督教看作贫弱和妄想的宗教。[②] 这个宗教并不足够强大到让君主和国家停止自己的野心，但足够强大到使他们盲目地追求这种野心。基督教阻断了在无政府状态下保卫国家安全和进行国家行政管理所需的尚武精神。教会只不过是在传递一种天真（naiveté），告诉人们上帝在保护他们免受外界的威胁。在这种情况下，基督教徒倾向于将战争中的失败归结于他们自己在创造"奇迹"（miracle）[③] 或"罪孽"（sin）[④] 上的软弱。马基雅维利坚称基督教不能使人们回避问题，因而让他们成了罪恶的牺牲品。基督教的这种被动性打破了政治与必然后果之间的合理关系。对马基雅维利而言，佛罗伦萨的罪恶源自基督教让人民忘记管理军事的重要性。[⑤] 假如马基雅维利对基督教作用的解释是正确的，那么可以说朝鲜王国的儒教也扮演着与佛罗伦萨的基督教相似的角色。

儒家世界观的缺陷

正如基督教提倡的"爱"（love）一样，儒家的"仁慈"（benevolence）也禁止人们诉诸暴力。因此，朝鲜半岛人民的儒家世

---

① Niccolo Machiavelli, *The Discourse*, Penguin Books, 1983, Book 1, chap. 38.

② Ibid. , 序言。

③ Niccolo Machiavelli, The Prince, translated by Harvey Mansfield, Jr. , Chicago：The University of Chicago Press, 1985, p. 16.

④ Ibid. , p. 49.

⑤ Hannah Finichel Pitkin, *Fortune is a Woman*：*Gender and Politics in the Thought of Niccolo Machiavelli*, Berkeley：University of California Press, 1984, p. 322.

界观阻碍了他们正确认识和合理应对 19 世纪末期的帝国主义浪潮。当时，西方的主要大国向全世界展示它们的强大实力。这与交通技术方面的革命性发展密不可分。首先，蒸汽动力技术被引入海上交通。虽然第一艘汽船建造于 1802 年，但直到 19 世纪末海洋交通中的帆船才被汽船取代。通过汽船，欧洲的工业国家能够将其经济活动范围和军事力量扩展到欧洲以外的其他地方。为了把本国的商船送往远洋，他们需要国外的补给基地，这推动了 19 世纪末期帝国主义的扩张。欧洲强国竞相建造装有大炮的军舰并驶过印度洋和太平洋。那时，它们与非西方国家建立关系的典型方式是炮舰外交（gunboat diplomacy）。其次，行驶蒸汽机车的铁路网构成了主要的陆地运输系统。通过铁路系统，美国和俄国这两个大陆国家得以将其政治与经济控制范围延伸至陆地的尽头。英国和法国也利用铁路系统渗入非洲来挖掘资源并奴役当地劳动力。最后，包括电报和电话在内的新通信技术让前所未有的集中指挥和控制成为可能。交通运输与电信技术的革命性发展也使之前无法想象的大规模军事行动成为可能。

19 世纪的国际社会是马基雅维利式的世界。从深受儒家仁爱思想影响的朝鲜半岛政权的立场来看，这是个它应该远离的野蛮世界。然而，这个马基雅维利式的世界并不接受朝鲜半岛"避而远之"的想法。其表现便是现代化的日本对朝鲜半岛实行了炮舰外交。日本的武士不再是掠夺中国和朝鲜半岛海岸的野蛮海盗。通过 1868 年的明治维新，他们成了现代化的主要受益者并学习了西方的国家利益观，所以他们转变成了马基雅维利式的武士。然而，朝鲜半岛人民并不知道日本的变化，或者他们有意避开了这种变化。在他们的观念中，日本是最野蛮的国家。朝鲜半岛的领导人从未学习过日本文化和政策，一般百姓称呼日本人为"倭人"（矮人）。然而，正是由于这种傲慢的态度，朝鲜半岛错失了了解和应对日本扩张主义政策的最佳时机。

日俄战争结束后不久，日本领导者伊藤博文召见朝鲜的国王高宗，要求割让朝鲜半岛的外交主权。这里，笔者发现伊藤博文侵犯朝鲜半岛主权与雅典人威胁米诺斯人二者之间毫无区别。朝鲜半岛人民不想屈服于野蛮人，但也无力对抗。他们甚至没有与日本实力相当的同盟国。朝鲜半岛耻辱地屈从于马基雅维利式的武士德行。马基雅维利责备意大利君主不负责任。他们将国家的危机归结于命运的惩罚而非自己的懒惰。[①] 根据马基雅维利的观点，命运就好像天气一样不断变化。人们不能避开坏天气，但能够提前为之做好准备。如果领导者很负责地为坏天气做好准备，那么坏天气就会被当作"偶然"，而不是"必然"。朝鲜半岛对日本的屈服也是朝鲜半岛领导者的错误。他们的错误并非屈服本身而在于他们的懒惰。直到失去主权的时候他们才想起马基雅维利的时代。是什么造成了这样的结果？

当一个人出生的时候，他只有本能的需要。直到成长为婴幼儿后自我意识才会得到发展。因此一个人的自我意识也就是自我成长过程的结果。在这个过程中，他受到自身所处环境的强烈影响而形成并发展自己的身份认同。换句话说，一个人的成长过程意味着社会化的过程，这可以通过包括社会文化在内的多种要素之间的互动而形成。因此，社会文化就成了他的第二属性。

一个集团的自我意识也是通过历史过程产生的。对朝鲜半岛而言，儒家文化就是其第二属性。儒教基本上是以和平为指向的，对暴力和武士生活评价不高。在儒家文化中，人们倾向于过一种绅士般的道德生活，他们受到哲学性格和高尚思想的影响，而不是进行包括军事战略和战术在内的军事训练。朝鲜半岛领导人没有重视马基雅维利和吉本（Gibbon）在罗马帝国历史中发现的严谨治国之道。[②] 尽管在朝鲜王朝的历史中也有官员十分看重

---

① Niccolo Machiavelli, *The Prince*, chap. 24.

② 爱德华·吉本是历史学家，他从历史的角度巧妙地解释了国际政治。参见 Alberto R. Call, "Edward Gibbon's History of the Decline and Fall of the Roman Empire," *The Political Science Reviewer*, Vol. 16（Fall 1986），pp. 97 – 126。

安保事务的价值，但他们的声音很难对深受儒家世界观影响的政府官吏的思维方式产生影响。儒家的国际关系范式无法认识并认同马基雅维利所强调的建立在武力基础上的现代国际关系观点。①

正如俾斯麦所指出的那样，能够战胜一个稳定国家的主要原因在于该国无法想象潜在的和致命的危险。当遇到外部威胁时，朝鲜半岛的学术型外交政策制定者不清楚国际政治中动机的概念，并且缺乏制定优先政策的能力。即便他们能够做出一些决定，也需要用很长的时间才能有效地解决问题，因此这些决议实施的时候已经没有价值了。例如，朝鲜王国在日俄战争爆发后很快就宣布中立。当时，朝鲜半岛官员试图避免鲁莽的行为，但最终这样的行为没能为其制定有效的策略留下退路。之后，他们试图追回错失的机会，但一切都已无济于事。

朝鲜半岛的悲剧真的无法避免？为了保护自己，一个国家必须将审慎的政策与军事力量结合在一起。军事力量和谨慎在任何时候都是政府所必需的。只拥有军事力量而不谨慎，或是相反，都不足以让一个国家保住性命。② 朝鲜半岛人民在几百年中通过搭便车政策保护自己。③ 正是因为搭便车政策，朝鲜半岛——一

---

① 有时一种世界观堪称一种宗教或意识形态。数千年以来，世界上的主要宗教以各种形式深深影响了人们的生活方式。参见 Max Weber, *The Protestant Ethic and the Spirit of Capitalism*, New York：Scribner's 1958。此外，作为原则信念或因果信念，世界观在制定外交政策过程中就像一张路线图。详情参见 Judith Goldstein and Robert O. Keohane, *Ideas and Foreign Policy*, Ithaca：Cornell University Press, 1993, chap. 1。

② Niccolo Machiavelli, "Words to be Spoken on the Law for Appropriating Money, After Giving a Little Introduction and Excuse," in *The Chief Works and Others*, translated by Allan Gilbert, Durham：Duke University Press, 1958, Vol. 3, p. 1439.

③ Sung-Hack Kang, *A Shrimp's Troubles among Whales, or the International Setting of Korean Foreign Policy*, Korean version, Seoul：Pakyoungsa, 2004, pp. 159 – 200.

个被包括中国、日本、俄国在内的大国包围的弱小国家——才能在几个世纪里保住主权和国家特性。然而，当朝鲜半岛人民在19世纪末面对日本的威胁时，他们并没有选择这一政策。为什么？有一种推测是他们错失了采用搭便车政策的最佳时机。如果朝鲜半岛决策者能够在日本野心面前采取这一政策，也许日本就没有理由攫取邻国主权。正如俾斯麦所说的那样，外交成功的秘诀就在于抓住适当的行动时机。

也许对于当时的朝鲜半岛人民来说，很难对自己轻视了几个世纪的日本人运用搭便车政策。陈旧的世界观是正确理解国际力量关系快速变化的最大障碍。不管怎样，拒绝采用搭便车政策的结果便是丧失主权。自发的搭便车将保持国家认同作为前提。然而，主权的丧失意味着国家认同的消失。朝鲜半岛"命运"的改变几乎花费了一代人的时间。1945年，日本在朝鲜半岛的殖民统治结束。然而，另一个比日本的统治更强大的马基雅维利式的"德行"也跟随"命运"来到了朝鲜半岛。

广岛和长崎原子弹爆炸的遗留问题致使战后日本持否认战争的态度。约30万遭受原子弹爆炸灾难的日本人受到了特殊待遇。因此，日本人有意忽略关于战争的记忆可能也是情理之中的事。① 大多数作为日本帝国主义战争受害者的日本人担心日本军国主义的复活。② 然而，日本政府将广岛和长崎作为象征，让人们相信他们受到了不公平的对待。诚然日本是核爆炸的受害者，但日本故意用广岛核爆炸来掩饰其在战争中犯下的罪行这一行为是不能被接受的。甚至有些日本领导人经常公开质疑盟国和邻国的战后逻辑。他们质问为什么只有日本被要求为战争

---

① Meirion and Susie Harries, *Soldiers of the Sun*, New York: Random House, 1991, p. 490.

② Meririon and Susie Harries, *Sheathing the Sword*, London: Hamish Hamilton, 1987, p. xv.

罪行道歉。① 他们似乎认为广岛和长崎的核爆炸严重到足以抵消他们过去的侵略和罪行，广岛和长崎是纵容他们采取这种态度的理由。

绝大多数日本人倾向于忽略或低估他们过去的历史遗留问题，尽管他们普遍怀有反战态度，特别是战后几代人并没有关于帝国主义战争的记忆，因此将战争罪行的责任归咎于过去的一些"军国主义者"们。然而，与希特勒所在的德国不同，军国主义日本并没有像纳粹那样的连贯组织。在战争期间，普通日本民众或"穿上制服的市民"执行了不计其数的非人道任务。德国人对战争罪行表现出忏悔，甚至美国人也为发生在越南战争中的美莱大屠杀表示自责。但是自1945年以来，日本人从未做出过这样的努力。他们从未表现出任何想要正视其国家责任的态度。

为什么日本人没有像德国人那样仔细回顾他们在战时的侵略行为？首先，仅有7名日本头领被认定为战犯，大部分战时领导者依然继续他们的政治生涯。② 其次，甚至在战争结束以后，最后的战时政府也依然得以保存。③ 最后，被称为蓝眼睛的将军——麦克阿瑟（MacArthur）尽管给日本人提供了"和平宪法"，但他却没有试图对日本人的思维定式做出革命性的改变。这些因素导致日本在众多自由民主国家中依然保持着局外人的身份，并且相邻的亚洲国家不免怀疑日本的诚意。日本的自我形象与其他国家对日本的认知有巨大的差距。这一差距在亚洲社会中引起反日情绪，但是日本却从未认真地考虑这种反感情绪。

很多日本领导者和官员好像并不准备通过反思他们在战时的

---

① Anne Simone Kleinman, "An Unassimilable Past and the Diplomacy of the Future: International Relations in East Asia Fifty Years On," in Gerrit W. Gong, *Remembering and Forgetting*, Washington D. C. : The Center for Strategic and International Studies, 1996, p. 111.

② Anne Simone Kleinman, op. cit. , p. xviii.

③ Anne Simone Kleinman, op. cit. , p. xvii.

侵略行为来缩小这种差距。他们倾向于认为不只是日本负有责任，其他主要大国也都负有责任。他们辩称，20 世纪的上半期，绝大部分大国都加入了帝国主义竞争，日本不过是其中之一。[①]尽管一些日本领导者称日本承认它在战争中对亚洲人民犯下的错误，[②] 但一般日本民众似乎并不感到愧疚。例如，池原守（Mamoru Ikehara）——一位旅居汉城 26 年的日本说客，在自己所写的《对韩国及韩国人的批判》一书中写道：

> 日本吞并朝鲜半岛政权的时代，是个强者征服弱者的帝国主义时代。如果朝鲜半岛政权是强者而日本是弱者，没有人能够保证朝鲜半岛不会侵略日本。[③]

日本人对历史的这种认识与雅典人对米诺斯人的声明一样：

> （这是）自然界的普遍和必要的规律，就是在可能范围以内扩张统治的势力，这不是我们制造出来的规律；这个规律产生之后，我们也不是最早遵循这个规律的人。我们发现这个规律早就存在，我们将让它在后世永远存在。我们不过照这个规律行事，我们知道，无论是你们还是别人，只要有了我们现有的力量，也会一模一样地行事。[④]

---

① Takashi Inoguchi, "Japan and Pacific Asia: Reflections on the Fiftieth Anniversary of the End of World War II," in *Asia in the Twenty-First Century*, Conference Proceedings, Institute of Oriental Culture, University of Tokyo, 1996, p. 68.

② Takashi Inoguchi, op. cit., p. 68.

③ Mamoru Ikehara, *Criticism of Korea and Koreans*, Korean Version, Seoul: Joongang M&B, 1999, p. 210. 尽管他在书中写到他试图探索日韩两国间真正的友谊，但他对于 20 世纪初历史的认知，仍然符合独特的"日本式"理解。

④ 这段话前面已经引述过，笔者在此再次引用以显示日本人与雅典人的历史史观念是一致的。

　　雅典人的态度是马基雅利现实主义的极端形式。但是，这种以自我利益为导向的思考方式忽视了正义，最终导致雅典的国内政治走向崩溃。① 作为国际社会的一员，当一国声称它将从国际政治的道德束缚下解放出来的时候，那么这个国家的人民通常也会得出一个结论：他们也不需要任何的个人道德束缚。然后，这个国家的国内政治就会沦为极端的权力争斗。正如雷蒙·阿隆所说的那样，这种权力政治会带来人类和社会的客观性，以及无尽的战争与争斗。② 雅典生动地展现了这一过程。正如雅典人那样，日本人也持有极端现实主义的态度，遂产生了日本军国主义政权，它被更极端的暴力手段——核爆炸终结。假如日本人将其帝国主义侵略归结于权力斗争的极端逻辑，那还不如未能正确理解自己过去悲剧行为的沙文主义。

　　当时，把日本的帝国主义侵略解释成不可避免的是不合理的。即便在不可避免的压力之下，一个具体的行动也是在诸多方案之中进行选择的结果，而征服或者屠杀并不是唯一的选择。③ 雅典人对米诺斯人施行大屠杀并不是唯一选择，也许还存在其他方案。同样，日本夺取朝鲜半岛的主权也并非不可避免，应该还有其他的政策选择。随着在日俄战争中取得胜利，日本在朝鲜半岛的利益获得了国际的认可。不仅如此，日本还与英国形成了同盟，而且声称对俄战争的目的是维护东亚的和平和安全。日本的地位确实类似于为了地中海的和平而与波斯竞争的古希腊。④ 然

---

① Steven Forde, *The Ambition to Rule*, Ithaca: Cornell University Press, 1989, p. 150.

② Daniel J. Mahoney, *In Defense of Political Liberalism: Essays by Raymond Aron*, Maryland: Rowman & Littlefield, 1994, p. 150.

③ Stanley Hoffmann, *Duties Beyond Borders*, Syracuse: Syracus University Press, 1981, p. 15; Michael Walzer, *Just and Unjust Wars*, New York: Basic Books, 1977, pp. 8 – 10.

④ Sidney Lewis Gulic, *White Peril in the Far East*, New York: Fleming H. Revell, 1905, p. 163.

而，就在 1905 年战争结束之后，伊藤博文召见朝鲜国王，以对抗西方人为由要求拥有朝鲜半岛的主权。① 这样的行为与日本早先的声明完全不一致。雅典的要求是坦率的，而日本则是非常虚伪的。尽管日本辩称帝国主义战争是时代的必然需要，但这种"必然性"并不是像万有引力那样的自然规律，而是一种政治选择和政治利益。

"20 世纪早期是帝国主义的时代""每个人都是有罪的"，也许日本可以说这些来为其过去的侵略辩解。但是，这种自我辩解是无法被接受的，因为一旦我们接受了这一逻辑，就会陷入任何人都不会因为自己的错误而遭受责备的困境。我们不能逼迫"时代"去承担责任。只有当一个国家为其行为负起责任，它才能成为一个真正的文明国家。时间或者时代精神可以成为减轻罪孽的借口，但这不能抹杀错误行为本身。

即使在今天，日本仍试图利用时间作为其重整军备的借口。事实上，在日本，一些人甚至公开主张日本安全战略应做出根本性改变，但是绝大多数日本领导人更多地采用包括"综合性安全""正常国家""与联合国合作"等在内的更为模糊的表达方式，悄悄地推行大规模重整军备计划。② 因此，日本宪法（又称"和平宪法"）第九条无法约束日本重整军备，只不过变成了一个护身符。日本所宣称的热爱和平、只追求经济利益的声明与其强大的军事力量和兵力军事集结自相矛盾。

今天，日本人过着一种被科耶夫（Kojéve）和福山描述为"民主而无聊"的生活，他们都接受了黑格尔"历史的终结"之说。换句话说，他们的生活方式好像越来越接近虚无主义，好像

---

① F. A. Mekenzie, *Korea's Fight for Freedom*, New York：Fleming H. Revell, 1920, p. 90.

② Peter J. Katzenstein, *Cultural Norms and National Security*, Ithaca：Cornell University Press, 1996.

尼采的"最后一个人"（the Last Man），[1] 或者塞缪尔·贝克特（Samuel Beckett）的"戈多"（Godot）。著名心理学家土居健郎（Takeo Doi）分析了日本人的鲜明特点，他认为日本人倾向于同时表达"外"（Omote）和"内"（Ura）。[2] 从这个角度来看，日本人现在的行为也生动地展示了他们的这种特点。

如果日本人继续不愿因其过去的野蛮行径而对其邻国表达真诚歉意的话，那么这些邻国也不会对日本的双面态度释疑。虽然日本人声称他们已经通过战后的非军事化和民主化措施收起了武士的刀剑，[3] 但很多人依然担心他们有可能会抽出更新、更锋利的刀剑。不管宪法是如何地和平，武士精神依然存在于日本人的性格当中。[4] 对日本人来说，武士精神永远不能放弃。让他们改变态度为时已晚。日本已不再是一个战败国，而是一个领导新时

---

① 关于历史终结后的生活、日本人的生活方式、"最后一个人"这一主张的极权主义危险的讨论，参见 Alexander Kojéve, *Introduction to the Readings of Hegel*, Allan Bloom, translated by J. H. Nichols, Ithaca：Cornell University Press, 1968；Francis Fukuyama, *The End of History and the Last Man*, New York：The Free Press, 1992；Torn Darby, "Technology, Christianity and the Universal and Homogeneous State," in Timothy Burns, *After History*, Lanham, Maryland：Rowman & Littlefield Publishers, 1994, pp. 197 – 215；Victor Gourevitch, "The End of History?" pp. 111 – 130. 施特劳斯首先做出了尼采"最后一个人"主张的危险性的讨论，参见 Leo Stauss, *On Tyranny：Including the Strauss-Kojéve Correspondence*, Victor Gourevitch and Michael S. Roth, New York：The Free Press, 1991。关于福山"历史的终结"中极权主义想法的危险性，参见 Allan Bloom, "Response to Fukuyama," *The National Interest*, No. 16, Summer 1989, pp. 19 – 21。

② Takeo Doi, *The Anatomy of Self*, Tokyo：Kodansha International, 1985.

③ Meirion and Susie Harries, op. cit. , p. 312.

④ 鉴于种族主义的危险，关于民族性格的讨论被搁置了一段时间。但就制度和生活方式而言，每个共同体的独特性自公元前 5 世纪的希罗多德开始便被不断地研究，该领域的一部现代主要作品便是托克维尔的《论美国的民主》。参见 Alex Inkeles, *National Character*, New Brunswick, N. J. ：Transaction Publishers, 1997, p. vii。

代的大国，而且其他主要大国也接受了日本这一新的重要角色。在这种情况下，日本人没有理由放弃他们的精神或改变他们的态度。日本的太阳已经在天空中再次升起。

诚如尼采所言，我们不能改变过去。我们不能将自己的意志强加于过去。那么，我们此时此刻需要做什么呢？我们总是在现在采取行动，而我们行动的真正动机常常是希望它恢复到过去。尼采将这种以过去为指向的行为称为"反应"，因为它不是一个真正自由的行为。他称这是软弱和怨恨的产物。[1] 马基雅维利可能会将尼采的怨恨定义为政治的腐败。根据他的观点，腐败的人渴望"报复"，因为他们受困于过去的不公。[2] 人们有这样的渴望是可以理解的，因为人是历史的存在。但同时，人也是通过保存、接收、改变文化来构造新社会的存在。我们自己产生力量来塑造自己。正如霍布斯指出的，人既是社会和文明的产物，也是它们的创造者。[3] 为了创造一个新历史，很有必要从马基雅维利所谓的"女性特质"的怨恨中摆脱出来。[4] 正如俾斯麦告诉我们的那样，怨恨或者愤怒都不是外交的正确观念。外交世界与"法律世界"或"原则世界"不同。国家利益是外交中唯一的也是独一无二的关注点。[5]

政治世界由人类的行动、互动和习惯构成，而这些要素都固守在人们的思维当中。如果一个人可以改变自己或者别人的世界观，那么他就可以改变其他人的行为，甚至是整个世界。这是政治思想家的主要作用。但是，当政治思想家试图让别人理解自己

---

① Hanna F. Pitkin, op. cit., p. 297.

② Hanna F. Pitkin, op. cit., p. 298.

③ Thomas Hobbes, *Leviathan*, *Michael Oakeshott*, New York and London：Collier Macmillan, 1974, chap. 19.

④ Hanna F. Pitkin, op. cit., pp. 298 – 299.

⑤ 关于朝鲜半岛的国家利益的讨论可参见 Youngnok Koo, *Korea's National Interests*, Korean Version, Seoul：Bupmunsa, 1995。

时，他可能会感到很难与听众（或读者）进行交流。因此，他需要使用一个与那些听众共享的概念框架。如果他试图根据自己的决定来改变那个框架的话，没有人会接受他的想法，因此他的想法会被人嘲笑。然而，有些时候，人们会自己先要求做出改变。当他们感觉到旧有的看法不再有效时，便希望获得一个新的观念来正确引导他们。如果这样，这种观念的改变可以在他们的政治生活中产生更为根本的变化，也就是说，可以引领一场政治革命。而且这一变化也有可能要求人们从过去"解放"出来，而非"逃避"到过去。用马基雅维利的话来说，那意味着从父母身边独立出来，成为一个"真正的人"。

但是，成为一个真正的人并不意味着唯我主义，追求自给自足的孤立状态。一个国家的独立并不意味着拒绝与其他国家有任何联系的"完美独立"。真正的独立应该接受相互依赖。大概在200年前，梅特涅曾经指出：

> 孤立状态只存在于哲学家的抽象概念中。国际社会中，每个国家都拥有利益，并与其他国家联系在一起。政治科学的伟大公理源自对所有国家真正利益的承认；普遍利益源自维持国家的存在；而特殊利益则源自焦虑不安、目光短浅的领导人所谓的政治智慧，这是次要的。①

一个国家拥有自由并非要断绝与其他国家的所有关系，而是应认识到这些关系并充分利用它们，以摆脱不必要的依赖。因此，真正的独立包括正确的自我评价和负责的自主。这就要求承

---

① Henry Kissinger, "The Conservative Dilemma: Reflections on the Political Thought of Metternich," *American Political Science Review*, Vol. 48, No. 4 (December 1954), p. 1022.

认一个国家过去的行为并承认现在是过去的延伸。然后，这个国家便可不受干涉。这就是马基雅维利的"德行"，它存在于必要的环境下。如果这个国家做不到这一点，而只是走一条单一的路（过去或现在），那么它就会陷入"腐败"的陷阱，正如马基雅维利警告我们的那样。因此，一个国家的行为应该追随亚里士多德的美德学说，将其当作"平均数"或两个极端的中间点。19 世纪末 20 世纪初，朝鲜半岛的领导人未能实践这一德行。而我们也看到了朝鲜半岛的悲剧。

美国对亚洲的政策表现

朝鲜半岛的悲剧故事里常常还包含另一个国家，那就是美国。当 20 世纪早期朝鲜半岛处在崩溃边缘时，朝鲜半岛的领导人将希望寄托在美国身上，就像米诺斯的领导人寄希望于斯巴达一样。[①] 但当时的美国总统西奥多·罗斯福不仅对朝鲜半岛置之不理，而且于 1905 年秘密签订了《桂太郎－塔夫脱密约》（*Taft-Katsura Agreement*）以支持日本的扩张主义政策。虽然很多朝鲜半岛人民因为这一密约对罗斯福持有负面印象，但他仍然被认为是 20 世纪最杰出的政治领导人之一。[②]

正如 18、19 世纪的英国领导人那样，罗斯福也坚信权力平衡的原则。他认为只有保持权力平衡才可以保护美国的利益，没有任何一个国家有权凭借自身优势去威胁其他国家。而且，他相信文明的传播依赖其维护者的自由，特别是英国和美国。英国扮演着平衡者的角色，假如英国无法继续维持平衡，那么美国将不

---

① 关于当时的朝鲜半岛与美国的关系可参见 Jongsuk Chay, *Diplomacy of A-symmetry：Korea-American Relations to 1910*, Honolulu：University of Hawaii Press, 1990。

② *Time*, April 13, 1998, pp. 32－34.

得不扮演一个新的平衡者的角色，也就是说，美国外交政策不得不从孤立主义转向发挥更为积极的作用。罗斯福似乎期望在全球化时代美国能扮演平衡者的角色。随着国际关系中相互依赖程度的深化，他第一个发现了太平洋和远东地区的重要性。而他的预测确实在几十年后变成了现实。

罗斯福巧妙地分析了权力平衡。他称美国应该扮演一个国际角色，因为这是国家利益的需要，而且如果缺少了美国的参与，全球的权力平衡是无法想象的。[1] 可以说在某些方面这种论断与美国开国领导人们的外交政策和战略一致。必要时，他们就会运用权力平衡原则。例如，他们在处理与英法的关系以此来保护新生美国的独立并在扩大疆土方面展现了卓越的能力。因为他们真的不愿意其他任何一个国家取得决定性的胜利，所以他们在法国大革命中宣布保持中立。杰斐逊将拿破仑战争定义为陆地霸主（法国）与海洋霸主（英国）之间的竞争。他发现保持中立可作为讨价还价的工具。[2] 同样，罗斯福在日俄战争中也保持了中立并且成功主持了《朴茨茅斯条约》的签订。如果说他与其他开国领导人有什么区别的话，那便是他相信在相互依存的时代，美国应该发出自己的声音并且积极地扮演好新的平衡者的角色。他发现美国的利益在于参与国际政治并且行使其权力。他按照这种信念行事，并获得了诺贝尔和平奖。

在他所处的时代里，无论是帝国主义扩张主义者，还是反帝国主义者，都认为经济是国际事务的关键要素。之后，历史学家和政治学家也在罗斯福的政策中发现了经济动机。然而，即使遵循经济决定论的马克思主义学者查尔斯·比尔德（Charles Beard），也在强调"政治人"和"军人"的同时强调了"经济

---

① Henry Kissinger, *Diplomacy*, New York: Simmons & Schuster, 1994, pp. 29 – 30.

② Ibid., p. 30.

人"。① 尽管罗斯福认识到了经济与权力之间的联系，但是当制定外交政策时，相比经济，他更加重视权力。罗斯福所说的"手持大棒口如蜜"似乎与美国的传统观念有些背离，② 但他的观点与威尔逊主义构成了美国外交政策的两个关键点。③ 在理查德·尼克松上台之前，没有任何一位美国总统能够比罗斯福更善于运用权力平衡。④

　　与当时许多其他美国人不同，罗斯福准确认识到了众多国家的国内事务是如何影响它们的外交政策的。因此，他一直关注着中国治理国内事务的能力和俄国的革命风暴。尽管他的演讲中包含着攻击——以"大棒"闻名，并且热衷于拥有强大的海军，但在面对国际形势时，他时刻避免冲动，努力保持镇定和谨慎。他在做决定之前，会努力考虑各种可能的结果。他希望自己的国家更强大，尽管事实上他的国家已经远远超过其他大国，因此他必须谨慎地做出决定。⑤ 罗斯福有一个坚定的信念，而其他国家常常忽视这个信念。这一信念便是他拒绝虚张声势及制造一些无意实现的威胁。一旦他对其他国家采取坚决反对的态度，他总会认真准备实际使用武力。言辞礼貌而坚定、言行一致是他的原则。

---

①　Howard K. Beale, *Theodore Roosevelt and the Rise of America to World Power*, Baltimore: The Johns Hopkins University Press, 1956, p. 449; Charles A. Beard, *The Idea of National Interest: An Analysis Study in American Foreign Policy*, Chicago: Quadrangle, 1966 (originally New York: Macmillan, 1934). 威廉·威廉斯在其著作《美国外交分析》（1959 年）中将比尔德的主张应用于冷战，从而发展了比尔德的历史分析。从那时起，威廉斯所在的威斯康星大学在研究美国外交史上具有很大的影响。关于威斯康星大学的研究参见 Ernest R. May, *American Imperialism*, Chicago: Imprint Publications, 1991, esp. "Introduction to the New Edition," pp. v-xxxii。

②　Frank Tannenbaum, *The American Tradition in Foreign Policy*, Norman, Oklahoma: University of Oklahoma Press, 1955, p. 5.

③　Henry Kissinger, op. cit., p. 34.

④　Henry Kissinger, op. cit., p. 41.

⑤　Howard K. Beale, op. cit., p. 451.

　　目前解密的文件显示了他的政府在制定计划时会考虑使用军事力量，比如使用海军。然而，当时的人们对此一无所知，罗斯福礼貌而坚定的言行使得他即使在缺乏普遍支持的情况下依然可以实现目标。罗斯福认为，既然有了"大棒"，那么只要保证言辞有礼貌便足以领导人民。事实上，只要他决定使用"大棒"，便可以完成所有他想做的事。然而，他试图在处理事情上保持谨慎的态度。这源于他高尚的人格，以及对于民众幸福和美国民主进程的考虑。罗斯福有一种强烈的意识，即"地位越高，责任越重"（noblesse oblige）。[1] 他将自信给予美国人民，并且十分尊重美国的民主遗产。因此，他尊重民意。有时他会因民众看待世界的眼光与自己不同而感到沮丧。他尽力说服民众，但作为一个民主国家的领袖，他相信假如说服无用，那就应该向公众舆论做出让步。[2] 他认为普遍支持与军队力量同样有必要。对他而言，选民们不能接受的外交政策就如同绞尽脑汁的谎言一样恶劣。他坚信公众舆论对于成功的外交政策至关重要。因此，他用了大量时间去争取公众对他的政策的支持，并成功让公众支持了他关于美国在国际关系中扮演新角色的主张。罗斯福称首要任务是对公共舆论进行正确的引导。[3]

　　正如基辛格指出的那样，一个伟大的领袖必须是一位教育家，可以缩小国民理想与现实的差距。[4] 罗斯福认为他的公民对国界外的国际事务一无所知。但他表示自己不愿意在没有国民的理解与支持下采取任何行动。[5] 罗斯福为那些相信和平是国家间的基本状态、个人道德与公共道德之间不存在差距、美国已从世

---

① Frederick W. Marks III, *Velvet on Iron: The Diplomacy of Theodore Roosevelt*, Lincoln: University of Nebraska Press, 1979, p. 14.

② Howard K. Beale, op. cit., pp. 453 – 454.

③ Howard K. Beale, op. cit., p. 455.

④ Henry Kissinger, op. cit., p. 39.

⑤ Howard K. Beale, op. cit., p. 455.

界其他国家的剧变影响中脱离出来的人上了严厉的一课。对罗斯福来说，国际生活意味着斗争，相比个人品德，达尔文适者生存的法则是历史更好的向导。对他而言，美国不是一个诱因，而是一个大国，也许还可能是最强大的。① 他希望自己作为总统可以带领美国以一个代表稳定、和平、进步，并充满谨慎精神和智慧的大国身份登上世界舞台，这样美国能够像统治 19 世纪的英国那样去塑造 20 世纪。② 他相信事物的自然秩序反映在"势力范围"（spheres of influence）这一概念中，反映在被权力控制的世界里。因此，任何他无法通过本国权力保护的东西，同样也无法被国际社会保护。

帝国主义让一个强国能够运用自己的力量管理战略重点地区，发挥行政作用，并根据本国的标准推行自上而下的秩序，而不是根据当地标准。然而，对罗斯福来说，这是美国政府在国内的作用，是有力且稳定的政府在世界范围内的作用。在其写给英国朋友的信中，他不断强调英国在埃及的角色与美国在巴拿马的角色之间的相似性。他相信西方国家有义务在中国保持内部和平，美国和英国各自对菲律宾和印度都有特殊的义务。但是，他不认为这样的负担只应强加在西方人身上。他特别希望日本能守卫东亚。③ 他将黄海视作日本的加勒比海。④ 尽管 1882 年的《朝美修好通商条约》承认了朝鲜半岛的独立，但是美国也默许了日本对朝鲜半岛的控制。他甚至说："朝鲜半岛政权自身无力去执行条约，更谈不上其他国家代替朝鲜半岛人民做出他们自己根本无法完成的事情。"⑤ 他认为日本在朝鲜半岛的行为与美国在建立殖民地

---

① Henry Kissinger, op. cit., pp. 39 – 40.

② Ibid., p. 40.

③ John Morton Blum, *The Republican Roosevelt*, 2nd ed., Cambridge: Harvard University Press, 1977, p. 131.

④ Ibid., p. 131.

⑤ John Morton Blum, op. cit., p. 131.

过程中的行为是一样的。① 因此，罗斯福推断朝鲜半岛必将沦为日本的殖民地。② 所以，1905 年签订的《乙巳条约》剥夺了朝鲜半岛外交主权后，美国第一个决定撤回与朝鲜半岛的外交关系也就不足为奇了。

尽管朝鲜半岛人民对罗斯福的不利政策感到愤怒，但他的政策对于美国人来说非常现实，特别是美国非常不愿与日本、英国的同盟开战。在罗斯福看来，与英国对抗是难以想象的。而且日俄战争中美国的军事介入也未能得到美国公民的认可。这一结论从20 世纪 60 年代美国在越南战争中的惨痛经历中可明显得出。当美国军队介入越南时，汉斯·摩根索反对美国的决定。作为一个权力政治的理论家，他指出越南的情况并未威胁美国的安全，并且指责美国侵入的这一地区隶属中国传统势力范围。③ 换言之，完全没有必要为了保护南越而攻打北越，因为无论哪个政权控制了这一地区都不会威胁美国的安全。他称越南的安全与美国的安全毫不相干。

结　论

1905 年，罗斯福并没有意识到朝鲜半岛的命运对美国的安全和利益有重要影响。然而，20 世纪 60 年代，美国的决策制定者判定越南对美国的世界战略具有重要影响。接着他们提出了几个

---

① John Morton Blum, op. cit., p. 131.

② 1905 年 8 月 4 日，在朴茨茅斯谈判之前，罗斯福在牡蛎湾会见了两位朝鲜半岛使臣，他们拿出了一份请愿书要求美国维护朝鲜半岛的完整性。罗斯福礼貌地接待了他们并阅读了请愿书。接着，他说这份文件应该通过驻朝大使馆正式送到美国。其中一位年轻的使臣便是李承晚，他那时是乔治·华盛顿大学的一名学生。两年后，罗斯福在给国务卿卢特的信中写道，必须拒绝会见第二波朝鲜半岛使臣。参见 Howard A. Beale, op. cit., p. 323。

③ Hans J. Morgenthau, *Vietnam and the United States*, Washington D. C. : Public Affairs Press, 1965.

介入的依据。第一是完善民主制度。他们认为美国应该介入并与
共产主义者抗衡以保护南越的自由。第二是抵抗侵略性。他们认
为美国应该介入以维护国际行为规则。第三是保护美国的安全。
他们坚持认为美国的介入可以防止因共产主义扩张而引起的多米
诺效应。第四是维护美国的信誉。他们认为美国作为国际关系中
的主要国家，不得不连续介入这场战争。[1] 虽然直接比较 20 世纪
60 年代的越南和 20 世纪早期的朝鲜半岛有些勉强，但可以确定
的是，没有任何理由能够为美国介入朝鲜半岛进行辩护。首先，
朝鲜半岛甚至连民主的种子也没有出现过。其次，国际入侵直到
一战才被认定为一种犯罪行为。再次，当时并不存在多米诺效应
理论。这一理论源自 1930 年希特勒对欧洲国家的侵略。最后，诚
信原则同样也源于二战后的核威慑学说。20 世纪初，国际关系中
并不存在"国际信誉"的概念，因此，1882 年的《朝美修好通
商条约》并不包括对这种"信誉"的要求。朝鲜半岛人民期待美
国的帮助是一个不切实际的"希望"。[2]

　　笔者并不是在为美国当时的朝鲜半岛政策做辩解，而是在强
调一个历史教训。朝鲜半岛局势进一步恶化是因为朝鲜半岛人民
对现代国际关系本质缺乏了解。20 世纪早期，朝鲜半岛人民所面
临的情况与米诺斯人对抗雅典时的情况十分相似。上帝对朝鲜半

---

① Jonathan Schell, *The Time of Illusion*, New York：Vintage Books，1976，pp.
　　8 - 9.

② 当时，朝鲜半岛人民期望罗斯福推行积极的帝国主义政策，因为他们认
　　为美国的扩张政策可能阻止日本入侵朝鲜半岛。然而，罗斯福作为权力
　　平衡政治的理论家，并没有选择在亚洲不切实际地扩张，而是选择了一
　　个更加现实的维持现状的政策。这是帝国主义时期，日本入侵朝鲜半岛
　　政策与美国对朝鲜半岛不干预政策的主要区别。帝国主义扩张政策是没
　　有必要的。参见 Arnold Wolfers, *Discord and Collboration*, Baltimore：The
　　Johns Hopkins University Press，1962，pp. 91 - 92。根据汉斯·摩根索的主
　　张，维持现状的政策是国家之间权力斗争的典型政策之一。参见 Hans
　　J. Morgenthau, *Politics Among Nations：The Struggle for Power and Peace*, New
　　York：Alfred A. Knopf，1978。

岛的命运毫不关心，而美国也像斯巴达一样没有伸出援手。对于没有足够力量来对抗日本的朝鲜半岛人民来说，正义只是"强者的利益"，就像古希腊诡辩家色拉叙马霍斯（Thrasymachus）解释的那样。① 美国对待朝鲜半岛的态度就像斯巴达对米诺斯的危险命运不予理睬一样。斯巴达只关心短期利益，美国也只关注眼前利益。当时，美国希望日本可以在牵制俄国扩张方面扮演一个重要的角色。当罗斯福制定美国的亚洲政策时，他将改善美日关系作为首要任务。在他看来，日本是一轮冉冉升起的太阳，而朝鲜半岛只不过是太阳背后的一个影子。当罗斯福意识到门罗主义（Monroe Doctrine）能帮助美国在加勒比海建立势力范围的时候，他认为在东亚范围内存在的"日本式门罗主义"也可以起到这种作用。他的亲日情绪似乎深深打动了伊藤博文，因为伊藤博文将罗斯福的肖像挂在了仅次于明治天皇肖像的位置。②

正如亨利·基辛格指出的那样，罗斯福生不逢时。他对国际事务的推动随着 1919 年他的去世一起结束了。因为美国没有一个外交政策方面的思想学派重视过他的主张。③ 他的一生更像一个神话而非历史，人们将他的一生当作一个神话来铭记。④ 甚至在外交政策方面体现了诸多罗斯福准则的理查德·尼克松，也认为自己首先是一个威尔逊国际主义的信徒，他还将战时总统（威尔

---

① 关于强权政治诡辩基础的讨论参见 Thomas J. Johnson，"The Idea of Power Politics: The Sophistic Foundation of Realism," *Security Studies*，Vol. 5，No. 2（Winter 1995），pp. 194 – 247.

② Frederick W. Marks III，op. cit.，p. 179.

③ Henry Kissinger，op. cit.，p. 54.

④ 根据著名历史学家小阿瑟·施莱辛格的主张，富兰克林·罗斯福外事方面的教育来自他十分钦佩的两位总统。西奥多·罗斯福——他的亲属（第五个堂弟），教会他国家利益、权力平衡的地缘政治；伍德罗·威尔逊，在他担任海军助理部长时，威尔逊给了他一个新的愿景：超越权力平衡，在集体维持和平的基础上建立国际秩序。富兰克林·罗斯福的国际主义把西奥多·罗斯福的现实主义视为威尔逊理想主义的心脏。参见 *Time*，April 13，1998。

逊）的肖像挂在内阁会议室里。[1] 那么，罗斯福留下的思想是否完全消失了呢？假如基辛格是正确的，也就是说，假如罗斯福的观点与威尔逊主义一同成为美国外交政策的两大枢纽，那么他留下的思想一定会在美国的外交政策方面有所体现。借助尼克松或基辛格的外交政策，即使在冷战结束后罗斯福留下的思想仍在延续。换句话说，美国的外交政策很有可能重回西奥多·罗斯福时代。

值得注意的是，罗斯福的世界观和政治敏锐性颇具俾斯麦的风格。他的权力平衡政策也更偏向俾斯麦式而非帕默斯顿式。与失衡危机发生时试图通过强行干预重建平衡的英国首相不同，作为一个诚实的中间人，罗斯福试图在危机发生之前解决问题以保持平衡和稳定，正如德国总理所做的那样。从这个角度来看，自海湾战争结束后，美国似乎在亚洲寻求俾斯麦式的平衡政策。[2] 这意味着美国正在回归罗斯福的政策。如果这一判断没有错的话，韩国人民必须记住罗斯福时代的历史教训，并用今天的视角对这一历史教训进行解释。最后，韩国应尽自己的最大努力避免历史的悲剧再次上演。"预言女神"卡桑德拉（Cassandra）无疑在警告："复仇女神"涅墨西斯（Nemesis）正在走来，而我们难道还要继续如莎士比亚笔下的哈姆雷特般不知所措吗？

> 就像世界刚开始般，
> 他们不顾传统，不顾习俗……[3]

---

① Henry Kissinger, op. cit. , p. 54.

② 关于冷战结束后，美国东北亚政策变化的讨论，参见 Sung-Hack Kang, *Ia-go and Cassnadra*: *The United States and Korea in the Age of Air Power*, Korean Version, Seoul: Oreum, 1997, chap. 1。

③ Shakespeare, *Hamlet*, Act 4, Scene 5.

第三章
历史视角下朝鲜半岛与
俄国－苏联的关系[*]

> 诗说共性，历史讲求细节。
>
> ——亚里士多德

时隔 85 年，韩国与苏联结束了二战以来长期的敌对关系，于 1990 年 9 月实现了外交关系正常化，并在多个领域迅速发展双边关系。与此同时，韩苏关系的迅速升温也存在一些难题。新关系刚开始便暴露了韩国对苏联极度缺乏了解[1]，由此导致韩国人民对苏联的看法呈两极化的特点，一边是对苏联持极端负面、敌视的态度，而另一边则是盲目地追捧"苏联热潮"（Soviet rush）。与此同时，苏联一直十分关心朝鲜半岛事务，甚至在冷战期间还出版了关于韩国的历史研究，但大部分的内容是在强调苏联在朝

---

　　* 第三章最早刊载于《韩国与世界事务》第 15 卷，1991 年第 4 期，第 680～699 页。经许可后转载（*Korea and World Affairs*，Vol. 15，No. 4，1991，pp. 680－699. Reprinted by permission）。

① 韩国甚至没能为 1990 年和 1991 年的首脑会议找到一名熟练的翻译。

鲜半岛事务中的立场。[①]

　　虽然历史不会重演，历史经验却被人们广泛引用。当然，历史教训并非对每个人来说，都是不言自明的，正如著名美国哲学家乔治·桑塔耶拿（George Santayana）所言，那些无法从历史中吸取教训的人必将重蹈覆辙，无论是国家领导人还是普通民众，只有借鉴前人的经验才能应对当前的形势。约翰·斯坦布鲁纳（John Steinbruner）研究发现[②]，政策决策者们在解决当前问题时，通常会先找出历史上与其最为相似的事例，然后进行类比分析。尽管马克斯·比洛夫（Max Beloff）分析认为，在各种形式的历史范畴中，外交史是最无利可图的，但我们仍然在研究外交史，因为它能够为解决当下问题提供参考。

　　然而，拥有历史视角并不意味着完全摆脱了危险，因为人们为了顺利解决当前的问题，还是更加倾向于从自己所处的时代中学习经验，勾勒出一个类似的方法。历史类比法只是一种最简单的分析方法。运用这种方法，我们可以了解到，"避免第二次朝鲜战争"对韩国的意义，等同于"避免第二次纳粹战争"或"避免第二次越南战争"在美国的外交政策制定中的重要意义。在政策决策过程中依靠历史经验处理复杂的和不确定事件的做法屡见不鲜。同时，这种依照历史经验来制定当前政策的做法，在发生危机的紧急状况下最为常用。但盲目使用历史类比法会对分析对象造成"并行趋势变相"（parataxic distortion），即某一特定历史事件的经验影响力过大，以致对后续的所有事件都按照这一经验去理解。[③]

---

①　In-ho Lee, "Russian Interest in Korea in Historical Perspective," Sung-Joo Han, *Soviet Policy in Asia—Expansion or Accommodation?* , Seoul: Panum Book, 1980, pp. 257 – 286.

②　John Steinbruner, *The Cybernetic Theory of Decision* , Princeton: Princeton University Press, 1974.

③　Walter Laqueur, "Kissinger and His Critics," *Commentary* , Vol. 69, No. 2 (February 1980), p. 59.

　　历史学家在研究中的另外一个倾向就是过分强调历史事件的唯一性（uniqueness），即过度强调诸如个人意志等"偶然因素"。当历史学家把某个特殊个体的行为看作偶然因素时，他便不可避免地把研究重点都集中在伟人所扮演的角色上。而"伟人理论"（great man theory）最终得出的结论便是机遇是历史的主导因素。1830 年黑格尔在《哲学史讲演录》一书中提到："历史存在伟人"，其个人意志支撑着"世界精神意志"。这也代表了其对"伟人应当果断改变历史进程，功过自有后人评价"这种观点的拒绝。① 黑格尔认为，所谓"历史上的伟人"，也只不过是因为他或她在历史发展的进程中完成了一个历史使命罢了。

　　但黑格尔也说过："经验和历史告诉我们，人们及其政府从未从历史中吸取教训。"科林伍德（Collingwood）认为历史学家和非历史学家的关系就像训练有素的樵夫和无知的旅行者一样。无知的旅行者会说："这里除了树和草以外什么都没有"，然后继续大步前行。而训练有素的樵夫则会说："看，草丛中有一只老虎。"历史学家的使命在于揭露那些不明显的事物特征。而在道德和政治生活中，历史知识为我们提供了一双看清现状的眼睛。② 基于科林伍德的观点，本章旨在回顾朝鲜半岛与俄国－苏联从 19 世纪中期的亲密关系到 21 世纪前夕的"回到未来"（back to the future）趋势。

李氏朝鲜与俄国的近距离接触

　　1848 年，英国刚刚取得鸦片战争的胜利，沙皇尼古拉斯一世（Tsar Nicholas I）因畏惧英国而任命尼古拉·穆拉维约夫（Nicho-

---

① Lothar Call, *Bismarck: The White Revolutionary*, London: Unwin Hyman, 1986, Vol. 1, p. xiii.

② R. C. Collingwood, *An Autobiography*, Oxford: University Press, 1939, p. 100.

las Muraviev）担任东西伯利亚总督。穆拉维约夫于 1849 年将俄国海军基地由鄂霍次克转移到了彼得罗巴甫洛夫斯克。1850 年 8 月，俄国国旗在阿穆尔河（黑龙江）附近升起。1854 年，穆拉维约夫在阿穆尔开创轮船服务，并亲自率领载有 800 多名武装士兵的舰队顺流而下来到堪察加半岛，以加强对彼得罗巴甫洛夫斯克的防卫。1858 年 5 月，穆拉维约夫在瑗珲会见中国代表，吞并了中国黑龙江以北的领土。1860 年，时任沙俄外长的伊格纳季耶夫（Iqnatiev）将军在北京担任中国与英法联军的调停者。作为回报，中国接受伊格纳季耶夫的要求，将乌苏里江以东的领土割让给了俄国。1860 年 7 月，穆拉维约夫命令建立符拉迪沃斯托克（海参崴），意为"东方统治者"，其海湾也更名为"彼得大帝湾"。结果，李氏朝鲜王朝与俄国成为共享边界的邻国。但两国的外交关系直到 1884 年 7 月 7 日《朝俄修好通商条约》的签订才正式确立。

英国 1885 年占领朝鲜半岛南海岸巨文岛（汉密尔顿港）后，俄国政府官员与远东地区的军事人员进行了战略性讨论。作为补偿，俄国要求将朝鲜半岛东部的永兴湾（Port Lazareff）作为其海军基地，但中国和日本要求废除《朝俄修好通商条约》。当时担任朝鲜国王外交顾问的德国人穆麟德（Paul von Moellendorf）被免职，由美国人德尼（Owen Denny）代行其职。虽然自穆拉维约夫时期就有人提议建造一条横贯大陆的铁路，将俄国的西伯利亚地区和欧洲连接起来，但当时更为迫切的任务是利用铁路将符拉迪沃斯托克与内陆地区连接起来。亚历山大三世（Alexander Ⅲ）十分赞成发展其帝国的亚洲版图，并于 1891 年派遣其继承者尼古拉斯到远东地区了解当地情况。1891 年 2 月，俄国开始从铁路的两端，即符拉迪沃斯托克和欧洲，同时兴建铁路。1891 年 9 月，谢尔盖·维特（Sergei Witte）出任俄国财政部部长。他坚信该铁路的经济与战略价值，并成为该项目最热心的支持者。

西伯利亚铁路的修建被视为俄国政策的巨大改变，在改变整个远东问题的同时也改变了整个国际关系的框架。① 中国和日本对该铁路的修建深感恐慌。日本担心如果俄国完成了交通系统的构建，日本将很难阻止俄国势力的进一步扩大。而能否控制朝鲜半岛曾被日本政界视为关乎其国家安全的重大问题。② 中国在1895 年 4 月 17 日签署的中日《马关条约》中，将包括旅顺港在内的辽东半岛割让给了日本，这也引发了俄国的担忧。维特主张立即抵制日本，因为他认为日本侵占辽东半岛是企图进一步"侵占朝鲜半岛"，也是为"日本进一步侵占阿穆尔周围地区做准备"。③ 1895 年 4 月 23 日，面对以俄国为首的"三国干涉"，日本于 5 月 5 日归还辽东半岛。1895 年 5 月 8 日在烟台签订条约时，俄国海军就停在港口。日本意识到俄国已经取代中国成为一个更强大的对手，而俄国认为日本的崛起无疑威胁到了其在满洲里和朝鲜半岛的利益。因此，仅 10 年后，俄日之间便爆发了战争。

在甲午战争中取得胜利后，日本处理朝鲜半岛问题时显得更加大胆。1895 年 10 月 8 日，日本公使三浦梧楼策划的暗杀闵妃事件在很大程度上破坏了日本在朝鲜半岛及西方大国中的威望和影响力。而俄国则迅速利用这一事件，在王后的宫殿遭到袭击时，沙俄驻朝鲜公使让朝鲜高宗躲在俄国公使馆并为其提供庇护。此后，高宗在掌管国家事务期间，自然提高了俄国在朝鲜半岛国家事务中的影响力，甚至试图将朝鲜半岛置于俄国的保护之下。1896 年 5 月，朝鲜国王派遣被谋害的闵妃的哥哥前往莫斯科参加尼古拉斯二世的加冕仪式，并寻求俄国的庇护。但沙皇并没有同意他的请求，因为在横贯西伯利亚的铁路建成之前，俄国不

---

① William L. Langer, *The Diplomacy of Imperialism*, 1890 - 1902, 2nd. ed. , New York: Alfred A. Knopf, 1956, p. 172.

② William L. Langer, op. cit. , p. 172.

③ M. N. Pak, Wayne Patterson, "Russian Policy Toward Korea Before and During the Sino-Japanese War of 1894 - 1895, " *Journal of Korean Studies*, Vol. 5, 1984, p. 119.

希望和日本及西方大国对抗。日本通过发动宫廷政变企图控制朝鲜半岛的计划失败了。在遭遇短暂的挫败后，日本寻求与俄国就各自在朝鲜半岛的利益达成和解。这通过 1896 年 5 月 14 日在汉城签订的俄日《韦伯－小村协定》得以实现。此后，俄日又于 1896 年 6 月 9 日在莫斯科签订了《山县－罗巴诺夫协定》。

山县将军前往圣彼得堡参加沙皇尼古拉斯二世的加冕礼时，他建议将朝鲜半岛沿北纬 38 度划分成两个势力范围，以北为俄国势力范围，以南为日本势力范围。这一提议并未得到俄国的同意，于是，《山县－罗巴诺夫协议》规定了以下条款：

（1）经商议同意，若朝鲜需对外贷款，俄国和日本均有权为其提供财政支持；

（2）朝鲜有权建立并维护武装军队和当地警察力量，以维持内部秩序，俄日不予干涉；

（3）俄日将继续控制各自的电报线路。[①]

然而，俄国随后违反了这些条款却未受到任何惩罚。例如，俄国的新任参赞士贝耶（De Speyer）曾对朝鲜政府过度施压，威胁要罢免那些反对他的朝鲜官员。同时，俄国占据釜山港附近的一个装煤站，在朝鲜半岛开设了银行，并任命俄国顾问基里尔·阿列克谢耶夫（Kyril Alexeiev）控制及监管朝鲜半岛的财政状况。但英国和日本强烈反对俄国扩大其在朝鲜的势力范围，由九艘巡洋舰组成的英国海军编队和日本舰船于 1897 年 12 月突然出现在济物浦（今仁川）港口。1898 年 4 月，日本要求与俄国重新进行协商。然而，在此之前俄国已经改变了其朝鲜半岛政策。俄国召回了在朝顾问，并且关闭了在朝银行。因此，俄国在朝鲜半岛的

---

① 　William W. Rockhill, *Treaties and Conventions with or Concerning China and Korea*, *1894 - 1904*, Washington D. C. , 1904, p. 432.

影响力明显下降，在与日本的谈判中本着合作的态度与日本签署了《西－罗森协定》。该协定规定，俄日两国尊重朝鲜半岛主权独立，在未与对方进行事先商议的情况下不能为朝鲜重组军队及金融运转提供帮助，俄国不得妨碍日本扩大其在朝鲜半岛的商业及工业利益。因此，直到 19 世纪末，俄日在朝鲜半岛问题上勉强保持了一种不稳定的"和平共处"关系。①

俄国的新路线与从朝鲜半岛的撤离

20 世纪初俄国迎来了新的机遇，这个机遇来自 1900 年的中国。俄国参与平息义和团运动后拒绝撤兵并侵占了满洲，此后俄国在东北亚的野心日趋明显。俄国财政部部长维特不仅支持建设中东铁路，并暗示要吞并中国领土，但此时他却改变了主意，反对扼杀、侵吞满洲。

1902 年 1 月 30 日英日结成同盟后，俄国和中国于当年 4 月在领土问题上达成了共识，俄国承诺将分三期撤出其在满洲的军队，每期间隔 6 个月。然而，本应在 1903 年 4 月前完成的第二期撤军任务却未得到执行。同时，俄国在朝鲜半岛北部获得了一块木材租借地，并且在朝俄边境布置了军队。

近十年间，"维特体系"大获成功。但在世纪之交，国际社会的不稳定因素逐渐增加（布尔战争、美西战争和中国的义和团运动），流向俄国的外国贷款不断减少，国内农民抗议示威声势持续扩大，沙俄民众已经无法继续忍受维特的紧缩政策导致的生活水平下降。同时，在俄国具有影响力的农业利益集团反对维特大力支持工业化的政策，并将这一意见反映给了沙皇尼古拉斯二世。尼古拉斯二世因担心维特的势力，和他的关系并不融洽。

---

① 在此期间最重要的事件之一便是美国通过获得菲律宾从而成为一个正式的远东强国。

1903 年 8 月，维特被免除财政部部长的要职，沙皇将其任命为有名无实的部长委员会主席。[1] 沙皇摒弃了维特的政策而开始采纳军事帝国主义派的"谏言"，其中，普列维（Plehve）和别佐勃拉佐夫（Bezobrazov）作为关键人物，他们支持旨在为侵吞朝鲜半岛做准备的森林特许政策。[2]

1903 年 8 月，日本向俄国提出了一个折中的建议，即双方相互承认对方在朝鲜半岛和满洲的特权（以朝鲜半岛与满洲相互交换的形式）。1903 年 10 月，俄国对此提出反对意见：

（1）朝鲜半岛领土不被用于实现军事目的，且各港口不准加强防卫；

（2）北纬 38 度以北的朝鲜半岛领土作为中立区；

（3）满洲及其港口应被划在日本势力范围之外。[3]

此外，俄国并没有保证从满洲撤兵。以上条款日本拒绝接受，因为日本企图控制朝鲜半岛。在之后的漫长谈判中（1903 年 8 月至 1904 年 1 月），俄国和日本一直未能消除意见分歧以达成共识。

日俄战争的结束使日本成了远东最强大的国家，而主要大国都将注意力转向了欧洲。尽管俄国势力也由此遭到削弱。但日本担心俄国发动报复性的战争，因此，在朴茨茅斯和平会议开始 3 天后的 1905 年 8 月 12 日，《英日同盟第二协议》在伦敦签订。俄国在 1905 年 9 月 5 日签订的《朴茨茅斯条约》第二款中承认了战争结果，具体内容如下：

---

[1] *The New Encyclopaedia Britannica*, 15th. , Vol. 12, pp. 717 – 718.

[2] 关于维特的反对意见，参见 John Albert White, *The Diplomacy of the Russo-Japanese War*, Princeton：Princeton University Press, 1964, pp. 31 – 49。

[3] Andrew Malozemoff, *Russian Far Eastern Policy, 1881 – 1904*, Berkeley：University of California Press, 1958, pp. 239 – 240.

> 俄国政府承认日本之于韩国在政治军事经济上均有卓绝之利益，关于指导、保护、监理等事，日本政府视为必要者即可采纳，不得阻碍干涉。①

在随后于 1907 年 7 月 30 日签订的俄日条约中，俄日分别承认日本对朝鲜半岛的控制与俄国在外蒙古的特殊地位。在条约谈判中，日本试图获得俄国对其独占朝鲜半岛的承认，而作为交换条件，俄国也要求日本承认外蒙古属于俄国的势力范围。

此时出现了一个令人费解的突发事件。1909 年 11 月 9 日，时任美国国务卿的诺克斯（Philander Chase Knox）向英国提议将全部的满洲铁路"中立化"，同时提出美国和英国企业联合在满洲修建锦州 – 瑷珲铁路的方案。诺克斯的计划对俄日在满洲的势力范围有深远的影响。诺克斯方案导致的意外结果之一就是日本和俄国决定加强合作以抵制"美国的威胁"。1910 年 7 月 4 日签订的《俄日第二协议》中，俄日间的新关系可以表述为一种表面上的同盟。在《俄日第二协议》签订后，俄国得以将外交政策的重心由东部转移到受德国威胁的西部。② 与此同时，日本也不用再担心俄国会发起报复战争。

《俄日第二协议》签订后不到两个月，日本就在 1910 年 8 月 22 日吞并整个朝鲜半岛。时任俄国外长的伊兹沃斯基（Izvol-skill）对日本的这一做法并不满意，但并未进行反对。其他主要大国也未对日本吞并朝鲜半岛提出异议，更没有帮助朝鲜半岛抵制日本。因此，直到 1945 年，（苏联）和朝鲜半岛的外交关系中断了近 35 年。

---

① 关于条约的全文，参见 Eugene P. Trani, *The Treaty of Portsmouth*, Lexington: University of Kentucky Press, 1969, Appendix, pp. 161 – 170。

② 值得提醒的是当 1908 年爆发波斯尼亚危机时，沙俄别无选择，只能在德国面前打退堂鼓。

二战期间苏联的朝鲜半岛政策

1943 年 11 月的开罗会议上，罗斯福、丘吉尔和蒋介石发表共同声明，表示会在适当的时候让朝鲜半岛获得自由和独立。在 1943 年 11 月末到 12 月初举行的德黑兰会议上，斯大林看到了《开罗宣言》的草案，并批准了会上签署的公报及其他内容，认为朝鲜半岛应该获得独立。① 这是过去 35 年间，苏联在朝鲜半岛问题上的首次表态。1944 年 12 月 14 日，斯大林交给埃夫里尔·哈里曼的一份清单上，罗列了苏联对加入对日战争所提出的补偿要求。据哈里曼透露，斯大林曾表示要恢复 1905 年日俄战争前在远东的势力范围，② 但并未提及朝鲜半岛。1945 年 2 月英、美、苏三国首脑在雅尔塔会面，朝鲜半岛完全被排除在有关苏联加入太平洋战争的秘密协议之外。罗斯福曾在一次会议中间接提及朝鲜半岛的托管方案，并称年限为 "20～30 年"。斯大林曾回复说，"期限越短越好"。当斯大林问道，是否会有外国军队进驻朝鲜半岛时，罗斯福的回答是否定的，而 "斯大林也表示同意"。③

1945 年 2 月，斯大林同意了美国关于在朝鲜半岛实行四国共同托管的提议，不过相比罗斯福建议的 20～30 年，他提出了更短的期限。当年 5 月 28 日，在同哈利·霍普金斯（Harry Hopkins）会晤时，斯大林正式同意了美国的四国共同托管方案。④ 波茨坦

---

① Robert M. Slusser, "Soviet Far Eastern Policy 1945 – 1950: Stalin's Goal in Korea," in Yonosuke Nagai, Akira Iriye, *The Origins of the Cold War in Asia*, Tokyo: University Press of Tokyo, 1977, p. 128.

② Max Beloff, *Soviet Policy in the Far East*, *1944 – 1951*, London: Oxford University Press, 1953, p. 23.

③ Robert M. Slusser, op. cit., p. 130.

④ Robert M. Slusser, op. cit., pp. 131 – 132. 托管的理念首次提出于 1943 年 3 月，当时罗斯福总统将它建议给英国外交大臣安东尼·艾登（Anthony Eden）。

会议召开前，斯大林认为苏联在朝鲜半岛的利益必将受限于美国的四国共同托管方案，尽管他已将外国军队尽快撤出朝鲜半岛这一条款添加到了原有方案中。波茨坦会议认为托管事宜应由外交部部长委员会决定。但同年 7 月 24 日，美国高级军官、英国和苏联有关人员召开会议，协商各自在远东地区的战略，以此为苏联加入太平洋战争做准备。从美国的马歇尔上将和美军参谋长那里，苏联军事领导人意识到美国并无意占领朝鲜半岛。无论托管方案最终能否实现，当时确实存在一个可能，即不久的将来，苏联会在没有美军反对的情况下独占整个朝鲜半岛。① 在 7 月 26 日召开的后续会议上，各大国就空军和海军军事行动区域划分达成了共识。但会上并未讨论地面军事行动区域划分及占领朝鲜半岛的问题，因为与会者没有料到苏联或美国陆军会在短期内进驻朝鲜半岛。②

斯大林没有签署要求日本投降并重申《开罗宣言》的《波茨坦公告》，因为当时苏联和日本并未处于战争状态。但 8 月 8 日苏联参战后，苏联正式签署了《波茨坦公告》，并同意朝鲜半岛最终独立。③ 苏联对朝鲜半岛的迅速占领让美国大吃一惊，而美国陆军部迅速于 8 月 10 日至 11 日制定并提出以北纬 38 度线作为分界线的紧急方案。这一提案被纳入将军令一号文件草案，随后被收录在关于日本投降的同盟军基本文件草案中。8 月 15 日，该草案被送到了苏联政府手里。斯大林在其答复文件中提出了若干修改意见，但并未对北纬 38 度分界线提出任何异议，这意味着他默许了美国的建议。

当苏联军队占领北纬 38 度以北时，将巩固对该地区的控制作为近期目标。1945 年 12 月，包含托管计划的莫斯科协议发布，

---

① Robert M. Slusser, op. cit. , pp. 134 – 135.
② Robert M. Slusser, op. cit. , p. 135.
③ Robert M. Slusser, op. cit. , p. 136.

引起了一些人对此方案的愤慨与抗议，朝鲜半岛的共产主义人士甚至也加入了抗议，直到苏联命令他们支持托管计划，他们才停止抗议。当时，是否支持莫斯科的托管计划被苏联看作判断一个朝鲜半岛内部党派或社会团体是否具备"民主"，以及是否有资格与美苏联合委员会进行协商的标准。朝鲜半岛的共产主义人士停止抗议后便符合了这一标准，而当时并无其他政党组织符合该标准，因此苏联利用托管计划为联合委员会设立了一道无法逾越的障碍。最终苏联阻碍了朝鲜半岛在国际社会监管下实现和平统一。

在 1945 年 12 月的莫斯科协议框架下，经过近两年的无效谈判，美国于 1947 年 9 月将朝鲜半岛问题提交联合国大会进行审议。尽管苏联反对，联合国大会还是通过了两项决议，为成立联合国朝鲜半岛问题临时委员会奠定了基础。该委员会将常驻朝鲜半岛，具有通行、考察及咨询权，目标在于促进朝鲜半岛实现统一与独立。1948 年 1 月，联合国朝鲜半岛问题临时委员会第一次会议在汉城召开，而苏联指挥部不承认该委员会，并且根据苏联政府的指示，该委员会不得进入苏控地区。由此，1948 年 5 月 10 日，北纬 38 度以南的地区实现了历史上的首次选举，选举产生了制定宪法的国民大会代表。不久后，朝鲜半岛上的一个新政府——大韩民国成立了，并接管了美国军事政府的权力。1948 年底，联合国大会通过一项决议，承认了大韩民国政府的合法性。大韩民国申请成为联合国正式成员时遭到苏联否决，而这只是苏联多次否决韩国申请加入联合国的开始。美苏拒绝合作寻求朝鲜半岛问题的解决办法，不久后在苏联的指导和支持下，朝鲜半岛北部于 1948 年 9 月成了另一个政权——朝鲜民主主义人民共和国。

苏联用其自制的武器以及日本的武器装备对朝鲜军队进行了武装。据说这支军队的一些军官和干部，都是参加过斯大林格勒保卫战的退伍军人。朝鲜军队的武装及训练进展顺利，至 1948 年底，已拥有一支由 13.5 万名士兵组成的训练有素的军队。①

综上所述，苏联反对美国在联合国的管辖范围内根据莫斯科协议解决朝鲜半岛问题的提议，认为应由美国、苏联、英国和中国共同解决朝鲜半岛统一问题。② 美苏拒绝在寻求朝鲜半岛问题解决办法方面进行合作，最终导致了朝鲜半岛两个政权的出现。

朝鲜战争期间及战后的苏朝关系

朝鲜战争为何会爆发于 1950 年 6 月 25 日？在过去的 40 年中，历史学家和政治学家都在试图找到答案。③ 苏联是否应该对朝鲜战争的爆发负责任？关于这个问题的争论也从未间断。有些人从传统西方立场出发，认为是苏联政府发动了这场战争，也有共产党人认为战争由韩国的攻击引起。或许在这无休止的争论中，可信度较高的证据是于 1971 年出版的尼基塔·赫鲁晓夫的回忆录④，以及 1990 年出版的他的最后一本回忆录⑤。在最后一本回忆录中，根据录音，金日成早在 1949 年访问莫斯科时就带去了他想攻打韩国的具体计划。斯大林命令时任国防人民委员布尔加宁（Bulganin）召回所有驻朝鲜的苏联顾问。斯大林此举是为了防止苏联官员被俘而为美国指控苏联参与战争提供机会。⑥ 由于

---

① Robert M. Slusser, op. cit. , p. 140.

② 《联合国宪章》第 107 条将解决第二次世界大战的问题移出联合国管辖范围。

③ 关于朝鲜战争的详细总结，参见 John Merrill, *Korea*: *The Peninsular Origins of the War*, Newark: University of Delaware Press, 1989, chap. 1; *A Special Issue of Korea and World Affairs*, Vol. 14, No. 2（Summer 1990）, "The Korean War of 1950 – 1953: New Light on the Old Conflict".

④ *Khrushchev Remembers*, Boston: Little Brown, 1970, pp. 400 – 407.

⑤ *Korea Herald*, October 7, 1990, p. 12.

⑥ *Korea Herald*, op. cit. , p. 12.

朝鲜军队中缺乏熟悉军事战术的指挥官，朝鲜军队的实力大大减弱。此后，当斯大林从苏联大使那儿听到金日成军队被迫撤退、无力抵抗、金日成为此感到绝望等消息时，他说："那又怎样？即使金日成失败了，我们也不会派兵支援。顺其自然吧，让美国人做我们的远东邻居。"① 赫鲁晓夫称，斯大林惧怕美国。他放低姿态是出于对美国的畏惧。②

　　1951 年 6 月 23 日，苏联驻联合国代表雅各布·马里克（Jacob Malik）在联合国的演说中首次提议消除敌对情绪并停止战争。③ 1953 年 3 月 5 日斯大林去世后，联合国与共产主义者经过两年多艰苦而执着的谈判，最终于 1953 年 7 月 27 日签订了朝鲜停战协议。1950 年中国的参战成功挽救了朝鲜，其影响力因此日益扩大。为了恢复本国在朝鲜的影响力，苏联曾试图对朝鲜进行经济援助。然而，通过朝鲜战争，金日成清楚地认识到了苏联不愿因参战支援其"兄弟"国家——朝鲜，而与联合国对抗这一事实。甚至当美国军队在朝鲜和苏联交界的图们江进行挑衅时，苏联也未曾表示其准备介入战争。

　　苏联在 1954 年 4 月 26 日到 6 月 15 日为解决朝鲜半岛问题而召开的日内瓦会议上持支持朝鲜的立场，但未能与其他参会国在朝鲜半岛问题上达成共识。在正式场合，苏联几乎总是持支持朝鲜的立场，但是在 20 世纪 60～70 年代的几次危机中，苏联却在

---

①　*Korea Herald*, op. cit. , p. 12.

②　*Korea Herald*, op. cit. , p. 12. 安德烈·葛罗米柯在其回忆录中提到，斯大林命令苏联驻联合国代表不出席联合国安理会关于朝鲜战争的讨论。参见 *The Dong-A Ilbo*, July 11, 1990, p. 8。

③　最近，迪安·鲁斯克（Dean Rusk）在其回忆录中提到，乔治·凯南与雅各布·马里克在纽约秘密会面后，美国第一个提出停战。参见 *The Dong-A Ilbo*, July 27, 1990。1951 年春天，乔治·凯南与雅各布·马里克会面。在此之前，美苏在朝鲜半岛的关系没有任何显著的进展。关于这点参见 Peter Lowe, *The Origins of the Korean War*, London：Longman, p. 169。

对朝鲜的支持上表现出极大的不情愿。[1] 而且苏联不允许自己的同盟国——朝鲜将苏联卷入和美国的冲突中。因此，金日成开始强调朝鲜文化这一主题，并且从 1955 年末开始推动朝鲜文化与政治去苏联化。此后，金日成提出"主体思想"以示独立自主。尽管 1961 年朝鲜和苏联签订了共同防御条约，但苏联只能坐视金日成政权日益巩固。苏联对金日成政权的建立功不可没，但此时的朝鲜已不再听从苏联的指示。

停战协议签订后的韩苏关系

自从 1948 年 9 月朝鲜民主主义人民共和国在苏联的庇护下成立以来，苏联一直拒绝承认大韩民国，更不用说与其建立任何外交关系。但苏联不得不在联合国面对朝鲜半岛问题，自 1949 年起，韩国屡次申请加入联合国的努力都因苏联一再否决或威胁而失败。

联合国对于朝鲜半岛问题的争论分为程序和实质两个阶段。程序阶段主要解决应该邀请朝鲜还是韩国来参加联合国关于朝鲜半岛问题的讨论一事；而实质阶段则旨在解决如何实现和平统一这一根本问题，这也是联合国处理朝鲜半岛问题的最终目标。

针对邀请哪国参加讨论的问题，苏联最初的立场是只有朝鲜有权参加联合国关于朝鲜半岛问题的讨论。在这一提议遭到否决后，苏联建议同时邀请朝鲜和韩国代表参加对朝鲜半岛问题的讨论。[2]

---

[1] 自 1953 年朝鲜停战协议签订以来，发生过的危机包括："普韦布洛号"事件（1968 年扣押美国海军舰船），美国侦察机 EC－121 被击落事件（1969 年），以及 DMZ 斧头杀害联合国指挥人员事件（1976 年）。

[2] 直到 1973 年，当朝鲜被邀请在纽约设一个观察团并开始参与讨论朝鲜半岛问题时，韩国才被邀请加入联合国参与朝鲜半岛问题的讨论。关于这点，参见 Chi Young Park, "Korea and the United Nations," Youngnok Koo, Sung-Joo Han, *The Foreign Policy of the Republic of Korea*, New York：Columbia University Press, 1985, p. 265。

　　针对解决朝鲜半岛和平统一这一实质性问题，美国坚持寻求在联合国框架下解决，而苏联则持不同观点。苏联主张朝鲜半岛统一问题应由朝鲜半岛人民自己决定，而不受包括联合国在内的任何外部势力的干预。苏联在统一问题上支持朝鲜的立场，并且无视美国于 20 世纪 70 年代提倡的交叉承认（cross-recognition）方案。

　　自 1948 年 8 月韩国建立，特别是自 1953 年朝鲜停战协议签订以来，直到 20 世纪 60 年代，韩国的外交政策都呈现坚决反共的特点。特别值得注意的是，鉴于长期作为朝鲜的主要保护者及支持者，苏联在韩国的"敌对国家名单"上居于榜首 。从韩国的立场来看，苏联应对朝鲜半岛的分裂负主要责任，因为它在朝鲜半岛建立了另一个政权，并支持战后朝鲜的军队建设。[①] 韩国对苏联的认识存在固有的模式，借用后来的术语来说就是，苏联被韩国人视为"邪恶帝国"。因此，当列昂尼德·勃列日涅夫于 1969 年 6 月向亚洲国家提出建立"亚洲集体安全体系"时，韩国并没有表现出任何兴趣。[②]

　　然而，1971 年韩国宣布愿意同苏联和中国建立外交关系，前提是中苏两国停止对韩国的敌对行动、承认大韩民国的主权并停止对朝援助。随后韩国重新修订了"外交活动基本准则"，新的准则将共产主义国家分成两类：敌对国家和非敌对国家。苏联和其他东欧国家被划为第二类，即非敌对国家。因此，1971 年苏联在对韩国的外交辞令中首次删除了"敌对"用语。[③] 1973 年 6 月 23 日，韩国更是进一步宣布将本着互惠与平等的原则，对世界上

---

①　Sung-Joo Han, "South Korean Policy Toward the Soviet Union," in Sung-Joo Han, *Soviet Policy in Asia—Expansion or Accommodations?*, Seoul: Panmun Book, 1980, p. 315.

②　关于笔者对该提案的论述，参见 Sung-Hack Kang, "ASEAN-the USSR: A Polar Bear Who's Coming to the Lilliputians Dinner?" *The Journal of Asiatic Studies*, Vol. 30, No. 1（January 1985）, pp. 111 - 127。

③　Sung-Joo Han, op. cit., p. 316.

所有国家开放，并鼓励与其意识形态相异的国家也对韩国开放。
苏联并未公开回应韩国的提议，而是以委婉的方式向韩国敞开国
门。自 1973 年以后，苏联允许韩国对苏联的非政府性访问，以及
参加在苏举行的国际性会议与活动。但直到戈尔巴乔夫现象的出
现①、1988 年汉城夏季奥运会的举办、1990 年 6 月 5 日旧金山峰
会的召开及 1990 年 9 月 30 日两国外交关系正常化协议的签署，
韩国与苏联政府间的关系才得以发展。②

结　论

物理学的成功取决于一个关键的实验，而国际关系学科的成
功则取决于关键时期的一个选择。显然，并非所有历史时期、所
有历史事件对我们获取宝贵的历史教训（或理论假设）都具有同
样的重要性。特定历史时期下的特定事件往往更加重要。通过回
顾一个较长的历史时期而试图得出历史教训的做法是很危险的，
因为时间线越长，其间的作用因素也就越多，而在诸多因素的作
用下可能会得出相反的结论。③ 尽管如此，根据上文对俄国 - 苏
联与朝鲜半岛关系的讨论，我们可以得出以下结论。

第一，在帝国主义盛行的 19 世纪，俄国和其他欧洲强国一
样，是个支持扩张的强国。俄国随时准备抓住机会，填补包括朝

---

① 苏联对亚洲和太平洋国家的新倡议提出于 1986 年 7 月戈尔巴乔夫的符拉
　迪沃斯托克演说以及 1988 年 9 月的克拉斯诺亚尔斯克讲话。在后者中，
　戈尔巴乔夫表示苏联愿意发展与韩国的经济关系。后者可能被看作苏联
　对韩国总统卢泰愚于 1988 年 7 月 7 日发表声明的回应，其中包含了"北
　方政策"的主要目标。

② 关于当代韩国与苏联关系的精彩分析参见 Byung-Joon Ahn, "South Korean-
　Soviet Relations: Issues and Prospects," *Korea and World Affairs*, Vol. 14,
　No. 4（Winter 1990）, pp. 671–686。

③ 一个杰出历史学家关于这个微妙主题的观点参见 Michael Howard, *The Les-
　sons of History*, Oxford: Clarendon Press, 1991。

鲜半岛在内的远东权力真空。尽管俄国的对外政策具有扩张性，但它并不会首先采取侵略性行动，因为俄国的政策受制于世界范围内的英俄矛盾以及随之产生的对英国的恐惧。因此，自1860年和李氏朝鲜共用边界开始到19世纪末，俄国的朝鲜半岛政策目标都在于维持朝鲜半岛的现状。但当俄国无法与其他大国相抗衡时，它撤离了朝鲜半岛。换言之，朝鲜半岛在俄国的国家战略中或许很重要，但它并不关乎俄国的根本国家利益，正如在20世纪初日俄战争结束后俄国政策中体现的那样。

第二，继承俄国的传统和新国际共产主义的意识形态，20世纪的苏联也具有典型扩张性。但苏联最明显的特征表现在它对国家安全最大化以及在二战中获取利益的追求，其中包括获取朝鲜半岛北方的控制权。关于苏联在朝鲜战争期间以及战争之后对朝鲜半岛政策的研究表明，自二战结束以来，苏联政策中"纵向"拉拢同盟国、"横向"渴望与美国合作管理（或至少避免与美国的直接军事冲突）的特点尤为明显。

第三，苏联是一个不安于维持现状的大国，正如十月革命前的帝国那样，其目标是将"力量对比"（correlation of forces）转化为自己的优势，扩大苏联控制区域和影响力，减少或消除其主要竞争对手如美国的影响力，正如19世纪试图牵制英国那样。然而，由于苏联对美国的恐惧，以及朝鲜战争以后朝鲜对于其在对抗美国及美国盟国时，苏联没有给予足够的支持和保护而感到失望，因此苏联在朝鲜半岛的目标并未实现。

第四，对于朝鲜半岛人民而言，俄国的力量远远超过自己，因此朝鲜王国选择了向俄国寻求援助与庇护，正如中国古代的一条战略准则——"以夷制夷"，朝鲜王国希望借助俄国的力量来抵制其他帝国主义列强（包括日本在内）侵占。在日本和沙俄帝国主义势力之间，朝鲜王国更倾向于依赖后者，因为自16世纪末17世纪初的七年战争以来，朝鲜半岛人民一直憎恨日本。

第五，俄国－苏联对朝鲜半岛的外交政策基本上遵循机会主义，而且经常视朝鲜半岛的情况变化而定，并非由俄国－苏联自己主导。

第六，19 世纪和 20 世纪早期，朝鲜半岛对俄国的政策特征是"搭便车"而非"均衡"。随着冷战的结束，假如国际关系被置于"回到未来"的视角下，那么这种行为特征可能会再次被朝鲜和韩国的政策决策者采纳。

第七，西方教条主义长期认为苏联对其世界霸权（包括朝鲜半岛在内）有一个"总体规划"，苏联领导人均"沉迷于"马克思主义信仰当中，认为历史发展的时代和规律都在支持苏联，但笔者并不同意这种观点。笔者认为对韩国人民来说，不应仅仅关注苏联比自己更为狡猾、更具集中力、更具控制力、更具竞争力，还应该关注如何防止韩国出现权力真空，避免为机会主义性格的俄罗斯人提供权力滋生的温床，这才是一个真正的明智之举。

第四章

美国对东亚的外交政策：
从监护人到局外人？[*]

> 学者永远无法获得足够多的细节，而精通细节与否是支配
> 事件还是受事件支配这二者之间产生细微差别的前提。一个局
> 外人的适当作用是指出政策决策者疏忽的中长期问题。简言
> 之，他仅仅提供外交政策的方向或目的，而很少提供战术。
>
> ——亨利·基辛格

虽然传统观念或多或少地认为，对当今国际政治而言，美国
的力量和霸权地位均有所下降，但大规模的全球军事实力与经济
实力证明美国曾经并将继续行使其重要权力。[①] 在费雷德·哈利

---

* 第四章最早刊载于《韩国与世界事务》第 11 卷，1987 年第 4 期，第
679~707 页。经许可后转载（*Korea and World Affairs*, Vol. 11, No. 4,
1987, pp. 679 – 707. Reprinted by permission）。

① Stephan Gill, "American Hegemony: Its Limits and Prospects in the Reagan
Era," *Millennium*, Vol. 15, No. 3（Winter 1986）, pp. 311 – 312. 在葛兰西
主义看来，20 世纪 70 年代末和 80 年代迎来了一个重建的霸权，后冷战
时期以美国为中心的资本主义体系在形式和一致性方面发生了改变，这
种改变的方式愈发符合动态的跨国资本集团的物质利益。因此，虽然美
国的国民生产总值（GNP）在传统总额方面相对下降，但其 （转下页注）

迪（Fred Halliday）称之为"第二次冷战"的国际背景下，美国自 20 世纪 70 年代开始实现力量重组。[①]其部分原因在于自 20 世纪 70 年代末以来，美国调动军费资金的能力大大提高。这次新的调动需要被置于更为广阔的战略背景之下来看待。例如，中国自 20 世纪 70 年代初期开始逐渐亲近美日而疏远苏联。苏联"失去"了中国这个曾经最重要的伙伴，其损失远远大于从越南、非洲局部以及阿富汗获得的任何"利益"。[②]正如罗伯特·斯卡拉皮诺（Robert A. Scalapino）指出的那样，具有讽刺意味的是，比起 20 世纪 80 年代初期，50 年代初期的苏联在东亚地区政治上更为强大。当时，国际社会上出现了看似非常牢固的中苏同盟，该同盟对东西方都具有重大意义。而今中国对苏联而言却意味着一场彻底的失败。当时在美国眼里日本不过是一个弱小而又无关紧要的国家，如今却成长为一个全球经济大国，而且出于对苏联政策的日益担忧，日本也开始重新审视自身的国防要求。[③]

因此，这些都不足以说明苏联军事实力的增长，以及随着这种增长和渴望而产生的危险。越战经历让人们怀疑遏制政策，但更重要的是，它让人们开始怀疑遏制政策的根源。取而代之的是出于现实政治考虑的尼克松－基辛格政策。但是，在这个过程中，美苏竞争的独有特征被掩盖了。1972 年国际紧张局势的缓

（接上页注①）霸权转变为另一种方式，即美国作为全球政治经济的中心的地位被再次强调，并且在某些方面有所增强。更多关于葛兰西对于国际关系的看法可参见 Robert Cox, "Social Forces, Slates and World Order: Beyond International Relations Theory," *Millennium*, Vol. 10, No. 2, 1981, pp. 126 – 155; and "Gramsci, Hegemony and International Relations: An Essay in Method," *Millennium*, Vol. 12, No. 2, 1983, pp. 162 – 175。

① Fred Halliday, *The Making of The Second Cold War*, London: New Left Books, 1984.

② Bruce Russett, "The Mysterious Case of Vanishing Hegemony; or is Mark Twain Really Dead?" *International Organization*, Vol. 39, No. 2, 1985, pp. 228 – 229.

③ Robert A. Scalapino, "The U. S. and East Asia," in Robert O'Neill, *Security in East Asia*, Hants, Great Britain: Cower Publishing Co. , 1984, p. 10.

和消除了美苏间的意识形态竞争。① 比起 30 年前，当今的环境明显不利于全球遏制政策的实施。在未来的十年里，是否可以期待全球遏制政策在美国国内获得必要的支持？一直以来，特别是对外国观察者而言，美国的外交政策都看似不可预测且难以依赖。一个学者能够做的和应该做的就是尝试去预测未来 10 年美国外交政策可能呈现的趋势。

从 1951 年的德克斯特·帕金斯（Dexter Perkins）② 到 1986 年的盖尔·伦德斯塔（Geri Lundestad）③，很多研究美国外交政策的学者都发现美国的外交政策呈现一种长期循环趋势。他们认为美国外交政策的态度时而"内向"，时而"外向"；时而处于隐退期（即使未完全隐退，也会优先考虑国内问题），时而处于活跃期（此时以救世主自居，积极活跃在世界舞台）；④ 时而倾向孤立主义，时而倾向国际主义。尽管所有国家的外交政策都存在许多变化因素，但比起其他大国，美国外交政策的"钟摆"似乎摆动幅度更大，甚至也更强烈。许多国家只是从一个位置移动到另一个位置，但在美国，这一"钟摆"却总在左右反复摆动。⑤

弗兰克·科林伯格（Frank L. Klingberg）于 1952 年在《世界政治》上发表的一篇文章中分析了美国外交政策的"情绪交替"。⑥ 他发现美国的外交政策在"外向"——将本国意愿施加于其他国

---

① Robert W. Tucker, *The Purpose of American Power*, New York: Praeger Publishers, 1981, p. 147.

② Dexter Perkins, *The American Approach to Foreign Policy*, Cambridge, Mass.: Harvard University Press, 1952.

③ Geir Lundestad, "Uniqueness and Pendulum Swings in U. S. Foreign Policy," *International Affairs*, Vol. 62, No. 3 (Summer 1986), pp. 405 – 421.

④ 斯坦福·霍夫曼称这种交替为威尔逊综合征。相关内容可参见 *Gulliver's Troubles or the Setting of American Foreign Policy*, New York: McGraw-Hill Book Co., 1968, pp. 190 – 194。

⑤ Geir Lundestad, op. cit., p. 407.

⑥ Frank L. Klingberg, "The Historical Alternation of Moods in American Foreign Policy," *World Politics*, Vol. 4, No. 2 (January 1952), pp. 239 – 273.

家，并通过对其施加积极的外交、军事、经济压力以达到自身目的——与"内向"——不愿对其他国家施加压力，反而更专注国内事务——之间做周期性波动。他界定了四个内向时期（平均周期为 21 年）与三个外向时期（平均周期为 27 年）。科林伯格的时期界定标准包括总统言论、政党纲领、选举结果、外交条约签订频率、海军开支、武装远征军、吞并、外交警告以及战争。他推测始于 1940 年的第四个外向周期将在 1952 年达到顶峰，而新的内向情绪则将在 20 世纪 60 年代末出现。事实是，他的预测确实在 20 世纪 60 年代末实现了，于是科林伯格的文章受到了更多关注。① 直到 1980 年前后美国外交政策开始转变为外向情绪，这些关注才逐渐退去，并在多年以后变成了一个令人怀疑的命题。② 但在 1985 年，杰克·霍姆斯（Jack Holmes）开始再次发展特定意义下情绪运作的相关理论。他指出，政治军事利益与美国公民的外交政策情绪间存在一个基本冲突，由于美国自由主义精神一贯支持全球经济及人道主义的活动，所以，只有政治军事行为常常受到情绪变化的影响。③ 很少有观察者会否认美国的外交政策在越战后经过了一场重大且艰难的调整。虽然朝鲜战争也带来了

① 例如，兹比格涅夫·布热津斯基称科林伯格的作品是"美国外交姿态的杰出研究"，并认为科林伯格对美国将在 20 世纪 60 年代重新回归孤立主义的预言是"非凡的先见之明"。然而，布热津斯基并不认同 20 世纪 70 年代美国情绪的变化与早期由外向内的转变之间具有相似之处。在他看来，问题只在于相互依存的形式和程度。相关内容可参见 Zbigniew Brzezinski, "U. S. Foreign Policy: The Search for Focus," *Foreign Affairs*, Vol. 51, No. 4 (July 1973), pp. 709 – 711; Bruce Russett, "The Americans' Retreat from World Power," *Political Science Quarterly*, Vol. 90, No. 1 (Spring 1975), pp. 1 – 21。

② 乔治引用科林伯格的情绪周期理论作为对美国外交史的一个具体解释，他在对两个更宽泛理论的阐述中将这一理论作为一个例子。更多内容可参见 "The Malaise of American Foreign Policy: Relating Past to Future," *World Politics*, Vol. 33, No. 1 (October 1980), pp. 82 – 95。

③ Jack Holmes, *The Mood/Interest Theory of American Foreign Policy*, Lexington: The University Press of Kentucky, 1985.

一些类似的沮丧，但 1967 年后美国向国内事务的"情绪"转向至少在 1919 年以后不曾出现过。根据科林伯格的周期理论，[①] 越战更像是一个催化剂，而非起因。科林伯格进一步指出，在接下来的内向期，主要问题"将伴随着沉重的道德含义"——这是对"人权问题"兴起的一种预测。[②]

考虑到科林伯格准确地将美国下一次转变期划分在 1967~1968 年的惊人预测，我们是否可以进一步推测美国新的外向型转折点必将出现在 1988~1989 年？[③] 在试着回答这个问题之前，我们有必要先了解下如何解释美国外交政策周期性波动这一独特现象。

为何会产生波动？

关于美国外交政策的周期性波动，一直存在多种解释。[④] 其中，最有说服力的是文化解释。[⑤] 根据这种解释模式，美国社会在许多方面都遵循一个普遍的理念。但美国是在子文化价值冲突

① 近年来，科林伯格提出历史交替的周期性趋势理论。参见 Frank L. Klingberg, "Cyclical Trends in American Foreign Policy Moods and Their Policy Implications," Charles W. Kegley, Jr., Patrick J. McGowan, Challenges to America: United States Foreign Policy in the 1980s (Beverly Hills: Sage Publications, 1979), pp. 37 – 56; Cyclical Trends in American Foreign Policy Moods: The Unfolding of America's World Role, Lanham: University Press of America, 1983。

② Arthur M. Schlesinger, Jr., The Cycles of American History, Boston: Houghton Mifflin Co., 1986, p. 44.

③ 后来，科林伯格将自己的分析追溯到 1982 年，并在 1983 年的著作的第 171 页预测首次由外向内的转换将发生在 1986 年或 1987 年。

④ 一个过时的解释便是地缘政治的解释，它强调西半球地区（包括英国海军）允许美国的自由程度，这种少数情况包括发生入侵或包围并刺激美国做出反应的时候。相关内容可参见 Nicholas Spykman, America's Strategy in World Politics, New York: Harcourt, 1942, p. 449。

⑤ Akira Iriye 认为，国家是一种"文化体系"，而国家关系就是"文化体系"的互动。相关内容可参见 "Culture and Power: International Relations as Intercultural Relations," Diplomatic History, Vol. 3, No. 2 (Spring 1979), pp. 115 – 128。

之下建立的国家，而这些价值之间的交融使得美国人与人之间的区别比其他大多数国家更大。① 有些时候某个特定价值被强调，而在其他时候与之相悖的价值却可能占据主导。

　　道德主义与实用主义便是这样一组文化价值。在道德主义方面，由于 1862 年美国无法维持半自由半奴隶制的社会，所以在 1917 年和 1941 年美国认定世界上不可以存在半自由半奴隶制。② 美国通常将自己视作特殊个体，当其他国家拥有利益时，美国拥有的是责任。它认为最重要的任务就是拯救世界，除此之外其他的都不值一提。二战结束以后，反共十字军的登场便是基于类似的二分法。而在实用主义方面，美国习惯认为自己是实践者。③ 也就是说，美国天生是来解决问题的。如果某种方法没有效果，它就会尝试另一种。④ 这一倾向深深扎根于美国的政治进程中。大多数美国人并不十分有耐心，所以他们不会为期待的结果等太久。而这种无耐心恰好为情绪的波动提供了补充说明。⑤ 有抱负的政治家更关注以下这个模型："如果你选择我，问题将迎刃而解。"这一倾向因政府的频繁变动而得到加强，每届新政府都为美国带来了新的政客与合作者，所有人都在处理亟待解决的问题。国家安全问题对领导者而言颇具专业性，它常常使人产生错觉，认为政治后果可以稍后再处理。⑥ 同时这里也存在一个稍有

---

① Geir Lundestad, op. cit., p. 419.

② Loc. cit.

③ Loc. cit.

④ 早在 1962 年，雷蒙·阿隆就认为美国政策应尽量控制从一个极端向另一个极端摆动的发展趋势，例如昨天反对中立，今天又弃权或更偏向中立；昨天增加军事协定，今天又只关注经济援助或发展同盟；昨天支持所有反共政府，今天又试图加强社会改革并为经济援助创造条件等。具体内容可参见 Raymond Aron, "Reflections on American Diplomacy," *Daedalus*, Vol. 91, No. 4 (Fall 1962), p. 729。

⑤ Geir Lundestad, op. cit., p. 419.

⑥ Gregory F. Treverton, *Making the Alliance Work*, London: Macmillan, 1985, p. 187.

差别的观点。正如约翰·加迪斯（John Gaddis）指出的那样，即将上台的新政府试图定义他们自己的地缘政治法则，不是通过对外部世界如何发展做出客观冷静的评价，而是通过决定采取与上届政府不同的外交政策，来避免再犯那些在他们看来属于上届政府的错误。①

第二组文化价值是乐观主义与悲观主义。作为"上帝之国"（God's Country）的公民，大多数美国人都理所当然地认为美国不仅是世界上"最好"的国家，而且未来也将如此，世界上的每一个问题都有解决办法。但与此同时，人们也经常表现出悲观主义或者一种更强烈的脆弱感。美国是个脆弱的实验场，并且很容易受到威胁。这种威胁或是来自内部的渗透（麦卡锡的共产主义），或是来自外部的攻击——1941 年的珍珠港事件。因此，尽管美国终将获得胜利，但威胁却无处不在。②

第三组文化价值是战争与和平。③ 美国社会存在一种根深蒂固的认识，即和平是一种"正常"④ 状态。当然，战争和冲突会打破这种正常的、理想的状态，但是人们仍然有一种期待，即一旦敌人战败，"正常"状态就会得以恢复。在美国人看来，世界非黑即白，鲜有灰色。美国人显然认为在某些领域合作而同时在其他领域对抗的做法是不正确的。这种基本的黑白二分法似乎是

---

① John Lewis Gaddis, "Strategies of Containment," *The Society for Historians of American Foreign Relations News Letter*, Vol. II, No. 2 (June 1980), p. 11.
② Geir Lundestad, op. cit., p. 420.
③ 还有一些对照的价值观有可能被提到：实力（意味着拥有多少军队）与想法（往往表现为利益世界共同体）；变化（美国作为世界上最具有革命性的国家）与稳定（美国作为现状的主要捍卫者）；善与恶或战争与和平。关于对这种美国二元论的看法可参见 Knud Krakau, "American Foreign Relations: A National Style?" *Diplomatic History*, Vol. 8, No. 3 (Summer 1984), pp. 253 – 272. Stanley Hoffmann, *Gulliver's Troubles, or The Setting of American Foreign Policy*, New York: McGraw-Hill, 1968, pp. 177 – 178。
④ Henry A. Kissinger, *While House Years*, Boston: Little Brown, 1979, p. 61.

对美国情绪剧烈变化的一个重要解释。①

　　尽管这种文化解释在一定程度上令人信服，但对独特性，即美国外交政策立场最为典型的规律性交替现象的解释尚有局限，因为大多数西方民主国家都拥有与之相似的文化价值背景。② 美国的独特性可以简单地归因于美国的唯一性，这进而又引向一种制度性的解释。这种制度性的解释是指建立在分权基础上的政府结构，它旨在防止暴政出现，是宪法的核心所在。美国的这种制度性安排不同于其他民主国家。美国宪法基于 18 世纪的自由观念，它认为对权力最好的控制不是将其进行集中或者平民化，而是对其进行分化抵消与制衡。在外交政策领域，宪法建立了公开的"吸引竞争"机制以便由行政机构和立法机构进行控制，这是由埃德温·科温（Edwin S. Corwin）提出的。③ 美国政治精英在联邦与地理上具有分散性；国家政党软弱而纪律涣散；经济具有优势与合理性，选举后行政部门在思想政治上发生转变；宪法基本确认了媒体作为政府第四部门的地位。以上种种原因使得这场竞争变得更为复杂。因此，美国外交决策有时也被认为是"动物园式的"④，或者依据哈佛核研究组织的说法，美国体系对局外人来说好像"白噪音"。⑤

　　小阿瑟·施莱辛格（Arthur Schlesinger, Jr.）解释说，美国

---

① Geir Lundestad, op. cit. , p. 421.

② 通过列举自由民主社会的内在因素，连续几代人之间的关系，以及经济条件，科林伯格的解释并不能证明美国外交政策的唯一性，因为英国并没有表现出美国式的周期摆动。

③ Edwin S. Corwin, *The President: Office and Powers*, New York: New York University Press, 1940, p. 200.

④ Joseph S. Nye, Jr. , "The Domestic Roots of American Foreign Policy," *The Making of America's Soviet Policy*, New Haven: Yale University Press, 1984, p. 4.

⑤ Albert Carnesale, Paul Doty, Stanley Hoffmann, Samuel P. Huntington, Joseph S. Nye, Jr. , Scott D. Sagan, *Living with Nuclear Weapons*, Cambridge: Harvard University Press, 1983, p. 43.

政治的循环是总统和国会在美国政治系统内部争夺权力此消彼长的表现。强势的总统迟早会激怒国会，反过来，国会的至高权力也将引发总统权威的复兴。西奥多·罗斯福和伍德罗·威尔逊的干预主义刺激了 20 世纪 20 年代和 30 年代的国会孤立主义。当时，国会在外交事务上表现十分糟糕，这一记忆在战后数年里向美国人民呈现了总统权力这一崇高的概念。① 作为制度性解释的推论，政治选举模式的解释帮助我们理解美国外交政策的波动。这种解释强调政党间的交替。早在 1949 年，阿瑟·施莱辛格（Arthur Schlesinger）就注意到这种保守主义和自由主义之间周期性波动的现象。② 后来，他的儿子小阿瑟·施莱辛格将这种周期性波动定义为国家介入在公共目标和私人利益之间的持续转变。③ 他指出美国通常以一代人为基础，用 30 年时间完成一次周期循环④，正如 20 世纪 80 年代是 20 年代哈丁－柯立芝时期的重现。因此在约 30 年的间隔中——1901 年的西奥多·罗斯福、1933 年的富兰克林·罗斯福、1961 年的肯尼迪——美国经历了由追求私人利益、自身利益到实现公共目标方面的转变。⑤

　　科林伯格和施莱辛格的周期循环之间并不存在明显的相关性。例如，在追求私人利益或者公共目标时期，美国几乎都会参与战争。也许有人认为国际危机不容置辩，国家领导人的选择空间并不大。但事实并非如此。国家在内向时期采取一种方式应对外部挑战，在外向时期却采取另外一种截然不同的方式。同样，在内向时期漠不关心的事情，到了外向时期则有可能被认为是危险的而需要做出强硬回应。1940 年，当内向时期走向终结，强大

---

①　Arthur Schlesinger, Jr. , "Congress and the Making of American Foreign Policy," *Foreign Affairs*, Vol. 51, No. 1 (Fall 1972), pp. 78 – 113.

②　*Paths to the Present*, New York: Macmillan, 1949.

③　Arthur Schlesinger, Jr. , op. cit. , p. 27.

④　Ibid. , p. 31.

⑤　Ibid. , p. 47.

但显出颓势的大多数美国人都对希特勒抱有一种鄙夷态度。而在外向时期趋于结束的四分之一个世纪之后，强大并呈现上升之势的少数美国人却拒绝承认切身利益在越战中受到威胁。[1]

然而，即使国外与国内的周期并不同步，国内周期仍然与外交政策存在联系。因为国内周期的每个阶段都根据自身价值定义国家利益。各个阶段都会利用外交政策在国外展现其价值。公共目标时期倾向于将民主、改革、人权、自由、社会变革、积极政府等纳入外交理念中，并且在国外展示对民主左翼政权的偏好。个人利益时期对国际事务的构想则重视资本主义、私人投资、商业活动的奇迹、保护美国企业在国外的经营等，这一时期展示出的偏好更侧重于承诺保护拥有大量私有财产的右翼政权和独裁政权。因此，外交事务行为展现了国内循环交替的精神，同时又通过外交政策周期的不同阶段将这种精神赋予世界。[2]

权力交付的宪政平衡：国会的优势

美国国内政治与外交政策之间的关系具有双向性，但同样明确的是，鉴于美国外交政策"内部导向性的特点"[3]，国内环境为美国外交政策行为带来关键机会的同时也对其产生了同等程度的限制。[4] 在美国宪法中，国会被赋予了"宣告战争"、控制开支以及批准外交专用款项的权力。然而，在与总统的竞争中，国会一般没有兴趣要求这些权力，特别是在珍珠港事件发生以后。基于

---

① Arthur Schlesinger, Jr., op. cit., p. 44.
② Arthur Schlesinger, Jr., op. cit., p. 45.
③ John Lewis Gaddis, *Strategies of Containment*, Oxford: Oxford University Press, 1982, p. 357.
④ Walter Dean Burnham, "1980 as a Historical Moment: Reflections on the American Political Crisis," *Washington Quarterly*, Special Supplement (Autumn 1980), p. 20.

宪法与外交的性质，国会议员认为国家利益主要应由相关行政部门负责。在危急时刻，他们基本倾向于团结在总统身后，并且将国家利益交付给总统。只有在认识到外交政策出现某些问题时，他们的态度才会改变。当他们意识到选民认为外交政策出现某些问题时，或者意识到会产生选举成本时，他们会为了遵循民主精神而迅速改变态度。①

自珍珠港事件以后，美国人民生活在一种长期的、频繁的、紧张的国际危机中，② 这种背景催生了所谓的"帝王总统"现象，并且在尼克松总统时期达到巅峰。尼克松试图将其制度化，但以失败告终，并且引起了过度反应。越南战争粉碎了公众在处理外交政策事务方面对总统的信任，正如水门事件对国内事务产生的影响一样。

直到 1973 年 11 月，国会才绕过总统的否决权通过了《战争权力法案》以期加强国会的控制力。该决议要求总统在做出军事决定之前与国会进行协商。军事介入可以持续 60 天，如果总统按照要求对军队安全提供书面保证则可以再增加 30 天。因此军事介入不会持续超过 90 天，除非国会通过宣战决议或立法等对此予以特别批准。在经历了越南战争以后，没有总统会轻易动用军队，除非他十分确信国会和民众将支持这一介入行为。③

根据托马斯·弗兰克（Thomas M. Franck）和爱德华·维斯班德（Edward Weisband）的观点，国会在结束越南战争方面成了一种"世界力量"。整个权力体系被颠覆，这从根本上重新分配了政府权力。弗兰克和维斯班德将其称为"革命"，这场革命主要的失败者是总统、他的内阁成员、白宫管理团队以及国会的高

---

①　Michael Donclan, "Elements of United Stales Policy," E. S. Northedge, *The Foreign Policies of the Powers*, New York: The Free Press, 1974, p. 55.

②　Arthur Schlesinger, Jr., op. cit., p. 279.

③　Harry G. Summers, Jr., *On Strategy: A Critical Analysis of the Vietnam War*, Novato, California: Presidio Press, 1982, pp. 29 – 30.

级官员——政党、委员会和小组委员会的领导者。他们都与总统的计划开展关系过于密切，而国会里的普通议员则成了最主要的权力获取者。① 对这一革命重新分配的结果之一便是国会对美国外交政策甚至总统特权加以控制。②"国会之春"重新回归美国。③

　　这种国会的优势反映了美国民众的内向情绪。前国务卿亨利·基辛格在其任期即将结束时面临众多困难，便很好地说明了内向型国会的决策力及其本身在内向阶段的发展情况。尽管他采取权力平衡的外交政策将美国从过度外向中挽救回来，然而，向内发展的公众运动使其保守政策失去了支持。④ 1976 年，当美国的外交政策确定了内向型方针后，面对苏联和古巴对安哥拉内战中另一派别的大规模干预，基辛格与福特总统支持安哥拉民族解放阵线的主张遭到了来自国会的反对。在美国国防政策方面，卡特总统和国会都呈现了重要的内向型特点。卡特总统终止了 B-1轰炸机的研发并延迟了中子弹的研发。他还提议美国陆军从朝鲜半岛撤离，但由于国会阻止不得不推迟计划。国会在武器交易问题上坚持自己的主张，这使得总统很难推动军售，例如将军用飞机售给中东国家。为推动《巴拿马运河条约》（*Panama Canal Treaties*）的通过，卡特政府付出极大努力；而参议院从未批准《限制战略核武器条约》（*SALT* Ⅱ）。

　　里根总统在扭转水门事件以打开政府并重建"帝王总统"堡

---

① Thomas M. Franck and Edward Weisband, *Foreign Policy by Congress*, Oxford：Oxford University Press, 1979, p. 3.

② Loc. cit.

③ 这是威廉·贝德在"美国国会和美国安保政策制定"中的用语，出自 Christoph Bertra, *America's Security Policy in the 1980s*, London：The Macmillan Press, 1982, p. 15。

④ Robert W. Tucker, William Watts, Lloyd A. Free, The *United States in the World：New Directions for the Post-Vietnam Era?*, Washington D. C.：Potomac Associates, 1976, p. 20.

垒方面做出了很大努力。里根政府重申要求无条件地行使特权。《信息自由法案》受到行政限制和蓄意破坏。媒体被禁止报道对格林纳达的入侵。[1] 迄今为止，相比迫害批判者，他更加偏向于否认信息。"帝王总统"现象虽然再次兴起，但还未进入全盛时期。[2]

尽管里根总统的外交政策中带有更加强烈的修辞，但其外交政策并不比最近几任总统外向。[3] 更为外向的辞令暗示着或许他已经开始认识到需要进一步保护美国的利益，但是内向型的民众和国会显然在很大程度上束缚了他的行为。里根的一些外交政策行为能被国会顺利通过，得益于他驾驭立法机构与行政机构间复杂关系的能力，以及他修改提案以满足内向型国会的能力。在美国对萨尔瓦多的干预上，内向型情绪通过国会和公众对总统行为进行的限制表现得非常明显。里根总统试图在萨尔瓦多冲突中给左翼政权提供大量帮助，但由于遭到民众的强烈反对，他的这一尝试很快就失败了。即便在古巴与苏联的扩张主义问题上他也未能得到民众的支持。正如芭芭拉·塔奇曼（Barbara Tuchman）指出的那样，不稳定的萨尔瓦多作为一个红色威胁，成功地威胁了美国的安全。[4] 里根发现甚至连支援军队对抗尼加拉瓜政府都更为困难。而且正如"伊朗门"丑闻所显示的那样，里根政府求胜心切最终却适得其反。显然，里根的强硬辞令并没能战胜由内向型情绪主导的美国国会和民众。

时间和经验将会告诉我们，新的"国会之春"是否真的"不可逆转"，又或者只是政治体系中长期对立的最新一次波动。但

---

[1]　Arthur Schlesinger, Jr. , op. cit. , pp. 298 – 299.

[2]　Ibid , p. 301.

[3]　相关内容可参见 James Reston, "The New Isolationists," *New York Times*, December 16, 1981, p. 31。

[4]　Barbara Tuchman, "The American People and Military Power in an Historical Perspective," Christoph Bertram, *America's Security in the 1980s*, London：The Macmillan Press, 1982, p. 12.

是，有证据表明，这一时期国会的优势不仅是一次波动，而且是一场革命，除非发生另一个"珍珠港事件"，否则它将不会消失。托马斯·弗兰克和爱德华·维斯班德提供的证据如下。①

第一，通过持续而非一次性的政策冲突程序，国会日渐通过立法确立自身地位。新获批准的大多数程序针对的不是总统制定的特别政策，而是要求通过法律将国会的意见或复审置于政府部门的决策过程之中。通过增加国会获取信息和权力的渠道，这种"新监督"改变了华盛顿的游戏。

第二，国会获得了自身的政策能力。它使自己成为外交关系专家组中的一员，而那几乎是一个反政府部门。

第三，国会改变了对委员会和小组委员会主席的选拔。这里聚集了更年轻、受到更高教育但不服从一元化领导的成员。行政部门再也不能通过拉拢几个亚瑟·范登堡（Arthur Vandenbergs）来对国会进行约束。相反，现在总统要对付535个议员，他们中的大多数相当自主，通常都从特殊的联邦委员会委员长那里获得行动自主权，他们更愿意听到理由而非命令。

第四，外交政策已经变成了一个热门的政治课题。国会的新议员，无论是否属于相关的委员会，都渴望在行动中占有一席之地。外交政策借助新闻报道引起选民关注。之前，这样做并无任何效果，但现在他们成功了。

第五，基于稳定持久的国会合作，行政部门自身做出了结构调整。国会监督和国会顾问逐渐体系化。

第六，随着国会开始积极参与外交决策的制定，出现了一个针对国会行动成本与收益的再评估项目，结果表明成本低于人们的预测，相反还会有很多意外收益。国会对于议题的公开参与和公开讨论引起了人们对人权问题的关注，也增加了对武器贩卖与核出口的限制。甚至在白宫和国务院，国会对在外交政策利益方

---

① Thomas M. Franck and Edward Weisband, op. cit., pp. 6－8.

面自身角色的重申也日益得到理解。这在很大程度上与合法性有关。民主的合法性开始取代被越战破坏的国家外交政策共识。

国会的改革始于一系列对旧制度尖锐的破坏性抨击。① 但是此后国会转向了重建，构想出了一个更为详细的外交政策原则，即外交政策的制定不是通过一方对另一方的支配，而是通过共同商讨制定的。② 这似乎是一种趋势而非一时的风尚。

美国的政策情绪及其在东亚的表现

1898 年是美国与东亚关系历史一个重要的分水岭。由于战胜了西班牙，美国获得了菲律宾——一个由西班牙控制了近四个世纪的殖民地。美国 1898 年从西班牙手中获得菲律宾群岛，这与美国阻止欧洲独霸亚洲的国家利益密切相关，也是美国第一次在东亚表现出外向型情绪。美国认为欧洲国家由于过度渴望殖民地而未能一致联合将美国排挤在东亚之外。③ 通过在该地区建立据点，美国阻止了欧洲的统治并且预言了对中国的门户开放政策。④

一战后美国对苏联实施干预，这可以归因于威尔逊总统渴望美国在世界上扮演一种积极的角色，以及美国担心出现一国独霸东亚的情况。相对于筋疲力尽的欧洲盟友们，日本的势力通过一战得到极大增强，尤其是在太平洋地区的领土扩张方面。美国与日本的另外一个冲突原因在于日本对西伯利亚东部以及库页岛北部的占领。苏俄退出一战以后，美国和日本的军队于1918 年通过符拉迪沃斯托克进入西伯利亚。他们的表面目的是保障军队供给（担心其可能会落入德国手中），并帮助穿越西伯利亚的捷克斯洛

---

① 　Thomas M. Franck and Edward Weisband, op. cit. , p. 9.

② 　Thomas M. Franck and Edward Weisband, op. cit. , p. 9.

③ 　Jack E. Holmes, *The Mood/Interest Theory of American Foreign Policy*, Lexington: The University Press of Kentucky, 1985, p. 79.

④ 　Loc. cit.

伐克军队逃离，该军队中的部分人原先是俄国犯人，但现在获得了自由并沿着横跨西伯利亚的铁路前往符拉迪沃斯托克。实际上，美国派遣军队的部分原因在于监视日本，当时日本被怀疑在这片大陆地区实施帝国主义计划。当表面目的达成以后，美国军队接到威廉·葛拉福斯（William S. Graves）将军的命令，于 1920 年 4 月撤军，但数量远远超过美军的日本军队却留了下来。日本报纸开始把日本海称为"新的内陆海"，而且有证据表明日本帝国主义者下定决心永久占领西伯利亚东部。① 尽管美国还未承认苏维埃政权，但国务卿休斯（Hughes）反对日本以损害中国与苏俄利益为代价的扩张。他警告日本，美国不会承认"其对当前占领发表的任何声明或称谓"，也不会默许任何"可能削弱现有条约权利或苏俄政治完整、领土完整"的行为。②

美国在内向时期未能有效反对日本的东亚计划以及德国的欧洲计划，此后它在 1940~1968 年的外向时期加入战争，以实际行动保护其在东亚和欧洲曾被忽视的利益。许多美国人都还记得他们在 20 世纪 30 年代度过的内向时期。实际上在二战前，美国人就要求转为外向。而日本对珍珠港的袭击使得这一任务变得更加容易。③

在 1940~1968 年的外向时期，美国试图通过参加朝鲜战争保护其在东亚的利益。考虑到战争升级的可能性，加入不宣而战的战争是相当危险的。杜鲁门总统阻止朝鲜占领韩国这一目标的限度并不适用于自由主义美国"孤注一掷"的战争思想，尤其是在一个日益外向的时期。事实上，美国的自由情绪通常比总统的政

---

① Julius W. Pratt, *A History of United Stales Foreign Policy*, Englewood Glills, N. J. : Prentice-Hall, Inc. , 1965, p. 322. 详情可参见 Robert H. Ferrell, American Diplomacy, New York: W. W. Norton & Company, 1975, pp. 305 – 306。

② M. J. Puseey, *Charles Evans Hughes*, Vol. 2, New York: The Macmillan Company, 1951, Ⅱ, p. 524.

③ Holmes, op. cit. , p. 80.

策更为外向。① 因此，总统面临的主要问题在于支持战争的人比反对战争的人更加积极。在这种环境下，反战分歧并未构成主要问题。自由的美国不太可能在外向时期过早协商出和解方案，但它依然足够灵活地做出妥协以回到战前状态。② 在 1940～1968 年外向时期的最后几年里，美国参加了越南战争以对抗可能会威胁到整个东亚的共产主义计划。这一决定一开始便得到了公众及国会很大程度的支持。③

越南战争开始于外向阶段的后期，由于军队的胜利遥遥无期，美国逐渐失去了公众的支持，而且出现了很多反对者。美国的自由主义者对这有限的战争局势感到沮丧，正如朝鲜战争一样，这违背了他们"孤注一掷"的战争思想。公众的不满情绪日益高涨。随着越来越多的人意识到越南的冲突不会对美国安保造成任何更大威胁，反对者的意见得到了普遍认可。但就像内战和一战一样，越南战争也引起了痛苦、幻灭以及内向情绪的回归。

对于当代人来说，越南战争依然是一个重要经历，正如慕尼黑危机是上一代人的重要经历那样。20 世纪 30 年代，"拒绝 1914 年的夏天"这一口号支配了法国与英国的行动，慕尼黑危机本身便是听从这一口号的结果。在某种程度上，今天的越南战争正是"拒绝慕尼黑危机"这一口号的执行结果。④ 显然，国内所要求的重新遏制国际共产主义扩张的这个通用规则早已不复存在。相反，在新的民族主义环境里，公众一方面摒弃罪恶感并拒绝从越

---

① Loc. cit.

② Holmes, op. cit., p. 81.

③ 东京湾决议（1964 年 8 月 7 日）以 88 票对 2 票的结果获取了绝对支持。同样，关于国防部补充部分资金用于支持美国在东南亚业务的投票也于 1966 年 3 月 15 日以 389 票对 3 票由众议院通过。

④ Stanley Hoffmann, *Primacy or World Order: American Foreign Policy Since the Cold War*, New York: McGraw-Hill, 1978, p. 22.

战后的岁月里走出来，但同时又不得不重拾越战前的热情。①

美国公众专注于美国"国内健康"的重建。他们倾向于摆脱国际责任并反对本国外交政策出现更多的激进元素。这种新的民族主义表现为完全以自身利益为中心。在某种程度上，这种新的民族主义代表着钟摆的正常摆动——在 60 年代末和 70 年代初，通过这种方式让美国远离敌视的观念变得非常普遍。② 然而，这种新的民族主义所欠缺的并非反共倾向，而是将过去的反共倾向与意愿作用于政策配置。③ 借用罗伯特·莱格沃尔德（Robert Legvold）的话，当今美国民众支持"无对抗的遏制"。④

假如这场对韩国的攻击未受到任何抵抗，可能最终会引起对西欧的武装攻击，这一担忧不仅构成了美国介入的原则性动机，而且解释了为何在介入朝鲜半岛问题上意见分歧相对缺乏。⑤ 美国将以欧洲为中心的传统安全利益置于首位，这导致了美国对亚洲遏制政策的扩张。在当时以及随后的几年里，扩张这一观点饱受争议。但是由于这种扩张缺乏重大事件的考验，所以它只是凭

① Robert Tucker, *The Purpose of American Power*, Praeger, 1981, pp. 172 – 173.
② Norman Podhoretz, *The Present Danger*, New York: Simon and Schuster, 1980, pp. 87 – 88.
③ Tucker, op. cit. , p. 173.
④ Robert Legvold, "Containment Without Confrontation," *Foreign Policy*, No. 40 (Fall 1980), pp. 74 – 98.
⑤ 正如迈克尔·唐兰（Michael Donelan）所说，今天很多人回首 20 世纪 40 年代末时会发现一件不可思议的事情，那便是美国及其盟国担心苏联入侵西欧；但当时的政治家们依旧处于战争的阴影中，红军的攻击给他们留下了深刻的印象。此外，美国及其盟友基于共产主义话语和轴心国的形象，相信苏联试图统治世界。北约的形成很大程度上是源于人们相信斯大林就像希特勒一样，拥有一张侵略的时间表。Michael Donelan, "The Elements of United States Policy," in F. S. Northedge, *The Foreign Policies of the Powers*, New York: The Free Press, 1974, p. 53. 美国公众对朝鲜战争和越南战争的支持变化趋势可参见 John E. Mueller, "Trends in Popular Support for the Wars in Korea and Vietnam," *American Political Science Review*, Vol. 65 (June 1971), pp. 358 – 375。

借所谓的消极共识在十余年间得到了支持。[1] 从 20 世纪 50 年代初期到 60 年代中期，美国的承诺与政策基本没有改变。美国的双边及多边防御协议最近体现出一种全球遏制态势，这引起一些国家对其已经过度扩张的批判。然而对于一个缺乏严谨考验的政策来说，这种批判收效甚微。事实上，这些年来美国政策主要通过隐藏和间接的手段获得了成功，似乎也证明了自身的正确性。[2]

然而，这些成功建立在一个脆弱的基础上。对该政策的考验发生在越南。这一消极共识在越南被付诸检验，而其根本的脆弱性暴露无遗。当时，美国的国内经济没有遇到如今的种种困难，美国对全球遏制政策的共识正有赖于这一非常有利的条件。50 年代与 60 年代初期，美国几乎没有发生通货膨胀。[3] 当时，不断进步的技术与取之不尽的廉价能源，使美国经济几乎能够保持持续增长。

然而不仅仅是强大的经济基础和持续繁荣的预期允许美国投入如此高比例的资金（占 GNP 的 9% ~ 14%）以支持全球遏制政策。这一时期的美国社会完全不同于 60 年代末，特别是 70 年代的社会。现在所谓的权益社会在当时正处于形成阶段。与现在的政府预算相比，当时的要求是适度的。事实上尽管在 50 年代就存在国防开支与福利项目间的冲突，但相对今天而言那时的冲突也还算适度。[4] 对于一个能够接受外交政策先于国内政策的社会

---

① 当时并不存在一种积极共识呼吁在任何地区开展激烈的行动，因为这不再是个单一的问题，不能凭空期望情况有所改善；对包括苏联在内的外部世界的态度还不一致；尽管也可以展开军备竞赛，处理收支平衡、货币制度与石油输出国组织的关系，但这些行动很难被捆绑在一个单一的政策框架中。Robert G. Wesson, *Foreign Policy for New Age*, Boston: Houghton Milllin, Co., 1977, p.411.

② Tucker, op. cit., p.173.

③ Tucker, op. cit., p.169.

④ Loc. cit.

而言，全球遏制政策所带来的牺牲也是可以被接受的。① 而这不过是对在支持遏制政策方面存在显著民族共识的另外一种说法而已。

然而，这很容易夸大人们对该政策的支持程度以及承诺遵循该政策的决心。事实上，在越战以前，遏制政策仅在朝鲜半岛这一个地方受到了严格考验。朝鲜战争不仅是对选择性遏制政策或适度遏制政策的应用，同时也是对全球遏制政策的应用。② 换句话说，对朝鲜战争的介入尽管在引领全球遏制政策的过程中起到了决定性的作用，但也响应了适度遏制政府的要求。如今全球遏制政策能否在国内获得必要的支持？这一提问并不足以表明此前其就获得了民众的必要支持。

今天推行全球遏制政策的环境明显不如之前三十年。即使美国重新恢复50年代和60年代初期的国家意愿与共识，它也很难在不付出巨大努力的条件下重获曾经的整体相对优势。在目前情况下，重回扩张型全球遏制政策，可能会将美国连同苏联一起置于最危险的进程中。这一政策会向莫斯科传递如下信息：第一，时间会倒退20年；第二，在60年代末期赋予苏联的平等地位对今后有重大意义；第三，美国不再打算承认苏联是世界大国。这种政策的最好结果是进一步恶化西方同盟间已有的危机。而最坏的结果则是导致公开决裂以及美国战后最严重的外交失败。西欧在80年代没有对苏联积极采取强硬立场。相比美国人，他们并不十分倾向于认为苏联试图主导世界并插手全球所有的革命运动。而美国的态度则更为情绪化而且很不稳定。在越战刚结束时，它的表现近乎孤立主义；而在1979年德黑兰人质危机发生时，它又表现出一种极端的干预主义。当时卡特总统遭到了公众的批判，不是因为他未曾试图干预，而是因为他的干预未能成

---

① Tucker, op. cit., p. 170.

② Loc. cit.

功。这与欧洲人谨慎的实用主义形成了鲜明的对比。①

1985 年 3 月里根总统在佛罗里达州奥兰多市发表演讲，指责苏联注定要成为历史上的"邪恶帝国"——而正因为如此，他认为苏联不应被当作一个适合或需要协商的政权。② 因为这次肆无忌惮的演讲，欧洲人倾向于指责里根总统再次强化了两大强国之间原本已有所缓解的危险局势。安保政策并不需要美国公众做出实际牺牲，而大规模的武装计划也能够在减少公众支出的情况下得以开展并得到维持，里根总统正是将其安保政策建立在这种获取国内支持的假设之上。总的来说，里根总统的政策之所以具有吸引力，原因在于它们承诺很多但要求很少。③ 美国将恢复昔日辉煌而无须牺牲国民的生命或财产。这也是里根的爱国主义如此具有吸引力的原因。④ 但是里根从未真正受到苏联的严格考验。如果在过去数年间苏联的行为受到了一定限制，其最有可能的原因在于它陷入了一场旷日持久的领导危机。随着戈尔巴乔夫领导的正式开始，至少部分限制将会消失。苏联领导人从未表示他们准备放弃对第三世界的抱负。对他们而言，全球平等意味着在亚洲拥有同欧洲一样平等参与世界政治⑤游戏的权力。但对美国来说，从国内支持这一角度进行衡量的话，介入亚洲事务的危险却增加了。除非未来的介入能够在安全利益方面找到一个公众与国会都无法抗拒的正当理由，否则美国将难以取得迅速而低成本的成功。但是满足这些要求的前景却日渐渺茫。

①　Evan Luard, "A European Foreign Policy?" *International Affairs*, Vol. 62, No. 4 (Autumn 1986), p. 574.

②　Peter Calvocoressi, *World Politics Since 1945*, London: Longman, 1987, p. 46.

③　Robert W. Tucker, "Foreign Policy: Thoughts on a Second Reagan Administration," *School of Advanced International Studies Review*, Vol. 51, No. 1 (Winter-Spring 1985), p. 3.

④　Loc. cit.

⑤　Robert W. Tucker, op. cit., p. 6.

美国及其盟友

　　在 20 世纪 50 年代与 60 年代的西欧和东亚，对美国全球目标的认同被证明是国内政治支持的重要来源，这主要基于选民之间广泛存在的对共产主义与苏联的恐惧。虽然 20 世纪 80 年代，欧洲与日本对苏联的不信任依然存在且有所增长，对苏联这个大国的分析却发生了改变。苏联军事进攻的理论性危险依然存在，但它比以往任何时候都遭到质疑。温斯顿·丘吉尔曾说过，要不是美国的炸弹，红军早就到了英吉利海峡，追溯历史似乎觉得这难以置信。尽管无法证明这一论断是否正确，但由于这种意图和毁坏缺乏历史证据，苏联在战争后期的艰难挣扎使得这个虚构的神话动摇了北大西洋公约组织的根基。

　　由于无法动用大规模的军队来稳固自己在东欧的霸权，很难期待苏联人能够在西欧拥有闲暇时光，因为一旦他们到达那里，就会发现有太多东西需要他们控制或窃取。而波兰、捷克斯洛伐克与匈牙利等盟国不可靠的军队更多地会阻碍其向西挺进。①

　　日本没有将苏联视作需要击败或隔离的对象，反而认为需要为其制定战略共存计划。美国越是从灾难或意识形态角度看待苏联威胁，欧洲人和日本人就越会为了本国国防而收回自卫权。

　　事实上，美国依然对东亚力量的区域平衡十分感兴趣，因此也会重视本国与苏联、中国以及日本的关系。与在欧洲一样，美国在东亚的主要利益也在于防止某个国家或国家联盟控制该地区的资源和人口。因此，保持该地区主要大国间的力量平衡一直是

---

① Richard J. Barnet, *Allies: America, Europe, Japan Since the War*, London: Jonathan Cape, 1984, p. 436.

并将继续是美国的政策。① 但对地域力量平衡的关注，并不一定需要美国为了抵抗进攻或遏制共产主义而对某个特定国家进行干预。美国干预朝鲜半岛以及越南的动机不仅在于对地域平衡的担心，还出于法律与意识形态的目的，而这些目的现在已经失去了对美国公众精神的控制。② 自杜鲁门主义时代以来，对也好，错也罢，美国都被其领导者视作一个在全球范围内致力于抵抗侵略、遏制共产主义的国家。但这些目标如今遭到了大部分美国公众及国会舆论的否定。

美国在东亚的活动不太可能大幅增加。人们对以各种形式干涉他国行为的广泛支持也会悄然消退。③ 美国的政治、军事能力得以在该地区发挥作用，得益于自 70 年代以来的诸多因素：苏联在战略核武器方面与美国平等地位的取得；苏联在印度洋与太平洋地区海军力量的增长；中国作为一个战略核力量的崛起；日本作为一个潜在军事强国的出现。根据尼克松主义，一旦核力量威胁到美国盟国的自由，美国就将会为其提供保护。但是，除了在受威胁国家主动要求或者美国认为适当的情况下，美国才会为其提供军事和经济援助；而在面对受到直接威胁的国家时，美国只是承担提供人力资源支持的责任。这个新公式并不能掩盖一个事实，即美国政策正在经历一场改变，不仅包括手段，而且包括目的。包含"不再有越战"这一口号的尼克松主义，是通往更彻底的解脱之路上的一座里程碑。

尼克松主义时期，日本是在东亚地区接受美国责任转移最顺理成章的对象。可是直到 1977 年 8 月日本首相第一次访问东盟国

---

① Amos A. Jordan, William J. Taylor, Jr., *American National Security: Policy and Process*, Baltimore: The Johns Hopkins University Press, 1984, p. 366.

② Hedley Bull, "The New Balance of Power in Asia and the Pacific," *Foreign Affairs*, Vol. 49, No. 4（July 1971）, p. 672.

③ James H. Willington, "Realism and Vision in American Foreign Policy," *Foreign Affairs: American and the World 1986*, Vol. 61, No. 3, p. 631.

家时，人们才觉察到日本在地区角色转变上开始变得谨慎，而早在70年代初便有很多分析者对此做出了预测。① 然而，尼克松主义拒绝将地区安全责任转交给日本。其中部分原因在于美国与日本的传统竞争者（中国）的关系趋于好转，与此同时与日本这个传统朋友的竞争（如美日之间的贸易关系问题）变得更加激烈。不仅如此，日本自身也拒绝在与美国的双边关系上做出任何可能的改变。②

进入20世纪80年代以后，日本内部就本国远程安保战略与美国防御对接展开了激烈辩论。苏联在太平洋地区的兵力集结和美国要求增加军费开支的强大压力加强了日本的军事力量。然而，尽管存在这些变化的迹象，1980年日本政府《国家安全综合报告》中所指的现行安保战略与美国的意见大相径庭，它更加突出政治性。日本将苏联视作唯一的军事威胁，并组织了一支阻止苏联进攻本土的自卫军。但这种进攻的可能性很小，特别是在中国和苏联仍处于敌对状态时。因此，相比苏联的潜艇，日本更担心美国政府与中国政府的关系冷却。③

日本的关键安全需求是维持食物与能源的获取通道。上述报告指出，这一通道无法通过军事力量得到确保，而需要借助罗伯特·巴尼特（Robert Barnet）所说的"一系列涉及经济、技术、金融、道德、科学、政治和外交的极其复杂的反应"。④ 日本绝对不允许因突发性兵力集结而使本国与亚洲邻国之间关系恶化。日本军事力量的进一步增强可能会唤起人们对二战的记忆，并

---

① Robert S. Littwak, *Detente and the Nixon Doctrine*, Cambridge：Cambridge University Tress, 1984, p. 134.

② Ibid., pp. 134 – 135.

③ Richard J. Barnet, *Allies：America, Europe, Japan Since the War*, London：Jonathan Gape, 1984, p. 426.

④ Robert Barnet, "Japan as No. 1—in Defense?", *Far Eastern Economic Review*, September 25, 1981.

破坏其与亚洲国家的现有关系。① 但里根政府自 1981 年上任便立刻对日本施加压力，令其重整军备。美国议员用更为激烈的言辞公开谴责日本，称其为了本国防卫而"用账单缠着美国的纳税人"。

美国迫使日本重整军备的原因主要在于希望日本能够分担其在东亚的军事开销，而非要求增援。尼克松与卡特时期经济与国防问题之间复杂不明的联系如今却十分清晰。国防部部长卡斯珀·温伯格（Caspar Weinberger）告诫日本，"除非日本军事能力大幅增加，否则来自国会的压力可能会导致美国对从日本进口产品进行更多管制或撤离美国军队"。② 对于那些主张美国无论如何都必须逐渐摆脱当前承诺的政策评论家来说，日本绝对是个例外。然而，是否可能在对亚洲其他地区收回承诺的同时继续保持对日本的基本承诺呢？

认为可行的人必然假定日本会继续避免发展军事力量以保护其海外利益，或假定日本即使发展军事力量也会依然满足对美国核保护的依赖。③ 这两种假设似乎都不合理。美国从亚洲其他地区的撤离肯定会推动日本发展常规军事力量，这种力量与其如今拥有的有限能力完全不同。④ 然而，如此一来，是否可以合理地假设日本在核时代也会满足于不保有军事这一主权的最终手段或标志？即使日本愿意这样做，在不确定美国将会继续决定施加保护条件的情况下，美国又是否会为日本提供核保护伞？日本希望

---

① 在 20 世纪 70 年代，日本军事预算增长了六倍，而到了 70 年代末期日本已经拥有了世界排名第七的军事力量。

② "Weinberger Cautions Japanese on Arms," *The New York Times*, March 28, 1982.

③ Robert W. Tucker, *A New Isolationism: Threat or Promise?*, Washington D. C.: Potomac Associates, 1972, pp. 72 – 73.

④ Ibid. , p. 73.

政策由日本政府制定。① 但是在决策结构方面，有必要把日本与其他国家区分开来。同其他所有国家一样，日本也保有制度层级制，但却没有最高层级。因此，日本不存在哈里·杜鲁门所说的"推卸责任仅止于此"的地方。日本在不停推卸责任。② 除非美国和日本双方或一方废除将它们绑定在一起的安全同盟条约，否则彻底的"日本防御日本化"永远不可能出现。③

然而美国同盟体系在亚洲可能会继续衰退，尽管现在还没有表现出来，但在未来十年里它将会完全消失。利益集团的观念将逐渐淡化，日本对美国承诺的质疑也会因为美国对此相同的质疑逐渐深化。

结　论

经历了 20 世纪 70 年代初的外交革命，东亚联盟这一当代政治战略格局开始采用更为普遍的形式。随着中美建交与越战结束，一种国际结盟的新形式形成了，它打破了人们对意识形态的传统划分。苏联可能试图进一步扩大中美之间、中日之间以及美日之间的距离。但中国只希望能够与苏联实现关系正常化，从而进一步改善两国关系。此外，日苏关系却因北方领土这一障碍的长期困扰而处于低谷。即使 1986 年戈尔巴乔夫在符拉迪沃斯托克

① Kenneth Hunt, "Japan's Foreign and Security Policy," in Michael Leifer, *The Balance of Power in East Asia*, London: Macmillan, 1986, p. 82. 日本领导人曾一直表示日本重整军备的步伐应该由自己决定，自 1952 年 4 月日本主权恢复后，相对未受到来自美国压力的影响。更多内容可参见 H. W. Brands, Jr. , "The United States and the Reemergence of Independent Japan," *Pacific Affairs*, Vol. 59, No. 3 (Fall 1986), pp. 387 – 401。

② Karel G. van Wolferen, "The Japan Problem," *Foreign Affairs*, Vol. 65, No. 2 (Winter 1986/1987), p. 289.

③ Edward A. Olson, "The Nixon Doctrine in East Asian Perspective," *Asia Forum*, Vol. 5, No. 1 (January-March 1973), p. 27.

演讲中采用了温和语气以示姿态，苏联与日本的双边关系仍然未取得明显改善。具有地域性特点的美苏关系则根据全球考虑决定。无论采取任何措施来实现军备控制，最令人怀疑的是在两极体系的对抗中是否会出现任何根本性变化。

在东亚地区，全球与区域对手之间竞争优势的平衡并不具有决定性意义。在这里没有任何一个国家可以只凭借委托国的支持就发挥主导影响或成为霸权国家。外来侵入势力（美国和苏联）以及地区大国（中国和日本）的主要利益均未改变。改变的只是各国认为用来维持和保护这些利益的最佳方式。无论在什么情况下，该地区的主要大国都不希望发生另一场朝鲜战争。事实上，中国、日本和美国之间已达成了非正式的共识，而苏联也默认加入，因为没有人能够合理预测在朝鲜半岛发生另一场战争会带来怎样的后果。

美国确实已经放弃了在越战爆发前受到普遍欢迎的全面反共政策。它期望利用日本扮演的一个更为重要的角色来维持东亚平衡，从而减轻美国的国防负担。对于以任何形式干预他国的支持都可能逐渐消失。美国外交政策的这一内向情绪可被称为"战略性退出"。

总而言之，根据上述讨论可以推出以下结论。通过这些推论我们能够判断美国外交政策，特别是其对东亚政策的未来趋势。

第一，国会重新获得了做出外交决策的宪法权力，总统（以及行政机构）不可能在事先未得到国会理解的情况下采取任何重要的外交政策。国会可能会长期约束外向型美国外交政策，除非再次发生"珍珠港事件"，而这在共同毁灭原则（Mutual Assured Destruction）时代发生的可能性几乎为零。

第二，美国国会和美国人民将长期拒绝支持任何类似传统遏制政策所要求的军事承诺。换句话说，美国领导人将很难为以遏制为基础的外交政策行动寻求到足够支持。特别是考虑到经济上的限制，美国公众不会再支持对抗顽固敌人的有限战争。换句话说，美国公众不会再容许另一场越战。

第三，相比"拒绝慕尼黑"，"不再有越战"对当前及未来美国的亚洲政策更有启发意义。因此，得以强化的尼克松主义可能会重返舞台，这源于美国人民不愿做出巨大而徒劳无功的牺牲。单方面提出的尼克松主义，毫无疑问是为了调动公众支持美国在亚洲的紧缩政策以避免另一场越战的爆发。卡特总统单方面从韩国撤离美国地面部队的计划是尼克松主义的自然延伸，它反映了美国情绪的变化。鉴于这种已经发生改变的美国情绪，我们可以推断美国将在 20 世纪 80 年代末期与 90 年代继续缩减在亚洲的力量，这一行为将会持续到 21 世纪，直到美国将自己在亚洲的角色从"监护人"（Godfather）转变为事实上的军事"局外人"（Outsider）。

第五章
韩国的安保政策：
历史回顾与评价*

假如一个国家想要自由，它必须是安全的。

假如一个国家想要安全，它必须是自由的。

——哈罗德·拉斯威尔

如果说 20 世纪教会了我们什么的话，那便是长达 70 年的共产主义实验是一个惨痛的失败，唯有民主的扩展才是自由的保证。[①] 共产主义所做的一切不是创造一个自由平等的社会，而是演变成一个压迫阶级的社会。不仅如此，由于其革命性和跨民族的特性，共产主义对其他国家及其国民的生活方式和尊严构成了极大威胁。作为这种政治意识形态"圣地"的苏联成为两个超级大国之一。而拥有世界上最多人口的中国也成了一个共产主义国家。这推动共产主义运动走向国际社会的最前沿，而崇尚人类尊

---

* 第五章最早刊载于姜声鹤所著《变色龙和西西弗斯：变化的国际秩序与韩国安全》（韩文版），首尔：Nanam 出版社，1995，第 347 ~ 399 页 [Sung-Hack Kang, *Chameleon and Sisyphus*: *Changing International Order and Korean Security* (in Korean), Seoul: Nanam, 1995, pp. 347 – 399]。

① Francis Fukuyama, *The End of History and the Last Man*, New York: Free Press, 1992.

严与自由的西方民主认为共产主义运动对其自身是一个极大的威胁。正是这些挑战与应对挑战的过程构成了二战后国际社会的冷战历史。换句话说，国际形势又回到了两个巨人用警惕怀疑的态度相互审视对方的原始状态。双方都准备打出关键的第一拳，因为即使自己不这样做，对方也会这样做。因此，遏制还是被遏制，征服还是被征服，毁灭还是被毁灭，成为冷战外交的口号。①

　　韩国在冷战中孕育而生，并成为一个血腥的战场，这场战争将世界拖入冷战的深渊，作为世界历史上的一个里程碑事件，把政治冷战转变成了军事摊牌。朝鲜战争结束后，南北双方之间疯狂的军备竞赛和军事对抗继续折磨着朝鲜民族。韩国成为冷战体系中最悲惨的受害者。当然，纵观历史与世界，任何一个独立国家的诞生都面临着国家安全的困境，1948年大韩民国的成立也不例外。国家安全是个永恒的问题，这一问题困扰着每一个独立的主权国家。对于安全来说，任何的变化都可能构成威胁，而这种威胁来自提出变化的个体。

　　苏联帝国的崩溃、共产主义政治和意识形态的破产对韩国的安保政策提出了新的挑战。随着冷战结束后国际体系结构的变化以及周边国家和本国国内政治的变化，让坚持过去冷战时期的安保政策成为一个愚昧之选。韩国必须适应这一历史性的世界变化并在安保方面发展新的思路和政策。如果依然盲目地重复之前的行为，而世界其他地区已经走出了冷战的阴影，那么韩国必将踏上恐龙的道路。为了确立新的安保政策，韩国首先应反思其过去的安保政策，即对韩国历届政府实施的国家安保政策进行比较和评估。这样做的必要性不言而喻。即便我们不认为汤因比（Toynbee）的历史哲学具有必然性，韩国安保政策的历史也无疑是国家"反应"对抗国家安全"挑战"的历史。

---

① Hans J. Morgenthau, *Politics Among Nations: Struggle for Power and Peace*, New York: Alfred A. Knopf, 1973, p. 355.

韩国自成立之初就面临着严重的国际与国内安全威胁。政府的成立未能获取国民的普遍共识，更不用说获取国际的认同。独立后，国家领导层被分为亲苏、亲美两大阵营，韩国政府在美国支持的亲美派李承晚的领导下成立。其结果是，韩国政府从组建之初就遭到亲苏共产主义者的排斥，其存在本身也受到国内左翼势力的威胁。所有的政治斗争焦点并非在于政策和共和国的方向，而在于政权的合法性。结果，国家安全与政权安全合二为一。随着国家的诞生，人们开始构想各种安保政策。对韩国历届政府安保政策的历史回顾包括韩国政府面对国内外的安全挑战，做出了怎样的回应、采取了何种政策，以及韩国国民为这一政策行为承担了怎样的后果。当然，任何评价都需要标准和准则。就我们的研究目的来说，这一标准是自由民主的宪法宣言，我们将通过分析历届政府的安保政策是如何严格遵守自由民主的基本安保概念和安保政策的原则对其进行评价。

从传统意义上来说，国家安全指的是保护国民的生命和财产，以及保卫领土免受外来势力的武装攻击。更具体地说，国家安全指对抗外部威胁的军事防御，因此是国防的代名词。国家安全基于军事战略的这种观点源于欧洲战争研究的传统，因此，国家安全以国家为中心，倾向于维持现状，并带有十分浓重的军事色彩。然而，二战后国际社会对国家安全的理解有所延伸，不仅包括对领土的保护，还包括对本国政治和经济利益的保护，不再仅仅是利用单一的军事手段应对单纯的军事威胁，而是通过更加多样化的方式应对各种威胁国家基本价值观和活力的各种因素。[1]这样一来，国家安全变成了阿诺德·沃尔弗斯（Arnold Wolfers）提出的"模糊符号"[2]。由于这种模糊性，在国家安全胜于一切

---

[1] Amos A. Jordan and William J. Taylor Jr. , *American National Security*, re. ed. , Baltimore: The Johns Hopkins University Press, 1984, p. 3.

[2] Arnold Wolfers, "National Security as an Ambiguous Symbol," *Discord and Collaboration*, Baltimore: The Johns Hopkins University Press, 1962, chap. 10.

的军事独裁国家，所有的政策，无论正义的还是非正义的，都以国家安全的名义取得了合理性，导致对个人权利和尊严的压迫和侵犯，而这恰恰是国家安全应该保护的最终目标。因此，安保不能完全从以国家为中心的角度去理解，还必须从国家公民这一个体的角度进行考虑。然而，协调以公民个人为中心的国家安全视角、外部力量（以国家为中心）与内部力量（以个人为中心）之间的平衡是国内政治的责任。因此，对国家安保政策的分析必须从国家安全水平出发。① 从这一点来看，国家安保政策可以被定义为"旨在扩大国家利益的政府政策，通过在国内与国际上与现存或潜在敌人进行对抗或联合，为本国利益的扩大创造政治条件"。② 在实践中，这意味着对外要增强抵抗威胁的防御能力，对内要消除国家各种弱点。换句话来说，安保政策就是通过经济发展建立强大的经济实力，通过外交政策形成有利的国际环境，通过强化同盟来增强军事实力。③

　　本章将回顾韩国历届政府对当时安全威胁的理解，分析各自采取的安保政策，并评价各届政府在经济、安全和军事方面的表现。对各届政府的安保政策评估基于哈罗德·拉斯威尔（Harold D. Lasswell）的自由民主四原则，自由民主国家在制定保护本国公民个人自由和尊严的安保政策时，必须遵循以下四项原则：公民至上、信息自由、公民自由及自由经济④。评价韩国历届政府的安保政策，希望能帮助我们洞悉过去的错误，指导未来安保政

① Barry Buzan, *People*, *States*, *and Fear*, 2nd. ed., Boudler, W.: Lynne Rienner, 1991, p. 329.

② Frank N. Trager and F. N. Simonie, "An Introduction to the Study of National Security," F. N. Trager and P. S. Kronenberg, eds., *National Security and A-merican Society*, Lawrence: University of Kansas, 1973, p. 36.

③ Daniel J. Kaufman, Jeffery S. Mckitrick and Thomas J. Leney, "A Conceptual Framework," in U. S. National Security, Lexington: Lexington Books, 1985.

④ Harold D. Lasswell, National Security and Individual Freedom, New York: McGraw-Hill, 1950, pp. 57–75.

策的发展方向，维护韩国的自由民主。

第一共和国的安保政策
(1948～1960 年)

1. 对安保挑战的认识

随着李承晚在 1948 年 8 月 15 日掌权第一共和国，大韩民国作为一个分裂国家成立了。这是二战结束后不久美苏之间两极争霸的结果，也是人类历史上最悲惨的事件。结果，从一开始第一共和国就面临着国家安保方面的严峻威胁。只要摆脱苏联对朝鲜的直接控制和统治，国家的统一便可顺利实现。即使朝鲜政权没有崩溃，人们也相信该政权在本质上非常脆弱，只要韩国政府足够强大，便可向北推进实现统一。因此，李承晚政府面临的头号外敌便是苏联领导下的国际共产主义。

2. 安保政策对策

李承晚政府试图通过团结美国领导的自由主义阵营以抵抗国际共产主义的外在威胁，以及共产主义分子试图推翻新生韩国民主政权的内在威胁。在外交政策方面，李承晚政府与美国保持密切的伙伴关系，同时建立并扩大与西方国家的友好关系。基于朝鲜半岛的分裂局面，韩国政府要求美国军队继续驻扎在韩国，帮助韩国建立并加强自身军事力量。当时韩国完全依赖美国的军事与经济援助，致使其自身的存亡取决于与美国的关系。而对于美国来说，韩国的作用和重要性在于它是美国阻止共产主义苏联在东亚"扩张渗透"的一个政治符号。[①] 因此，虽然当时韩国得到了美国的军事支持，但美国并未就韩国面临严重安保威胁的情况

---

① Charles M. Dobbs, *The Unwanted Symbol*, Kent, Ohio: The Kent State University Press, 1981, p. 151.

做出任何承诺。尽管韩国尚未成为联合国成员国，但它别无他选，只能依靠联合国的集体安保政策。即使希望渺茫，韩国仍希望如今的联合国也能像当时支持建立民主韩国那样保护韩国。然而，联合国解决朝鲜半岛问题的能力的局限性早在韩国政府建立的过程中就已经暴露，只要苏联在安理会有否决权，韩国便很难得到联合国集体安保政策的保护，因为这需要美苏的一致同意。面对这样残酷的现实，韩国依然希望维护国际和平与安全的联合国能至少完成其宪章中庄严使命的一小部分，阻止一切外国势力侵略韩国。

随着 1950 年 6 月 25 日朝鲜战争爆发，联合国军在美军的主导下对朝鲜进行反击。联合国在韩国境内成立了联合国军司令部（United Nations Command），同年 10 月 7 日又成立了联合国韩国统一复兴委员会（UNCURK），以协助韩国在朝鲜半岛建立一个统一、独立、民主的政府。然而，朝鲜半岛的统一进程由于一些外部因素而搁浅，不顾李承晚政府的抗议，联合国军依然于 1953 年 7 月 27 日签订了停战协议。朝鲜战争的影响体现在《韩美共同防御条约》的签订。美国政府签署这一条约，目的是防止朝鲜的第二次攻击，以及共产主义帝国的扩张，并安抚不满的李承晚政府，通过该条约，美国承诺提供大量军事援助以增强韩国的军事力量。同时，还承诺即使在停战协议到期后，仍会在韩国维持联合国军司令部的存在，李承晚政府得以建立起一个体系，即联合国将负责阻止共产主义势力再次入侵韩国。正如《韩美共同防御条约》所阐明的那样，李承晚政府外交政策的最高目标是强化韩美关系。换句话说，外交政策努力争取的目标是保持美国在韩国的军事力量以保证韩国的国家安全利益，具体包括防止任何驻韩美军的减少或撤退，确保美国对韩国国家安全的保障，并获取尽可能多的军事援助与支持以加强韩国的武装力量。

第一共和国在国防政策领域取得的第一个显著成果就是建立了韩国武装部队。韩国陆军、海军和空军成立之后迅速武装起来，但韩国军队在武器装备上完全依赖美国。尽管驻韩美军于1949 年 6 月 30 日从朝鲜半岛撤离时，将其武器和装备都交给了韩国，但这并不足以使新成立的韩国武装部队具备保卫国家的能力。不仅如此，成立于 1946 年 1 月 15 日的国防部队仅有 5 万人，是个真正的国民警卫队，整编后与其说是一支正规军，不如说更像一支警察部队。

新生部队的力量十分薄弱，以至于连平息 1948 年 10 月丽水和顺天的左派暴动，以及应对与朝鲜相关的冲突，对于他们来说都是一种挑战。1950 年 1 月 26 日，韩美宣布共同防御援助计划，与此同时美国决定向韩国军队提供总值达 1097 万美元的军事支援。然而，直到 6 月 25 日朝鲜战争爆发，韩国实际上只收到了价值约 1000 美元的通信设备①。美国这种消极态度源自当时华盛顿盛行的政治氛围。杜鲁门主义和马歇尔计划是美国对苏联采取遏制政策的声明，但是关于重整军备的 NSC－68 号提案却尚未启动，因为如此庞大的预算对杜鲁门政府来说是一个巨大的负担。直到朝鲜战争爆发后，美国才开始推进 NSC－68 行动和北约行动，导致国际社会中出现了一个全副武装的两极国际体系。随着战争升级，李承晚政府将韩国武装部队增至 60 万人。

在三年朝鲜战争中，第一共和国的军事政策旨在摧毁朝鲜政权，实现统一。为了实现这些目标，韩国政府签署了所谓的"大田协议"，将韩国军队的战时指挥权移交给联合国军司令部。1953 年停战协议宣告了朝鲜半岛的分裂，随后韩国和美国签订了《韩美共同防御条约》，并采取了由两国共同处理韩国安全威胁的国防政策。如此一来，韩国的国防政策不再是独立的，而是联合国军司令部防御政策的一部分，更确切地说，是美国反共产主义政策的一部分。可以说，第一共和国为战后韩国建立能够抵御外来势力入侵的自主防御部队打下基础。朝鲜战争爆发后，韩国的

---

① Charles M. Dobbs, op. cit., p. 151.

大部分武装部队增援都驻扎在汉城以北非军事区内 3000~8000 米的防线上。韩国的山脉形成两条走廊，通过它朝鲜可以进行全面攻击；韩国武装部队多驻守在铁原走廊通往议会政府及汉城东部，以及开城走廊通往汶山及汉城西部，同时，在沿海地区加强了北方登陆作战的防御，并尤为重视空袭防御。①

3. 军民关系

李承晚总统得到了韩国军方的坚定支持。第一共和国时期遵循民高于军的原则。这一点从联合国军司令部提出"除掉李承晚"行动计划时，韩国军队所表现出的冷漠态度，以及朝鲜战争期间李承晚总统执意拒绝合作的态度中可以看出。对这一行动计划联合国军司令部先后考虑两次，但从未执行。第一次"除掉李承晚"的行动计划提出于 1951 年 1 月 18 日，当天国民大会否决了李承晚政府的总统直选制度修正案。当时，李承晚假借肃清朝鲜游击队残余势力之名，于 1952 年 5 月 25 日对庆尚南道和全罗道宣布戒严令，并逮捕了 10 名议员，李承晚怀疑他们与国际共产主义有来往，威胁要解散国民议会。然而，戒严令的发布牵扯到联合国军司令部对韩国军队的指挥权问题。李承晚在宣布戒严令之前并未咨询联合国军指挥官克拉克，而这一行为很有可能在战争时期导致韩国军队内部发生叛乱。美国一直试图摆脱韩国军事当局的政治党派之争，重建一支更有效的军队，而李承晚政府的这一行为无疑是对该计划的直接打击。② 不仅如此，李承晚还撤销了当时的国务总理而任命自己的亲信，以保住自己的政治前途，这严重影响了韩国军队的士气。③ 李承晚的行为给正在作战

---

① Melinda W. Cooke, "National Security," in Frederica M Bunge, ed. , *South Korea*, 3rd. ed. , Washington D. C. : American University, 1982, p. 218.

② Callum A. MacDonald, Korea: *The War Before Vietnam*, London: Macmillan, 1986, p. 166.

③ Callum A. MacDonald, op. cit. , p. 166.

的韩国盟军带来不利的影响，更是将美国置于不利之地，因为向一个监禁本国在野党的政权提供军队和资金，这在西方国家很难被证明是合理的。澳大利亚高级代表官员委托联合国朝鲜半岛问题临时委员会警告李承晚：假如韩国继续让这种气氛在国际社会中盛行，韩国将更难获得联合国的支持。① 英国也发表声明称无法理解发布戒严令背后的逻辑。正是在这种背景下，美国决定给李承晚总统施压，令其结束戒严令，同时批准了除掉李承晚并由联合国军司令部重新成立一个新的政府的计划。②

然而，克拉克指挥官拒绝执行"除掉李承晚"的行动，除非李承晚总统威胁到联合国军司令部的安全。他认为这一变化如果出现在韩国公众面前，联合国军司令部没有足够的人员来维持秩序，而且也没有将权力安全移交的合适人选。李承晚也许不是一位完美的总统，但他确实获得了绝大多数人的支持。任何一个新政府都必须完全依赖联合国，在这种情况下，除掉李承晚将引起混乱并破坏韩国脆弱的民主，其结果反而有利于共产主义者。③ 与此同时，李承晚政府通过议会推进了宪法修订进程，赢得了8月5日的选举，成功赢得了连任。

第二次提出"除掉李承晚"行动是在1953年6月。李承晚总统反对由联合国军司令部发起的停战谈判，坚持认为除非朝鲜半岛统一，否则战争不会结束。6月18日，他释放了约2.5万名共产主义战俘，试图拒绝签订已经基本确定的停战协议。他禁止韩国当局与联合国军司令部共事，命令军队不管是否达成停战协议都要做好单独发动战争的准备。④ 对此，美国艾森豪威尔总统

① Robert Oneill, *Australia in the Korean War 1950 – 1953*, Canberra：Australian Government Press, 1981, pp. 302 – 303.
② Callum A. MacDonald, op. cit. , p. 166.
③ Loc. cit.
④ Harry G. Summers, Jr. , *Korean War Almanac*, New York：Facts on File, 1990, p. 231.

于 6 月 24 日派遣助理国务卿沃尔特·罗伯森和陆军参谋长劳顿·柯林斯与李承晚总统谈判。美国政府的立场如下：第一，李承晚总统如果选择与美国合作，美国将会以延长对其的军事和经济援助为奖励，如果选择不合作，美国将全面撤军，韩国也将不得不依靠本国羽翼未丰的军队来保护自己；第二，如果这一施压行动失败，美国便会制订一个秘密计划，让一个更为合作的领导者发动军事政变取代李承晚；① 第三，如果韩国军队对美国将军的命令有任何不服从或反抗，美国将会停止所有援助，必要时，还会以军事手段进行镇压，在联合国的名义下由美军指挥官建立一个新的军事政权。② 韩国军队的指挥官担心李承晚的总统地位，也深刻认识到前线不能没有美国的支持。③ 后来，克拉克指挥官第二次慎重考虑了"除掉李承晚"紧急计划，④ 但这一计划很快就搁浅了，因为不论是克拉克将军还是助理国务卿罗伯森都无法确定韩国军队指挥官是否会冒着生命危险参加一场没有美国支持的战争。⑤ 最终，李承晚总统于 7 月 12 日向罗伯森和柯林斯将军承诺韩国政府会诚挚并充分地合作。然而，尽管做出了这些承诺，李承晚总统依旧没有正式接受 7 月 27 日的停战协议，他公开宣称将继续向北进军以解放北方正在遭受苦难的兄弟姐妹。

　　尽管李承晚两次险遭杀害，但韩国军队对总统的忠诚和支持却从未动摇。这意味着在第一共和国时期，即使在战争时期，军队显然已经接受了民高于军的原则，坚持民主政府的原则继续忠于李承晚总统。这种对自由民主原则的严格遵守一直持续到第一共和国的崩溃，1960 年爆发的 4·19 革命推翻了第一共和国并于

---

① Harry G. Summers, op. cit. , p. 231.

② Richard Whelan, *Drawing the Line*, Boston：Little Brown, 1990, p. 364.

③ Callum A. MacDonald, op. cit. , p. 193.

④ Callum A. MacDonald, op. cit. , p. 194.

⑤ Joseph C. Goulden, *Korea：The Untold Story of the War*, New York：Times Books, 1982, p. 642.

当天颁布了戒严令。正是军队的政治中立和拒绝向示威者开火促成了这次革命的成功。①

第二共和国的安保政策
（1960～1961 年）

1. 对安保挑战的认识

成立于 4·19 革命后的第二共和国处于冷战的极度僵持中。因此，第二共和国的张勉政府也觉察到自由主义阵营对共产主义的警惕。尽管 1956 年后赫鲁晓夫看似支持东西方和平共存，但同年也正是他无情镇压了匈牙利人民的独立革命。随着 1955 年万隆会议的召开，苏联开始推动并建立与第三世界的关系，这使共产主义的扩张威胁不再局限于欧洲和东北亚，而蔓延至全世界。苏联 1949 年核试验的成功与 1957 年人造卫星的发射，被西方特别是美国政府视为巨大的安保威胁，约翰·肯尼迪（John F. Kennedy）在 1960 年总统竞选中表示，"导弹差距"进一步加深了联合国和其盟国受威胁的程度。

与此同时，在东亚，中苏间的意识形态斗争自 1949 年中国加入共产主义阵营以来逐步升级。20 世纪 50 年代，国务卿杜勒斯于 1954 年提出了所谓大规模报复战略，② 并开始寻求一种新的军事战略以牵制苏联。面对这样的国际背景，朝鲜利用人们对和平统一的愿望，采取了积极的和平攻势。这在韩国大学生中引发了对和平统一的设想，也引发了人们对中立化统一的讨论。但对韩国的反共者而言，这种国内趋势及朝鲜的政策都是极其危险的。

---

① 韩国军队的结构性质决定了即使在政治真空的情况下，它也无法夺取政权，详情参见 Sung Joo Han, *The Failure of Democracy in South Korea*, Berkley: University of California Press, 1974, pp. 46 - 54。

② Henry Kissinger, *Nuclear Weapons and Foreign Policy*, New York: Council on Foreign Relations, 1957.

2. 安保政策对策

第二共和国时期，韩国曾试图完成从宗法专制主义到自由民主的快速转型，但以失败告终。就在 1960 年 6 月 15 日国会起草新宪法的 5 天前，韩国对国家安全法进行了改革，同时新颁布的第二共和国宪法为代议民主制度奠定了坚实基础。言论、集会、结社的自由得以保障，独立的宪法法院得以设立以判定所有法律的合宪性，规定警察与司法部门的独立性，恢复区域自治。实现真正的民主似乎指日可待。

然而，在 7 月 29 日大选中获得压倒性胜利的民主党却在总统与总理竞选问题上陷入了激烈的派系权力斗争，令公众大失所望。也许是过于真实地坚持了民主原则，第二共和国在制定追溯法惩处前政府官员的腐败和罪行方面犹豫不决。因此，暴力示威的学生强行闯入国会，秉承四月学生革命的精神，要求对腐败官员进行追溯处罚，而民主国会最终对这一要求做出妥协。11 月 28日宪法修正案出台对"民主主义的叛徒"进行追溯处罚的相关法规并予以实施。然而，这一举措不足以满足人们对实现四月学生革命精神的渴望，张勉政府也被公开指责为革命、改革精神的叛徒。

张勉政府并未背叛改革精神，只是很有限地对一部分改革要求做出了回应。除了遭到来自改革派的攻击外，张勉政府还因对极端改革者制裁不足而遭到了反共右派的攻击。自朝鲜战争以来，反共人士的政治权力不断增长，在他们看来，张勉政府的政治不稳定性与其引起的混乱都是对国家安全的威胁。韩国的学生们高度赞扬新颁布的宪法所保障的民主主义自由，他们将自己视作革命的核心，为了国家统一，在全国范围内成立学生联合会，并呼吁为国家统一举行南北学生对话。最终，第二共和国的张勉政府未能抵挡得住来自左右两边的攻击，在 1961 年 5 月 16 日被少将朴正熙发动的军事政变推翻。张勉政府被迫强制执行了权力的正式交接，军政府得以合法化。第二共和国仅仅维持了短暂的

9 个月。在国际冷战体系下，面对来自朝鲜的和平攻势与国内的混乱，第二共和国的张勉政府将韩国的国家安全交给美国，但还未来得及执行任何新的经济、外交或防御政策便夭折于襁褓之中。

3. 军民关系

1961 年 5 月 16 日朴正熙发动军事政变后成立了军政府，标志着民主军民关系的革命性转变，自共和国成立以来，军方首次占据了优势地位。军政府立即开始镇压所有的反对活动：宣布戒严，禁止一切集会，同时强令所有媒体实行预审制度。此外，从晚上 7 点至次日凌晨 5 点实施宵禁，在此期间，银行、学校和机场都被强制关闭。军政府解散了国家和地区的集会，同时下令逮捕前政府官员。简单来说，韩国已经被自己的军队"侵略"和征服了。

军政府宣称国家的命运不能再交给腐败无能的张勉政府，并以此为军事政变辩护。他们称反共将是国家的第一要务，并承诺将加强与美国的关系，重建经济，实现统一，振兴民族。他们还承诺一旦这些目标得以实现，将会把控制权移交给富有创新精神并认真负责的文职领导者，军队也会回归军营。然而，宪法权力已被中止，民主复兴最高委员会控制了所有宪法权力，并成立了革命法院审判所有反国家、反民族和反革命活动，这一切都意味着直接军事统治的开始。7 月 3 日，朴正熙就任民主复兴最高委员会委员长，肃清 2000 余名军队官员后，其统治地位得以确立。1962 年 1 月军政府宣布实施第一个五年经济发展计划，同时剥夺了 5000 余名公民的基本参政权。1961 年 7 月 27 日，美国通过国务院声明承认了该政权并于同年 11 月在肯尼迪总统与朴正熙举行的首脑会谈上确立了韩美两国的友好关系。次年 12 月，公民投票通过新宪法，为第三共和国的建立奠定了法律基础。

然而，朴正熙与其军政府并未信守承诺。他们曾经承诺会将权力移交给富有创新精神并认真负责的文职领导者，而实际上只不过是移交给朴正熙本人，这从民主共和党的成立和朴正熙的总统竞选中可以得到证实。因此，第二共和国时期的军民关系被推翻，违背了民高于军的基本民主原则。军方占据了优势，并通过直接的军事统治，完全消除了政府间的军民关系问题。

第三共和国的安保政策
(1962～1972 年)

1. 对安保挑战的认识

第三共和国朴正熙政府所面临的安保威胁依然来自国际共产主义的扩张和朝鲜发动进攻的可能。尽管 1962 年古巴导弹危机的和平解决，以及美苏之间直接核对抗的成功避免，缓和了国际体系不稳定趋势，自由主义与共产主义两大阵营和平共存的必然性也获得了国际认同，但与此同时，运用常规武器的地区冲突却愈演愈烈。随着美国的进攻，越南战线不断扩张，韩国政府十分担心共产主义将会在朝鲜半岛开辟"第二战场"以分散美国的战斗能力。当时韩国政府认为，越南并没有得到自由主义阵营的直接支援，但越共却得到了来自共产主义中国和苏联的直接援助和支持。更重要的是，韩国政府担心共产主义阵营会因其派兵越南，而在朝鲜半岛上发动另一场战争进行报复，将韩国变成第二个越南。

然而，对韩国政府而言最大的威胁仍是朝鲜。朝鲜指责赫鲁晓夫在古巴导弹危机中对美国做出让步，朝鲜政府采取了所谓的军事政策四大主线，于 1964 年 6 月 9 日向军队下达了战争准备命令以应对韩国的"六三运动"。继朝鲜努力在韩国创造有利于开展共产主义革命的氛围后，金日成在 1966 年 10 月 5 日的朝鲜劳动党代表大会上宣布"先在韩国进行共产主义革命，后统一"的方案。非军事区的冲突事件从 1966 年的 50 起迅速增加到 1967 年的 566 起，1968 年则增加到 761 起，1969 年在 137 个单独敌对行动中共发现了 341 个武装游击队。[①] 1967 年 1 月 19 日，一艘韩国海军巡逻舰被朝鲜火力击沉。1968 年 1 月 21 日，31 名朝鲜武装游击队员潜入韩国，试图攻击总统官邸。就在两天后，朝鲜劫持了美国情报船"普韦布洛号"。1969 年 4 月美国 EC－121 飞机被击落，同年 12 月，大韩航空 KAL 客机遭到劫持。[②]

上述一系列的挑衅行为大大增加了第三共和国在安保方面的危机感。1969 年 7 月在关岛宣布的尼克松主义对韩国政府更是一个巨大打击。该声明称美国政府鼓励亚洲各国进行自我保护，美国将避免直接的军事干预，这导致韩国政府内部对韩美同盟可靠性提出质疑。在如此动荡的安全局势下，第三共和国的朴正熙政府可以说已深刻觉察到国内、国际事件以及安全局势的变化所造成的国家安全危机。

2. 安保政策对策

第三共和国同时也受到了来自冷战两极体系的困扰。自由主义阵营在与共产主义阵营的对抗中呼吁韩国保持团结，因此，韩国的安保政策也被迫继续保持并加强反共政策。朴正熙从一开始就宣称其政权追求的首要政策目标就是反共。朴正熙试图通过国家的现代化及军事力量的强化来实现反共目标。

在经济政策方面，朴正熙通过第一个和第二个五年经济发展计划寻求经济的快速增长。他上台时，韩国无论在经济还是在军事方面都落后于朝鲜。因此，经济增长被认为是阻止朝鲜进攻和加强国家安全的首要条件。面对朝鲜的军事威胁，经济的快速增

① The Donga Ilbo, *Database on the Security and Unification Issues*, Seoul: Donga Ilbo Co., 1971, p. 316.
② 关于这些事件未能引发战争的原因，参见 Sung-Hack Kang, "Crisis Management Under Armistice Structure in the Korean Peninsula," *Korea Journal*, Vol. 31, No. 4, 1991。

长对承担国防开支至关重要。如果韩国在与朝鲜的经济竞争中失败了，那意味着承认共产主义优于自由民主主义，韩国便有可能被共产主义化，正如朝鲜所希望的那样。

通过第一个五年计划，韩国出口年均增长40%，年均GDP增长8.5%。在第二个五年计划中，经济平均每年增长10.5%。这些经济成果在一段时间内平息了公众对朴正熙政权合法性的抗议。然而，这一局面是短暂的，朴正熙再次修订了宪法，试图继续开始自己的第三个任期。他声称只有自己才能保护国家免受来自朝鲜的安全威胁，并应对类似尼克松主义的国际政治局势变化，他认为自己理应获得下一个任期以作为对其经济成就的褒奖。这种行为引发了广大民众的抗议。

在外交政策方面，朴正熙政府坚持两个主要政策方针以加强国家安全。第一是1965年与日本关系的正常化，第二是出兵越南。这些政策都深受经济因素的影响。第三共和国希望从日本获得因遭受其侵略而应得的财政补偿，同时希望通过派兵越南，从美国获取财政和军事支援，这些都能为国内经济发展提供急需的资金。然而，仅仅用经济因素不足以解释第三共和国采取的外交政策，特别是这两大政策均遭到了公众的反对。与日本的邦交正常化激起了公众的反日情绪，抗议者挤满了大街小巷。为了让政策得以实施，朴正熙总统于1964年6月3日颁布戒严令，关闭了所有大学。此后人们称之为"六三运动"。第三共和国实施这些政策的主要目的是增强与友好国家的关系。例如，派兵越南是为了证明韩国作为美国同盟的可靠性，并支持韩美同盟对抗因共产主义扩张而造成的威胁。换句话说，这些政策符合美国的政策，即加强自由世界的团结。

在国防政策方面，朴正熙总统通过1968年4月扩充后备部队加强现有的国防政策。同年召开的首届韩美安保会议成为韩美同盟的传统延续到今天。尽管韩美同盟似乎正在加强，但不同时期美国对韩国安全所表现出的态度却有所不同，这一点在其应对朝鲜武装分子 1968 年 1 月 21 日攻击总统官邸的事件上便所有体现，这让朴正熙总统非常失望。美国将其外交政策的重点置于"普韦布洛号"舰船的扣押事件上，而对朝鲜武装分子攻击其盟国的总统官邸视而不见。美国这种态度使得朴正熙总统意识到有必要加强实现国家自主的防御能力。

正是这种认识促使了 250 万强大后备力量的形成。然而，旨在调动国家军事力量以确保国家安全的这一举措给韩国人民的日常生活造成诸多不便，许多被迫参加军事训练的预备役部队也有诸多抱怨。

第四共和国的安保政策
（1972～1981 年）

1. 对安保挑战的认识

如果说直到 20 世纪 60 年代末，国际体系还停滞在东西方对峙的冷战体系之下的话，那么自 20 世纪 70 年代开始，这一体系发生了重大变化。1971 年，尼克松的特别安全顾问基辛格秘密访华，开启中美关系正常化的努力，1972 年美苏关系也得以缓和，随后中日两国也开启对话，这都暗示着自由主义与共产主义之间可能由对抗转变为合作关系。1969 年中苏发生军事冲突以后，中美关系变化尤为迅速，中苏两国间的意识形态斗争早在 1956 年就开始了，但当时并不为西方世界所知。此外，1968 年苏联将所谓的勃列日涅夫主义（Brezhnev Doctrine）应用到捷克斯洛伐克，也引起了中国的担忧，而正是这一担忧让中国意识到有必要主动改变与美国的关系。从美国的角度来看，与共产主义中国和解有助于削弱并分化共产主义阵营，还可以帮助美国解决越南问题。与此同时，极力阻止中美联合的苏联提出愿意同美国缓和关系，这让美国少了一个同中国加强关系的理由。国际形势的变化对于韩国的国家安全来说是一个挑战，因为这样一个小国的安全可能会成为世界大国利益的牺牲品。虽然韩国自认为是美国的盟国，但美国突然改变其外交政策前却未曾征询韩国的意见，由此产生的无力感更是进一步加深了韩国政府的焦虑。一个更大的冲击来自美国对中国台湾政策的突然转变，20多年来，中国台湾一直被美国视为一座反对共产主义前进的自由民主主义堡垒。美国对台政策的变化引发了不确定性，继而引发了韩国政府的焦虑与担忧。

在这种情况下，拥有苏联武器装备的北越将南越共产化，进一步加深了韩国领导人的恐惧。韩国政府从越南的失败中得到了一个教训，那便是仅仅依靠反共已经无法继续获得美国的支持，而来自美国的支持也有局限性。那个时期，世界笼罩在苏联的扩张主义大幕之下，这从1976年安哥拉的共产化中便可看出。第30届联合国大会通过了联合国大会宣言，建议所有外国军队撤离朝鲜半岛，朝鲜应该在没有韩国参加的情况下继续与美国进行和平谈判，这使局势进一步恶化。尽管联合国大会的这一声明不具有约束力，但苏联的这种外交努力大大增加了韩国政府的恐惧，认为自己在如此恶劣的国际环境中被孤立了。

朝鲜似乎也受到了这种气氛的感染，开始采取行动。韩国的第一夫人被暗杀。而金日成则在越南被共产化后正式访问了莫斯科，此行似乎取得了苏联关于支持朝鲜半岛统一的承诺。韩国境内发现了朝鲜的地下隧道，板门店突发斧头杀人事件。所有这些行动都表明了朝鲜武力统一朝鲜半岛的意志。

当卡特总统宣布美国将在4~5年内将美国部队完全撤离朝鲜半岛时，他并没有真正减轻韩国领导人的恐惧，反而对韩国的国家安全构成了直接的威胁。韩国政府认为1949年美军的撤离是1950年朝鲜战争爆发的直接原因，而美军的存在是对战争的最大威慑，因此这一决定令韩国深感震惊。韩国政府逐渐意识到韩美同盟会随着国际形势的变化而改变，与自由世界国家的联合并不能帮助韩国维持本国的安全。换句话说，韩国政府被公开搁置，而国际共产主义和朝鲜正在采取挑衅行动，这都让韩国领导人意识到他们必须拥有独立的自我防御能力。

2. 安保政策对策

20 世纪 70 年代初国际体系有所缓和，这要求韩国政府适当调整其外交政策，特别是对朝政策。韩国政府的第一个措施是于 1971 年成立南北红十字会，组织离散家庭团聚，并开启朝韩两国间的直接谈判，这使得两国颁布了《七·四南北联合声明》。韩国政府寻求与朝鲜进行直接对话的原因，部分在于 20 世纪 60 年代经济的高速增长，增加了韩国恢复朝韩关系的信心，但更主要的原因是，不主动、不及时应对迅速变化的国际政治形势会让韩国被世界孤立。尼克松主义让部分美国驻军——第七师——于 1971 年 3 月撤离了韩国，在这种情况下，固守一个过时的对朝政策将会给韩国带来极大的危险。《七·四南北联合声明》受到了朝韩两国人民的热烈欢迎，为朝鲜半岛的和平与统一带来了新的希望。然而，朴正熙政府于 1972 年 10 月 17 日宣布戒严令，结束了立宪政府，在所谓的维新体制下建立了第四共和国。这些行动的实施都打着应对国际社会变革的巨大浪潮这一旗号，其中包括美、日、中三国的和解，以及为了完成和平统一的历史使命。维新体制下的国民大会将间接选举总统，这让朴正熙的独裁和无限期统治成为可能。这种非民主体系允许总统越过立法、行政和司法部门行使权力，同时在非常时期行使紧急权力，这让总统实际上拥有无限权力。公众对这一行动表现出强烈的抗议与抵制，朴正熙政府对此则采取了应急措施。

维新体制下的朴正熙通过其永久统治制度巩固韩国安保体系以应对国际变化。然而，第四共和国的安全政策并未改变。第四共和国的安保政策继续保持此前一贯的国家安保政策框架，同时加快发展经济与军事。第一，在经济政策方面，第四共和国选择国防、重工业及化学工业为第三个五年经济发展计划的核心，并且如实执行了该计划。为了获取投资所需的资金，政府鼓励韩国国民勤俭节约，并对目标行业给予可观的补贴。这样一来，作为国家战略产业的电力、石化、钢铁及造船等行业快速发展起来。例如，现代公司于 1972 年开始修建包括超级油轮在内的大型船舶，浦项钢铁公司于 1973 年开始大规模生产钢铁，发端于 1974 年的韩国汽车工业发展迅速，1976 年便推出了现代首个自营出口模式。

然而，1973~1974 年的石油危机对韩国的经济造成巨大的打击。能源生产严重依赖进口原油的经济结构特别容易受国际原油价格大幅度上涨以及石油输出国组织（OPEC）石油禁运的影响。因此，有必要采取措施确保安全稳定的能源供应以保证经济的持续增长。而且，随着所谓的"越南繁荣"的消逝，韩国经济不得不为其建筑业和贸易业开拓新的市场。为了解决这两个问题，政府通过各种关税奖励及长期低息贷款积极鼓励韩国企业进入中东市场。最终，在第三个五年经济发展计划期间，韩国经济年平均增长率达到 10.6%，超过了其既定目标 8.6%。即使在 1977 年开始的第四个五年经济发展计划期间，韩国经济也实现了平均 9% 的高速增长。如此惊人的增长成就了所谓的"汉江奇迹"。但是，这种经济奇迹是以巨大的外国贷款、与美日的投资合作、在低工资和恶劣的工作环境下长期艰苦工作的工人们的牺牲为代价的。总体而言，第四共和国推动了重工业和化学工业等国防工业的发展，这一事实表明第四共和国与第三共和国一样，在实施经济政策的过程中，国家安保是其首要考虑的因素之一。

第二，在外交政策方面，采用了后意识形态方法。其中包括正在进行的朝韩谈判，以及通过 1973 年的 6·23 声明向世界宣布韩国将寻求改善与不同意识形态国家的关系。尽管共产主义阵营对此所表现出的冷漠态度令其难以取得实际成果，但从韩国政府首次表现出试图打破一味反共的政策传统来看，6·23 声明是一项具有里程碑意义的政策举措。

　　将经济发展视为国家安全基石的朴正熙政府决定打破亲以色列的外交政策，而它曾一直是韩美同盟的一部分，同时韩国采取亲阿拉伯的外交政策以保证在后石油危机世界里拥有稳定持续的原油供应。当时，持续的经济增长严重依赖对外贸易的扩大，改善与第三世界国家的关系以开拓市场是一个紧迫的问题，而新的亲阿拉伯外交政策正是韩国政府对这个问题的回答。上述外交政策的变化不仅出于保证石油供应的需要，同时也因为在国际组织（如联合国）中占有数量优势的第三世界国家的影响力日益增加。

　　具有讽刺意味的是，第四共和国外交政策的最大挑战来自本国与美国的关系。这些挑战来自 1976 年浮出水面的韩国门事件（Koreagate Incident），以及卡特政府在 1977 年初决定从韩国全面撤军的计划。卡特政府的人道主义外交政策在全球范围内对朴正熙政府的维新体系构成压力。韩国门事件是因反对美国国会的主张而进行的积极游说，其目的在于确保韩国及其周边的安全威胁增加时能从美国获取更多的军事支持。该事件被韩国驻美大使金东祚及说客朴东宣的证词证实。考虑到来自美国国内的压力，以及对朝鲜军事能力的再评估，卡特总统撤离全部驻韩美军的计划被无限期推迟，截至 1979 年仅撤回约 3600 名美国士兵。然而，人权这一外交政策问题仍然像幽灵一样困扰着朴正熙总统。卡特总统驻韩美军撤军计划的中止可以说是韩国政府的成功，因为其外交政策的目标就是维持韩美同盟关系。然而，后意识形态的外交尝试在 6·23 声明发布后毫无进展，原因在于它没有引起社会主义国家的兴趣。因此，第四共和国外交政策的成功不在于改善了韩国在国际社会中的地位，而只是在于维持了现状。

　　第三，在国防政策方面有一些新的尝试。首个尝试便是确立了前沿防御战略。该战略的确立出于两个不同的考虑。一方面，美国参议院 1973 年通过了《战争权力法案》。该法案规定战争时期美国总统不经参议院批准而动用军队的期限将限制在 90 天内，因此，在朝鲜半岛发生战争的情况下，美国必须迅速结束战斗。

另一方面，从越南共产化过程中可以看出，首都——汉城的人口激增并不断扩张，这大大增加了先撤退再反攻战略的作战成本。

另外值得一提的是自主国防政策。南越在越战中战败，朴正熙总统从 1975 年开始征收国防税以募资购买最先进的战斗机（F－4E、F－5E），以增强防空能力，发展综合军事力量。20 世纪 70 年代，朝鲜将其 GDP 的约 15% 用于国防，被认为是世界第六大军事强国。相比之下，韩国国防面临美国军队可能全面撤军及美国军事支援逐渐减少的威胁。鉴于这种情况，韩国政府唯一的选择便是发展自主国防能力，1975 年韩国甚至将发展核武器项目作为实现该目的的手段。①

当然，为了在前线进行有效的防御，自主防御政策还包括建立民防部队以及由高中生和大学生组成的学生国防军。加上 1968 年组建的后备部队，这些举措调动了全体韩国国民。尽管这些政策在"国防独立"的名义下被执行，但事实上它们应被视为巩固韩美同盟的行动。此外，当意识到没有必要在联合国大会毫无意义的投票对抗上浪费宝贵的国家资源之后，韩国政府于 1975 年自动解散了联合国韩国统一复兴委员会，并限制联合国军司令部在韩国的停战监督权，于 1978 年建立了韩美联合司令部以履行国防义务。韩国主动建立的这个防御体系有效取代了突然解体的联合国军司令部，这也暗示着韩国的防御依赖对象已从联合国转移到了韩美同盟。在对朝政策方面，韩国和美国在 1976 年开始了常规的"团队精神"（Team Spirit）联合演习，以此向朝鲜展示双方在《韩美共同防御条约》中的决定，同时也强化了国防政策。

3. 维新体系下的军民关系

1961 年成功发动军事政变后，朴正熙通过提高军队待遇和地

---

① 虽然这个计划很快被放弃，但它成为韩美关系的激烈争论点，关于更详细的讨论，参见 Mitchell Reiss, *Without the Bomb: The Politics of Nuclear Nonproliferation*, New York: Columbia University Press, 1988. esp., chap. 3。

位，不断加强军事力量并密切观察可能效仿自己进行叛乱的军事当局，以取得对军队的控制权。朴正熙在其 18 年执政期间，凭借这种对军队的绝对控制权，使军政府相比平民政府在政治上更具优势。然而，1979 年朴正熙总统的突然遇刺引发了人们对军民关系正常化的期待。他的死亡给人们带来了新的希望——18 年的军队独裁以及臭名昭著的维新体系终于告一段落，民主文人政府的新时代即将到来。

实行铁腕统治的朴正熙总统死后，韩国社会弥漫着一种焦虑的情绪，在反抗维新体系中扮演领导角色的金大中和金泳三呼吁立刻修订维新宪法，11 月 10 日，代理总统崔圭夏为了应对公众舆论也答应韩国人民进行换届选举和宪法修订。然而，12·12 事件过后，人们目睹了全斗焕领导的军队再次掌握政权这一事实。全斗焕于 5 月 17 日颁布的戒严令扑灭了民众对民主的希望之火，5 月 18 日，光州爆发了民主运动。所谓的新军彻底镇压了这次运动，并以数百名平民的生命为代价镇压了所有的反抗活动。在这种情况下，代理总统崔圭夏的辞职丝毫不令人惊讶。不久，维新宪法下的全国统一大会唯一候选人——全斗焕当选总统。仅在朴正熙总统遇刺一年后，随着 1980 年 10 月 27 日新宪法的颁布，第四共和国的维新体系退出了历史舞台。然而，军队对政权的操纵再次违背了自由民主国家政治中人民至上的基本原则。

第五共和国的安保政策
(1981 ~ 1988 年)

1. 对安保挑战的认识

第五共和国全斗焕政府在所谓的二次冷战时期建立，20 世纪 70 年代国际关系的缓和氛围未能持续，国际局势再次陷入紧张状态。缓和局面的第一次破裂发生在 20 世纪 70 年代后期的安哥拉和莫桑比克事件之后，这些事件导致了美苏对抗升级。而苏联入侵阿富汗则使得这种缓和局面进一步走向终点，加剧了美苏对立。随着苏军入侵阿富汗，关注伊朗人质事件的卡特政府迅速恢复了对苏联的遏制政策。同时，作为对其入侵的报复，卡特政府拒绝参加第二次限制战略武器谈判（SALT Ⅱ），拒绝参加1980年莫斯科奥运会，停止向苏联出口粮食，并呼吁其盟国也执行一系列制裁。

1981年上台的里根政府实施了彻底的反共政策，不禁让人联想起20世纪50年代的冷战思维。对于在冷战的第二个冰冻期掌权的全斗焕政府而言，共产主义的威胁自然是非常严重的。正如1914年6月28日萨拉热窝的一声枪响引发了第一次世界大战那样，1983年9月1日苏联空军击落韩国客机这一事件将全世界置于战争的边缘。一个月之后发生在缅甸仰光的昂山炸弹袭击，使得韩国比以往更将朝鲜视作威胁。这一事件引发了全世界对朝鲜的公开指责，缅甸和巴基斯坦均与朝鲜断交。作为这一事件目标人物的全斗焕，其恐惧程度可想而知。1987年，为了加剧朝鲜半岛紧张局势，并阻碍将于第二年在汉城举办的奥运会，朝鲜在泰国上空炸毁了一架飞往汉城的韩国客机。这次袭击引起了韩国对朝鲜的警惕。全斗焕政府在第五共和国的7年执政期间强烈意识到了安保威胁的严峻性。

2. 安保政策对策

第五共和国全斗焕政府安保政策的基础是恢复第四共和国维新体系以来，特别是在卡特政府期间逐渐疏远的韩美同盟关系，使其回归传统的同盟关系，从而强化和稳定对朝鲜的军事威慑，同时提升韩国在国际社会中的经济和外交声望。全斗焕政府在外交政策方面进行的首要任务就是强化韩美同盟。在1981年初的就职演说中，全斗焕总统宣布第五共和国将继承第四共和国外交政策的目标。这些外交政策目标如下：第一，加强与主要友好国家的关系；第二，改善与主要敌对国家的关系以维护朝鲜半岛的和平，缓解紧张局面；第三，扩大与第三世界国家的外交及贸易关系。为实现这些目标，全斗焕总统于 1981 年 2 月访问美国。在此次访问期间举行的韩美首脑会谈中，两国领导人一致认为强大的军事力量是安全与国防最重要的因素。美国总统里根承诺美军将在韩国继续驻守并且积极支持韩国增强军事力量。1983 年 9 月韩国客机被击落与 10 月昂山炸弹袭击事件发生后，紧张的氛围笼罩着朝鲜半岛，里根总统于 11 月访问汉城并视察非军事区，同时向世界宣布美国将会信守其对韩国做出的安保承诺。

加强与主要友好国家关系的政策同样被应用于韩日关系。1983 年，全斗焕政府为了获取发展经济的资金，接受了日本 7 年间 40 亿美元的贷款。1986 年韩国国家元首首次正式访问日本。全斗焕总统与日本首相会面期间，日本对入侵朝鲜半岛一事表示遗憾，这改善了韩国和日本政府之间的关系。此外，正如回应 1983 年昂山炸弹袭击事件那样，日本政府对 1987 年朝鲜特工炸毁一架韩国客机事件也采取了友好的回应政策，根据韩国政府的要求对朝鲜实施了外交制裁。尽管这种外交合作未能改善两国人民之间的关系，但确实发展了韩日两国政府之间的合作关系。

在改善与主要敌对国家关系方面，第五共和国采取了促进朝韩间交叉承认的方式。但是这一努力以失败告终，朝鲜谴责此举会"将朝鲜半岛永远一分为二"。尽管如此，第五共和国与主要敌对国家的非官方接触不断增加，与中国的关系发展尤为迅速，第五共和国初期发生的中国民航客机被劫持事件促使双边谈判取得显著进展。

此外，为了加强与第三世界国家的外交关系，全斗焕政府开展了积极主动的首脑外交。全斗焕总统就职后不久便访问了 5 个东盟国家和 4 个非洲国家。这些努力都是第五共和国试图通过扩大韩国的外交关系以在全球范围内努力改善韩国安全状况的一部分。

在经济政策方面，第五共和国的全斗焕政府通过第五个五年经济发展计划（1982～1986 年）实现经济稳定，增加了出口并降低了通货膨胀率和失业率。第五共和国时期，韩国与包括中国在内的共产主义国家开始贸易往来，为发展与共产主义阵营的关系奠定了基础。另外，为了使以出口为导向的经济发展战略持续成功，1986 年，全斗焕总统在与西方国家领导人会面时表示支持自由贸易国际体系。于是在 1986 年和 1987 年，韩国贸易顺差分别达到 47 亿美元和 98 亿美元，向世界展示了韩国经济发展的实力。然而，这些成果也意味着韩国将面临美国要求其开放市场的压力，韩国的外交也将面临韩美贸易摩擦的新问题。

在国防政策方面，第五共和国加强了现有的对朝遏制政策。世界进入冷战的二次冰冻期，在经历了数次炸弹袭击事件后，全斗焕政府采取了同 20 世纪 50～60 年代相似的冷战国防政策，即团结美国等同盟国家以巩固反共阵线，创造有利的国际安全环境。为了实现这些目标，第五共和国制订了第二个五年作战能力提升计划（1982～1986 年）并加速推进韩国武装部队的现代化建设，采购先进的 F - 16 战斗机。此外，为了加强与美国的关系，对于自 1974 年开始实施的国防费用方案，韩国从 1983 年开始逐渐增加其承担份额。正是通过这些方式，第五共和国时期的韩美关系才从卡特政府时期的疏远恢复到了传统的友好合作状态。正因如此，多次爆炸袭击尽管加剧了第五共和国时期的紧张局势，但也促使里根政府恢复了彻底、无情的反共政策，让人们对朝鲜所构成的潜在威胁有了新的认识，从而加强了韩国的防御能力。

第六共和国的安保政策（1988～）

1. 对安保挑战的认识

1988 年 2 月 25 日，卢泰愚总统开始执掌第六共和国政权，与过去历届政府相比，第六共和国初期韩国安全局势的冷战色彩已大大减弱。1985 年戈尔巴乔夫上台后，苏联采用新的方法来解决国际问题，1987 年 12 月与美国签订了《全部销毁美苏两国中程和短程导弹条约》（INF），开启了新一轮的国际缓和局势。1988 年 4 月苏联从阿富汗的撤军，同年 8 月汉城奥运会的举办，都展示了东西方和解的新氛围。苏联、中国等共产主义国家参加了汉城奥运会，有助于缓解朝鲜半岛的紧张局势。

正是在这种新的和解氛围下，中苏领导人 30 年来首次于 1989 年进行了会面，同年 12 月美苏马耳他峰会召开，宣告一个合作新时代的到来，这加速了冷战的结束。1989 年，苏联共产主义阵营最前线的东欧国家爆发民主革命，革命席卷东西德，让冷战的历史标志——东西两德重新统一，从而结束了分裂。伊拉克对科威特的入侵与国际社会紧张局势缓和的步调背道而驰，美国在联合国的支持下参与了海湾战争，努力将科威特从伊拉克的占领下解放出来，并赢取了绝大多数的单边和不流血的胜利，这不仅缓解了美国所谓的越战综合征，而且完全恢复了美国曾经在国际社会中失去的尊严。1991 年 8 月苏联反戈尔巴乔夫政变的失败成为苏联解体的导火线，这让美国成为世界上唯一的超级大国，并带来了一个以美国为中心的全新的国际秩序。

国际社会如此迅速的变化给韩国安保外交政策带来了极具挑战性的任务，即适应这些变化。任务的核心在于把握这些变化对朝鲜的影响，并预测朝鲜政权随后的变化方向，利用这些变化推动国际局势发展，促进两国和平统一，实现朝鲜半岛的和平。

鉴于这些挑战，1989 年 5 月，卢泰愚政府面临着十分严峻的安保威胁，这些威胁来自一些报告——称朝鲜已在宁边建立了核处理设施，可将核废料加工成制造核武器的钚。朝鲜于 1985 年就签订了《核不扩散条约》，但因其迟迟不肯签署国际原子能机构（IAEA）相关的安全保障协定引起了国际社会的怀疑。而这些关于朝鲜可能会实施制造核武器计划的报告进一步加深了卢泰愚政府的安保威胁。朝鲜核问题成为 20 世纪 90 年代韩国国防及外交政策最大的挑战。冷战的结束让许多国家开始审视其外交政策的重点，即使历史上具有同盟关系，大多数国家也开始将其自身的经济利益置于首位。其结果是，第六共和国面临着越来越多的包括美国在内的盟国之间的贸易摩擦。虽然截至目前政治因素让韩国在经济上获得了很多实质性的援助，但今后韩国的经济将被完全置于市场经济原则之下。对于缺乏技术与自然资源的韩国来说，这将会是一个巨大的挑战。

换句话说，冷战时期东西方两大阵营的对抗，以及各阵营间的团结决定了国际体系的结构，然而今后的国际关系将取决于民族主义的原则，即各个国家自身利益优先。随着冷战的结束，美国在韩国的外交及国防政策中的作用将会减弱，这一推测使得韩国在发展安保方面不仅要考虑朝鲜，同时也要考虑其他周边国家，而此前的安保政策几乎完全取决于朝鲜。例如，自1991年末开始以维和行动的形式开展国际军事活动以来，日本逐年增加其军事开支，这不得不让韩国对这个昔日侵略者的意图产生怀疑。而这些变化为卢泰愚政府实施积极独立自主的新外交与安保政策提供了机会，同时也对其应如何利用这一机会提出了挑战。

2. 安保政策对策

大韩民国成立后的第三、第四、第五共和国均积极追求经济发展以确保国家安全，而第六共和国的卢泰愚政府则试图从外交政策的角度来利用经济快速发展的成果。为了应对快速变化的国际环境，第六共和国通过所谓的"北方政策"在增进南北关系上采取了更为积极主动的态度。

作为这项积极外交政策的一部分，卢泰愚政府与东欧的共产主义国家先后建立了外交关系。1989年2月率先与匈牙利建交以后，同年11月韩国与波兰、12月与南斯拉夫、1990年3月与捷克斯洛伐克和罗马尼亚分别建交。通过这些外交关系，东欧成为韩国扩展经济与外交活动舞台的一部分。与苏联的直接贸易关系始于 1988 年 11 月，通过 1990 年 6 月在旧金山举行的韩苏首脑会谈等一系列活动推动了双边关系，两国于 1990 年 10 月 1 日正式建立外交关系。在与中国关系方面，第五共和国时期韩国开始通过香港与中国内地开展间接贸易，1988 年 7 月与山东省和辽宁省进行了直接贸易往来。在接下来 1990 年秋季的北京亚运会中双边关系得以恢复。中国反对朝鲜试图阻碍朝韩两国同时加入联合国这一行为，更加有利于中韩两国关系的改善，两国于 1992 年 10 月正式建立了外交关系。建立正式的外交关系标志着卢泰愚政府圆满实现了一系列"北方政策"目标，这些显著的变化毋庸置疑。以上这些变化必然会对朝鲜产生影响，韩苏及韩中外交关系的建立极大地改善了韩国的安全状况。

政府成立之初于 1988 年 7 月 7 日颁布了《争取民族自尊和统一繁荣的特别宣言》，以及所谓的"韩民族共同体"统一方案，第六共和国重启朝韩谈判及努力实现和解的行为表明了在对朝政策上的主动立场。随着朝鲜发展核武器成为韩国的主要国家安全问题，卢泰愚政府开始寻求与美日等盟国开展外交合作，同时通过国际原子能机构达成安全保障协定，接受国际和朝韩间的相互检查给朝鲜施压。在这一过程中，韩美达成共识，认为驻韩美军所拥有的战略性核武器是韩国对朝核政策的一个障碍，于是美国单方面从朝鲜半岛撤离其核武器并对此发表撤离声明。同时，卢泰愚政府于 1992 年 12 月宣布韩国无核化原则，从而排除了韩国拥有核武器以及安装核处理与浓缩设施的可能性，进一步对朝鲜施压。

第六共和国时期，朝韩对话也取得了很大的进展。1990 年 7 月 26 日通过了一项朝韩高层对话的协定，同年 9 月 9 日第一轮朝韩高层对话在汉城举行，此后在 1991 年 12 月 10 日第五轮对话后，通过了《北南和解互不侵犯和合作交流协议书》，这使得朝韩高层对话达到了顶峰。该协议 20 年来首次重申了 1972 年 7 月 4 日的联合声明中由朝韩双方达成的和平统一原则。尽管现实中的国家关系很少一成不变，但南北间的这一协议书以及若干附属协议无疑对缓解朝鲜半岛紧张局势做出了也将继续做出贡献，可以说，这些举措极大地改善了韩国的安全局势。

从国防政策的角度来看，卢泰愚政府开始准备实施三个阶段驻韩美军裁军计划，同时努力实现韩国国防的"韩国化"（Kore-anization），其目的是让韩国军队在驻韩美军减少的情况下能够在韩国国防中发挥主导作用。1992 年 10 月 9 日召开的韩美安保会议（SCM）宣布，韩国武装部队上将自 1992 年 12 月 1 日起担任韩美联合司令部陆军指挥官，这是众多努力中的一部分，也可将其视作韩国迈向"国防韩国化"的第一步。

至第六共和国为止韩国安保政策的特点及变化

在美苏激烈竞争与对抗的两极冷战体系下，韩国成为南北分裂状态中的一个独立国家。韩国国防不可避免地受到了国际体系的直接影响，而且这种影响一直持续到美苏冷战体系的结束。这种国际政治模式正是过去韩国政府安保政策未能克服的一个局限。

第一，在李承晚政府的统治下，第一共和国的安保政策始于大韩民国建立之初，该政策的具体内容在大韩民国作为独立国家诞生的过程中便早已注定。当时安保政策是反共政策的代名词。那时世界正陷入冷战，美国欲全面封锁苏联。国际共产主义明确的"扩张"意图和其在莫斯科的兴盛，让新生的韩国政府相信从建国之初就要采取无条件的反共安保政策。反共主义是一种崇拜也是一种宗教，一种通过朝鲜战争在所有韩国民众之中被社会化和内在化的宗教。为了保持这项安保政策，李承晚政府完全依赖美国。在外交关系、军事、经济和国家安保方面完全依靠来自美国的支援和帮助，试图摧毁朝鲜这一被苏联控制的共产主义政权，并且通过美国的援助组建了一支强大的现代化军队来实现"北进统一"（Northward Reunification）的愿望。对韩国而言，此时的美国既是"神父"又是"保姆"。因此，可以合理地将第一共和国的安保政策称为"重新统一政策"。

第二，李承晚政府因 4·19 革命被迫下台，韩国进入第二共和国时期，却采取了与第一共和国如出一辙的安保政策。安保政策的目标依然是反共并且同样完全依赖韩美同盟。尽管张勉政府试图保持真正的民主形式，但最终也未能在韩国维持一个民主的政府体制，也没有机会让安保政策从单一的反共政策发展成为一个全面政策。

第三，第三共和国的朴正熙政府从一开始就将反共政策作为一种国家政策范式，因此进一步强化了全面反共主义，但同时朴正熙政府确实也尝试了一些新的方式——国家安保政策与经济发展的结合。朴正熙坚信一个强大的经济和军事力量不仅有助于反共，而且有可能彻底击败共产主义，最终确定了国家安保政策的新方向并提出实现这些新目标的具体方法。从安保和军事角度来看待经济发展，这一出发点允许经济发展计划在政府的领导之下进行。尽管遭到了国内的强烈反对，但作为加快经济发展的一项举措，韩国与日本的关系实现正常化。然而，安保政策的核心依然在于通过韩美同盟压制朝鲜共产主义。朴正熙总统为了推进韩国武装部队的现代化，决定向越南派兵。同时，全面反共政策过度强调全面扼杀朝鲜特工间接渗透的企图，严重妨害了韩国人民的生命财产安全和政治利益。

第四，朴正熙总统企图永久执政的第四共和国依然坚决维护全面反共的政治路线，通过南北对话试探朝鲜的意图，试图与其他社会主义国家建立外交关系。伴随着越南的共产化和对美国在亚洲和韩国角色的质疑，韩国的上述尝试也归于失败。由此朴正熙总统开始在"自主防御"的口号下寻求军事扩张。然而，这一安保政策依然要靠韩美同盟对朝鲜的威慑。虽然韩国的经济取得显著成就，但民众依然对所谓维新体系的独裁和总统终身制深感不满。此时的朴正熙总统不仅压制民众的意见，而且再次以国家安保为借口过分限制人民的生活。这种滥用国家安保为政治借口的行为导致作为韩国国家安全牢固基础的韩美同盟关系渐渐疏远。在国家安全的幌子下，维新体系号召全民服役，让国家陷入一种警备状态，损害了公民个人的尊严，压制了公民的自由。

第五，第五共和国的全斗焕政府同样将全面反共安保政策作为国家的首要政策，将维新体系下一度疏远的韩美同盟恢复到传统的友好关系上。全斗焕政府也认为驻韩美军的继续驻扎对于成功威慑朝鲜的挑衅以及维护朝鲜半岛和平具有重要作用，为了维持韩美同盟现状，全斗焕同意负担美国部队驻扎韩国期间明显增加的国防费用。在经济政策领域，相比追求快速发展，全斗焕政府更多地寻求经济稳定，努力扩大和丰富韩国的出口市场，将其作为国家安保政策的一部分。在外交方面，全斗焕政府通过与多个国家展开首脑外交提升了韩国在国际上的声望。

第六，第六共和国的卢泰愚政府继续对朝鲜推行建立在韩美同盟基础之上的反共路线，该同盟关系自第一共和国以来持续至今。与此同时，在过去几十年呈现爆炸式增长的经济奇迹的基础上，卢泰愚政府分析认为，与社会主义国家的和解以及经济关系的扩展有利于韩国的国家安全，因此极力施行所谓的"北方政策"。同时，通过持续对话，韩国与朝鲜的直接接触也不断扩大，这将有利于朝鲜更多地参与诸如联合国等国际组织，从而更有效地遏制朝鲜核武器发展，进一步推动朝鲜半岛的和平统一进程。同中国与苏联的外交关系正常化使朝鲜的挑衅和攻击更加困难，导致朝鲜在南北对峙中处于守势。

通过对上述六届韩国政府的国家安保政策进行分析，我们得出了一个结论：自1948年韩国建立以来，历届政府的国家安全政策首要目标都是反共。对于绝大多数韩国人来说，来自国际共产主义和朝鲜共产主义政权的安全威胁让他们心甘情愿地接受政府对公民权利的各种限制。这在朝鲜战争以后形成的朝鲜—中国—苏联三国同盟的关系上表现得尤为明显，对于弱小的韩国而言这一同盟的确是真正的威胁。正是考虑到这一真实而严峻的威胁，反共主义对于绝大多数韩国人民来说成了无条件的、全面的甚至宗教性的教义。可以说反共主义对韩国人民生活的影响之大甚至超过了传统的儒家思想。历届韩国政府都利用反共主义证明其政策的合理性，即使是违背了安保政策原则的军事政变也以维护国家安全的名义获得了合法性。

然而，历届政府尽管具有相同的反共目标，在手段、方法、适用范围以及追求韩国存在模式的侧重点等方面仍有所不同。

第一，反共主义的政治的重要性毋庸置疑，韩国政府正是通过反共才得以建立。而且，就像当时美国的对苏政策一样，韩国反共的国家安全政策也是一种政治牵制，通过朝鲜战争这种政治牵制升级为全面的军事遏制政策。因此从那时起，全面反共成为韩国安保政策的明确要求。

第二，一旦反共成为国家安全政策的信条，那么任何共产主义行为都会被视作国家安全威胁。对被怀疑为亲共的恐惧在韩国人民的日常生活中产生了深远的影响，甚至谈论和反对国家安保政策路线都成了一种禁忌。反共成为政治文化和日常生活的规范标准。在这种反共政策下，任何对共产主义的和解态度都无法得到容忍，而这同样适用于执政党和政府。正如在第二共和国末期所呈现的那样，对共产主义怀有和解之意甚至成为军方密谋实施军事政变的理由。

第三，第三共和国的反共安保政策强调了经济优势在长期战胜共产主义方面的重要性。人们普遍认为强大的经济实力等同于稳固的国家安全，没有强大的经济便无法维持国家安全。换句话说，政经分离的民主主义观念被摒弃，而经济的必要性开始支配政治。国家安全无论在韩国政府的思维方式上还是国家政策上都优先于政治，而经济作为维护国家安全必不可少的一部分，理所当然地超越了政治。

第四，宣布维新体制后，韩国经历了一个又一个类似于堡垒国家式的军国主义化，国家安全甚至高于宪法和宪政原则。随着国际紧张局势的缓和，统一政策代替反共成为国家安保政策的核心。统一政策要求与共产主义阵营建立联系，这样一来长期的全面反共终于让位于更开放的政策。所谓的"哈尔斯坦原则"被丢弃，而反共是一个指导原则，在这种情况下，加强与非敌对共产主义国家的关系成为公认的、积极影响安全与统一政策的有效手段。这一变化同样影响到了军事策略。继越南共产主义化以后，韩国的军事策略从"先撤退再报复"策略转化为前沿防御策略。作为国家安保政策的一部分，韩国动员了全部人口，成为一个堡垒国家。

第五，即使在第五共和国，反共依然是国家安保政策的支柱，但是在维新体系下开始的有选择的反共得到了更加积极主动的推行。与中国间接贸易的开展促进了两国关系发展。由于对共产主义阵营态度的变化，韩国政府不再将朝鲜视作一个坚固的共产主义国家，而是将其视为一个由共产主义领导人金日成及其政权和朝鲜人民构成的双重实体。

第六，第六共和国时期，韩国的安保政策发生了显著的变化。为了给"北方政策"的积极推行创造有利的国际环境，与共产主义阵营开展外交活动成为国家安保政策的首要任务。这意味着过去的全面反共彻底消失，转而积极建立互惠外交关系。开展这种外交的主要手段便是发挥经济实力。因此，国际经济关系成为国家安保政策的一部分，韩国政府在经济外交中发挥了积极作用。

以上对韩国安保政策发展历程与变化细节的具体介绍可以总结为从全面反共到选择性反共，再到与所有国家实现关系正常化。韩国安保政策实现了从零和游戏安保政策到非零和游戏安保政策的转变。在零和游戏的安保政策中，韩国加强与自由民主阵营的团结以在与共产主义阵营的对峙中占有优势，而非零和游戏的安保政策中，同其他国家的关系既存在竞争，也存在合作。这种变化带来了所有外交关系的正常化。考虑到安保政策和外交关系的上述变化，尽管朝鲜依然是韩国的头号敌人，但已不再是一个例外。在韩国的安保政策中，朝鲜从一个不得不被推翻并被征服的共产主义政权变成了一个可以共存的对象。韩国和朝鲜也因此转变为可在竞争中寻求合作、在合作中可能发生争端的"邻国"。简而言之，这就是韩国安保政策的历史。

韩国安保政策的评价与问题

世界上的所有国家，自其宣布主权即国家独立的那一刻起，便会自动将国家安全确立为国家的首要目标。国家安全是一个非常抽象模糊的概念，因此，每个国家，甚至每届政府，都以不同的视角看待安全局势并采取不同的安保政策。韩国的安保政策也不例外。然而，就韩国而言，从1948年第一共和国建立到第六共和国这一漫长的过程中，各届政府对安全局势的认识及随之而制定的安保政策大体相同，并无根本性的变化。换句话说，韩国的安保政策一直保持着反共的基调，只是从全面反共转变为有选择性的反共。根本性的变化来自第六共和国的"北方政策"，此前韩国的安保政策还停留在全面的反共路线上。二战后崛起的两个超级大国将朝鲜半岛一分为二，此后世界进入长达半个世纪的冷战时期，韩国选择加入自由民主阵营。为了维持两大阵营间的权力平衡，自由民主阵营必须坚持遏制共产主义，韩国也不例外。朝鲜战争中自相残杀的经历让韩国的国家安全等同于反共主义。

自大韩民国成立以来，可以说韩国政府一直坚持的反共政策成功防止了第二次朝鲜战争的爆发。成功的关键当然是在冷战两极世界中维持韩美同盟体系。虽然冷战体系造成了朝鲜半岛的分裂和同族相残，但是具有讽刺意味的是，1950～1953 年朝鲜战争悲剧之后，也正是冷战的两极体系防止了第二次朝鲜战争的爆发。① 尽管如此，考虑到国际体系中断的可能性，② 历届韩国政府的国家安保政策也必须确保朝鲜半岛不再爆发战争。

　　韩国的反共安保政策与美国的外交政策目标一致。然而，由于两国间政治条件差异较大，国家安保政策的实施情况大不相同。在美国，自由民主的政治体系与程序十分完善。因此，美国国内政治中的权力争斗不会对国家合法性及国家安全造成威胁。因此，只有应对外部威胁才是国家安全的目标。相反，就韩国而言，历届政府自执政开始就在合法性与国家安全方面面临挑战。因此，权力斗争不仅被视作政治斗争而且是对国家存在即国家安全的挑战，同时也被相应的掌权者所利用。在政权变化与交替方面缺乏政策与程序及民主传统，使得韩国历届政府将国家安保作为其维持统治、保护权力的有效手段而加以滥用。一旦对政府的威胁被视为对国家安全的威胁，当权者便立刻抓住了压制反对派的有力武器。除了短暂的第二共和国以外，历届政府多次"在国内政治中借国家安全的优先性频繁采用暴力和强制力"，即历届政府以国家安全之名强迫韩国人民保持盲目的忠诚。这种矛盾导致个体公民的尊严与自由遭到限制和侵犯，而这正是国家安全的终极目标。韩国政治便是如此，人民生活在一个矛盾的政治环境中，在这里，国家安全的终极目标被其自身所抹杀。从这个意义上讲，历届共和国都是失败的，因为他们频繁违背自由民主国家

---

① 关于国际体系的结构特征及冷战时期长期和平的原因，参见 John Lewis Gaddis, *The Long Peace: Inquiries into the History of the Cold War*, Oxford: Oxford University Press, 1987, esp. chap. 8。

② Oran Young, "Political Discontinuities in International System," in James Rosenau, ed., *International Politics and Foreign Policy*, 2nd ed., New York: Free Press, 1969, pp. 336 – 345.

安保政策的四个基本原则①。

自由民主国家安保政策四个基本原则中的第一点就是人民至上。在自由民主国家里，民主政治的发展需要军队服从人民的权威并受人民支配。即便西方文明社会的著名军事战略家——卡尔·冯·克劳塞维茨也呼吁在设立与执行成功的军事战略时应由人民来领导。正如克劳塞维茨所说的那样，"战争如此重要，以至于不能交给士兵们"。由军队控制的政治对效率的强调远远胜过对民主原则与程序的遵循，导致了人民的尊严和自由遭到低估与漠视。在过去的韩国政府中，时常可见军事统治的过度影响，他们将国家安全置于民主之上，认为侵犯个人尊严与自由是不可避免的，而非不正义的。

第二个原则是信息自由。历届韩国政府以保护国家机密为借口，垄断国家安全的所有信息。其结果是，即使政府打着国家安全旗号滥用权力，韩国民众也因为缺乏确切的信息而无法对此加以批判。信息自由的缺失意味着维护个人尊严与自由的途径缺失。

第三个原则是公民自由。历届韩国政府不愿确保公民个人的自由。限制言论自由、出版自由、集会自由、结社自由甚至选举权，允许众多非法操纵选举行为的存在，剥夺了韩国人民的公民自由和选举权，导致了政治及社会的动荡，这些动荡有时甚至是执政者自己煽动起来的一种政治战术。

第四个原则是经济自由。作为一个后起的工业化国家，韩国为了加速经济发展，选择了由国家主导的经济计划与管理模式。然而，在国家经济步入起飞阶段以后，在经济发展过程中对政治因素的过多考虑以及政府对市场的过度干预导致经济发展缺乏自

---

① 讨论这个问题可以说需要对国内政治程序进行详细的历史分析。然而，通过各种出版物可以很容易地了解韩国政治的历史，因此这个问题不言自明，即使是对韩国历史仅有肤浅了解的人，也可以充分理解这个问题。

主性，对政治风向变化过度敏感。由于担心政治报复，企业家们在缴纳税费之外提供了所谓的"政治基金"，以期在国家货币金融政策上获得照顾和优惠待遇。企业家们对政府支持的迷恋导致员工福利被忽视，员工的集体意识和阶级意识开始滋长。物价、汇率和工资也均由政府控制，进一步限制了经济的自由和个人选择的自由。①

　　历届韩国政府都曾将反共作为国内政治的有效工具进行使用甚至滥用，将"反共就是国家安全，国家安全就是反共"这一等式强化并实质化。这些不正当的方式在韩国历史上的一个特定时

---

①　韩国历届政府在保护韩国人民自由和尊严中失职的原因在于未能严格遵守这四项原则。首先，韩国的主要政党一直将自己置于权力斗争中。尽管政党的主要任务是获取并维护政治权力，但这里所说的权力斗争必须是为了争取人民的自由、尊严和福利。不幸的是，韩国政党将自己完全置于权力斗争中，很大程度上忽视了人民的利益与要求。在国家安全方面，甚至仅仅由于反对党派反对执政党的国家安全政策，其便可能被谴责为反国家，进而被迫持无党派的态度并服从于执政党。对于反对党派来说，被排斥为"赤色分子"或"亲共分子"的风险太大，以致他们无法阻止执政党的权力滥用。其次，正是政党的这种弱点，造成了国会的弱点。在国家安全方面，国会无力维持对行政部门的检查和制衡，其软弱程度致使有些人称其为行政部门的仆人。总统至高无上的权力使权力分立毫无意义，国会的三分之一议员均是总统任命的亲信。显然，国会未能履行其预期的职能。再次，与国会一样，司法部门也未能履行其独立的职能。在国家安全案件处理方面，司法部门几乎是按照行政部门的命令进行审判。这种对行政部门的屈服导致被司法部门判定有罪的犯罪者通过政治运动或特别赦免获得释放。当颁布戒严令时，韩国的司法部门被关闭，或几乎等同于不存在。对于非法逮捕及扣留，司法部门无动于衷，作为人权的最后一道防线，司法部门也沦为一个政治性的对象和工具。最后，新闻媒体——被人们称为现代政治的第四部门——在面对国家安全问题时，也未能在精神上成功保护人类的尊严和个人自由。作为监管对象遭到各级政府的封锁，限制对新闻的报道，让其未能对具有正义的国家安全问题进行后续跟踪。新闻媒体已经退化成政府的一个公共关系办公室。当然，也有人尝试摆脱政府的监督和控制，但这种尝试几乎不足以满足公众对真相的知情权，承担新闻责任与义务的努力也终缺乏真相。在新闻媒体沉默的背后，人们的权利遭到了侵犯，自由受到了压迫。韩国的新闻媒体也因放弃自身的职责而难以摆脱公众的责难。

期曾被看作一项有效的安保政策，因为在此期间反共可以简单明了地定义何为韩国的国家安全。然而，假如放弃反共，韩国安保政策便会随波逐流。当国家安全与反共被视作同一个概念时，只有共产主义的威胁存在，安全意识才能同样存在；而一旦共产主义崩溃，安全意识则可能会随之消失。目前在朝鲜半岛，我们便面临这样一个局面：历届政府的安全政策导致了一个意想不到的结果。事实证明，盲目、简单、全面反共只会歪曲韩国的安保概念。

结 论

在无政府的国际社会中，不存在一个世界政府来保证百分之百的安全。因此，追求百分之百安全的政策目标也是一件无法实现的事情。"西西弗斯"的命运便是一场悲剧。事实上，国家安全只是一个相对的目标。那么达到何种程度的安全才算足够安全？考虑到相对安全定义的多重标准，以及很多其他问题的复杂性，我们很难客观地回答这一问题。因为人们永远无法满足于一种相对的安全。相反，如果有些偏执的领导人，将百分之百的国家安全定为国家政策的目标，那么这个国家很容易陷入军事化的安全警备状态。

但是，如果国家安保政策的目标定为减少国家的弱点，那么通过增强自立以及提高应对特殊威胁的能力则可实现。那么韩国目前的弱点是什么？首先是美国驻军从韩国的全面撤离。自朝鲜战争结束以来，促使驻韩美军的全面撤离一直是朝鲜对韩政策的目标。朝鲜认为，如果失去美国的帮助，韩国将是一个容易被共产化的目标。韩国必须向朝鲜证明这种信念并无事实根据，同时必须用自主防御能力武装自己，一旦朝鲜发动战争，即使没有美国的帮助，韩国也能确保政权不会遭到朝鲜的破坏。只有当韩国拥有如此强大、战无不胜的军事能力时，才能期待朝鲜半岛拥有真正的和平，才能迫使朝鲜在促进两个分裂国家走向和平统一的朝韩对话中表现出诚恳的态度。

其次，必须加快推进韩国的政治民主化进程，只有这样才能避免一种矛盾的局面：国家安全被当作侵犯个人尊严和自由的借口，而国家安全的终极目标应该是保护个人尊严和自由。如果国家安全沦为一个维护个人野心或执政党权力的被滥用的工具，那么韩国国民的公然抗议将成为国家安全的最大威胁。巩固民主政治可以防止这种滥用。

再次，为了应对经济威胁，必须通过政治自由化增强经济创造力。僵化、专制的官僚机构无法在这片贫瘠的土地上培养创造力。曾被政府控制的苏联和东欧国家经济的破产是最好的证明与教训。韩国必须通过允许自由经济活动、加强经济独立、促进进出口市场多元化、鼓励民众勤俭节约等来弥补其经济弱点。

又次，在对外关系方面，首要的目标便是继续维持韩美同盟。即使驻韩美军完全撤离朝鲜半岛，也必须继续维持迄今为止作为韩国国家安全核心的双边同盟，以备必要时为美国军队介入朝鲜半岛提供法律依据。因为法律依据是美国在外交关系方面首先考虑的一点。因此有必要为美国提供其所需的法律依据，并在国内和国际社会中宣扬只有美国才能扮演东亚平衡者这一角色。此外，韩国必须通过积极参与到国际政府组织与非政府组织中并做出贡献，来提高国家声望，同联合国一起，向世界证明统一的韩国不会对任何国家构成威胁，促使国际社会亲善于朝鲜半岛的最终统一。

最后，韩国目前正处在这样一个时期，即反思过去历届政府在国家安保政策上所做出的错误决定，树立达成普遍共识的正确安全观。这一重大任务主要包括不断认识并严格遵守自由民主国家的安保政策的四大原则。如果不这样做，那么错误的安保政策将如一剂错误的药方，损害并危及韩国的国家安全。

第六章
驻韩美军历史角色的转换
及其对朝鲜半岛的影响[*]

目标明确的子弹胜过目标明确的发言。

——奥托·冯·俾斯麦

随着所谓的"历史的终结",建立在自由和平等原则上的民主生活方式已经成为世界上普遍的生活方式。阿列克西·德·托克维尔（Alexis de Tocqueville）在美国发现了这一特殊的民主生活模式，并预测随着 1835 年欧洲衰落，美俄将会崛起，[①]同时，他似乎也预言了 20 世纪美苏之间持续的冷战。然而，即使是托克维尔也没有明确说明美苏之间将会于何时何地展开全球对峙，

---

* 第六章最早刊载于姜声鹤等所著《驻韩美军和韩美安全合作》（韩文版），首尔：世宗研究所出版社，1996，第 9～42 页。经许可后转载〔Sung-Hack Kang, et. al., *American Troops in Korea and Security Cooperation Between Korea and the United States*（in Korean），Seoul：Sejong Institute, 1996, pp. 9–42. Reprinted by permission〕。

① Alexis de Tocqueville, *Democracy in America*, Vol. 1, Phillips Bradley, New York：Alfred A. Knopf, 1960, p. 434.

并在欧洲未来命运黯淡时把世界划分为两个势力范围。[①] 但是，托克维尔意识到，苏联专制与美国民主之间统治方式的区别将会分别体现在其帝国扩张的领域中，而且他认为，这两大强国间发生冲突的主要原因在于意识形态的差异。[②] 他看到在众多大国中，苏联几乎不存在容纳民主的可能，而且苏联人民也几乎不具备争取自身政治自由的能力。因此，他得出结论：世界上最强的专制主义国家与最大的民主主义国家间关系极其紧张，这意味着在不久的将来会发生世界范围内的冲突。[③]

托克维尔所预测的全球冲突的起点，或者说历史的转折点，是美国在 1917 年通过参加欧洲战争而将欧洲战争发展成为世界战争，也是他的《论美国的民主》一书出版 80 年以后。美国加入一战是将欧洲时代转换为世界政治时代的重要契机。如果说美国的参战打开了世界政治时代的大门，那么正是在 1917 年 10 月俄国发生布尔什维克革命之后，世界以两个强国为核心被划分为两大阵营，而这两个竞争的霸权国家则由明显不同且无法共存的意识形态支撑着。从一开始，威尔逊和列宁就在争取人类同情方面展开了竞争。1918 年 8 月 16 日威尔逊向符拉迪沃斯托克派驻 9000 名美国士兵，使其参加反布尔什维克主义圣战的行为具体化，[④] 著名的十四条纲领（宣布于 1918 年 1 月 8 日）也阻止列宁

[①] Geoffrey Barraclough, *An Introduction to Contemporary History*, Pelican Books, 1967, p. 97.

[②] Robert Strausz-Hupée, *Democracy and American Foreign Policy: Reflections on The Legacy of Alexis de Tocqueville*, New Brunswick, New Jersey: Transaction Publishers, 1955, p. 27. 尽管"意识形态"这个术语没有出现在他的《论美国的民主》中，但他并非不关心思想作为历史主动力的作用。参见 *Democracy and American Foreign Policy*, p. 2。

[③] Robert Strausz-Hupée, op. cit., p. 27. 可以说萨缪尔·亨廷顿"文明冲突"的思想便是源自托克维尔。Samuel P. Huntington, "The Clash of Civilizations?" *Foreign Affairs*, Vol. 27, No. 3 (Summer 1993), pp. 22-49.

[④] 关于此事件可参见 John Silverlight, *The Victors' Dilemma: Allied Intervention in the Russian Civil War 1917-1920*, New York: Weybright and Talley, 1970。

在一战后垄断新的世界秩序。

尽管存在竞争关系，但威尔逊和列宁在反对现有国际体系方面也存在一些共识。他们都反对秘密外交、领土吞并和贸易歧视，并且试图摆脱权力平衡或强权政治。当时，他们是新世界秩序的先驱，是具有代表性的革新者。[①] 列宁对世界革命的要求促成了威尔逊的十四条纲领，但他团结无产阶级抵抗帝国主义的要求与威尔逊实现民族自决及"普通人的世纪"的目标截然不同。这些都是新国际体系的标语。尽管也出现过如美国重归孤立主义、苏联因发生内战力量被削弱这样的逆转，但这些事实都没有否定这一历史转折点的重要性。20 年的逆转期，即卡尔所谓的"二十年危机"，让东条英机所在的日本和希特勒所在的德国试图在世界霸权中占有一席之地，然而这一危机最终却让苏联和美国赢得了更为坚实的地位。[②] 二战的结果更加明确地建立了一种世界共管体系，在这一体系中，两个霸权国家将世界分为两个部分并分别加以主导。两极格局由此形成。

然而，两极体系结构特征的出现并没有明确所有具体的地缘政治分界线。德国和日本无条件投降后，两大霸权势力范围的地缘政治分界线有必要得到确认。众所周知，朝鲜半岛就是划出这条分界线的地区之一。当时被美苏两大强国占领的朝鲜半岛不得不被视作二者之间的缓冲区（类似于奥地利），或被划分为美苏两国的势力范围（类似于德国），由此成了意识形态和地缘政治对峙的前线。朝鲜半岛的悲剧正与其地缘政治地位有关，当历史的车轮向着苏美共管方向前进时，朝鲜半岛就被划分成两个部分。如此看来，朝鲜半岛的分裂是难以避免的，或者说即便不是历史的必然也是不可逆转的事实。这是由于面对地缘政治对峙和

---

① R. W. Van Alstyne, "Woodrow Wilson and the Idea of the Nation State," *International Affairs*, Vol. 37, 1961, p. 307.

② Geoffrey Barraclough, op. cit., p. 122.

意识形态竞争的双重对立，美苏之间很难通过协商达成共识。

朝鲜半岛人民的临时监护人
（1945~1949 年）

当美军第七步兵师于 1945 年 9 月 8 日登陆仁川港接受日军投降时，美国的亚洲战略尚未从地缘政治战略出发对抗苏联。从 19 世纪后期开始，阿尔弗雷德·马汉（Alfred Mahan）海军上校和荷马·李（Homer Lee）将军的地缘政治理论为美国政策制定者在考虑国际政治及其未来在世界上扮演的角色方面提供了重要的指导。马汉和李的观点在麦金利总统时期得到了副总统西奥多·罗斯福和参议员卡伯特·洛奇（Cabot Lodge）的大力支持，当时美国开始实施扩张主义政策。可以说美国 1897 年对夏威夷的吞并和 1898 年美西战争后对菲律宾的占领践行了强调亚太地区重要性的马汉和李的理论。菲律宾成为美国在西太平洋主要的军事基地和对华贸易的渠道。即使美国提出并推动的门户开放政策，旨在促进贸易和文化扩张并避免政治牵连，其亚洲政策依然在 1905 年日俄战争结束后由西奥多·罗斯福转变成了权力平衡政策。

然而，随着二战的爆发，富兰克林·罗斯福总统再次意识到了欧洲对美国安全的政治重要性。事实证明富兰克林·罗斯福总统采用了与麦金德著作相似的概念，尤其是其外交政策中的中心地带理论①。偷袭珍珠港事件和希特勒对美宣战让美国不得不对其战略政策做出明显改变。世界大战的爆发增加了影响政治认知的地缘政治要素数量，原来的战略理论认为地理距离是让美国摆脱欧洲列强联盟的一种手段，而现在这一理论失去了其实效性。天命论（Manifest Destiny）、孤立主义以及门罗主义看似完全不存

---

① G. R. Sloan, *Geopolitics in United States Strategic Policy 1890 – 1987*, New York: St. Martin's Press, 1988, p. 115.

在关联性。如今美国需要建立一系列新的战略目标，并解释这些目标为什么对美国人民来说十分重要。

　　新的政治环境不再允许孤立主义的存在，这迫使美国的决策者以地缘观点来辅助其政治目标。因此，一系列地缘政治术语和名称被公众或决策者用来表示美国与欧亚大陆的新关系。① 最重要的地缘政治术语之一便是"点"。这一术语被用来表示位于欧亚大陆边缘地带的某个特定国家，这个国家应该得到保护以免其落入共产主义者手中。另一个地缘政治术语是将许多点联系在一起的"线"。用线将许多点联系在一起的主要原因是假设苏联已经在欧亚大陆边缘地带掌握了内部交流路线，并由此保证了能够覆盖欧亚大陆边缘地带一系列点的入侵半径。此外，还有人推测，假如个别的点不通过线结合在一起，那它不可能同时在政治和地缘政治方面进行抵抗。特别是，尼古拉斯·斯派克曼从麦金德的陆权和马汉的海权争论的基本假设出发主张重视海权的边缘优势。他力劝美国外交政策制定者确保美国扮演平衡者的角色以维持世界权力的平衡。② 只有美国在欧亚大陆边缘地带保持了绝对的力量优势，其才有可能实现平衡者的地位。在二战的漩涡及其余波中，美国的政治领导人受到了基于地缘政治战略思考的影响，但他们几乎全神贯注于制定一个更为强大的政策目标及其实现策略。这项任务要求建立一种新的国际秩序，以借助联合国维护集体安全的手段来寻求维持世界和平和安全。关于上述要求的讨论始于 1942 年 1 月的《大西洋宪章》并最终于 1945 年 2 月在雅尔塔会议上得到确认。二战结束时，美国的决策者首先强调了所有国家应该遵守的原则，并主张苏联不应该被视为美国的威胁。③

---

①　G. R. Sloan, op. cit. , pp. 128 – 129.

②　N. J. Spykman, *America's Strategy in World Politics*, New York: Harcourt Brace, 1942.

③　G. R. Sloan, op. cit. , p. 130.

1946 年 2 月 22 日,乔治·凯南著名的长电报从莫斯科传来,
改变了决策者关于欧亚大陆政治意义的共识。这份电报首次使用
了"点"这一地缘政治术语,意义非凡,称它为美国和欧亚大陆
关系重建的起点也毫不夸张。1945 年 11 月爆发的伊朗危机①表
明,苏联对其他国家的政治干预只有通过坚决的措施才能实现。
这一地区便属于凯南所指的地缘政治"点"之一,杜鲁门总统认
为,如果不是面对铁拳和强硬的言辞,世界可能会爆发另一场战
争。② 当时,杜鲁门总统还认为,苏联正在企图入侵土耳其及通
向地中海的黑海海峡。③ 因此,可以说这些战略决策和观点与此
前荷马·李、阿尔弗雷德·马汉以及尼古拉斯·斯派克曼的地缘
政治理论有关。这些理论家指出了欧亚大陆边缘地带的重要性,
这里有通往心脏地带的要道或者环形航道。美国的决策者渐渐开
始重视几个在欧亚大陆边缘地带的地缘政治点,与此同时,他们
也强调了在那些点回击苏联的重要性。

温斯顿·丘吉尔于 1946 年 3 月在密苏里州富尔顿发表的所谓
"铁幕"演说也促进了外交政策中地缘政治的研究。当英国政府
在 1947 年 2 月 21 日宣布无法继续在财政方面援助希腊,并且无
力担负土耳其军队现代化的开支时,美国于 1947 年 3 月宣布了
杜鲁门主义并以此作为其在二战结束后正式做出的第一个全球
外交政策承诺。杜鲁门主义标志着在美国外交政策中扩大地缘
政治战略范围,也意味着欧洲与美国之间的地理距离不再能够
为美国的国家安全提供保障。4 个月后,著名文章《X》发表于
《外交事务》,对政府的战略观点产生了巨大影响。乔治·凯南

---

① 关于 1945 年 11 月至 1946 年 6 月的伊朗危机可参见 G. R. Hess, "The Ira-
nian Crisis of 1945 – 46 and the Cold War," *Political Science Quarterly*, Vol.
69 (March 1974), pp. 117 – 146。

② Harry S. Truman, *Year of Decision*, Suffolk:Hodder and Stoughton, 1955,
p. 492.

③ Harry S. Truman, op. cit. , p. 492.

认为众多"点"的存在十分重要，美国应该防止它们落入共产主义者之手。①

　　然而，1945年9月8日二战结束，当美国首次开始在朝鲜半岛驻军时，美国的政策思维受到了来自以联合国为中心的新国际秩序的巨大影响。地缘政治战略考虑之所以在美国决策者的意识中形成，源于他们对欧亚大陆中欧洲的极大重视。在雅尔塔会议之前或者在与日本持续战争的过程中，负责朝鲜半岛问题的美国官员主要关注的是苏联的野心。雅尔塔会议上，美国总统罗斯福提议将朝鲜半岛置于美、英、中、苏四个大国的托管之下。②1943年10月的一份美国国务院文件做出如下推断：

　　　　朝鲜可能会（为斯大林）提供一个诱人的机会……去保护苏联远东的经济资源，获取不冻港，并同时使苏联在对中国和日本的关系中占据战略地位……苏联对朝鲜的占领将会在远东创造出一个全新的战略形势，而其对中国和日本的影响则将更为深远。③

　　美国的这一担忧促使其认为至少要阻止苏联占领整个朝鲜半岛，而此后这一目标成了美国对朝鲜半岛的政策。换句话说，美国在1943年12月的《开罗宣言》中同意朝鲜半岛在适当时候实

---

① "The Sources of Soviet Conduct," *Foreign Affairs*, Vol. 25, No. 4 (July 1947), p. 579.

② William Stueck, "The United States, the Soviet Union, and the Division of Korea: A Comparative Approach," *The Journal of American-East Asian Relations*, Vol. 4, No. 1 (Spring 1995), p. 3.

③ "Possible Soviet Attitudes Toward Far Eastern Questions," Oct. 2, 1943, Box 119, Records of Harley A. Notter, 1939 – 1945, RG 59, National Archives, Washington D. C. , William Stueck, *The Journal of American-East Asian Relations*, Vol. 4, No. 1 (Spring 1995), p. 3.

现独立，而在 1945 年 2 月的雅尔塔会议中提议对其进行托管。随着苏联在 1945 年 8 月 8 日加入对日战争，美国国务院和陆军部决定于 1945 年 8 月 10～11 日夜间在包括首都汉城在内的朝鲜半岛南部接受日本投降。当时，尽管美国军方声称他们没有足够兵力占领釜山以北地区，[①] 但由于美国政府的目标是占领首都汉城，因此决定划分 38 度线。

就朝鲜半岛的未来而言，1945 年 9 月在霍奇将军指挥下登陆仁川的美军并没有可以实施的政策，所以只能同早在 8 月已经驻扎在朝鲜半岛北部的苏联当权者进行协商。接受日本投降并试图维持秩序的美国政府，同驻朝苏军共同管理朝鲜半岛。当时，驻韩美军的角色可以被形容为朝鲜半岛人民的监护人。正如后来的历史所呈现的那样，当时朝鲜半岛的悲剧在于其监护人并非一名，而是两名。由于二者之间未能达成一致，因此在朝鲜半岛建立一个统一的民主国家的愿望化为泡影。当时，驻韩美军对朝鲜半岛的领土没有任何野心，他们只想找到解决朝鲜半岛问题的政治方法并尽快撤军回到美国。美国的这一基本立场也阻碍了与苏联之间的谈判，以致苏联在协商过程中以各种理由实施拖延战术。尽管当时韩国的战略重要性还未得到认可，但美国也不可能放弃韩国。这是因为作为在欧洲地区兴起的美苏对峙的政治"象征"，韩国的重要意义正在逐步凸显。[②] 在某些层面，朝鲜半岛对于美国在国际社会的声望而言更为重要。当时，美国中央情报局认为苏联在中国北部和满洲地区以及在朝鲜半岛占有的优势将会

---

① Martin Lichterman, "To the Yalu and Back," in Harold Stein, ed. , *American Civil-Military Decisions*, Birmingham, AL: University of Alabama Press, 1963, p. 576, cite from Kim Chul Bum, "U. S. Policy on the Eve of the Korean War: Abandonment or Safeguard?" Phil Williams, Donald M. Goldstein, Henry L. Andrews, Jr. , *Security in Korea*, Boulder: Westview Press, 1994, p. 15.

② Charles M. Dobbs, *The Unwanted Symbol: American Foreign Policy, the Cold War and Korea 1945 – 1950*, Kent, Ohio: Kent State University Press, 1981.

导致美国在整个远东地区的声望下降。[1] 因此，面对苏联的不合理要求、对朝鲜半岛的野心及拖延战术，筋疲力尽的美国在 1947 年 9 月通过联合国寻求建立统一政府的各种方法，并最终于 1948 年 8 月 15 日在美军驻扎的朝鲜半岛南部建立了韩国政府。此后，美军于 1949 年 6 月从韩国全面撤离。[2]

尽管韩国具备作为政治象征的价值，但它并没有被看作一个对美国安保利益具有战略价值的地缘政治点，朝鲜半岛被委托给维持国际和平与安全的新兴的联合国。这一事实在此后美国国务卿艾奇逊于 1950 年 1 月 12 日的声明中得以明确。当时艾奇逊提到美国对抗苏联的防线及卫星范围是从阿留申群岛到日本、琉球群岛、菲律宾岛屿，可见他将韩国置于美国防御带之外。如果防御带之外的区域无力击退外来入侵者，那么该地区将在《联合国宪章》下由文明世界来保护。[3]

因此，在二战后登陆并驻扎在韩国的美军，其作用是解除日本的军事武装并将其遣送回日本。此外，他们还扮演了管理者与监护人的角色，帮助朝鲜半岛人民直到他们能够建立一个不会对抗美国的独立统一政府。当时，欧洲两极对抗的进程涉及朝鲜半岛，但美国未把韩国视作美国地缘政治防线上的一个点，因此只

---

[1]　Mark K. Kauppi, "Strategic Beliefs and Intelligence: Dominos and Bandwagons in the Early Cold War," *Security Studies*, Vol. 4, No. 1 (Autumn 1994), pp. 20 - 21.

[2]　关于韩国政府的成立过程，可参见 Sung-Hack Kang, "South Korea's Policy Toward the United Nations: How the Icon was Buried and What New Challenge Lies Before South Korea in the World Organization," in The United Nations and Keeping Peace in Northeast Asia, *Seoul: The Institute for Peace Studies*, Korea University, 1995, pp. 1 - 8。

[3]　John Edward Wilz, "Encountering Korea: American Perceptions and Policies to 25 June 1950," in William J. Williams, ed. , *A Revolutionary War: Korea and the Transformation of the Postwar World*, Chicago: Imprint Publications, 1993, p. 55.

是简单地扮演了单纯的政治监护人，而非军事监护人角色。然而，美国没能在朝鲜半岛建立一个统一的独立政府，而是只在38度线以南建立了一个单独的政府并撤出自己的军队。正如后来的历史所展示给我们的那样，美军的过早撤退在朝鲜半岛南部留下了一个权力真空地带。基于此，美军可以被定性为一个缺乏全面地缘政治思想的临时监护人。

韩国安全的管理者（1950～1969年）

尽管地缘政治理论的空间关系和历史因果关系在二战结束后塑造了美国决策者的观念和行为，但决策者需要处理的复杂政治要素并没有遵循地缘政治理论的前提与假设。与此同时，1950年6月25日爆发的朝鲜战争将所有政治因素都置于地缘政治范式的支配下。[①] 然而更准确地说，朝鲜战争是地缘政治逻辑的分水岭或最高点，而非地缘政治范式的出发点。正如前面提到的那样，这种地缘政治逻辑开始于以欧洲为中心的政策。

1947年3月，美国通过了受凯南地缘政治逻辑影响的杜鲁门主义，宣布了战后外交政策目标。此后在1947年6月5日增设马歇尔计划，该计划旨在帮助欧洲战后重建与发展，并以此防止西欧受到苏联意识形态以及军事的威胁。这些政策声明明确表明美国将推动对抗苏联的遏制政策。这得益于上述计划的签署及1949年4月北大西洋公约组织的资金援助。然而，西欧的政策发展并未自动转向亚洲，美国在东亚也并未制定出以地缘政治战略为基础的对苏政策。更重要的是，1949年7月14日苏联核试验的成功，同年蒋介石的倒台，等等，都对美国决策者的地区安全观以及随后的政治选择产生了重大影响。1950年4月名为NSC－68的秘密政策的出台，标志着美国对苏全球遏制政策发展到最高阶

---

① G. R. Sloan, op. cit., pp. 143－144.

段。该政策建议对苏展开全球攻势,① 并使美国保持在欧亚大陆边缘地带的力量优势,抑制苏联扩张。换句话说,只要确保在欧亚大陆边缘地带由众多点聚集形成的线的安全,这一目标便可实现。

　　NSC – 68 文件当时并未立刻被杜鲁门总统接受。直到20 世纪50 年代初朝鲜战争爆发,其才被作为美国政策得以实施。② 1950 年 6 月 25 日朝鲜战争的爆发强化了美国决策者的反共主义态度③并成为美国全球战略的诱发因素。从另外一个角度来看,朝鲜战争为美苏之间或者欧亚大陆与欧亚大陆边缘地带之间实现全球军事对峙提供了机会。随着美国对朝鲜战争的介入,直到 1950 年 1 月仍被置于美国防御带之外的韩国被划入美国的防御带范围之内。换句话说,韩国成为美国对苏遏制政策或美苏地缘政治对抗的前线,而朝鲜半岛则成为美苏之间意识形态激烈对抗的舞台。尽管韩国成了美国通过反共主义对抗苏联的地缘政治前线,但它在接下来的三年战争中损失惨重,以至于太过脆弱而难以成为一个军事前线。即使想要在两极对抗中扮演一个次要的角色,韩国也必须进行武装和重建。美国和韩国于 1954 年签订《韩美共同防御条约》达成同盟协议,旨在向苏联和共产主义阵营表明韩国是美国防御线上一个重要的点。同时美国在朝鲜战争后继续与其他非共产主义国家建立同盟体系。美国与日本、菲律宾结成同盟体系,并于 1951 年制定了澳大利亚、新西兰及美国的安全条约(ANZUS)。美国还开始向越南提供直接援助并于 1954 年构建了

①　William R. Keylor, *The Twentieth Century World*, 2nd ed. , Oxford: Oxford University Press, 1992, p. 287.

②　James M. McCormick, *American Foreign Policy and Process*, 2nd ed. , Itasca, Illinois: F. E. Peacock, 1992, p. 64.

③　当时, 北约的政治领导人形成了一种朝鲜半岛与德国的精神联谊, 并带来了欧洲遏制政策的军备力量。相关内容参见 William R. Keylor, op. cit. , p. 289。

东南亚条约组织（SEATO）。1955年土耳其与伊拉克签订《巴格达条约》，旨在抑制苏联扩张，在欧亚大陆边缘地带建立另一个地缘政治点。尽管《巴格达条约》后来接收伊朗、巴基斯坦和英国为其成员国，但美国并不是一个正式成员国。① 1956年苏伊士运河危机严重破坏了《巴格达条约》的信誉，所以美国试图在1958年通过宣告艾森豪威尔主义来克服该危机带来的负面影响。艾森豪威尔主义认识到中东地区的地缘政治重要性。事实上，麦金德早先已经预言阿拉伯半岛作为中心地带具有重要意义。②

　　随着地缘政治对抗和意识形态斗争形成一个实际的单一结构，美国的政治领导人勾画了一张看似简单的世界地图。换句话说，世界被清晰地分为两个部分，而无须考虑潜在的或可变的详细划分方式。这种世界地图催生了一个严格的遏制理论以及一个建立在全面反共基础上的多米诺理论，它的结果是容许势力范围的重叠，如中东；同时拒绝任何想要在冷战中保持中立的策略，如印度。③ 朝鲜战争强化了地缘政治对峙中意识形态的对抗，并将其重新定义为冷战中的两极对抗。随着对于世界被划分为两个完全对立的自由世界和共产主义世界（或者说资本主义世界和社

① 一个反西方政府通过伊拉克革命接管政权后，巴格达条约组织改为中央条约组织（Central Treaty Organization）。

② Halford J. Mackinder, *Democratic Ideals and Reality*, London：Constable, 1919, p. 223.

③ 过去的苏联领导人在实现欧亚大陆衷心期待的扩张方面公开相信地缘政治学说。为了其地理上的利益，苏联政府派遣数百万原住民前往其边界以外的地区，分散国内的各民族人民，并吞并了东欧的大片土地。苏联还命令卫星国改变其边界线，以便苏联控制其军事空间，操纵其资源与市场。这种领土的扩张和监督被视作提高苏联国家安全、维护马克思主义革命的必要措施。尽管美国强硬的地缘政治策略最终导致苏联的破产及苏联帝国的崩溃，但这种策略也给美国带来了经济损失，导致美国加入越南战争及军备竞赛，并削弱了美国的社会结构。参见 George J. Demko and William B. Wood, eds. , *Reordering the World：Geopolitical Perspectives on the Twenty-first Century*, Boulder：Westview Press。

会主义世界）的认识深化，美国继续在全球范围内通过增强自由主义阵营的团结力量实施对抗苏联的遏制政策。在这一大战略下，韩国被视为自由主义阵营的一员。

根据肯尼斯·华尔兹的国际关系理论，美国的反苏遏制政策可以说是为了使自身成为对抗苏联的平衡者，而韩国则是搭乘美国的便车加入了反共主义战线。[1] 韩国侥幸被视为自由主义阵营的一员，并保证了自身的安全。此外，世界两极体系与朝鲜半岛的子系统在一个较低的层面发生了重叠，反过来，这种重叠也使韩国的政策选择更加明确，[2] 那便是通过增加国家权力和强化军事力量来防止第二次朝鲜战争的爆发。然而，这也包括继续维持与美国的同盟体系，直到韩国能够通过本国的军事力量保护自己。此外，美国军队在韩国的持续驻扎也证实了美国对韩国的安全保障。自1955年以来，两个美军步兵师驻扎在韩国，一旦发生第二次共产主义入侵事件，这将被美国视作为自动干预而安装的"警报"。换言之，可以说驻韩美军成了韩国安全的保障力量。假如没有美国军队，韩国将会成为"斯大林和金日成的早餐"[3]。此外，驻韩美军司令官同时兼任美军司令并拥有韩国军队的行动指挥权，该权力是在朝鲜战争爆发后于1950年7月签订的《大田协定》中移交的。更为准确地说，驻韩美军实际上负责韩国的安全或者是韩国安全的实际管理者。

---

[1] 关于这两个概念可参见 Kenneth Waltz, *Theory of International Politics*, *Reading*, Mass: Addison-Wesley, 1979, pp. 125 – 127。

[2] Sung-Hack Kang, "Crisis Management Under Armistice Structure in the Korean Peninsula," *Korea Journal*, Vol. 31, No. 4（Winter 1991）, pp. 24 –25.

[3] 斯大林的早餐这一表达改编自尤金·罗斯托（Eugene V. Rostow）1993年的作品《波拿巴的早餐》（*A Breakfast for Bonaparte*）。最早被用在1814年1月1日托马斯·杰斐逊写给 Thomas Leiper 的一封信中，他说："如果波拿巴征服了俄国，他会将整个欧洲踩在脚下，那么英格兰便会成为波拿巴的早餐。"当时，中国成为共产主义国家，假如没有美军，韩国将会面临同样的情况。

美军作为韩国安全管理者的角色一直持续到 1969 年尼克松主义的出台，其间这种角色没有受到国内外形势变化及美国对苏战略变化的影响。第一，就国内外形势变化而言，尽管国内政治出现动荡，例如 1960 年四月革命的政权交替，1961 年的军事政变，反对韩国出兵越南，但是从未出现任何希望根本改变美军在韩驻扎及地位变化的要求。韩国人民一致坚信美军对韩国安全的绝对必要性。因此，美军作为韩国安全管理者的角色也从未受到挑战。

第二，在美国不断进行的军事战略讨论和变化中，驻韩美军的必要性及其地位未曾引起争议。艾森豪威尔政府在朝鲜战争结束时采取的大规模报复战略在几年内遭到了批判。考虑到苏联正在加强本国的核能力，大规模报复战略被认为是危险的和过时的。有些观点认为，在武装挑衅的情况下，美国威胁说要发动一场全面战争是不足以阻止苏联在全球边远地区或"灰色地带"扩张的，这是因为随着苏联核武器能力的提高，值得发动核战争的地区数量越来越少。鉴于这种孤注一掷的军事政策很容易导致外交瘫痪，人们主张有必要采用新的军事战略。① 因此，即使新上台的肯尼迪政府采取了一个灵活的应对策略，驻军韩国的基本方针及战略仍没有发生改变。这与北大西洋公约组织在欧洲的战略改变形成对比。因为北大西洋公约组织在 1967 年同样采取了灵活的应对策略。②

第三，美国出现了反越战运动。始于 1965 年的反越战运动迫使约翰逊总统放弃竞选连任。该运动持续时间长、规模大，并且严重到致使美国社会陷入了示威游行和骚乱的漩涡之中。尽管这一运动最终让民主党政府在 1968 年 11 月的选举中下台，并促成

---

① 关于简要讨论基辛格博士《核武器与对外政策 (1957)》作品背景与出版过程的结果及影响的观点，参见 Walter Isaacson, *Kissinger: A Biography*, New York: Simon & Schuster, 1992, pp. 82 – 90。

② Phil Williams, *US Troops in Europe*, London: Routledge, Kegan Paul, 1984, p. 5.

了 1969 年 7 月尼克松主义出台，但没有人提出任何关于从韩国撤出美军的要求。

第四，20 世纪 60 年代后期美国反越战运动达到高潮，这帮助越共让美国退居防守，鉴于此，朝鲜认为美国会因惧怕第二次越南战争的爆发而从韩国撤军，也正是出于这种判断，朝鲜连续进行了一系列的挑衅。1968 年 1 月 21 日朝鲜游击队员突袭青瓦台，两天后朝鲜截获美国间谍船——"普韦布洛号"军舰，该事件还未得以解决，朝鲜便于 1969 年 4 月 15 日击落了美国非武装侦察机 EC – 121。对于这一系列事件，韩国政府和人民要求坚决惩治朝鲜。然而，当时的美国政府和驻韩美军只打算通过威胁朝鲜来救回"普韦布洛号"的船员，并通过协商结束该事件。这一举措令许多韩国人民失望。当时，美国利用危机管理模式解决了该事件，并同时通过谈判解救了船员。① 因此，美国当时通过彻底排除韩国独自采取任何军事行动的可能性，扮演了韩国安全的管理者角色。

第五，有必要指出韩国在这一时期向越南派兵的行动。韩国最早派出由 2218 名人员组成的医疗部队和工兵队伍，接着，韩国分别在 1965 年派出由 18904 名官兵组成的猛虎部队，1966 年派出由 23865 名官兵组成的第九步兵师，1967 年派出由 1963 名士兵组成的海军陆战队，先后共出兵越南近 50000 人。当时，尽管朴正熙总统称"派兵越南是加强自由世界反共产主义战线这个道德责任的一部分，并向曾经解救韩国的人民偿还我们的债务"，但相比越南的存亡，韩国人民更加担心美国退出对亚洲安全的承诺，以及美国势力的下降。换句话说，韩国出兵越南的最重要原因是防止美国对韩国安全承诺的弱化并尽可能强化这一承诺。②

---

① 关于处理这些事件的更多信息可参见 Sung-Hack Kang, op. cit., pp. 14 – 28。
② Sung-Joo Han, "South Korea and the United States: Past, Present and Future," in Gerald L. Curtis and Sung-Joo Han, *The U. S. -South Korean Alliance*, Lexington, Mass: D. C. Heath and Co., 1983, p. 209.

正如韩升洙主张的那样，韩国向越南派遣作战部队与美国决定维持现有水平的驻韩美军直接相关。① 这使韩美同盟得到进一步巩固。同时，通过利用自身的独立战略与战术，韩国军队成功完成了多项战斗任务，为提升韩国对自身战斗能力的信心，增加军队的战斗经验提供了机会。然而，韩国并没有要求美国将韩国安全的控制权归还给韩国领导人。因为这一要求可能会导致美国从韩国撤军。自介入朝鲜战争以来，直到 1969 年，美国作为韩国安全管理者的这个角色从未受到任何挑战。②

斯派克曼式的平衡者
(1969~1980 年)

　　托克维尔式的意识形态之争与麦金德式的地缘政治竞争相结合，催生了全面反共主义及对苏遏制政策，美国外交战略几乎完全忽略了麦金德、斯派克曼和马汉提出的地缘政治理论中一个最重要准则。结果，遏制战略逐渐主导了政策目标。与此同时，更加快速的运输和先进的武器技术带来了地理空间的扩张，讽刺的是，这一事实让美国外交决策者认为他们能够防止整个欧亚大陆边缘地带的边界变化或政治发展。全面遏制战略催生了多米诺理论，导致美国陷入越战的泥潭，美国国内由此出现了选择性反共政策的必要性。

　　1969 年初上台的尼克松政府对美国外交政策进行了基本的审

---

① Sung-Joo Han, op. cit., p. 210.

② 可以说，美军在提升和加强韩国军事力量方面扮演了一个军事保姆（military nanny）的角色，同时在韩国的外交政策制定方面扮演了一个教父（Godfather）的角色，从而成为韩国安全的管理者。关于教父角色的详细信息可参见 Sung-Hack Kang, "America's Foreign Policy Toward East Asia for the 1990s: From Godfather to Outsider?" *Korea and World Affairs*, Vol. 11, No. 4（Winter 1987），pp. 679 – 707。

视。当时，尼克松政府注意到了以下事实。第一，由于将越共的行动视作中国和苏联谋划的共产主义扩张行动，美国加入了越战，但事实表明美国误判了越南共产主义者的自治民族主义以及彼此之间的紧张关系。此外，越战给美国国内带来的巨大痛苦也促进了新孤立主义的产生。第二，将拥有世界 1/5 人口的中国排除在国际政治进程之外是个时代性的错误。自 1960 年以来，中国开始抨击苏联是"修正主义者"。美国正面临着一个机遇与挑战并存的时期，在这段时间里它可以在中苏之间进行平衡博弈。第三，尽管美苏之间激烈的军备竞赛帮助两国获取了国家利益，但这也在 20 世纪 60 年代推动了核时代的到来。巨大的矛盾由这些武器引起，两大国逐渐增强的军事力量变得毫无意义。除此之外，美苏之间的军备积累或竞争对等意味着美国关于遏制政策下存在核威胁的主张难以令人信服。第四，美国政策在中东地区无法正常运作。自 1967 年中东地区六日战争爆发以来，美国在阿拉伯国家的影响逐渐减小，同时，苏联的影响却逐渐增大。显然，这不仅不利于美国的国家利益，也终未能保护以色列的国家利益或地区和平。

　　上述四点成了美国外交决策者需要完成的任务。[1] 在处理这些外交政策任务时，尼克松政府降低了意识形态的重要性，并更加明确地应用了地缘政治。尼克松总统的国家安全顾问亨利·基辛格认为美国缺乏地缘政治思考，[2] 要求更多关注美国外交政策中的地缘政治。然而，基辛格并未将地缘政治定义为空间和历史因果关系的理论，而是将其看作一种追求平衡的方法。[3]

　　在为尼克松政府构想新政策时，基辛格的目标是在国际社会

①　Walter Isaacson, op. cit, pp. 158 – 159.

②　Henry A. Kissinger, *The White House Years*, Boston: Little, Brown, 1979, p. 915.

③　Henry A. Kissinger, *op. cit.*, p. 914.

实现力量、权力的平衡。由于当时国际体系的现状是一个稳固的两极体系，任何第三方力量都不可能影响现有两个超级大国间的关系，因此，更为严格地说，美国真正寻求的不是权力的平衡，而是威慑的平衡。因此，对基辛格而言，美国国家利益的基本原则是在现有威慑平衡的背景下进行权力平衡的外交。这包括二战后被外交决策者主要忽视的三个目标。第一，利用苏联和国际共产主义运动之间的破裂和敌视关系；第二，作为平衡者，美国借助区域力量结构寻求区域稳定；第三，强调武装力量和外交相协调的重要性。

这些新的政策目标意味着美国不会把世界上所有的政治动乱都视作对美国安全的威胁。因此，尼克松政府时期，诸如"区域力量结构"和"地区霸权"的术语开始代替"点"和"线"等地缘政治术语。这些术语的转变意味着美国实施外交政策的地理范围开始缩小。这种地理范围的缩小实际上解释了当时美国政治、经济和军事力量的衰落。于 1969 年 7 月出台的尼克松主义，其关键主题就反映了这一转变，即尽管美国愿意参加盟国及友好国家的防卫活动，但它无法考量所有细节，执行所有决定，实施所有防卫计划。即使美国声称将会在避免因过度参与而使其友好国家对自己过度依赖与避免因自己没有采取行动而使其友好国家丧失信心之间保持平衡，① 这最终还是意味着美国将减少自己的承诺。其最终目的在于声明美国已从全面反共转向选择性反共。换句话说，美国的目的仅限于阻止苏联插手自己影响范围之外的事务。

同杜鲁门主义一样，尼克松主义也标志着美国外交政策的明

---

① U. S. Foreign Policy for the 1970's: Building for Peace, A Report to the Congress, Richard Nixon, President of the United States（February 25, 1991），p. 6.

显改变。这一政策转变同样影响了韩国的决策者。越南共产化意味着美军从越南撤退，美国在亚洲作用的减弱也导致了驻韩美军减少。这是因为尼克松政府想要向美国人民展示美国军队从亚洲撤离的正面证据。因此，韩美两国在檀香山举行国防部部长会议以及 1970 年美国副总统阿格纽访韩之后，宣布将减少驻韩美军，并于 1971 年 2 月宣布将韩国军队的现代化作为辅助措施。20000 名美国士兵的撤离于 1971 年 3 月 27 日得以完成。[1] 此外，第二轮武装部队撤离定于 1973 年。[2] 但是直到卡特政府上任后，附加的美军撤离协议才被当作一项真正的政策得以采纳。

尽管相比地缘政治视角，卡特政府更强调人权在美国外交政策目标中的重要性，其亚洲政策基本上仍然是尼克松主义的扩充。[3] 及至 1977 年 3 月 9 日，上任后仅两个月，卡特政府便试图彻底改变美国在东北亚的政策标准。卡特总统宣布了在 4～5 年的时间里逐渐撤离所有驻韩美军的计划。该声明发布之后，驻韩美军将会通过三个阶段撤离，约 6000 名美国军人将会在 1978 年底的第一阶段撤离。韩国政府不希望美军撤离，而这突如其来的公告让韩国措手不及。[4] 当时，美国司法部扩大了对所谓韩国门事件的调查范围，卡特政府在其外交政策中强调人权的重要性，[5] 并公开批评韩国政府对其公民人权问题的解决方式。[6] 在这种背景下，美国没有采取任何安全保障措施对抗共产主义朝鲜而单方面撤离美军，韩国政府大为不悦。有人担心美军从韩国的撤离可

---

① 其结果是，驻韩美军的数量减少至 40000 人左右。

② Young-Sun Ha, "American-Korean Military Relations: Continuity and Change," Youngnok Koo, Dae-Sook Suh, *Korea and the United States: A Century of Cooperation*, Honolulu: University of Hawaii Press, 1984, p. 116.

③ Sung-Hack Kang, op. cit. , p. 707.

④ Sung-Joo Han, op. cit. , p. 215.

⑤ Loc. cit.

⑥ Sung-Joo Han, op. cit. , p. 80.

能被视作美国对朴正熙政权的惩戒。[①]

　　然而，韩国是幸运的，因为很多美国国会议员和军方领导在美军从韩国单方面撤离的提议上保持了谨慎的态度。1978 年 2 月，参议员休伯特·汉弗莱（Hubert Humphrey）和约翰·格伦（John Glenn）就撤军计划向参议院外交关系委员会提交了一份非常重要的报告，并要求提供所有撤军的军事理由的详细资料。同年 4 月，美国众议院外交关系委员会展示的一项投票结果表明，不赞同美国地面部队从韩国完全撤离的意见占绝对优势。考虑到巨大的国会压力和苏联与朝鲜大规模的军事集结，卡特总统只撤离了 6000 名士兵中的 3500 名，而这 6000 人原本计划于 1978 年底全部撤离。此外，卡特总统在 1979 年春暂停了美军从韩国的撤离，实际上，美国已决定无限期推迟撤军。同时，原本应该与地面部队一起执行削减计划的美国空军，却在人员和飞机数量上增加了约 20%。[②] 此外，美国重申了支持韩国军工业的意愿。

　　韩美联合司令部于 1978 年 11 月 7 日成立。同时，由于卡特政府曾制订计划，要求美军地面力量从韩国撤离，"团队精神"演习规模扩大，该演习起始于 1976 年，由海、陆、空三方联合进

---

①　1975 年 6 月，美国国防部部长施莱辛格当时证实美军在韩国拥有战略核武器，这意味着韩美同盟军队在朝鲜半岛具备核垄断优势，但考虑到核武器的独特属性以及在朝鲜入侵时使用核武器的种种顾虑，这依然无法确保韩国人民获得心理上的安全感。从心理学的角度来看，相比核武器，驻韩美军的存在更加可靠，毕竟眼见为实。关于这个问题，可参见 Ralph N. Clouph, William Carpenter, Chuhanmigune Kwanhan Yeonku, Graduate School of National Defense, *Institute of National Security Affairs*, Security Blue Book 7, 1976, pp. 16 - 17. 以下为两个政策研究文章的合译版：Ralph N. Clouph, *Deterrence and Defense in Korea: The Role of U. S. Forces*, Washington D. C.: The Brookings Institution, 1976; William M. Carpenter, *The Maintenance of U. S. Forces in Korea*, Washington D. C.: Stanford Research Institute, 1975。

②　Sung-Joo Han, op. cit., p. 215; Han Sung-joo, "South Korea and the United States: The Alliance Survives," *Asian Survey*, Vol. 20, No. 11 (November 1980), p. 1079.

行。同年召开的第十一次安全磋商会议同意每年举行一次"团队精神"演习。韩美联合司令部成立之后,"团队精神"演习变得更为重要。因为如果韩美联合军仅有一个组织结构却没有联合军事演习,那么在战争中很有可能发生巨大的混乱,即致命的冲突。① 大规模的联合演习证实了美国抵御朝鲜的承诺。事实上朝鲜显然将这一演习视作对自身的威胁,因为它一直要求将暂停"团队精神"演习作为开展南北对话的前提条件。

在任期即将结束时,卡特总统外交政策与战略回归过去的反苏遏制政策。这是因为 1979 年末苏联对阿富汗的入侵让卡特总统意识到苏联是一个不可能改变的扩张主义霸权。苏联对波斯湾的地缘政治威胁使美国于 1980 年 1 月 23 日宣布所谓的卡特主义,并选择加强军事力量以对抗苏联。然而,尽管出现了这种政策路线的逆转,但卡特政府的亚洲战略总的来说处于美国外交政策的紧缩时期,这也是符合尼克松主义逻辑的结果。

1950 年 1 月国务卿艾奇逊发表声明指出美国在韩国缺乏利益,这打破了东亚的权力均衡。如今,卡特政府撤离驻韩美军的计划也引起了人们对类似突发事件的担忧。1980 年 5 月全斗焕政权动用军队残酷镇压光州民主运动(5·18 民主运动),引发重大平民伤亡事件,越来越多的韩国民众特别是政治活动人士开始质疑驻韩美军存在的意义。此外还有一些人要求美国为批准动用武力镇压游行一事道歉。② 然而,并没有任何证据表明驻韩美军被牵连进朴正熙遭刺杀以后发生的军事政变当中。事实上,大多数韩国人即使没有将驻韩美军视为韩国民主建设的合作者,也至少认为在维持韩国人民的生存与防止第二次朝鲜战争爆发方面,

---

① 关于该冲突在战时发挥的作用可参见 Carl von Clausewitz, *On War*, Princeton: Princeton University Press, 1976, pp. 119 – 123。

② 关于光州民主运动后韩国的民主主义运动,可参见 Harold Hakwon Sunoo, *20th Century Korea*, Seoul: Nanam Publishing House, 1994, in particular, pp. 321 – 350。

美军必不可少。① 尽管如此，不可否认的是，韩国人民对美军的
过度信任是相当危险的。

回归托克维尔（1981～1989 年）

1981 年 1 月里根开始执掌政权，有别于卡特政府，卡特将苏
联视作扩张主义者并决定在欧洲使用潘兴导弹 Ⅱ 和巡航导弹。里
根相信，苏联的存在本身就代表着对美国的威胁。因此，里根政
府发出警告称，不仅在意识形态而且在地缘政治方面美国都会做
出重大改变。这种战略政策的改变，与托克维尔式的意识形态对
抗以及斯派克曼式的地缘政治冲突一同导致了美国同苏联之间的
尖锐对峙，而国际社会仿佛也回到了 20 世纪 50 年代的冷战顶峰
时期。

将苏联定义为"邪恶帝国"，实施强硬的反共政策并宣称
"美国第一"，里根政府的这些政策特点只会鼓励正在实行全面反
共的韩国政府。② 尽管美国在韩国人权问题上态度专横，韩国领
导人仍然对美国政策的转变感到庆幸。里根总统在亚洲的基本战
略目标是结束"倒退与不确定"的时代，阻止苏联的扩张主义并
恢复美国在该地区的领导地位。因此，里根总统想在该地区的友
好国家中重建团结精神，而韩国被视作该计划的关键要素。③ 因
此，1981 年 2 月，里根总统在韩美峰会的公报上再次确认了美国

---

① 当时，并无相关的舆论调查。图尔明将不以经验为基础的推理能力称为
先验认知能力。先验认知能力适用于过去，经验证据的缺失不会决定论
述的真伪。尽管先验认知能力可以等同于建立在简单事后认识基础之上
的论述，但它并非基于当时的证据。关于先验认知能力可参见 S. E. Toul-
min, *The Uses of Argument*, Cambridge: Cambridge University Press, 1964,
pp. 234 - 240。

② 关于当时韩国的安全政策可参见本书第四章。

③ Sung-Joo Han, "South Korea and the United States: The Alliance Survives,"
Asian Survey, Vol. 20, No. 11, p. 223.

对韩国国防的承诺，这是里根政府举行的第一个峰会。他还确认将会向韩国出售一套武器系统防御工业技术，该系统对增强韩国威慑力很有必要，最重要的是他让人们相信美国地面军队不会从韩国撤离。① 韩美之间的亲密关系于同年 4 月在洛杉矶举行的韩美安全磋商会议上再次得到确认，国防部部长温伯格公开表示美国的核保护伞会为韩国提供额外的安全保护。② 同年 5 月，美国国会批准向韩国出售 36 架 F - 16 战斗机。通过向韩国出售武器，里根想明确传达美国对韩国的安全承诺；同时，他也试图对日本及美国的其他盟友施加压力，使其对地区防卫做出更多贡献。美国的政策使韩国感到满意，而韩美之间的蜜月关系更是让新上任的驻韩美国大使理查德·沃克表示，两国关系"从未比现在更紧密"。③

当里根政府推行强硬的反苏遏制政策时，美苏之间正在经历一个过渡期，其间勃列日涅夫总书记健康状况恶化，而 1982 年 11 月 10 日他的死亡引发了内部权力的继承问题。尽管苏联方面表示愿意改善与美国及其盟国的关系，里根总统并未调整其对苏高压政策，并声称他正在等待实际行动而非口头表示。④ 不仅如此，里根总统战略防御倡议计划（SDI）的宣告，即俗称的星球大战计划，预示着美苏之间激烈的军备竞争即将到来。此外，鉴于当时美苏之间的紧张关系，1983 年 9 月 1 日苏联空军击落韩国民用客机（KAL007）事件⑤被视为不祥征兆。里根总统使用了"野蛮行径""大屠杀""对人权的侵犯""犯罪的暴行"等极其

①　*Korea Herald*, February 3, 1981.

②　*Korea Herald*, May 1981.

③　Sung-Joo Han, op. cit. , p. 219.

④　Raymond L. Garthoff, *The Great Transition*: *American-Soviet Relations and the End of the Cold War*, Washington D. C. : The Brookings Institution, 1994, p. 52.

⑤　关于此事件的详细内容，可参见 Seymour M. Hersh, *The Target is Destroyed*, New York: Random House, 1986。

严厉的言辞对苏联击落韩国客机事件进行谴责①。可以毫不夸张地说，美苏之间出现自朝鲜战争以来最为紧张的关系，特别是在东北亚。仅一个月之后，在缅甸仰光发生了朝鲜特工使用炸弹杀害韩国政府关键人物的昂山爆炸事件，该事件将整个朝鲜半岛推入自 1976 年 8 月板门店非军事区发生的斧头杀人事件②以来最紧张的局势中。

尽管美苏不断发表声明互相谴责，两大霸权仍然避免了核扩散与核试验，并吸取了第一次世界大战的教训，在行为上采取了克制。或许，双方为避免直接军事冲突而进行自我克制已成为惯性。③ 里根总统华丽的辞藻并未兑现成实际行动。美国不愿为地区冲突单独采取行动。里根政府想要扮演"平衡者"的角色，阻止苏联在双方认可的、苏联影响范围以外的地区进行支配或干涉。为了维持既有平衡，地缘政治方法需要美国在冲突的早期阶段就进行干预。尽管里根总统措辞坚定，但由于越战后，国内对总统进行了一系列政治约束，里根政府并未能立即采取行动。尽管如此，里根政府并未忽视苏联的行为。

1983 年 11 月，里根总统访韩缓解了韩国人民的紧张情绪。一个月后，他执行了在欧洲部署潘兴 II 中程导弹的计划，该计划原本由卡特总统提出，却被拖延至此时。④ 这些导弹能够在西欧发射后 6 分钟内击中苏联的中心地带，因此，这对苏联而言是个可怕的计划。为了应对这一威胁，苏联开始把目光转向太平洋地区，从 1973 年开始在鄂霍次克海周边建造潜艇基地。鄂霍次克海

---

①　Raymond L. Garthoff, op. cit. , p. 118.

②　Sung-Hack Kang, op. cit. , pp. 18 – 20.

③　关于危机管理的惯性可参见 Paul Keal, *Unspoken Rules and Superpower Dominance*, London: Macmillan Press, 1983; Alexander L. George, *Managing U. S. -Soviet Rivalry: Problems of Crisis Prevention*, Boulder: Westview Press, 1983; Alexander L. George, Philip J. Farley and Alexander Dallin, *U. S. -Soviet Security Cooperation*, Oxford: Oxford University Press, 1988。

④　Raymond L. Garthoff, op. cit. , 1994, p. 100.

附近的潜艇基地能够深深隐藏在太平洋。另外，苏联能够通过使用与美国中程导弹类似的导弹威胁西方国家。苏联期待这样的威胁能阻止美国从欧洲基地发动先发制人的攻击。此外，苏联还在南西伯利亚海边部署了逆火轰炸机，并在距离北海道仅有数英里的千岛群岛建立了军事基地。①

然而，随着 1985 年 3 月戈尔巴乔夫成为苏联的最高领导人，美苏关系开始发生重大变化，并迎来了一个新时代。戈尔巴乔夫不希望未来的历史学家将美国和苏联视为"两只在核沙漠中互相抓住对方不放的恐龙"。② 他拒绝了由里根总统发起的战略防御倡议计划中的军备竞赛，反而着手准备"第二次俄国革命"，力求改变苏联人民的穷困生活，而实现以上目标的方式是进行在当时看来几乎不可能的裁军以缓解国际紧张局势。美国和苏联同意遵守《全部销毁美苏两国中程和短程导弹条约》（INF）并努力促进美苏间关系的缓和。最后，美苏两国领导人在 1989 年 12 月 1～2 日举行的马耳他峰会上公开宣告冷战结束。③

1986 年韩国对美贸易顺差以及戈尔巴乔夫政权上台后美苏关系的缓和，开始影响驻韩美军。美国提出驻韩美军的费用分担问题，并开始要求韩国增加对国防成本的分担。④ 尽管美国没有质疑美军驻扎韩国的原因和必要性，但美国决策者认为随着韩国经济的增长以及美国经济实力的相对下降，责任分担需更加务实。美国的要求实际上是有说服力的。韩国政府认为美军在韩国的继续驻扎是其安保政策的核心，并开始接受逐渐增加的分担费用。

① Patrick O'Sullivan, *Geopolitics*, New York: St. Martin's Press, 1986, p. 130.

② Marshall D. Shulman, "The Superpowers: Dance of the Dinosaurs," *Foreign Affairs*, Vol. 66, No. 3, 1988, p. 494.

③ 关于冷战结束的详细过程，特别是 20 世纪 80 年代的美苏关系可参见 Raymond L. Garthoff, op. cit., 1994。

④ 关于此事可参见 Dong-A Daily, "The Direction of Wind in the Change of the US forces in South Korea," February 15, 1990。

而分担费用的增加也让韩国在韩美联合司令部体系中寻求自身地位和角色的变化成为可能。在这一背景下，韩美联合司令部体系中韩美关系的不平等因素，即韩国一度被视为美国的"下属合伙人"的情况开始有所改变。[①]尽管这一变化仅局限于同盟体系的内部，而非驻韩美军的公共角色与意义，但仍然可以说韩国在军事决策中的地位得到了加强。

亚里士多德在他的《尼各马可伦理学》中明确指出，友谊并非定义在功利的基础上，而国际政治中的同盟关系甚至连友情都不是。[②]如果采用最古老的同盟划分方法，那么根据相对地位和力量能够把同盟分成平等和不平等两种类型。[③]在1988年5月举行的第20次韩美安全磋商年会可被视为韩美同盟从不平等阶段迈向平等阶段的重要起点。然而，如果从谁更迫切需要谁这一根本出发点来看待同盟，我们很难期待韩美同盟能够定位在一个完全平等的伙伴关系上。单从军事战略观点来看，将韩国的国防重心置于美国大陆，要比将之置于地理上相对狭小的朝鲜半岛更有利。[④]

尽管在1988年驻韩美军的经费分担问题被多次提出，但当年的驻韩美军仍然在为朝鲜半岛安定提供保障方面得到认可。为了加剧紧张局势并阻碍1988年第24届夏季奥运会在汉城举行，朝鲜于1987年在缅甸领空炸毁了一架韩国飞机。当时，考虑到可能对汉城奥运会造成负面影响，韩国政府决定尽量减少该事件带来的冲击及副作用，但依然引起人民的警觉。尽管包括苏联与中国在内的共产主义国家参赛，在威慑朝鲜、避免其采取过激行为方

---

①　Dong-A Ilbo, February 17, 1990.

②　Martin Wight, *Power Politics*, 2nd ed., Penguin Books, 1979, p. 122.

③　Martin Wight, op. cit., p. 122.

④　关于朝鲜战争期间防御重心的作用，可参见 Sung-Hack Kang, "Strategic Metamorphosis from Sisyphus to Chameleon?: North Korean Security Policy and Military Strategy," *The Korean Journal of Defense Analysis*, Vol. 7, No. 1 (Summer 1995), pp. 191 – 193。

面发挥了重要作用，但不得不承认4万余名美军的驻守在缓解各国派选手参加汉城奥运会的紧张情绪方面发挥了更为重要的作用。

在此期间，驻韩美军在韩国民主化方面也发挥了间接的重要作用。由于在1979年朴正熙总统遭暗杀后的12·12事件和1980年5·18民主运动中采取了中立态度，美国遭到了严厉的谴责并经历了韩国民众反美情绪的爆发。尽管如此，美国认为韩国从1981~1986年的国内安定中获益不少。① 据当时美国驻汉城大使威廉·格莱斯廷回忆，全斗焕政府是一个矛盾的存在，它明显不受韩国民众的欢迎，却完美地统治了他们。②

与此同时，1986年2月菲律宾所谓的"人民力量"推翻了独裁者马科斯（Ferdinand Marcos）并迎来了民主化进程，随后美国对韩国的民主化表达了谨慎而明确的态度。③ 美国国务院助理国务卿席格尔（Gaston Sigur）呼吁建立一个更加开放合法的政治体系，并强调自1987年2月6日以来政府自由化的重要性，这一演讲得到了国务卿舒尔茨的支持。④ 据报道，美国向韩国政府传达了反对戒严令或以其他任何形式进行军事干预的立场。⑤ 当全斗

---

① Moon Chang Keuk, *Hanmi Galdeungeui Haebu* (*The Anatomy of the South Korea-US Conflict*), Seoul: Nanam Publishing House, 1994, p. 79.

② William H. Gleysteen, Jr., "Korea: Asian Paradox," *Foreign Affairs*, Vol. 65 (Summer 1987), p. 1039.

③ 美国在11个国家进行的政策评估建议美国决策者充分利用这些国家的有利条件，这些国家在实行民主制后脱离了威权体制，尽管影响力有限，但重视执行美国政策。参见 The Center for the Study of Foreign Affairs, Authoritarian Regimes in Transition, Washington D. C. : Foreign Service Institute, U. S. Department of State, 1987, pp. xxiv – xxv。

④ Han Sung-Joo, "South Korea in 1987: The Politics of Democratization," *Asian Survey*, Vol. 28, No. 1, January 1988, p. 60. 席格尔的演讲稿可参见 Gaston J. Sigur, Jr., "Korean Politics in Transition," *Department of State*, Bulletin (April 1987), pp. 23 – 25。

⑤ Han Sung-Joo, op. cit., p. 60. 席格尔的演讲稿可参见 Gaston J. Sigur, Jr., "Korean Politics in Transition," *Department of State*, Bulletin (April 1987), pp. 23 – 25。

焕总统宣布修宪讨论将被推迟到 1988 年夏季奥运会之后时，很多美国议员表示美国政府应该通过更积极的表述向全斗焕政府施压。美国议员、众议院外交关系委员会亚太小组委员会主席斯蒂芬·索拉兹（Stephen Solarz）对韩国国内活跃的，甚至有些敌对的反美情绪给予了特别关注，并公开表示美国支持民主政府而非独裁政府。此外，他还表示，有必要告诫驻韩美国官员，在面对韩国官员时，应让他们清楚美国政府认为保持军队在政治上的中立，对于保持韩美友好关系十分重要。[1] 我们无从知晓当时美国政府是否接受了斯蒂芬·索拉兹主席的意见，驻韩美国官员是否被警告了政治介入的危险。然而，美国国务卿舒尔茨以及美国驻韩国大使均表达了他们对韩国民主化的期望，美国政府发布公报指出韩国国内政治中军事力量的介入极大地损害了其国家利益。[2]

美国确实对韩国政府施加了压力，然而，目前我们还不清楚这种压力在 6·29 宣言的出台过程中发挥了怎样的作用。当时，韩国政府不得不接受民主化，因为他们专注于即将举行的 1988 年夏季奥运会以及军事动员的失败，[3] 但是美国的努力所带来的影响是不言而喻的。对于全斗焕总统来说，美国在韩国政治势力之间扮演了一个特殊的角色，即一个潜在的协调员或调解者，因此在他发表 4·13 声明前两天便将这一决定提前通报给了美国政府。[4] 因此，在 1986~1987 年韩国国内政治动荡的两年中，对于韩国的

---

① *New York Times*, May 17, 1987.

② *New York Times*, June 23, 1987.

③ 据说美国收到消息称全斗焕总统试图避开韩国军队高层以动用武力克服危机，关于这一论点可参见 Moon Chang Keuk, Hanmi Galdeungeui Haebu (The Anatomy of the South Korea-US Conflict), Seoul: Nanam Publishing House, 1994, p. 77, citing Washington Post, July 5, 1987。

④ Han Sung-Joo, "Hangookeui Kooknae Chungchiwa Hanmi Kwangye," (*The Domestic Politics of South Korea and the South Korea-US Relations*) in Han Sung-Joo, Chunwhanki eui Hanmi Kwangye (*The South Korea-US Relations in Transition*), Seoul: International Forum, 1988, p. 213.

民主化进程而言，即使美国未能扮演一个催化剂的角色，它也扮演了一个强大的支持者角色。

结　论

尽管基辛格认为直到尼克松政府上台之前，美国的外交政策都没有明确的地缘政治传统，但美国外交政策中的地缘政治观点不断影响着美国外交政策的观念与决定。这一传统之所以不明确，最主要的原因在于，美国政治领导人在宣布或使其政策合理化时，采用的是托克维尔的意识形态与抽象的自由民主价值观，而非尼古拉斯·斯派克曼的地缘政治观。最终，美国外交政策将抽象的或意识形态的价值与地缘政治现实主义融为一体，从而使美国的国家利益成为绝对的价值取向。此外，遏制政策让意识形态和地缘政治现实成为一个最高准则。但不同的是，托克维尔和斯派克曼的遗产都让反苏遏制政策成为美国外交政策的最终目标。因此，除非美国改变国家目标，否则驻韩美军的撤离很难实现。然而，只要冷战两极体系不出现结构性的变化，美国的外交政策目标便不会轻易改变。冷战两极体系的终结需要苏联共产主义崩溃。而只有这种变化才能改变斯派克曼地缘政治观与托克维尔意识形态观的紧密结合。因此，1989～1991年的三年混乱时期，苏联帝国最终解体，而冷战两极体系也伴随着人们的关注走到了终点。这一戏剧性的转变让人们开始期待美国外交政策目标的转变。

尽管乔治·布什总统确认驻韩美军将会维持现有水平，但当冷战走向终点时，美国国会通过了纳恩－华纳法案（Nunn-Warner Bill），该法案旨在将驻韩美军从4.3万减少到3.6万。然而，冷战的结束并没有为朝鲜核问题带来解决方案。因此，对驻韩美军撤离的进一步讨论被搁置。尽管如此，驻韩美军问题的处理终将面临更多军队的撤离直到完全撤离。随着欧亚大陆不再有大国寻求霸权，斯派克曼式的地缘政治政策指导方针也不再具有说服力。因此，关于驻韩美军继续留在韩国这一问题，我们不得不依靠托克维尔的逻辑进行判断。然而，当冷战意识形态的对抗结束时，托克维尔的意识形态逻辑似乎不足以令人信服。美国应该满足于做一个民主主义的模范而非一个民主主义帝国，这是美国人民传统的主导立场，因为它不需要很高的成本。因此，韩国人民需要转变他们的思考方式，接受全部驻韩美军在不久的将来终会离开韩国这一事实。此后，韩国人民应当摒弃依赖美国的意识观念，踏上确立独立国防目标、防御战略及建设强大军事力量的征程。

第七章
冷战期间朝鲜半岛停战
框架下的危机管理[*]

考察和平的原因实际就是将战争的原因颠倒过来。

——杰弗里·布莱内

战争与和平是独立国家之间通过暴力或和平的方式相互作用的阶段。考察战争的原因也就是考察和平的原因，因为考察前者其实就是将后者颠倒过来。修昔底德在其"永恒的著作"——《伯罗奔尼撒战争史》中通过区分战争的远因（根本原因）和近因（直接原因）解释了雅典人和斯巴达人交战的原因，他的战争分析模型引起了研究战争的学者们的关注。随后，研究战争的学者们遵循了修昔底德的范例，不仅区分出这两种不同类型的原因，并认为远因更加重要。[①]然而，研究和平的学者们却很少使用修昔底德的这种分析模式。理查德·内德·勒博（Richard

---

[*] 第七章最早刊载于《韩国期刊》第 31 卷，1991 年第 4 期，第 14~28 页。经许可后转载（*Korea Journal*，Vol. 31，No. 4，1991，pp. 14–28. Reprinted by permission）。

[①] Richard Ned Lebow，*Between Peace and War*，Baltimore：The Johns Hopkins University Press，1981，p. 334.

Ned Lebow） 通过研究战争与和平的转折点——国际危机的本质，试图将修昔底德的主张颠倒过来，以评估远因和近因在导致战争方面，哪个更为重要。勒博主张近因在冲突过程中能够发挥重要的甚至决定性的作用。①

1953 年签订的朝鲜半岛停战协议结束了三年的朝鲜战争，但随后仍然发生了一些随时可能将朝鲜半岛卷入另一场战争的危机事件。其中包括朝鲜突击队 1968 年袭击韩国总统府（青瓦台）事件、"普韦布洛号"事件（朝鲜 1968 年扣押美国海军情报船）、美国 EC－121 侦察机被击落事件（1969 年）、板门店事件（1976 年）、针对韩国领导人的仰光爆炸事件（1983 年）以及朝鲜间谍炸毁韩国客机事件（1987 年）。以上一系列事件均对停战协定框架造成了威胁。然而，尽管部分事件影响严重，但也有部分事件的影响很快就消失了。因此，上述事件并非都能够称作"危机"。

"危机"一词源于医学术语（由希腊语衍生而出），它描述的是可能导致痊愈或死亡的一个决定性、突发性的变化。基于这种定义，政治危机通常被理解为一种环境。在这种环境下，一个政治体系的存在受到了威胁，或是一个紧张的政治互动影响了现有的稳定形式。一旦我们如此理解危机，那么很可能就要在某种"系统性"框架内对其进行分析。② 因此，一个国际危机可能会被置于一个全球系统或者子系统的国际系统性框架内进行考虑。迈克·布雷彻（Michael Brecher）和乔纳森·威尔肯菲尔德（Jonathan Wilkenfeld）对国际危机做出如下定义：

---

① Richard Ned Lebow, op. cit. , p. 334.

② Ldward L. Morse, "Crisis Diplomacy, Interdependence, Politics of International Economic Relations," in Raymond Tamer, Richard H. Ullman, *Theory and Policy in International Relations*, Princeton: Princeton University Press, 1972, p. 126.

它是一种在和平时期极有可能发生军事对抗的局势变化，其特征是两个或多个对手间破坏性互动的增加。超出正常范围的具有冲突的互动会破坏对手间的现有关系，并对国际体系的现有结构——全球化系统、主导系统或子系统构成挑战。①

假如将这种对国际危机的定义应用到发生在朝鲜半岛的事件，我们就会发现其中一些事件并不符合这种定义。相比随后发生的"普韦布洛号"事件，突击队袭击韩国总统府（青瓦台）事件的影响几乎完全消失了。在 1987 年韩国总统竞选的热潮中，韩国客机爆炸事件被置于其次，韩国政府对此事也是轻描淡写，以防在汉城奥林匹克运动会前夕造成危险及不安的气氛。仰光爆炸事件（1983 年）发生在缅甸，而非朝鲜半岛。而且，缅甸政府在发布调查结果时的一再拖延逐渐消除了韩国政府进行军事报复的冲动。此外，美国的友好建议也缓和了韩国政府对这些事件可能做出的过激反应。只有"普韦布洛号"事件、美国 EC - 121 事件与非军事区板门店事件被相关当事国视作危机进行了处理。这三次危机均得以妥善处理，并未升级为战争。朝鲜半岛维持了局势的稳定和领土的现状。换句话说，1953 年确立的停战协议框架仍然完整。我们可以观察到自 1953 年以来，其他地区发生了许多战争，然而，为何尽管发生了这些危机，朝鲜半岛停战协议框架依然能够维持——这是一个非常有趣的学术问题。

本章将讨论和平原因中近因与远因的相对重要性，并通过分析发生于朝鲜半岛上的这三次国际危机试图对该问题做出回答。

---

① Michael Brecher, Jonathan Wilkenfeld, *Crisis, Conflict and Instability*, Oxford: Pergamon Press, 1989, p. 5.

朝鲜半岛上的三次国际危机

"普韦布洛号"危机

当一艘美军海军电子监视船——"普韦布洛号"于 1968 年 1 月 23 日被朝鲜军队抓获并扣押在元山港时，美国政府立即考虑要进行一系列军事行动，但最终被缩减为四个行动方案：

（1）尝试攻击元山港取回船只；

（2）从空中轰炸并击沉位于元山的"普韦布洛号"，以防共产主义者获取船上的情报收集设备；

（3）通过拘捕或毁坏一艘共产主义船只，对朝鲜或者苏联进行报复，攻击元山或平壤，或者摧毁一处大型军事设施；

（4）封锁朝鲜。①

但是考虑到时机不当、风险较大及其他不利因素，这些军事方案很快被否决。美国政府急于避免任何会为共产主义"进一步行动"提供正当理由的做法。自 1968 年 1 月 31 日在南越发动的元旦攻势后，美国政府更加谨慎，不愿做出任何有助于开辟亚洲第二战场的行动，而且在炮轰东京湾以后更加不愿从事任何空中袭击。封锁朝鲜也不会有实际性效果，因为朝鲜与苏联及中国的贸易主要是经由陆地进行的。

军事行动方案遭到否决后，以下几方面的考虑就显得尤为重要。第一，没有任何军事方案能迫使朝鲜遣返"普韦布洛号"船员；第二，苏联及东欧国家的早期信号鼓励美国通过外交手段使

---

① Trevor Armbrister, *A Matter of Accountability*, Coward-McCann, 1970, p. 145.

船员获释，并称朝鲜很快就会主动进行谈判，解决这个问题的方案也会随之而来；第三，约翰逊总统在即将到来的选举中试图争取连任，因此他希望采取一种温和手段救回船员，而且国会、媒体以及美国公众全部选择了谨慎态度，西欧国家与日本也同样选择谨慎行事。①

总之，约翰逊政府决定通过外交手段解决危机，但同时也展示了强大军事力量。换言之，美国决定采取一种克制却又非常明显的军事回应。代号为"编队之星"（Formation Star）以及携带飞行器的企业号航空母舰的 77 特遣队被派遣到东海（日本海），同时奉命避免显露出发动战争的迹象。另外，空军和海军预备役人员却未接到外派领域被派往基地。他们没有处于备战状态。②

"普韦布洛号"事件发生时，苏联实施了一个以多边对话解决问题的计划。③ 该计划被发展成《核不扩散条约》。1968 年，中苏对抗全面展开。苏联试图通过再次向朝鲜提供军事援助以重新建立其对平壤的影响。"普韦布洛号"危机发生时，苏联竭力化解这次危机，尽管拒绝了美国早先的调解要求。苏联代表团持续公开支持朝鲜。在联合国，苏联坚持认为"普韦布洛号"事件侵犯了朝鲜的领海。但是苏联代表与美国代表一直保持着联系。苏联似乎试图鼓励美国通过外交手段使得"普韦布洛号"及其船员获释。也许是为了加强美国的外交承诺同时在平壤占据关键位置，苏联就"普韦布洛号"事件发出警告，并增强其在东海的海上军力。苏联要求美国航母撤离东海。

苏联对美国在这一区域的军事存在感到担心和不满。美国政

---

① Donald S. Zagoria and Janet D. Zagoria，"Crises on the Korean Peninsula，"See from Stephan S. Kaplan, *Diplomacy of Power: Soviet Armed forces as a Political Instrument*，Washington D. C.：The Brookings Institution. 1981，p. 371.

② Loc. cit.

③ 柯西金部长会议主席与约翰逊总统的会谈于 1967 年 6 月在新泽西州的格拉斯波罗举行。

府清楚地知道苏联是担心美国在这一区域采取行动，于是美国快速做出回应并建议航母撤离东海。几天后，"企业号"撤离东海。

苏联军队的介入及所展示的温和方式，可能契合了美国的谨慎态度，苏联的调和使美国政府相信通过非军事手段可以解救"普韦布洛号"船员。由苏联共产党中央书记处书记鲍里斯·尼古拉耶维奇·波诺马廖夫（Boris N. Ponomarev）领导的苏联代表团于 2 月 9 日至 10 日访问了朝鲜。9 月，为了纪念朝鲜民主主义人民共和国建国 20 周年，政治局委员波利扬斯基（Polyansky）访问朝鲜，并且强调朝鲜和苏联间的同盟关系："不应忘记共同维护社会主义利益和防御敌人"。① "联合防御"为苏联坚持反对朝鲜单边对美国采取行动提供了合理性。②

在这种情况下，苏联领导者可能试图说服朝鲜在圣诞节释放"普韦布洛"号船员。然而朝鲜更担心来自 1969 年 1 月上任的理查德·尼克松（Richard Nixon）总统的威胁。1968 年 12 月 23 日"普韦布洛"号船员通过了板门店的"不归桥"。扎戈里亚（Zagoria）认为"普韦布洛"号事件是苏联对朝态度的一个里程碑。苏联开始断定朝鲜会对苏联的利益做出让步，开始放弃对朝鲜进行安抚。③ 如果说苏联试图警告朝鲜不要采取主动对抗美国的行为，那这一目标显然失败了。因为，朝鲜很快又击落了美国的一架军机——EC-121。然而，仍然值得强调的一点是"普韦布洛"号危机的和平解决使其未升级为朝鲜半岛另一场战争。

EC-121 危机

1969 年 4 月 15 日，朝鲜在距离其海岸线约 90 公里处击落了一架美国 EC-121 侦察机。对此美国考虑了四个军事方案：

---

① Donald and Zagoria, op. cit. , p. 381.

② Loc. cit.

③ Ibid. , p. 382.

（1）对朝鲜击落 EC - 121 的基地进行有限的空袭；

（2）对朝鲜海岸进行封锁；

（3）对所有的朝鲜空军基地进行空袭；

（4）引诱朝鲜的船只或飞机离开其领海并将其摧毁。①

与一年前的"普韦布洛"号危机相同，在一系列不利因素的作用下，美国政府放弃了这些军事方案。后来，尼克松总统时期担任国务卿的亨利·基辛格（Henry Kissinger）表示，美国当时担忧两个战区陷入战争。② 同时，美国的新政府也不愿让危机干扰了选举前的蜜月期。尼克松政权仍然沉浸在人们对他较前任更为镇定与克制的赞美中。③ 危机爆发初期，苏联并没有支持朝鲜的观点，即本次行动属于自身防御行动因此具有"合法性"。苏联不仅没有支持朝鲜的行动，甚至帮助美国寻找幸存者。④

4 月 17 日，尼克松总统做出两个决定：重启带有武装护航的空中侦察，并且派遣两艘航空母舰到东海以防御可能发生的报复性袭击。⑤ 第二天，即 4 月 18 日，尼克松总统宣布美国继续开展由战机护航的侦察行动。同时，尼克松总统尽全力试图将苏联从 EC - 121 击落事件中分离出来，公开承认苏联在搜索和救援中给予的援助。次日，为了对朝鲜施加政治和心理压力，尼克松命

---

① *New York Times*, April 17, 1969, in Robert R. Simmons, "Case Studies: The Pueblo. KC - 121, and Mayaguez Incidents," in Dairy M Blechman, Stephen S. Kaplan, " The Use of the Armed Forces as a Political Instrument, Prepared for U. S. Department of Defense," *Advanced Research Projects Agency* (unpublished report. Brookings Institution. 1976), p. 19; Robert R. Simmons, " The United States Involvement in the 1968 - 1969 Korean Crises," *Asian Perspective*, Vol. 2, No. 1 (Spring 1978), p. 7.

② Henry Kissinger, *White House Years*, Boston: Little, Brown, 1979, p. 318.

③ Loc. cit.

④ Raymond L. Garthoff, Detente and Confrontation, Washington, D. C. : The Brookings Institution, 1935, p. 75.

⑤ Henry Kissinger, op. cit. , p. 318.

令航空母舰继续停留在东海。不仅如此,美国还免除了苏联在
EC - 121 事件上的全部责任。

直到 4 月 26 日,苏联才抗议 71 特遣队入侵东海。即便如此,
其抗议也是温和的。美国认为苏联的抗议是为了表现其与朝鲜的
稳固关系。也许是为了帮助苏联,同时避免苏联产生其他的过激
反应,美国公开了苏联的抗议。① 5 月 14 日,苏联派出以苏联最
高苏维埃主席团主席尼古拉·维克托罗维奇·波德戈尔内(Niko-
lai V. Podgorny)为首的代表团访问平壤,表达了苏联对朝鲜的单
方行动的不满,并称这种行为可能会牵扯到苏联。总的来说,苏
联既展示了其愿保持同美国的关系,又警告朝鲜不要升级危机。
由于 71 特遣队很快被撤出东海,以及朝鲜减少了对韩国的破坏
性行动,苏联似乎成功实现了其在美国与朝鲜关系中的预定目
标。危机最终消失了。

板门店事件

1976 年 8 月 18 日,两个美军军官在共同警备区域内监督砍
伐一棵巨大的白杨树时,美朝双方人员发生争执,两名美国军人
被朝鲜军人用斧头砍杀了。当天,美国政府针对朝鲜的这一行为
制定一系列的回应方案。其内容如下:

(1) 不采取任何行动;
(2) 在朝鲜半岛举行美军军事演习;
(3) 将其他太平洋区域军队调至朝鲜半岛;
(4) 从美国派遣一个海空战斗中队至朝鲜半岛;
(5) 派遣一艘航母到朝鲜半岛海域;
(6) 增加美军的备战姿态;

---

① Donald and Zagoria, op. cit. , p. 393.

(7) 采取报复行动。①

持续的迹象表明朝鲜的军事戒备是以防守为主，再加上个人的倾向，福特总统决定不采取任何军事报复行动。② 福特总统相信在朝鲜半岛事件中，军事回应可能会非常迅速地扩展为全面军事对抗，但是部署适当的部队可以有效地表明美国的立场。③ 美国政府要求朝鲜承认并对此暴行负责，保证此类事件不会再次发生，同时惩处相关负责人。④ 国务卿基辛格向中国和苏联大使保证，美国执行的任何军事行动都只单独针对朝鲜。他还可能敦促中国和苏联对朝鲜领导人金日成施压以满足美军的要求。基辛格的自信源于他从中国驻美联络处主任黄镇的谈话中了解到，中国将不会对朝鲜提供物质援助。⑤

为了对抗朝鲜，美国政府决定进行一场军事演习。8 月 19日，F - 4 幻影战机中队从冲绳岛抵达韩国；驻韩美军进入三级戒备状态，并且由 B - 52s 组成的战斗力量已从关岛抵达韩国；F - 111 中队由 KC - 135 空中加油机支援，正从爱达荷州赶来；航空母舰、四艘护卫舰以及 77.4 特遣队已于在 8 月 21 日早晨抵达指定位置。随后，在史迪威将军的建议下，后经美国政府同意，美国和韩国军队在简单通知朝鲜后展开了"保罗·班扬作战计划"（Operation Paul Bunyan）：再次砍伐那棵杨树。⑥

不久后，朝鲜军事停战委员会高级代表韩柱庚（Han Chu-gyong）少将要求同美国代表麦克·佛鲁登（Mark P. Frudden）海

① Donald and Zagoria, op. cit. , pp. 397 – 398.
② Richard G. Head, Frisco W. Short, Robert C. McFarlane, *Crisis Resolution: Presidential Decision Making in the Mayaguez and Korean Confrontations*, Boulder: Westview Press, 1978, p. 193.
③ Loc. cit.
④ Donald and Zagoria, op. cit. , p. 398.
⑤ Ibid. , p. 393.
⑥ Loc. cit. 当时，史迪威担任联合国军司令部总司令。

军少将在板门店进行军事停战委员会私人会谈，以传达金日成最高司令官的意愿，即金日成对发生在共同警备区域内的该事件表示遗憾，朝鲜将努力防止今后再次发生此类事件，并且朝鲜绝不会首先进行挑衅。① 这是金日成在朝鲜战争停战后 23 年的历史中，首次向联合国指挥官表达个人意愿。美国政府将这视作"积极的一步"。9 月 6 日，联合国指挥官同朝鲜代表在板门店达成了一个关于停战区新安全部署的协议。同日，中途岛航空母舰撤离东海。次日，驻朝美军恢复至原先的警戒状态。77.4 特遣部队也于 10 月 12 日撤离。

美国在整个危机期间展开军事演习时，苏联军队没有任何军事扩张的迹象。可能苏联从之前的两次危机中了解到美国不可能对朝鲜或者苏联采取报复性军事行动。另外，也可以说，苏联非常谨慎，避免激怒福特总统。自 1975 年 5 月"马亚圭斯号行动"（Mayagnez operation）后，苏联可能担心福特总统寻找另一个机会重申美军意愿。② 美国总统竞选是表现这种意愿的合适时期，因此苏联试图避免给其开展这项活动的机会。但是，这一时期苏联与朝鲜的关系似乎非常冷淡，以至于苏联政府感到不值得为朝鲜提供更多温和的支持。危机期间，朝鲜加强了与中国的关系。③ 若没有更多的利益，苏联可能会选择袖手旁观。

朝鲜在危机事件中的克制表明苏联不支持朝鲜单方攻击美国人员或目标的意愿最终成功传达到了平壤。在军事停战协商会议上，朝鲜接受了非军事区的新协议。④ 随着 9 月 6 日该协议的签订，这场危机也告一段落。

---

① *New York Times*，August 23，1976.

② Donald and Zagoria，op. cit.，p.408.

③ 1976 年 5 月，朝鲜同来访的巴基斯坦代表团签署了联合公报，共同谴责一切形式的侵略行为，包括谴责试图实现"霸权"的努力，这也是当时中国用于谴责苏联扩张的措辞。

④ 关于新协议的主要特点参见 Richard G. Head，op. cit.，pp.203 - 204。

和平的根本原因

1990 年 8 月，约翰·米尔斯海默（John J. Mearsheimer）在《大西洋月刊》发表了一篇名为《为什么我们很快就会怀念冷战》的文章。① 文章中，米尔斯海默指出，重大危机甚至是战争的前兆在欧洲急剧增加的原因在于，冷战期间数十年保持和平的条件正在很快消失；欧洲正在准备回到自 1648～1945 年持续了近 300 年、曾经孕育了一个又一个冲突的多极体系当中。米尔斯海默认为，未来的 45 年，欧洲不会像冷战的前 45 年那样充满暴力，但是可能比冷战的前 45 年更加动荡，未来当我们回顾这一时期时，不会将其看作冷战，而会借用约翰·刘易斯·加迪斯（John Lewis Gaddis）的术语，将其称为"长期和平"。②

同时回顾与展望这种历史世界观时，我们会发现它颇具讽刺意味，因为对那些生活在冷战时期的人们来说，他们希望可以有一个更加和平稳定的时代来取代过去脆弱和容易遭受攻击的世界。只有历史才能告诉我们冷战时期是否比后冷战时期更加和平稳定。但是，关于如何解释冷战时期的稳定，米尔斯海默和加迪斯都指出，其中存在两个显著的因素：国际体系的两极结构及核武器。③ 首先，体系结构是国际政治中决定国家行为的一个重要因素。多数体系理论家认为其体系结构特点决定了国际体系的稳定或不稳定，从而会促进或抑制国际政治的变革。但是关于不同类型国际体系的稳定性问题，体系分析家们还没有一个统一的意见。自修昔底德以来，传统观念认为，两极体系是不稳定的，并

---

① John J. Mearsheimer, "Why We Will Soon Miss the Cold War," *Altantic Monthly* (August 1990), pp. 35 – 40.

② Ibid., pp. 35 – 36; John Lewis Gaddis, "The Long Peace," *International Security*, Vol. 10, No. 4 (Spring 1986), pp. 99 – 142.

③ Mearsheimer, op. cit., p. 36; Gaddis, op. cit., pp. 105 – 110, 120 – 123.

且多引用欧洲 18~19 世纪的势力均衡体系，以证明多极体系更加稳定。多极体系中权力的分散性和结盟的灵活性创造了一种不确定性，有助于调整国际体系潜在的不稳定力量和变化。① 然而，这种常规的智慧或传统理论在 1964 年遇到了来自肯尼思·沃尔兹（Kenneth Waltz）的挑战，他认为两极国际体系更加（而且最）稳定，并引用二战后美国和苏联超级大国主导下的两极国际体系作为支撑论据。根据沃尔兹的观点，不确定性无法稳定国际体系。它更像是促成战争爆发的不稳定因素及随后的误判。② 正如罗伯特·吉尔平（Robert Gilpin）评论的那样，沃尔兹的两极国际体系比多极国际体系更加稳定，并且拥有相对较少的突发性改变，具备令人印象深刻的逻辑。③ 通常情况下，两极国际体系结构——由于两个超级大国都涉及不可避免的高风险——不论政治领导人的个性如何，都会诱使他们保持谨慎、克制及慎重，阻止两者或其中一方不负责任的冒险行为。两极世界的结构压力鼓励两个超级大国在很多方面扮演国际性的角色，而不是展现其领袖的个性。④ 这种两极化最稳定的观点也被迈克尔·布雷彻（Michael Brecher）和乔纳森·维尔肯菲尔德（Jonathan Wilkenfeld）最近的研究结果所支持，他们认为两极、多极以及多元主义的稳定性呈降序排列。⑤ 但是布雷彻和维尔肯菲尔德的研究只限定在 1945~1962 年冷战时期。因此，正如沃尔兹所说的那样，他们所

---

① 关于近来支持这种立场的情况，参见 Emerson M. S. Niou, Peter C. Ordeshock, Gregory F. Rose, *The Balance of Power*, Cambridge：Cambridge University Press, 1989, p. 328。

② 关于沃尔兹的第一个论点可参见 "The Stability of a Bipolar World," *Daedalus*, Vol. 93 (Summer, 1964), pp. 881 – 909；Kenneth Waltz, *Theory of International Politics*, Reading Mass.：Addison-Wesley, 1979, pp. 171 – 172, 176 – 183。

③ Robert Gilpin, *War and Change in World Politics*, Cambridge：Cambridge University Press, 1981, p. 89.

④ Kenneth Waltz, op. cit.，p. 176.

⑤ Michael Brecher and Jonathan Wilkenfeld, op. cit.，pp. 43 – 55.

发现的两极体系的稳定性不能简单归因于两极体系结构本身。

冷战时期之所以没有发生毁灭性的世界战争，原因还在于核武器超强的破坏能力及两个超级大国的二次打击能力。按照西方唯一战争哲学家克劳塞维茨的观点，战争的本质是一种政治的延伸，即通过军事手段去实现一个特定的政治目标。于是，战争是国家领导人在预先计算出由战争带来的收益以及可能付出的代价后慎重做出的决定。在如此深思熟虑的计算中，乐观是战争的一个重要前奏。任何增加这种乐观的因素都会诱发战争；任何减弱这种乐观的因素都会带来和平。[①] 这种乐观并不简单地意味着一个国家通过仔细计算得知其军事和经济能力超过了潜在的敌人。它也可能源于意识形态、宗教信仰及强烈的爱国主义。它还有可能源于人们对战争认识的不足，因为时间减弱了人们对于战争的悲剧意识，因为民族神话只会辩解失败，铭记胜利。

然而，核革命从根本上改变了"力量的计算"[②]，并且"水晶球效应"（crystal ball effect）[③] 也让人们很难在计算收益和付出中产生乐观情绪。核革命没有解决战争与和平的问题，它没能让战争变得不可能。尽管如此，核武器的发展对于冷战时期国际体系的稳定起到了积极作用，这几乎已经成为一种传统的观念。这些武器让很多政治领导人，特别是两个超级大国的领导人保持冷静。因此，二战后两极世界体系的稳定是基于国际体系的核两极结构。核威慑与早先的平衡不同。认为国际强权政治的博弈会遵循其他时代盛行的规则，这种观点是错误的。[④]

假如以上推理反映了现实，那么问题在于朝鲜半岛与其停战

①　Geoffrey Blainey, *The Causes of War*, London: Macmillan, 1973, pp. 53, 124.

②　Ibid., p. 54.

③　Albert Carnesale, et al., *Living with Nuclear Weapons*, Cambridge: Harvard University Press, 1983, p. 44.

④　Lawrence Finkelstein, "What War in Europe?: The Implication of Legitimate Stability," *Political Science Quarterly*, Vol. 104, No. 3（Fall 1989）, p. 437.

协议是否属于核两极国际体系结构的一部分。笔者认为答案是肯定的。在没有明确定义（区域）子系统标准的情况下，由两个国家构成的朝鲜半岛被认为是全球两个超级大国系统下的朝鲜半岛子系统。但是由于两个超级大国的侵入式系统占据主导地位，朝鲜半岛子系统没能像其他子系统（如中东）那样形成一种独特的身份。韩国同美国是军事同盟关系，且非常依赖美国的军事存在，同时朝鲜体系依赖另一个超级大国苏联的支持。朝鲜半岛子系统不仅被全球系统所覆盖，同时全球系统还支配其他两个共存的复合系统。它是一个重叠的系统：一个系统完全淹没另一个系统。全球系统和朝鲜半岛子系统中没有出现过政治的非连续性。①

换句话说，重叠的系统使美国和苏联间的威慑有效地应用到朝鲜半岛中。没有这种重叠，亚历山大·乔治（Alexander L. George）和理查德·斯摩克（Richard Smoke）提出的威慑水平问题将减轻两极核威慑在朝鲜半岛上的稳定作用。② 其他周边大国并非想要成为国际体系中的一极。中国和日本在冷战时期不是独立的行为体。至少，它们的独立影响力还没有强大到可以与两个超级大国相提并论。在前两个危机时期，中苏冲突被视为共产主义联盟的"家族斗争"，甚至在第三次危机时期，中国和苏联仍然是盟友并且也是朝鲜的国际支持者。因此，不仅是韩国人民，周边国家的领导人也认为全球两极体系主导了朝鲜半岛。由于这种认知或心理环境没有遭遇挑战，两极体系和核武器是控制任何可能将危机升级为战争的根本力量。另一场朝鲜战争在三次危机中得以控制，这应归功于全球体系中的核两极。

---

① 关于系统之间的政治不连续性概念可参见 Oran R. Young, "Political Discontinuities in International System," in James N. Rosenau, *International Politics and Foreign Policy*, New York: Free Press, 1969, pp. 336 – 345。

② Alexander L. George and Richard Smoke, *Deterrence in American Foreign Policy: Theory and Practice*, New York: Columbia University Press. 1974, chap. 2.

和平的直接原因

理查德·内德·勒博（Richard Ned Lebow）采用1914年的范式指出，危机爆发后存在三条可能引发战争的直接途径：先发制人、失去控制及错误计算的累积。第一，先发制人出现的条件是，当一国领导人相信其对手也将在危机中选择战争时，因害怕敌人先发制人故加速了自己先发制人的脚步，从而采取主动进攻发动战争。第二，失去控制引起战争，它有多种形式和原因：可能由分裂的政治权力、国内的压力、机构功能失常或崩溃所致；也可能是在危机中进行以防御为目的的军事戒备，或者向敌人传达方案时产生的无意的、始料未及的结果。第三，错误计算的积累意味着对立的其中一方越过另一方的战争临界点，错误地认为一旦战争成为一个"既成事实"（fait accompli）便会被容忍。①根据勒博的观点，将这三个途径结合起来进行分析时，它们集体互动，每一条途径都存在单独决定战争是否会发生的可能性。②

当我们将勒博的分析框架应用到朝鲜半岛的三次危机中时，可以发现在这些危机中被视为会引发战争的三条路径几乎都被关闭了。"普韦布洛"号危机时期，第一，美国政府不存在先发制人的意图。由于苏联支持朝鲜并且美国船员在朝鲜手中，朝鲜并不存在先发制人的恐惧。第二，在军事部署过程中美国的指挥没有失去控制。第三，在危机中不存在错误计算的累积。77特遣队由美国参谋长联席会议主席厄尔·惠勒（Earle Wheeler）将军指挥，其并没有试图放弃"普韦布洛"号或者过于施压。③

EC－121危机中美国或者朝鲜没有恐惧，所以都不会采取先

---

① Richard Ned Lebow, "Is Crisis Management Always Possible," *Political Science Quarterly*, Vol. 102, No. 2（Summer 1987）, pp. 188 – 190.

② Ibid., p. 191.

③ Robert R. Simmons, op. cit., p. 7.

发制人。尽管尼克松政府时期危机管理机制尚未建立，而且军事资源也不具备即刻采取报复性空袭的能力，① 但是美国政府并没有对其失去控制力。它重建具备自我保护能力的侦察巡逻队。由于美国政府没有做出强烈的军事回应，因此也不存在错误计算的累积。

在第三个危机——板门店事件中，美国政府和人民表现出巨大愤慨和怨恨。但是，当金日成表达了他的"遗憾"后，美国政府称其是"积极的一步"。美国和朝鲜很快达成了协议。美国政府并没有慎重考虑过要先发制人。通过一次军演展示美国政府在军事力量阶段的部署能力，美国总统对此也并没有失去控制力。美国政府对朝鲜的"遗憾"做出友好回应，降低了错误计算累积的可能性。

三次危机时期，均未能开辟朝鲜半岛爆发战争的路径。三个直接原因的缺失来带了和平与国际社会的稳定。其间，美国军事力量，特别是空军和海军力量的部署都显示了美国对这些危机的不满，而且美国决定不接受威胁。

美国政府和军事力量没有违反亚历山大·乔治②提出的危机管理七项原则。

　　1. 保持对军事选项的总统控制。
　　2. 在军事行为中采取必要的间歇。

---

① Henry Kissinger, op. cit. , pp. 313 – 321.

② Alexander L. George and David K. Hall, William E. Simons, *The Limits of Coercive Diplomacy*, Boston: Little, Brown, 1971, pp. 8 – 11. 关于危机更详细的介绍，参见 Sung Cho, "North and South Korea: Stepped up Aggression and the Search for New Security," *Asian Survey*, Vol. 9, No. I (January 1969), pp. 29 – 39; B. C. Koh, "The Pueblo Incident in Perspective," *Asian Survey*, Vol. 9, No. 4 (April, 1969), pp. 264 – 280; Joungwon A. Kim, "North Korea's New Offensive," *Foreign Affairs*, Vol. 48, No. 10 (October, 1969), pp. 166 – 179; Richard G. Head, op. cit. , Chap. 6。

3. 采取明确与适当的军事威胁。

4. 军事行动与政治外交行动谨慎协调。

5. 有信心选择有效的军事行动。

6. 避免刺激敌人将军事行动升级。

7. 制造发动大规模战争的迹象。

另外一个事实是美国政府没有违反以上七个危机管控原则，特别值得一提的是三次危机期间美国政府有意避免了引发战争的直接原因。美国不愿意用武力进行报复是朝鲜半岛未能再次爆发战争的一个重要因素。

核两极国际体系的必然结果与作为 国际制度的朝鲜停战框架

虽然超级大国没能成功阻止其盟友之间的全部战争，但至少为控制和限制其自身的干预方面制定了一种行为模式（类似一种隐性的规范）。这个规范源自一种经验，即当其盟友间发生战争时，两个超级大国为处理这种紧急状况而采取的政策。这种情况下，两个超级大国必须在支持其地方盟友的同时避免自己被卷入同另一方的战争中。① 第二次世界大战结束后，关于势力划分范围的隐性规范随之产生②：一个超级大国为维护其利益采取了武装干涉，不会受到来自另一个同样具备这种能力的超级大国的挑战。这种默契表现也被称为超级大国间的"游戏规则"。

两个超级大国都不会公开承认对方的势力范围，也不会用

---

① Alexander L. George, "Superpower Interests in Third Areas," in Roy Allison, Phil Williams, *Superpower Competition and Crisis Prevention in the Third World*, Cambridge: Cambridge University Press, 1990, p. 112.

② 关于二战结束后，美国和苏联之间这种规则的构建过程，参见 Paul Keal, *Unspoken Rules and Superpower Dominance*, London: Macmillan Press, 1983。

"影响范围"去描述本国与被另一个超级大国划为本国势力范围
内的国家之间的关系。尽管如此,势力范围仍是国际政治现实的
一部分,而苏联和美国都表现得似乎承认彼此的势力范围。事实
上,这是由于它们的行为方式可能暗示了它们已经达成了某种默
契和认识,任何一方在确保本国势力范围的前提下,都将会容忍
另一方在可接受范围内的行动。主要是通过这种认识,势力范围
才能有助于稳定国际秩序。

这种认识之所以能够稳定国际秩序,原因还在于它能提供一
种行为参考,让超级大国能够控制它们的关系,以促进共同利
益。在稳定的国际秩序中,对共同利益的认知源于对战争,特别
是核战争的恐惧。然而,为了遵守一定的国际规则,国家需要建
立一个行为参考以示其追求共同利益时必须做出怎样的行动。也
就是说,它们必须清楚地确立规范或规则并达成协议。这些规则
不必是正式的或明确的,而是可以通过操作程序或不成文的游戏
规则获得的。而从势力范围发展而来的隐形规范或默契刚好提供
了这样的方针和规则。① 朝鲜和韩国都处在两个超级大国激烈的
系统联动模式下,势力划分要归功于两个超级大国间的妥协,而
这种划分的维持也证明了超级大国捍卫其势力范围的意愿。

停战是休战或者停止敌对直到以和平的方式解决冲突。其本
身并非一个和平条约,也不能合法终止战争,尽管它显然提供了
一个这样做的机会。朝鲜战争停战协议签订于 1953 年,在两极意
识形态斗争加剧时期,它被视为一个可能随时被朝鲜半岛人民或
超级大国打破的暂时休战协议。然而,停战线不仅是韩国和朝鲜
的国家隔离线,也是两个阵营的国际分界线。停战协议框架变成
了一个事实,并由此衍生了两个超级大国势力范围的划分线。当
美国不得面对这些危机时,苏联没有试图利用其优势对美国施

---

① Charles L. Morrison, Astri Suhrke, *Strategics of Survival*, New York: St. Martin's Press, 1978, pp. 290–292.

压，使美国陷入失败或动用武力的政策困境中。苏联也不允许自己的地区盟友——朝鲜将其拖入一场与美国的对抗或热战中。同时，对于朝鲜这个属于苏联势力范围的重要区域，美国在政策与行动上都保持了很大的克制。苏联和美国从未试图在这些危机发生时破坏停战制度。如果说国际制度是凝聚行为体所期望的一组原则、规范、规则和程序，而且这些制度能够约束和规范参与者的行为，① 那么可以说朝鲜战争停战协议在规范和合理调整超级大国的行为过程中，发挥了一种国际制度的作用。因此，两国间的隐性规则被有效地应用于朝鲜半岛。

结 论

朝鲜半岛停战框架是在美国和苏联积极开展竞争的情况下建立的。② 两个超级大国之间的国际竞争将国际体系带入一个两极结构，同时也影响了超级大国在这个体系中的行为。核两极竞赛的社会化过程中产生了一种"不良伙伴关系"，或者一种默认，超级大国之间行动的基本规则将停战框架转变为一种国际制度。③ 在朝鲜半岛危机时期，美国和苏联表示它们不希望破坏自 1953 年起联合国支持的朝鲜半岛停战框架这一国际制度。

然而，这种"制度"可能缺乏充分的理由令人服从。更重要

---

① Stephan D. Krasner, *International Regimes*, Ithaca: Cornell University Press, 1983, p. 62.

② 朝鲜战争时期，苏联被认为是朝鲜的"幕后推手"。这有利于美国立即介入战争以遏制苏联的扩张。

③ 这并非是对"国际制度"这一术语的过度使用。唐纳德·普查拉（Donald Puchala）和雷蒙德·霍普金斯（Rayond Hopkins）长期专注于将均势、殖民主义、帝国主义以及缓和描述为国际制度，尽管在性质上其具有"扩散性"或"非正式性"。参见"International Regimes: Lessons from Inductive Analysis," *International Organization*, Vol. 36. No. 2（Spring 1982），pp. 64 – 65.

的是，基于超级大国所计算出的自身利益，它们不希望直接面对彼此。这点看似十分明显。尽管如此，超级大国内部拒绝直接面对彼此的原因来自其对核战争的恐惧。这种顾虑属于系统性层面，这意味着它是和平的根本原因，而不是和平的直接原因。通过分析两极国际体系下冷战期间朝鲜半岛发生的三次危机，可以看出占主导地位的两极结构效应直接造成了战争原因的缺失。

首先，尽管这一启示缺乏新意，却是一个对冷战时期传统智慧的简单重述。我们无法完全反驳修昔底德关于战争根本原因与直接原因的相对重要性的判断。战争的根本原因，也是和平的根本原因，可以在冲突过程中发挥产生重要甚至是决定性的影响。

其次，如果说核两极结构是朝鲜半岛稳定的基础，那么它已开始发生改变。21世纪前夕，全球两极体系解体。最终，世界上可能会出现一个多极体系或者海湾战争后由美国主导的单极体系。不管怎样，两极世界的稳定因素已不复存在。

最后，核两极体系的解体会削弱全球国际系统与朝鲜半岛子系统之间的一致性，从而造成国际体系的非连续性。随后，两极体系的主导结构效应将从朝鲜半岛消失。相对于过去两极世界的稳定特征，我们现在所能预测的一切都具有不确定性，冷战期间的传统智慧也许已经消失。因此，如果说有谁很快就会怀念冷战，那一定是朝鲜半岛上南北两国的人民，除非这两国的领导人具备谨慎的领导能力，否则很难在两极世界结构已经消失的情况下，维持朝鲜半岛的和平与稳定，更不用说朝鲜半岛的和平统一了。

第八章
朝韩裁军信任建立的步骤[*]

> 历史的教训是，除非先扫清促使国家自我武装的基本政治障碍，否则无法实现有效的裁军。
>
> ——保罗·约翰逊

纳入全球议程的裁军问题

裁军和军备控制是两个被广泛使用的概念。裁军是指军事武器数量的减少或解除，而军备控制的目标则显得较为缓和。裁军的重点在于武器数量的减少，而军备控制则侧重强调对武器的管理。裁军从武器中追求安全，而军备控制通过武器实现安全。①军备控制是指确认武器的数量和质量以减少战争的威胁及随之而来的残酷。它试图在所有当事国都能接受的范围内控制武器的开

---

* 第八章最早刊载于《韩国期刊》第 30 卷，1990 年第 4 期，第 4～20 页。经许可后转载（*Korea Journal*, Vol. 30, No. 4, 1990, pp. 4 – 20. Reprinted by permission）。

① A. Etzioni, *The Hard Way to Peace*, New York：Collier Books, 1962, p. 126；John Garnet, "Disarmament and Arms Control since 1945," in Lawrence Martin ed., *Strategic Thought in the Nuclear Age*, Baltimore：The Johns Hopkins University Press, 1979, p. 191.

发、部署以及使用。军备控制关注以下几方面的问题：控制军队的武装力量及其拥有的武器数量，建立非军事区，安排相互观摩军事演习以建立信任，建立第三督察机构监督撤军。① 一个军备控制的提案可能没有附带裁军条款，一个裁军的提议案也可能不含军备控制的内容，但它们依然会被视作反对军备竞赛。② 关于监督和废除武器的所有协约都将成为裁军和军备控制的示例。

如果历史是一场不成功的冒险，那么裁军的历史就属于一个失败的经验。除了 1817 年的《拉什－巴戈特条约》、1922 年签订于华盛顿的海军裁军协议，裁军的历史恐怕没有其他值得夸耀的成果。③ 雅典人击败波斯之后拒绝了斯巴达的提议，亚历山大一世结束拿破仑战争的建议也遭到拒绝，自那时起，裁军的努力在维护世界的和平方面没有任何效果（尽管 19 世纪末与 20 世纪初的两次海牙会议以及《联合国宪章》第八条确认裁军为和平的条件之一）。

为和平而进行裁军的历史令人失望且备受挫折。二战结束后，尤其是在核对抗危机达到顶峰的 1963 年后，一系列军备控制条约得以制定，其中主要包括美苏之间关于核武器的条约。美国和苏联于 1987 年 12 月签订的《全部销毁美苏两国中程和短程导弹条约》（INF）是就裁军问题达成的首个条约。

人们一直期待通过裁军促进世界和平，但为什么直到二战结束很久以后的 20 世纪 80 年代中期，裁军问题才出现在全球议程中？从 1955 年万隆会议开始，到底是什么原因使裁军问题被搁置

---

① Hedley Bull, *The Control of the Arms Race*, 2nd ed., New York: Frederick A. Praeger, 1961, p. vii.

② John Garnett, op. cit., p. 192; Thomas Schelling and Morton Halperin, *Strategy and Arms Control*, New York: The Twentieth Century Fund, 1961, p. 2.

③ Stanford Arms Control Group, "Modern Disarmament Efforts before the Second World War," in *Marek Thee Armaments, Arms Control and Disarmament*, Paris: The UNESCO Press, 1981, pp. 74 – 85.

了如此之久？为了找到这些问题的答案，我们首先需要理解"议程政治"（agenda politics）的一般过程。

　　国际关系中存在各种各样的问题，如和平问题、国际不平等与贫穷问题、全球生态和人口问题，此类问题必须通过国际合作才能得到解决。但并非所有问题都会成为迫在眉睫的全球问题。它们中的大部分都处于潜伏期，即使这些问题被提上了全球议程，往往也会因有更加紧迫的问题而被搁置。经过一段潜伏期以后，它们偶尔也会再次出现在全球议程中。曼斯巴赫（Richard W. Mansbach）和瓦斯克斯（John A. Vasquez）将某一议题在全球议程中的出现称为"议程政治"。①

　　根据这些学者的分析，如果某一个国家的提议或者需求出现在全球议程中，那么它们一定首先是由世界政治舞台中的主要行为者，如一个超级大国提出的。既然作为一个议题被提出，那么这个大国必定认为它非常重要。正如总统或者主要政党领导人等政治决策者在影响国内政治时的优先次序一样，在国际政治中，只有超级大国才能把议题或问题提上全球议程。问题的重要性取决于其重大利益的内容和重要程度、相关价值的数量和范围，以及为实现基本目标或工具性目标而追求这一个重大利益的程度。

　　考虑到"议程政治"的这一过程，裁军自 20 世纪 80 年代中期以来在全球议程中的出现表明超级大国相信裁军对于它们而言非常重要。更确切地说，正是 1985 年 3 月上台的苏联领导人米哈伊尔·戈尔巴乔夫将裁军问题提上了全球议程。戈尔巴乔夫认为裁军非常重要，并把它视为能够推进苏联"第二次革命"发展的手段。自上台以来，他就坚持不懈地对裁军展开和平攻势。而正是苏联在世界政治舞台中所扮演的角色使裁军问题能迅速转化为国际政治中被优先考虑的问题。

---

　　①　Richard M. Mansbach，John A. Vasquez，*In Search of Theory*，New York：Columbia University Press，1981，chap. 4.

对于那些在过去半个世纪里一直遭受冷战对抗与军备竞赛痛苦折磨的国家来说，裁军是为了建设一个更好的世界而应该承担的义务，同时裁军也为人们点燃了建设一个更加和平安全的世界的希望。然而，我们不应该让一个不切实际的愿望歪曲了我们对国际关系的理解。

裁军与信任建立

虽然一再失败，但是对裁军的尝试却成了这个时代新的紧迫任务。尽管在第一次世界大战结束后的 20 世纪 20 年代与 30 年代，人们在裁军问题上做出了许多努力，但都未能阻止德国的军备重整和希特勒的挑衅。人们对裁军抱有的美好期待源自以下几个过于简单同时又根深蒂固的观点。

第一，发生战争的风险与一个国家现有的武器数量成正比，即一个国家拥有的武器数量越少，发动战争的可能性就越小；第二，如果发生冲突，裁军将会降低战争的破坏性；第三，考虑到武器会威胁和平，应禁止将科技研究成果应用于武器研发；第四，作为维护国际和平与安全的一种手段，裁军能够更好地替代军备控制。然而，当进一步考察这些观点时，就会发现正如迈克尔·霍华德（Michael Howard）指出的那样，① 以上这些观点，仅仅是人们的错觉而已。

首先，第一个观点——拥有较少武器可以降低战争发生的可能性——并没有历史依据。有些战争确实发生在激烈的军备竞赛之后，但是其他战争，尤其是过去 150 年间发生的大部分战争并不是由之前激烈的军备竞赛引起的。一些军备竞赛造成了国际局势紧张并最终导致战争，而其他军备竞赛则只是不了了之。而且

---

① Michael Howard, "Illusions that Fuel Pressure for Arms Control," *The Atlantic Community Quarterly* 24. 2（Summer 1986）, p. 119.

战争也曾经发生在完全没有武装的国家之间。大多数情况下，国家介入战争往往只是基于一个非常简单的理由，即其中一方或者双方都相信自己能够赢得战争。①

这一观点基于一种力量对比的观念，即经济潜力、社会凝聚力以及军事实力。以朝鲜战争（1950～1953年）为例，朝鲜的国家领袖金日成相信朝鲜能够速战速决并取得战争的胜利。这种认知上的失误可能发生在军事力量薄弱的国家，同样也可能发生在那些军事力量雄厚的国家。扩军和裁军都可能有助于传达某种意图并影响国际政治氛围，但军备扩充或裁减的规模并没有什么重要意义。在外交革命中，例如1904年的英法协约和20世纪70年代的中美和解，昔日敌人所拥有的军事力量突然间变成了维护和平的强有力手段。因此，虽然通常情况下，裁军作为缓解国际关系紧张的指标受到人们欢迎，但是只要引发紧张局势的主要问题没有得到解决，它就会带来新的不安并导致人们对国家间实力不均与威胁产生怀疑或恐惧，从而使形势进一步恶化。

其次，我们也可以反驳"裁军能够减少战争破坏性"的第二种观点，因为战争的破坏力不应根据卷入战争的国家所拥有的武器数量来衡量。例如，1914年底，一直处于交战状态的欧洲国家实际上早在一战爆发前夕就早已耗尽了它们储备的军需物品，然而它们仍然能够发起另外一场更为残酷的战争，这场战争持续了四年之久。因此战争的破坏力并不取决于参战国所拥有的惩罚性能力，而取决于一个国家为取得战争最终胜利而甘愿做好的心理准备和意愿。用导弹或空袭打击选定目标可能会瓦解敌方的心理防线，但假如能够像列宁格勒的苏联人或柏林的德国人那样具有坚强意志的话，人们可以持续激烈的战斗。越战便是一个很好的例子，它展示了一个国家在面对势不可挡的敌人时所表现出的

---

① Geoffrey Blainey, *The Causes of War*, London: Macmillan, 1973, p. 53; Michael Howard, *The Causes of War*, London: Temple Smith, 1983, pp. 14 – 15.

坚韧。

　　再次，从第三个观点来看，科技一直影响着武器系统的发展。尤其在第一次世界大战期间，科学和武器之间的关系发生转折。20世纪的"机械革命"推动了潜艇、飞机和坦克的出现。[①] 在冷战军备竞赛期间，科技已经被广泛并优先应用于武器的发展。然而通过改进质量和减少数量这些手段所呈现的"军备减少"并不能被视为真正意义上的裁军。考虑到国家间安保所面临的基本困境，除非国际政治体系经历一场革命性的变革，否则禁止将科技应用于武器发展是不可能的。

　　最后，关于第四种观点，裁军比扩充军备更有利于维护国际安全。这里有必要认识到，裁军与扩充军备这两种行为是完全相互依存的。安全是一个主观条件并建立在两个因素之上。第一个因素假设没有人会攻击我们；第二个因素则认为即使敌人拥有攻击我们的意图和能力，但碍于我们的反击能力，他们也不敢贸然采取任何行动。二者之中，前者更为重要。基于军事威慑基础之上的安保是次优手段，它远不如建立在互信基础之上的安保可靠。它只是提供了一个不足以完全维护国际秩序的框架。假使潜在的敌人有意攻击我们，应该确保我们的军备能有效阻止他们的攻击；而如果敌人没有攻击意图，也必须保证裁军不会给敌人传达错误的信息并使其滋生要攻击我们的想法。一个国家的军备本身已在向世界传达一个信息，即如果受到攻击，其有能力保护自己。同时军备又必须传达另一个信息，即其军备不会威胁邻国的安全。在核武器时代，一个国家向自己的国民保证本国所拥有的武器不会威胁人民的生命安全，这点也非常重要。军备注重的是约束和有保证的武器控制。只有将军备与裁军结合起来，维护安全的目标才能实现。因此，单独的裁军并不能保证安全。

---

　　① 关于战争历史中革命的地位可参见 Michael Mandelbaum, *The Nuclear Revolution*, Cambridge：Cambridge University Press, 1981。

　　此外，即使各国能就裁军达成共识，裁军协议的实施也必须由协议国互相核实，这里就涉及大量的技术问题。核查的问题在于除非所有可能出现的漏洞都得以排除，否则政治领袖们很难有足够的灵活性来满足国家间就裁军问题达成协议的迫切需求。

　　首先，持续的技术竞争抑制了核查与裁军协商。科技革新已经超过了外交谈判的步伐，因此在谈判过程中，计划核心部分的真正含义也随之发生了改变。①

　　其次，核查要求进行现场检验，以形成裁军或军备控制的检验标准。② 现场检验必须绝对精准。然而事实上，考虑到检查员的个人能力、技术和判断力等因素，错误发生的概率不可能完全排除。③

　　再次，为了确保裁军或军备控制能够取得长期的效果，兵器工业必须向民用工业转变。实际上，1982 年联合国就已经通过了一则决议，以敦促各国政府为实现这一转变开展国内研究。然而，似乎只有瑞典遵守了这项决议。④

　　军事技术和非军事（民用）技术往往是密切相关的。但是有大量技术专用于军事领域，而无法应用于民众的生活领域。专业从事军事领域技术研究的学者、工程师以及科技人员们很难轻易地将其研究成果应用于民用领域。

---

① Henry Kissinger, *Nuclear Weapons and Foreign Policy*, New York: W. W. Norton, 1957, p. 211.

② Robert Bowie, "Basic Requirements of Arms Control," in *Arms Control, Disarmament, and National Security*, Donald G. Brennen ed., New York: George Braziller Inc., 1961, p. 49.

③ 关于裁军和军备控制核查技术的具体讨论可参见 Karl Pieragostini, "Arms Control Verification," *Journal of Conflict Resolutions* (September 1986), pp. 420 – 444; Michael Krepon, "Verification of Conventional Arms Reduction," Survival (November/December 1988), pp. 545 – 555; Kosta Tsipis, David V. Hafemlister, Penny Janeway, *Arms Control Verification*, Washington, D. C.: Pergamon, Brassey's International Defense Publishers, 1986。

④ Inga Thorsson, "In Pursuit of Disarmament," in *International Conflict Resolution*, Ramesh Thakur ed., London: Westview Press, 1988, p. 149.

对裁军的概述只是一种期望的表述，而非理论分析的结果。然而，裁军本身能够维护和平，以及绝对意义上的裁军可以带来持续和平这一错误观念却得到了广泛传播，以至于它成了一个必须在政策中有所反映的、不可或缺的政治因素。但是国家和人民并不会因为他们持有武器就参与战争，他们拥有武器是因为他们视武器为战争的必需品。[1] 如同赫德利·布尔（Hedley Bull）所指出的那样，裁军会增加战争发生的可能性。[2] 换句话说，布尔认为当大规模破坏所带来的威胁阻止国家进行战争时，单纯裁减军备反而可能会因表面上减少了战争的威胁而最终引发战争。传统观念认为，冷战期间，国际安全之所以能持续半个世纪之久，就在于核武器所具有的破坏力使得大家都不敢轻易发动战争。[3]

然而，人类对和平的渴望已经使裁军问题变成了国际事务中的重要议题。裁军似乎是一个柏拉图式的"高贵谎言"，尽管政治学家们并不相信这一愿望能够得到实现，但是他们依然尊重人们对裁军的渴望。没有一位政治领袖敢于承认裁军仅仅是个不切实际的空想，对裁军的渴望是人们的错觉。政府与领导者不得不表现得好像他们正在试图实现裁军的高尚目标。尽管这一目标无法实现，但是裁军本身并没有错，而且谈判过程本身也有助于促进文明并缓解战争挑衅。

成功的裁军案例非常罕见，因为它要求的政治和解程度很难实现。[4] 对裁军的过度期望，只会导致沮丧和愤怒。我们必须首先缓解国际紧张局势。换句话说，我们必须营造一种国际的、双

---

[1] Hans J. Morgenthau, *Politics Among Nations*, 5th ed., New York: Alfred A. Knopf, 1973, p. 400.

[2] Hedley Bull, op. cit., chap. 2.

[3] John Lewis Gaddis, "The Long Peace," *International Security*, Vol. 10, No. 4 (Spring 1986), pp. 120 – 123.

[4] The Harvard Nuclear Study Group, Living with Nuclear Weapons, Cambridge: Harvard University Press, 1983, p. 189.

边的氛围以有利于遏制挑衅。这种努力和尝试在今天被统称为
"信任建立措施"。这些措施可能使裁军问题获得实质性的进展。
它代表了对国家的信任以及由此带来的结果,即它确保了思想上
的和平。①

美国针对朝鲜实施的信任建立措施

朝鲜战争结束后,朝鲜半岛上的军备竞赛一直持续不断。由
于南北之间的互不信任程度不断加深,朝鲜半岛的紧张局势一直
得不到缓解,但裁军问题和信任建立措施问题仅在近年来才被正
式提上议程。②

然而事实上,信任建立措施在20世纪70年代早期就已经被
提出。美国在1971年6月12日以及之后的其他几个场合提到应
该采取措施以促进非军事区(DMZ)实现真正意义上的非军事
化。但是朝鲜并未对该提议做出积极回应。1981年12月28日和
1982年1月23日,美国提议朝鲜和中国派遣军事观察员参与
1982年的"团队精神"联合军演。该军演自1976年以来于每年
春季举行。正如预期的那样,朝鲜回绝了这一提议,因为一旦接
受这一提议,就等于承认美国军事力量在朝鲜半岛存在的合法

---

① John J. Hoist, "Confidence Building Measures: A Conceptual Framework," *Survival Vol.* 25, No. 1 (January/February 1983), p. 2, 13.

② Yi Dal-gon, "A Study of Alternative North-South Korea's Disarmament Formula Based on Military Theory," *Tongil munje yeon-gu* (*Korea Journal of Unification Affairs*) 1. 1 (Spring 1989), pp. 103 – 192; Ha Yeong-seon, "A Realistic Probe for Arms Reduction on Korean Peninsula," in *Hanbando pyeonghwaron* (*Peace Theory on the Korean Peninsula*), Yi Ho-jae ed., Seoul: Bobmun Sa, 1989, chap. 14; Yang Seong-cheol, Jo Deok-hyeon, "Arms Control Proposals by North and South Korea: Analysis and Evaluation," *Hanguk Jeongchihak hoebo* (*Korean Political Science Review*), Vol. 21, No. 1 (January 1987), pp. 91 – 113.

性。同时，中国为了表示对朝鲜的支持也回绝了这一邀请。

美国之所以能轻松地做出这一提议，是由于尽管朝鲜拥有数量更为庞大的武装部队，但其整体军事力量落后于韩国。春季军演的规模虽然在逐年扩大，但并不具有威胁性。美国反复向朝鲜通报"团队精神"军演事宜，并邀请其派遣观察员。通过这些行为，美国单方面提出了建立信任的建议。在认识到朝鲜对一年一度的春季军演高度敏感后，1984 年的军演没有在南北方向而是在东西方向上展开。[①] 美国国会议员斯蒂芬·索拉兹（Stephen Solarz）于 1981年访问朝鲜时，向金日成预先传达了这一通知。金日成表示尽管该建议非常有趣并值得探讨，但只要美国继续对朝鲜实行敌对政策并继续给予韩国军事援助，双方是无法达成任何协议的。[②]

1984 年南北对话重启，之后朝鲜半岛的敌对态势看似有所缓解，中国在朝鲜与美国之间扮演了协调者的角色。朝鲜于 1984 年 1月提议举行三方会谈。当美国总统罗纳德·里根于 1984 年 4 月访问北京时，国务卿乔治·舒尔茨（George Shultz）请求中国代美国向朝鲜传达一个提议，其中包括以下几项内容：第一，军队和重型武器设备应该从非军事区边境撤走，以使非军事区变成真正意义上的非军事地带；第二，应该由中立国组织一支队伍对非军事区进行定期检查，以确保该地区的非军事性；第三，南北双方若要举行军演，应提前通知对方；第四，南北双方应互相邀请观察员参与军演。[③]

在同年 10 月召开的联合国大会上，里根总统发表演讲称信任建立措施标志着南北和平统一进程迈出重要一步。对此朝鲜外务省外相金永南提出信任建立措施需要放到三方会谈中讨论。支

---

① Research Institute for Peace, *Asian Security 1986*, London: Brasseys, Inc., 1986, p. 104.

② Reinhard Drifts, "Arms Control and the Superpower Balance in East Asia," ed. *Gerald Segal in Arms Control in Asia*, London: The Macmillan Press, 1987, p. 35.

③ *Korea Herald*, June 7, 1984.

持中国加入军事停战委员会的美国没有接受金永南的提议。朝鲜在 1985 年 12 月 6 日召开的军事停战委员会会议中要求彻底暂停大规模的军事演习。随着这一提议遭到美国否决，朝鲜于 1986 年 1 月退出了所有南北对话，并指责"团队精神"联合军演导致南北对话中断。

为了排挤韩国，朝鲜提议通过与美国直接谈判以采取信任建立措施，而这恰是最大的障碍。朝鲜于 1985 年 12 月提出的方案明确表明南北对话的进展情况将取决于美国是否会减少其在朝鲜半岛上的军事活动。作为第一步，朝鲜应接受派遣军事观察员的邀请，并以此表达其缓解紧张局势的愿望。然而，从平壤的立场来看，这将意味着承认美国有权在韩国驻扎军队。因此美国在不同场合多次提出的信任建立措施陷入僵局而毫无进展。朝鲜甚至未曾同意对美国的提议进行讨论，这一信任建立措施很难取得任何实质性的进展，除非朝鲜毅然接受美国提议，或者美国满足朝鲜要求，又或者双方都能接受对方提出的要求。此外，通过呼吁朝鲜采取信任建立措施，美国也已明确拒绝了朝鲜"事先从韩国撤走美国军队"的要求。[1]

然而，鉴于以下几方面的原因，美国可能会减少驻韩美军的数量，以展示一个象征性的裁军行动。

第一，越战结束后，"战略性退出"亚洲的政策氛围因苏联入侵阿富汗而遭到阻碍。但苏联军队从阿富汗的撤离以及戈尔巴乔夫在执行撤离行动时的和平倡议让美国政治家和公众重新考虑"战略性退出"政策。[2]

---

[1]　参见美国东亚永和太平洋事务助理国务卿理查德·所罗门（Richard Solo-mon）的证词，*Chosun Ilbo*，June 14，1989。

[2]　关于越南战争在美国的影响力以及选举与美国外交政策之间的关系，参见 Sung-Hack Kang，"America's Foreign Policy toward East Asia for the 1990s：From Godfather to Outsider?" *Korea and World Affairs*，Vol. 11，No. 4（Winter 1987），pp. 679 – 707。

第二，尽管美国行政机关持有正式立场，但是国会在外交政策上的影响力不容忽视。倾向于支持美国军队从韩国撤离的声音在国会中为更多的人接纳。①

第三，美国的一些外交政策必然会在 1990 年的补选，尤其是在 1992 年的总统大选中被重新审视。这可能导致布什政府改变关于驻韩美军问题的一些政策，即使这些政策在国内政策以及公共利益中并不占据最高优先权。

由此看来，美国政府改变驻韩美军政策的可能性是存在的。问题在于这些政策改变是否足以让朝鲜重新开启对话，又或者，朝鲜是否会不顾美国的政策变动而继续坚持其"完全撤离"的主张。朝鲜似乎倾向于选择后者，因为它关心的是美国是否会成为韩国的军事保护伞，而并非驻韩美军的规模。尽管美国对驻韩美军进行了"象征性的削减"，但仍然很难预期美国提出的信任建立措施在短时间内获得显著成果。

苏联的区域战略

1969 年由苏联提议的"亚洲集体安全体系"遭到几个亚洲主要国家的否决，因此未能取得任何进展。苏联针对亚洲的新政策表现为召开亚洲安全大会，这一大会由米哈伊尔·戈尔巴乔夫在 1985 年 5 月上台后提出。苏联人列举出赫尔辛基进程（Helsinki

---

① 参见 *Hankook Ilbo* 的报道。1989 年 7 月 23 日，在美国参议院军事委员会的行动上，美国总统乔治·布什向韩国外交部长崔浩中披露了这样的国会行动（《东亚日报》1989 年 7 月 25 日）。关于美国国防部减少驻韩美军的标准，参见 1989 年 7 月 29 日的《东亚日报》。关于美国参议院要求减少驻韩美军以及纳恩-华纳修正案内容的报道可参见 1989 年 8 月 1 日的《东亚日报》。关于修订法案通过的报道参见 1989 年 8 月 3 日的《东亚日报》。关于驻韩美军指挥官梅尼特里将军在《纽约时报》中声称 90 年代中期韩国将不再需要驻韩美军的报道可参见 1989 年 8 月 14 日的《东亚日报》。

Process）所取得的成就，提出欧洲的和解应被亚洲视为追随的典范。1986 年 7 月 28 日，戈尔巴乔夫在符拉迪沃斯托克的演讲中对组建亚洲安全大会做出了明确的规划。①

中国既没有像当初公开指责勃列日涅夫的提议那样立刻指责戈尔巴乔夫的这一提议，但也没有正式表达赞同。当时中国正在寻求一种双边的而非区域性的方式来缓解与苏联之间的紧张局势。此外，日本通过其外务大臣安倍晋太郎（Abe Shintaro）于 1985 年 5 月 23 日提出了以下几项要求：第一，美国应当列席会议；第二，不应支持苏联对在二战结束时占领的日本 "北方四岛" 拥有占有权；第三，美苏之间应推进裁军进程，同时苏联应在亚洲继续裁减军备。然而，如果苏联最近的提议与 1969 年亚洲集体安全体系的内容一致的话，可以假设日本对该提议持否定态度。②

然而，苏联从未暗示过要从 "北方四岛" 撤军或承认边界纷争。因此苏联的对日政策没有任何进展。③

历史的地缘政治中心正从大西洋移向太平洋，但是包括朝鲜与韩国在内的东亚国家能否以此为指向？它们能否向那些努力缓解紧张局势、裁减军备、建立信任的欧洲国家学习？东亚各国是

---

① 关于戈尔巴乔夫演讲的背景和内容，由勃列日涅夫提出的其与亚洲集体安全体系的不同点，以及其前景的讨论可参见作者的文章："The Soviet Union's East Asia Policy for the 1990s: Future Prospects on Gorbachev's Vladivostok Address and New Thinking on Security," *Asea yeon-gu* (*Journal of Asiatic Studies*)，Vol. 32，No. 1（January 1989），pp. 185 – 214。

② Reinhard Drifte, op. cit. , p. 31.

③ 关于日本对苏联早在戈尔巴乔夫演讲之前就提出的建立信任措施的立场分析可参见 Hiroshi Kimura, "The Soviet Proposal on Confidence-Building Measures and the Japanese Response," Joshua D. Katz and Tilly C. Friedman-Lichtschein eds. , *Japan's New World Role*, Bolder: Westview Press, 1985, pp. 81 – 104。美国新闻报道声称戈尔巴乔夫向日本秘密提出归还 "北方四岛" 以换取巨额财政支援，日本政府随即否认这一报道毫无根据并认为基于苏联所采取的态度，这根本不可能。关于此报道可参见 1989 年 8 月 1 日的《东亚日报》和 1989 年 8 月 8 日的《韩国先驱报》。

否已经足够成熟，能够像世界强国以及欧洲各国那样能够实行军备裁减？

通过限制破坏手段以阻止战争发生的努力无论在任何时候、任何地点都不会有错。因此，断言军备裁减和军备控制在亚洲不可能成功，不免过于草率。另外，相信裁军一定会成功的信念也只不过是表达了一种希望。这里有必要分析一下欧洲与亚洲，尤其是与东北亚之间的差异。

首先，东北亚的权力结构比欧洲的更为分散。东北亚地区并未被划分为两个界限明显的阵营。这一区域包括苏联、中国、日本、朝鲜和韩国。考虑到朝鲜半岛与中国快速变化的趋势，很难对未来的发展情况做出预测。而且对区域内超级大国的前景预测与欧洲完全不同。历史上，苏联一直将重心放在欧洲，但是其地理位置又将其与东亚联系到了一起。尽管如此，苏联的"欧洲第一"政策仍较为明显地体现在 1986 年 1 月戈尔巴乔夫围绕中程核力量提出的军备裁减建议、与美国商谈的进程及其政策声明之中。这种态度可以解释为苏联在两次世界大战中受到了来自欧洲的威胁。

美国在东亚的军事力量保护了其海上航道及其区域内盟友的安全。美国军事力量之所以令人印象深刻，不在于它的数量而在于质量。例如，美国的航母无论在力量还是在机动性方面都拥有无法比拟的优越性。然而，总的来说，美国正以自身的优势与苏联开展军备竞争。尽管与苏联相比，美国的武器装备和后勤在质量上保有优势，但美国同苏联一样，也具有地理上无法克服的劣势。美国部队不得不在远离本土的地方作战，而且为了保护广阔的区域，提供军事供给的路径也必须得到扩展。苏联则深受恶劣天气的限制。此外，美国还发现早在苏联海军到达公海之前就能轻易地把他们堵在战略海峡内。与此同时，借助越南金兰湾（Cam Ran）和岘港（Da Nang）的两个海军基地，以及飞机能够自由进入朝鲜领空等优势，苏联则能够在很大程度上扩展其军事活动范围。

超级大国间的这种军备竞赛由于东亚的地区力量均衡而变得更加复杂。这反过来又使就军备控制和裁军达成国际协议与地区协议变得更加复杂和困难。美国督促日本大幅度增强国家安保能力并增加其在日美两国区域安保中的承担份额。与此同时，支持美国驻军的日本也在逐步谨慎地加强自身军事力量。20世纪90年代，日本的防御计划已初现活力，而到21世纪初期，日本有望成为一个强国，在亚洲拥有更为独立的政策议程。① 如今日本已经开始努力推动军事力量增长以提升国际地位和政治影响力。由于日本的军事力量仍然弱于其他一些大国，它同意军备控制或裁军的可能性不大。而在军事力量上有自卑情结的日本领导人对两极世界的前景更感兴趣。②

20世纪70年代，中国形成了两极构想与战略，并以此试探苏联。中国领导人重新审视了美苏关系以及地区安全均势问题。他们考虑了政策得失，并于1982年宣布奉行独立自主的外交政策，拒绝充当美苏竞争中的一颗棋子。然而以下两个事件迫使中国政府将巩固共产主义政权视为首要任务，并开始追求更加独立的外交政策。其中一个事件是1989年5月，戈尔巴乔夫和邓小平在最高级会晤中正式确认中苏恢复友好关系，另一个事件是西方国家对发生在1989年6月的政治风波持反对态度。中国将继续推进军事现代化，并实行独立的外交与安全政策。由于中国的军事力量远远落后于苏联和美国，因此中国不可能参与裁军活动。军备裁减或军备控制将会被中国理解为一种削弱军事力量的尝试。

朝鲜半岛安全问题使东北亚处于全球两极性与地区多极性之间的军事平衡进一步复杂化。鉴于下文中将会对此问题做详细讨

① Ross Babbage，"The Changing Maritime Equation in the Northwest Pacific"（paper presented at the Symposium on the Pacific Era and Korean Sea Power：Prospects and Issues，jointly sponsored by the ROK Navy and the SLOC-Study Group，Korea，July 11－12，1989），pp. c－23.

② Reinhard Drifts，op. cit.，p. 21.

论，笔者在此只想简单指明：朝鲜和韩国的军事都在不同程度上依赖超级大国，并且在高度军事化的分界线上与对方形成对峙，因此在裁军和军备控制的问题上将面临更加困难的处境。

　　简而言之，这里必须强调的是与欧洲相比，东亚不仅具有多极性，而且还存在着两个政治阵营之间不明确的两极对抗。这种不确定性很容易增加并强化该地区的军备竞赛。因此美国军事力量在该地区的相对弱化反而会因为这些不确定性的增加而引起更多紧张与危险，而不会起到缓和地区紧张局势的作用。①

　　东亚无法效仿欧洲模式的另外一个原因在于其传统的国防文化有别于欧洲。裁军和军备控制在欧洲被视为一种"游戏"，几百年来，欧洲人以各种形式进行博弈。欧洲国家有"国防文化"（defense culture）的历史传统。它是由杰拉尔德·西格尔（Gerald Segal）创造的术语，其意义在于将军备控制和裁减看作一种有效的政策。②

　　欧洲各国在几个世纪中一直生活在民族国家体系中，它们有着遵守国际法则的传统，所以在裁军和军备控制，即限制军备竞赛的问题上很自然地达成了一致。然而，亚洲各国却没有这样的传统。国家体系这个概念对于它们来说比较陌生。帝国主义时代，国际法则成了欧洲各国强制出台不平等条约的一种手段。因此亚洲国家依然对"殖民地法"和"帝国主义的遗产"抱有本能的厌恶之情。不可否认的是，尽管这些措辞有时会被亚洲各国政府用来掩饰其想要成为大国的野心，但许多亚洲国家对于法则确实存在根深蒂固的态度，即法律和规则都是为了便于强者控制弱者、老手戏弄新手而制定的。亚洲各国一直梦想使自己的国家强

---

①　关于国际体系中多极体系和两极体系的不稳定性，参见 Kenneth Waltz, *Theory of International Politics*, Reading：Addison-Wesley Publishing Co.，1979。

②　Gerald Segal, "Defense Culture and Sino-Soviet Relations," *Journal of Strategic Studies*（July 1985）.

盛，而裁军和军备控制往往被视为维持现状的表现。这并不意味着东亚各国对追求不受控制的军备竞赛怀有热情或是对缓和紧张局势毫无兴趣。笔者只是想说，东亚各国的国防文化并没有展现出对正式裁军或军备控制的需求。这样的文化特点具备很强的生命力，很难克服。

即使亚太地区国家接受了苏联的提议，这个提议也很难在国防会议上取得进展。因为它并没有被亚洲的两个主要国家——中国和日本所接受。它们都希望优先与苏联通过双边谈判处理一些迫切问题。因此很难期待苏联的区域战略就解决包括军备裁减在内的朝鲜半岛问题上取得任何重要突破。1989 年 5 月，在北京人民大会堂的演讲中，戈尔巴乔夫主张美军从韩国撤离，并表示在政治上支持朝鲜。尽管如此，相信苏联的区域性战略有助于朝鲜半岛的信任建立显得过于草率。

不仅如此，与欧洲的情况不同，苏联在试图取得国际认可的边界地域中并不存在任何巨大的利益。而存在争议的地区，如北方边界与中国的部分地区，并不是主权国家置于苏联"保护之下"的区域。除此之外，与在欧洲不同，苏联在亚洲几乎没有遭受反对意见。因为美国的同盟国家缺乏保证其北方同盟人权的兴趣，同时也没有足够的热情将美国和其他国家卷入赫尔辛基式的进程之中。换句话说，东亚缺少一个像欧洲西德那样可以影响两个超级大国追求裁军或军备控制的地区强权。[①] 因此，尽管想把赫尔辛基模式应用于东亚，但是在处理好该地区的双边关系之前，苏联很难推行这样一种地区性策略。

阿拉木图信任建立措施

1988 年 5 月 29 日到 6 月 2 日，美苏首脑会谈在莫斯科举行。

①　Reinhard Drifts, op. cit., pp. 34－38.

里根总统与戈尔巴乔夫总书记宣布朝鲜半岛问题是他们讨论的地区问题之一，但是在评价该地区紧张局势的产生原因以及克服方法上两人存在严重分歧。尽管如此，他们一致认为这些分歧并不会阻碍双方的积极行动。两位领导人重申，他们将会在各个层面继续进行讨论，以寻找和平解决该冲突的方法，从而增进该地区的独立、自由和安全。美国斯坦福大学国际战略研究所与苏联科学院远东研究所于 1987 年 10 月 2 日联合发起了"加强亚太地区安全与减少战争风险计划"。基于美苏峰会的基本精神，关于朝鲜半岛问题的学术报告会在苏联阿拉木图举行。研讨会讨论了在"加强亚太地区安全与减少战争风险计划"中达成的共识是否适用于朝鲜半岛。其出发点是两个研究机构同意遵循的信任建立措施这一概念方法。

信任建立措施应减少发生武装冲突的可能，重视解决攻击性武装力量布局失衡的问题，特别是为敏感军事对抗地带的信任建立措施铺平道路。该措施原则上可以是综合性的，对于直接关系到军事行动的具体措施来说，它可以包括一个广泛的政治法律背景。然而，即使信任建立措施仅关注少量具有军事意义的特定问题，这些措施依然十分有效。简而言之，对于那些参与该项目的国家来说，信任建立措施的计划不仅应该服务于重要的安全目的，还应该服务于具体的政治目的，即从一个可能会产生严重对抗的状态转化为一种更为合作、公开的关系。因此，对话与和解的过程也许会开启一个为双边关系注入更多活力的进程，一个最终将带来政治、经济积极发展与在广泛基础上建立安全关系的进程。[1]

基于这样的信任建立措施，两家学术机构在学术报告会的联合协议中提出了以下建议措施以归纳最终协商的结果。

---

[1] *Program for Strengthening Security and Reducing the Risk of War in the Asia Pacific Region*, Center for International Security & Arms Control, 1988, pp. 3 – 4.

第一，内阁成员或负责南北统一事务的其他高级政府官员之间应该定期召开议程会议；第二，应该按照《联合国宪章》的明确规定，发表相关声明以谴责威胁行为或使用武力；第三，应在互相尊重、独立互惠的基础上努力以和平与合作的手段解决所有冲突与纷争；第四，应该建立协商和解决所有纷争的双边渠道；第五，应该增加汉城和平壤之间的电信往来。

在提出这五项初步措施时，他们认为，可以将 1986 年 9 月斯德哥尔摩文件中的信任建立措施作为降低风险的适当方法加以选择性应用。① 为了缓解半岛上的军事对抗问题，他们还要求非军事区切实实现非军事化，南北之间签订不制造核武器的协议、不部署核武器的协定，并限制朝鲜半岛上的武器转移。②

阿拉木图的基本精神已被纳入 1972 年的《七·四南北共同声明》，及朝鲜、韩国与美国提出的协商提议中。这些提议虽然只在非政府组织之间达成一致，但仍具有重大意义。因为它们建立在两个超级大国的共同立场之上，而这两个超级大国对朝鲜半岛的未来具有非常重要的影响。同时这次研讨会赞成将 1986 年斯德哥尔摩的信任建立措施选择性地应用于朝鲜半岛，这应该称得上是某种程度的创新。

詹姆斯·古德拜（James Goodby）参加了阿拉木图研讨会，并带领美国代表团参加了斯德哥尔摩会议。他指出朝鲜半岛的局势在很多方面显然不同于欧洲，但是他仍然相信斯德哥尔摩会议中设计出的方案可以应用于朝鲜半岛问题。詹姆斯·古德拜预言，假如能够将某些措施应用于朝鲜半岛，如对军事演习予以提前通告，以及在没有否定权威胁的情况下实施现场检查等，那么

---

① International Strategic Institute at Stanford, *On Strengthening Security and Developing Cooperation on the Korean Peninsula*, Center for International Security, Stanford University (September 1988), pp. 5 – 6.

② Ibid., pp. 6 – 7.

朝鲜半岛的紧张局势将会有所缓解，而安全状况也会有所改善。[1]

詹姆斯·古德拜选出了可以应用于朝鲜半岛的以下五项措施。[2] 第一，包括地面部队演习、海空联合行动、空军行动、空降部队演习及飞行任务在内的一系列军事行动，以及与地面部队大型军演相关的登陆支援行动，都应被纳入提前通告的范围之内；第二，应邀请对方派遣观察员对军演进行观察；第三，应提前一年发布军事活动预告；第四，超出设定规模的军事活动如果没有在年度预告中进行公布，则应取消；第五，必须允许军演双方义务性的现场检查及其他参与国的核查。

在加强安全与维护和平方面，这几项措施与裁军和军备控制很相似，但是实施方法却完全不同。一般来说，斯德哥尔摩文件主要要求降低风险，而传统的军备裁减或军备控制却要求减少武器或控制武器。传统的军备裁减和军备控制试图通过在一个特定时期内做出更为准确的军事力量预测以建立长期和平。然而斯德哥尔摩式的风险降低模式则试图建立一个框架。在这一框架下，军事行动的性质和目标得以澄清，而且安全水平也在迅速升级的危机中得到改善。在风险降低措施中需要进行检查与核实的最重要因素并非一些静态指标，例如坦克和部队的数量。相反，这些重要因素包括根据军演所显示的军事力量、目标和意图分析得出的一个国家的备战程度，以及其军事活动的总规模。风险降低措施中对义务的履行则主要表现为消除对于国家间军事行动的过度保密行为，而非撤走武器。[3]

风险降低措施需要的最基本要素是公开性，或者用最新的流行语来说，就是军事行动的开放。信息的及时汇总与军事开放也应得到核实。对违反协议的行为要进行严格制裁。斯德哥尔摩框

①　*Dong-a Ilbo*, November 4, 1988.

②　James E. Goodby, "Can Negotiations Contribute to Security and Cooperation in Korea?" *Korea Journal*, Vol. 29, No. 7 (July 1989), pp. 43–45.

③　James E. Goodby, op. cit., p. 45.

架在欧洲的成功不仅体现在降低风险方面，还表现在包括现场检查在内的合作验证方面。在裁军方面的努力为欧洲创造了一个安全的军事环境。

斯德哥尔摩式的信任建立和风险降低措施是否能成功地应用于朝鲜半岛？笔者认为暂时还很困难。如上所述，实施这一措施的前提在于确保军事公开性以及进行现场检查，而这不太可能会被朝鲜接受。完全可以肯定的是，就目前情况来看，确保军事公开性与现场检查对完全处于封闭状态的朝鲜来说是绝对不被允许的。

南北之间建立信任的
第二轨道外交①

自朝鲜战争爆发以来，朝鲜半岛上冲突不断。要克服这点，首先必须要在缓和南北紧张局势与实现两国关系正常化方面有所突破。这一突破需要人们，特别是南北政治领导人实现一种范式或格式塔的转换。仅仅克服心理偏见和障碍的范式或格式塔转换并不能解决冲突，而通过政治谈判则有可能达成政治和解。然而，范式的转换为谈判创造了一种新的可能性。

为了解决冲突，当事国对存有争议的部分应采取求同存异的原则，至少涉及争议的一方应改变其原有目标。更准确地说，为了不再产生冲突，双方的原有目标都应该进行重新定义。对目标的重新定义应遵循充分反映当事各方意愿的原则。通过准确理解形势，双方可以认识到对方的渴望与自己的期待是否能够共存。如果能在获取充足信息的基础上重新对局势进行认识，并利用这些新认识对目标进行重新定义，而且如果双方共同追求这些能够

---

① Sung-Hack Kang, "North and South Korean Relations as Seen from Conflict Resolution Approach: What Went Wrong and How Should It Be Started Again?" *Minjok jiseong* (*Nation's Intellect*) (April 1988), pp. 55 - 73, especially pp. 67 - 70.

共存的目标，那么冲突便可得到解决。这种方法首先需要进行初步探讨以避免后期的谈判陷入僵局，而解决冲突的重要协商可以稍后进行。换句话说，在这种模式下，陷入冲突的当事国通过范式转换，可首先摒弃一种军事和战略的思维束缚，即关注行动的成败，从而实现双赢。约翰·伯顿（John Burton）称这种方法为第二轨道外交。① 这是一种非官方和无组织的相互作用，包含了以下五个因素。

第一，这是由学者们，而并非那些必须代表政府官方立场的现任外交官或者政府官员们实施的外交。参与这种外交活动的代表们首先应具备善于分析的能力和专业领域的知识。

第二，这种外交不同于第一轨道（一般）外交。第一轨道外交假设双方都是好战国，而第二轨道外交追求双方对彼此所面临的情况做出客观（或学术上的）理解，并相信彼此的动机未必是发动战争。因此，这是一个类似于学术研讨会的集思广益，需要在相当长一段时间内进行探索性的讨论。

第三，会议应以专题研讨会的形式进行，并邀请熟知如何运用这种讨论形式的第三方参与。在讨论过程中，一旦参会者的讨论陷入军事和战略范式，第三方应引导他们进入非策略性以及形势分析的主题讨论。

第四，针对这种探索型的第二轨道外交，其提议与实施都应秘密进行。在任何情况下双方都不应该对此进行宣传或者将这一外交倡议的成绩归功于自己。

第五，假如就讨论的某项内容达成了一致意见，参会者必须试图说服他们各自的政治领导人将其付诸实施。如果领导人们同意并把这一结果付诸实践，则有可能将之转化为第一轨道外交，但如果他们没有接受，那么第二轨道的探索型外交可能会继续进行下去。

---

① John Burton, *Global Conflict: Domestic Sources of International Crisis*, Wheet-sheat Books, 1984, pp. 153 – 160.

由于第二轨道外交的参与者既非外交官，也非政府官员，因此即使研究没有取得成果，他们也无须承担政治责任。同时，因为研讨会是秘密举行的，学者们也无须担心国内舆论压力。就算研讨会宣告失败，也不会有实际意义上的风险。然而一旦取得成果，政治领袖们便能获得赞扬。第二轨道外交所扮演的角色是改变决策者们的目标和认知，同时为第一轨道外交取得胜利创造突破口。[1]

在这些秘密进行的学术研讨会中，来自朝鲜和韩国的参会者们将可以客观地从学术角度讨论一系列问题，如美军撤离问题、核武器、军火库转移、"团队精神"联合军演、关系正常化、军备裁减以及最终的民族统一等问题。

约翰·伯顿认为，东京的联合国大学比较适合作为研讨会的召开地点。[2] 尽管如此，这种第二轨道外交并不能确保信任建立措施在朝鲜半岛上取得成功。尽管传统范式非常独特，但它很难改变人们的观点。第二轨道外交几乎不存在遭受挫折的危险和失败的风险，但这并不意味着它就一定能够创造奇迹。然而，人们希望它能在建立更多信任的过程中迈出第一步，其中最基本的尝试便是评估斯德哥尔摩式风险降低措施的实用性。

结　论

裁军是军事与安全策略的一部分，但是如果一个国家或地区面临的对抗与冲突无法获得政治解决方案的话，裁军是无法成功的。[3]

---

[1]　帕格沃什会议创立于 1957 年，一直致力于限制核武器。关于这点可参见 Harold Jacobson, *Networks of Interdependence*, 2nd ed., New York: Alfred Knopf, 1984, p. 152。

[2]　John Burton, "North and South Korea: Shared and Separate Values," *Korea and World Affairs* (Spring 1984), p. 56.

[3]　Hans J. Morgenthau, op. cit., pp. 436-584.

20 世纪 70 年代，主张缓和世界紧张局势的亨利·基辛格曾指出，如果对和平的渴望变成了不惜代价地避免冲突，如果正义需在其高尚的道德里寻求避难所，那么对战争的恐惧将变成强者进行敲诈勒索的武器，而渴望和平的国家将受到最残酷无情的摆布。① 权力平衡是和平的前提条件，是通过威慑获取和平的基石。② 假如裁军拥护者们有效地打破了权力平衡状态，他们就有可能在无意中引发自己最为恐惧的战争。就像希腊神话中的伊卡洛斯（Icarus）那样，假如我们煽动蜡制的翅膀飞向裁军这个炽热的太阳，那么，我们必将会直线坠落进战争的海洋。一个更有建设性意义的措施是首先缓和朝鲜半岛的紧张局势，如同医生在给病人治病之前，首先会试图为其降温那样。

加快裁军进程可能有助于缓解朝鲜半岛紧张局势。③ 对于那些一开始就需要用军队来解决的政治冲突与对抗来说，裁军本身没有任何意义。它充其量是让紧张的局势在一段时间内得以缓和，但并不能创造持久的和平。然而，如同萨尔瓦多·德·马达里亚加（Salvador de Madariaga）用寓言所诠释的那样，缓和的政治局势只能有助于推进裁军问题的谈判，在没有缓解政治紧张的前提下召开的裁军会议就好似一个"关于裁军的动物会议"，毫无意义。

鉴于这种逻辑，缓和政治局势的尝试和努力应该先于裁军。反观欧洲历史，我们发现欧洲 20 世纪 80 年代的裁军是随着 20 世纪 70 年代宽松的政治局势成功实施的。若紧张局势未得到缓和，朝鲜半岛上的裁军是不可能实现的。

为了缓和朝鲜半岛的紧张局势，朝韩交换了大量建议与反建议。然而，事实上朝韩双方只是在不停地重复进行政治宣传，就

---

① Henry Kissinger, *Years of Upheaval*, Boston: Little Brown, 1982, p. 238.

② Henry Kissinger, *White House Years*, Boston: Little Brown, 1979; Stanley Hoffmann, *Janus and Minerva-Essays in the Theory and Practice of International Politics*, Boulder: Westview Press, 1987, p. 6.

③ Robert Axelrod, *The Evolution of Cooperation*, New York: Basic Books, 1984.

如同进行"作文竞赛"一样。双方只是提出了一些对方无法接受的建议，因此这种紧张状态只能持续下去。也正因为如此，在朝鲜半岛的许多问题上，甚至是在裁军问题上，我们都只能得到相同的答案。所以，为了启动裁军行动，最具有建设性意义的一个方案便是首先要耐心地铺平一条能够缓和局势并建立信任的辅道。在局势得到缓和之前匆忙地启动裁军行动，就如同用车拉马，本末倒置。军备裁减或军备控制是一种战略展望，而非战略的替换品。①

戈尔巴乔夫的和平攻势与《全部销毁美苏两国中程和短程导弹条约》的签署开启了国际关系中紧张局势缓和的新纪元。这不禁让人联想到 20 世纪 70 年代尼克松－基辛格缓和国际紧张局势的政策，该政策由于缺乏建立持续信任的框架而失败。紧张局势的缓和需要在国际、心理、政治以及行政等各个层面付出努力。②

军备控制是 20 世纪 70 年代世界政治的议题，而裁军则在 20 世纪 80 年代后半期才被提上议程。考虑到裁军的背景以及议题周期的一般现象，当苏联出于某种原因不再将裁军作为优先政策时，裁军问题便可能进入休眠状态。自 1954 年以来，裁军问题作为一个议题出现在朝鲜半岛。如今之所以吸引学术界的兴趣与关注，是因为它被提上了世界政治的议程。因此，这里必须指出的是，朝鲜半岛上的裁军问题所引起的学术关注可能只是短暂的，这反映了世界议程政治的特性。雷蒙·阿隆（Raynond Aron）说，"不太可能爆发战争，但也不可能出现和平"，他的这句话揭示了当前这个时代国际政治体系的本质。

① Robin Brown, "Arms Control: Back to the Future?" *Review of International Studies*, Vol. 14, No. 4, October 1988, p. 318.
② Kjell Goldmann, "Change and Stability in Foreign Policy: Detente as a Problem of Stabilization," *World Politics*, Vol. 34, No. 2 (January 1982), pp. 230 – 266; *Change and Stability in Foreign Policy*, Princeton: Princeton University Press, 1988.

第九章
东亚变幻莫测的战略环境与
朝鲜半岛统一的漫长道路[*]

> 人与人之间不可能有牢不可破的友谊，国家间也不可能
> 有真正的同盟，除非双方能确认彼此的诚意并在其他方面有
> 一定的共同认知，因为人们的思想一旦有差异，他们行动上
> 便会产生分歧。
>
> ——修昔底德

19 世纪初，在以儒家文化为中心的世界秩序中生活了几个世纪的朝鲜半岛人民遭受了西方帝国主义的侵略。儒家思想认为，世界是由一系列关系不平等的层次结构组成的独立单位，其中，中国（中央王国）是这个世界的中心。正如 2500 年前的雅典被视为整个希腊的"学校"那样，中国被视作高级文明的"老师"，因此中国的邻国都应向其进贡。文化影响力取代军事力量成为彰

---

* 第九章最早刊载于莉莉·安·波露（Lily Ann G. Polo）所著《菲律宾和韩国：加强伙伴关系》，菲律宾：亚洲中心，菲律宾大学出版社，1998，第 1~23 页。经许可后转载（Lily Ann G. Polp, ed., *The Philippines and South Korea: Strengthening the Partnership*, Philippine: Asian Center, University of Philippines, 1998, pp. 1-23. Reprinted by permission）。

显中国国力的重要标志。因此，17 世纪欧洲的三十年战争结束后，欧洲各国普遍奉行的所谓现实政治（权力政治）并不为当时以中国为中心、奉行儒家文化的国家所熟知。直到 19 世纪初期，他们才接触到国家利益（国家产生的原因）的概念。① 朝鲜半岛人民或多或少地满足于以儒家文化为中心的世界秩序。

　　然而，1860 年中国战败以及北京圆明园被西方列强烧毁的消息传到了朝鲜半岛，他们开始对西方国家心生恐惧。尽管他们依然奉行以中国为中心的儒家世界秩序理论，但是对儒家文化渐渐开始失去信心，并被迫调整以适应西方的或者说是现代国际关系体系。在日本所谓的"炮舰外交"下，朝鲜半岛被迫在 1876 年向西方世界打开了国门，正如 1853 年日本被迫打开国门那样。但日本迅速地效仿西方帝国主义，变身为帝国主义国家，对朝鲜半岛展开侵略。② 因此日本也被视为野蛮西方帝国主义的先锋部队，其侵略行为遭到了朝鲜半岛人民的强烈抵制。为了控制朝鲜半岛，中国和日本之间形成了竞争关系，随之而来的对抗和矛盾又引发了权力斗争，最终导致儒家文化体系转化为全球政治体系，即克劳塞维茨的现实政治体系。

　　从这一刻起，朝鲜半岛开始成为国际政治体系多极化竞争中的一个"筹码"。朝鲜半岛这种不幸的命运，很大程度上是由于其特殊的地理或战略位置。为了争夺对朝鲜半岛的控制权，日本在

① 这并不意味着没有伟大的军事理论和战略家。相反，有很多。参见 Chen-Ya Tien, *Chinese Military Theory*: *Ancient and Modern*, Oakville, Ontario: Mosaic Press, 1992。《孙子兵法》无疑是最伟大的经典。过去所有的军事思想家中，只有卡尔·冯·克劳塞维茨才能与之相比较。

② 尽管日本帝国主义采用了西方殖民扩张提供的一个模式，但它也只是个"落后的帝国主义"，这源于日本对西方的自卑感，以及相对不发达的经济、有限的外交历史、在经济上依赖发达的经济体并强烈渴望达到同等水平。关于这点，可参见 Peter Duss, *The Abacus and the Sword*: *The Japanese Penetration of Korea*, *1895 – 1910*, Berkeley: University of California Press, 1995, pp. 424 – 438。

1904～1905 年的日俄战争中打败了俄国。1905 年，日本剥夺了朝鲜半岛独立实施外交政策的国家主权。随后，1909 年朝鲜半岛的爱国人士刺杀了日本的首任朝鲜统监伊藤博文，日本于次年即 1910 年完全吞并了朝鲜半岛，朝鲜半岛自身的主权也因此从世界上消失了。直到第二次世界大战中日本战败，其野心才得以遏制。

二战结束后，尽管朝鲜半岛人民希望建立一个独立、民主和统一的国家，但是在美国和苏联两个超级大国的操纵和影响下，朝鲜半岛被分裂成了两个国家。从那时起，两个大国重新陷入为控制朝鲜半岛而进行的权力斗争中。联合国作为一个"助产士"催生了韩国政府，同时又作为一个"神父"让韩国在国际社会中获得了合法的身份。[①] 因此，国际社会赋予韩国作为朝鲜半岛上唯一的合法政府的法律"标志"仅仅体现在允许韩国在国际组织中行使普遍权力。

然而，这个朝鲜半岛唯一的合法政府在其成立之初就面临各种挑战。1950 年 6 月 25 日，朝鲜对韩国突然发动的军事进攻不仅挑战了韩国政府，也是对联合国权威的一种令人无法容忍的挑战。因此，从战争一开始，联合国便被深深卷入韩国的国家安全中，并发现了自己在交战国中处于十分尴尬的位置。维护韩国的安全并击退朝鲜成为联合国维护其权威和影响力的试金石。

无论如何，美国领导的联合国军通过在韩国设立司令部，击退了朝鲜，挽救了韩国。朝鲜战争中，虽然联合国军高举的是联合国的旗帜，但帮助韩国打击朝鲜的主力军仍然是美国，因为美国认为朝鲜对韩国的进攻是苏联在幕后策划的。自此，美国取代日本开始监视苏联在朝鲜半岛的野心。而中国也出于一系列政治和战略利益的考虑加入了朝鲜战争。

根据 1953 年的朝鲜战争停战协议，韩国和美国建立了军事同

---

① UN General Assembly Resolution 195 （Ⅲ）, December 12, 1948. 文本可参见 Se-Jin Kim, *Korean Unification: Source Materials with and Introduction*, Seoul: Research Center for Peace and Unification, 1976, pp. 109 - 110。

盟。从此，美国在韩国的生存和发展中扮演着最重要的，而且是唯一重要的支持者角色。对于韩国人来说，美国几乎扮演着所有的角色（教父、保姆、老师、银行家等）。美国在韩国社会及民众中所发挥的作用，其范围和强度都大大超过了 19 世纪末甲午战争爆发前中国在韩国社会中所发挥的作用。对于韩国来说，美国可谓一个乐善好施的大国。

后冷战时期的战略环境与韩美关系

冷战的结束将美国的国力和威望提升到了一个前所未有的高度。确实，"美式和平"（Pax Americana），这个过去经常被美国的批评家们引用的概念如今已经变为现实。但美国既不是全世界的"哲学王"，也不是后冷战时代的"利维坦"。尽管就后冷战时代全球体系的本质而言，国际社会存在着激烈的"争论"（而且是无休止的争论），① 我们手中的水晶球依然无法向人们展示新的全球体系的本质。此外，东亚还包括一个仍在处于崩溃瓦解状态的前超级大国，一个正在崛起的未来超级大国，还有一个无法确定其未来身份的超级大国。

如果东亚各国间存在权力平衡，那么这种平衡局面的建立需要极大的动力。当今东亚局势的转变无异于一场革命。② 然而有一点是明确的，那就是在冷战结束的浪潮中发生的巨大变化导致了两极世界政治体系瓦解，并带领我们进入一个动荡不安的新世

---

① 关于这些辩论可参见 Sean M. Lynn-Jones, *The Cold War and After: Prospects for Peace*, Cambridge, Massachusetts: The MIT Press, 1993; Richard K. Betts, ed., *Conflict After the Cold War: Arguments on Causes of War and Peace*, New York: Macmillan, 1994; Armand Clesse, Richard Cooper, Yashikazu Sakamoto, *The International System After the Collapse of the East-West Order*, Dordrecht, The Netherlands: Martinus Nijhoff Publishers, 1994。

② Kyung-Won Kim, "Korea and the US in the Post-Cold War World," *Korea and World Affairs*, Vol. 18, No. 2 (Summer 1994), p. 219.

界体系中。① 除此之外，"软实力"② 作用的不断增加让世界逐渐
迎来一个新的、看似多极的国际政治体系，远离由美国主导的单极
世界体系。换句话说，我们正在迈向一个多极化的世界。③ 然而，
由于目前的国际体系中存在权力的不对称分布，这个全新的多极
国际政治体系将完全不同于 19 世纪欧洲传统的多极体系。

　　冷战结束以来，各国均倾向于拒绝权力政治，取而代之的是
在"全球化"的口号下追求经济关系与功能关系。这种方法具有
明显的吸引力，然而纵观整个朝鲜半岛的历史，地理因素以及军
事力量的不足迫使朝鲜半岛的对外政策只能随波逐流。在没有能
力制衡外国政治势力的情况下，朝鲜半岛上的对外关系经历了与
中国长期的宗藩关系，日本的殖民统治，以及如今的韩美军事同
盟。冷战结束后，韩国被迫在多极的国际关系潮流中把握机会以
塑造自身的外部关系。

　　美国在冷战中所实施的外交策略既简洁又有效。其内容也很
简单：遏制并逐步瓦解苏联。④ 结果美国的这两个目标都实现了。
然而，自布什总统在海湾战争中取得惊人的军事胜利并提出了
"世界新秩序"后，美国开始表现得更像一只"神经质的狮
子"。⑤ 美国貌似要将自己定位为一名聪明的平衡者，而非之前所
扮演的世界领袖。但是这种传统的英国式平衡游戏对美国并无益

---

① James N. Rosenau, *Turbulance in World Politics*, Princeton, New Jersey: Princeton University Press, 1990.

② Joseph Nye, Jr., "Soft Power," *Foreign Policy*, No. 80 (Fall 1990), pp. 153 – 171.

③ Christopher Layne, "The Unipolar Illusion: Why Few Great Powers Will Rise," *International Security*, Vol. 17, No. 4 (Spring 1993), pp. 5 – 51; Kenneth N. Waltz, "The Emerging Structure of International Politics," *International Security*, Vol. 18, No. 2 (Fall 1993), pp. 44 – 79.

④ X [George F. Kennan], "The Sources of Soviet Conduct," *Foreign Affairs*, Vol. 25, No. 2 (July 1947), pp. 556 – 582.

⑤ Michael Elliot, "The Neurotic Lion: America's Skittishness About Committing to War Causes Global Problems," *Newsweek* (September 26, 1994), p. 23.

处，反而会使其盟友和敌人一同感到不安。① 当需要实现权力平衡时，英国式的平衡者通常无法应付长期的威胁。而且美国目前几乎无法扮演一个严格意义上的英国式的平衡者，除非它能完全从其众多的同盟关系中脱离出来。

因此，不如说美国试图扮演 1871 年德意志统一之后俾斯麦曾扮演的平衡者角色。② 俾斯麦以和事佬自居，但同时拥有着强大的联盟作为后盾。美国也许希望自己能成为最优秀的平衡者，但又不喜欢现实政治，因为这会让美国付出昂贵的代价。俾斯麦政策的目标非常明确，那就是孤立法国。相反，美国更愿意与所有的大国斡旋，其中也包括中国。美国选择与所有可能的竞争者保持良好的关系，而不是与它们处于无休止的竞争中。不管怎样，俾斯麦成功地扮演了一名和事佬的角色。对所有人来说，和事佬的角色都是相当有吸引力的，因为扮演者不需要付出任何代价。对于美国来说，这个角色同样具有诱惑力，它能使美国置身正在逐渐形成的多极世界体系之外。③

通过扮演和事佬的角色，美国将降低在充满变数的东北亚地区过度扩张的可能性。东北亚的活力依靠经济和军事力量的增长。俄罗斯实力较弱，但其潜力巨大，并正在逐渐从苏联瓦解的冲击中恢复过来。中国正在谨慎地将其新的经济实力转换成军事能力。日本也已经准备好实现军事飞跃。冷战结束后，中日就两国间的共同利益达成了广泛的共识。日本的独立政策与中国独立自主的政策是 21 世纪前夕国际政治历史性变革中令人瞩目的

---

① Joseph Joffe, "'Bismarck' or 'Britain'? Toward and American Grand Strategy After Bipolarity," *International Security*, Vol. 19, No. 4 (Spring 1995), pp. 102 - 105.

② Sung-Hack Kang, *Chameleon and Sisyphus: Changing International Order and Korean Security* (Korean Version), Seoul: Nanam Publishing House, 1995, pp. 92 - 93.

③ Sung-Hack Kang, *Iago and Cassandra: The United States and Korea in the Age of Air Power* (Korean Version), Seoul: Oreum Publishing Co., 1997, chap. 1.

产物。

假如没有美国的介入，东亚地区无法在可预见的未来独自维持其自身的系统性平衡。美国与俄罗斯、中国、日本、韩国等都维持着良好的双边关系。整个亚洲都依靠美国的安全保障以防止日本将其巨大的经济力量转化为军事力量。在处理与朝鲜的关系上，美国已经开启了和朝鲜对话的直接渠道，甚至有时韩国都未参与。然而，韩国并不反对美国的领导，因为除了跟随美国一同防止朝鲜半岛的核扩散，韩国并没有更好的政策选择。然而，和事佬的失败在于它无法做到绝对的公平。因此，韩国不能只是静坐观望，或单纯相信只要是对美国有利的就一定也有利于韩国。

事实上，冷战的结束已经开始影响韩美同盟体系。它导致美国的长期政策目标，特别是对东亚的政策目标出现了普遍不确定性。随着经济的持续衰退，美国国内要求重新审视并减少其在海外的安保承诺的呼声越来越高，而美国的大部分东亚盟友却伴随经济的快速增长而日益繁荣。在这样的国内压力之下，美国政府不得不重新审视和定义其在包括朝鲜半岛在内的海外的安全角色。因此，考虑到美国减少驻韩美军数量的需求，以及韩国经济和军事实力的增长，布什政府采取了逐步减少海外驻军的计划。

五角大楼的一份报告中详细记录了汉城与华盛顿就减少驻韩美军问题所签订的具体内容。这份报告概述了美国的东亚战略计划以及驻韩美军的撤军时间表。① 根据这份报告，韩国应当承担本国国防的主要任务，大部分驻韩美军将于 2000 年之前撤离韩国。但是由于朝鲜的核发展计划加剧了朝鲜半岛的紧张局势，美国和韩国政府在约 7000 名美军撤离韩国之后的 1992 年同意暂停

---

① US Department of Defense, *A Strategic Framework for the Asia Pacific Rim*: *Looking Toward 21st Century*, Washington D. C.: US Department of Defense, April 18, 1980, pp. 15 – 17.

该计划。① 所以直到 1998 年，美国仍然在韩国保留了 3.7 万名驻军。

后冷战时代，近似于多极平衡的权力政治正在逐渐形成。然而，身处其中的韩国对这一切却所知无几。历史上，韩国搭乘超级大国的顺风车所走的路要比其身处多极权力体系中所走的路远得多。② 因此，韩国没有足够的机会去发展自身的能力以同时应付几个超级大国。韩国需要一个具备卓越领导才能的政治家去应对新的国际政治环境，引领两个分裂的国家完成民族统一。20 世纪 90 年代，韩国外交政策的未来不应是一记尾声，而应该是一个崭新的、自信的、富有想象力的外交政策的开场。③ 它将有助于世界的和平与繁荣昌盛以及民族的统一、安全和发展。

朝鲜对后冷战世界的回应：危险的核游戏

苏联的解体和 1990 年东西德的统一④让包括韩国在内的全世

---

① Hong Nack Kim, "The United States and Korea: Dynamics of Political and Se-
curity Relations in the 1990s," *Korea and World Affairs*, Vol. 19, No. 1 (Spring
1995), pp. 7 - 9.

② Sung-Hack Kang, "Korean Style of Foreign Policy: From Bandwagoning to Quo
Vadis?" *IRI Review*, Vol. 2, No. 2, Seoul: Ilmin International Relations Institu-
te (Summer 1997), pp. 5 - 44.

③ Sung-Hack Kang, "South-Korea's Policy Toward the United Nations," in Sung-
Hack Kang, *The United Nations and Keeping Peace in Northeast Asia*, Seoul:
The Institute for Peace Studies, Korea University, 1995, pp. 1 - 42.

④ 崇高都是由政治事件引起的。在康德看来，这类事件中一个最典型的例
子便是法国大革命。康德借鉴了伯克关于崇高的见解，伯克认为崇高是
痛苦和快乐的混合物：崇高的前奏是恐怖，伴随而来的是通过拉开距离
解除恐怖。伯克认为崇高不再是一种"高度"，而是一种"深度"。更多
的讨论可参见 L. Pangle, *The Ennobling of Democracy: The Challenge of the
Postmodern Age*, Baltimore: The Johns Hopkins University Press, 1992, pp.
25 - 29。

界人民惊叹不已。很多人认为朝鲜很快也将崩溃，朝鲜半岛的统一指日可待。他们相信二战结束以后，韩国和德国有着相同的民族使命，即完成统一，而冷战的结束将会为韩国带来统一的希望，就像它促成了两德的统一那样。但是，随着时间的推移，人们认识到在民族统一的内外条件上，德国与韩国的不同点远远多于相似点。

总之，很多韩国人开始意识到德国统一的突然实现为朝鲜半岛的统一前景带来了更多的负面影响，它远远超出了当初人们在两德统一后所期待的正面影响。① 德国实现统一的方式为朝鲜敲响了警钟，导致朝鲜把自己武装得像一只刺猬。可以理解的是，朝鲜似乎下定决心不会成为第二个东德。朝鲜开始通过加强思想统治来重新巩固自身的势力。东欧社会主义政权突如其来的重大变革，苏联如维苏威火山喷发式的解体，以及美国在海湾战争中骁勇无比的军事行动，都让朝鲜深感不安。朝鲜开始对国际形势的瞬息万变感到忧虑。一方面，金日成开始对韩国、日本和美国采取和解的姿态，似乎想要向全世界展示他是一名可以和任何人做交易的理智的领导人。另一方面，朝鲜继续秘密推进核武器的研发。汉城、华盛顿及东京都无法置朝鲜处在核武器边缘的这一威胁于不顾。朝鲜对核武器的野心无疑给朝鲜与韩国、日本、美国之间正在缓和的关系泼了一瓢冷水。

在朝鲜战争中企图通过军事手段统一朝鲜半岛的尝试失败后，朝鲜于 1955 年与 1959 年分别和苏联签订了两项核武器合作协议。但直到 1965 年苏联最终提供给朝鲜一个 2 – 4MWT 研究用核反应堆之后，朝鲜才开始启动核项目，该反应堆在 1966 年被投

---

① 　Han Sung-Joo, "Why Unification Remains Elusive," *Newsweek*, April 29, 1991, p. 27.

入使用。[1] 然而，朝鲜深知无论是苏联还是中国，它的这两个保护伞都不希望看到朝鲜拥有自己的核武器。同时朝鲜也担心任何发展核武器的尝试都会引发韩国以联合国为后盾发起进攻。[2] 1973 年驻越美军全部撤离，1975 年越南共产党通过军事手段统一越南。鉴于美国军事援助逐年减少，而且驻韩美军撤离韩国的可能性不断增加，韩国开始思考"韩国国防的韩国化"。在这种情况下，1975 年韩国朴正熙开始考虑发展核武器，1977 年韩国国会通过了相关的项目提议，但是这一尝试遭到了美国的压制。[3] 然而朝鲜却在 70 年代末做出了一个类似的决定：启动核武器发展计划。[4] 但是由于经济、财政以及科学技术方面的困难，朝鲜核武器的军事应用研发一直未能取得很大进展。[5] 加之 80 年代针对朝鲜的政治与经济孤立形势越来越严峻，这也给朝鲜的核发展项目造成了困难。1985 年 12 月，迫于苏联的压力，朝鲜加入了《核不扩散条约》。随着冷战结束、苏联崩溃以及美国在海湾战争中取得胜利，朝鲜于 1992 年 4 月与国际原子能机构共同批准并签署了核保障协议。鉴于朝鲜过去与现在屡次违反协议的行为，国际原子能机构的国际监察员们表现出越来越多的质疑。面对这些压力，1993 年 3 月朝鲜决定退出《核不扩散条约》。

多年来，朝鲜的言行不一，[6] 导致朝鲜的核危机由朝鲜半岛问题转变成了国际问题，并最终成为一个美国问题。[7] 由于美国

---

① Alexander Y. Mansourov, "The Origins, Evolution and Future of the North Korean Nuclear Program," *Korea and World Affairs*, Vol. 19, No. 1 (Spring 1995), p. 42.

② Jing Huang, "Why is Pyongyang so Defiant on Nuclear Issue?" *Korea and World Affairs*, Vol. 20, No. 3 (Fall 1996), p. 383.

③ Mitchell Reiss, *Without the Bomb: The Politics of Nuclear Nonproliferation*, New York: Columbia University Press, 1988, chapter 3.

④ Alexander Y. Mansourov, op. cit., pp. 43 – 44.

⑤ Ibid., p. 44.

⑥ Stephen J. Solarz, "Next of Kim," *The New Republic*, August 8, 1994, p. 23.

⑦ Jing Huang, op. cit., p. 382.

无法利用其强大的军事手段有效征服朝鲜，[1]　朝鲜在国际社会中
获取了很高的知名度和关注度，朝鲜也利用这点将核武器计划议
题当作谋取最大利益的手段。尽管自朝鲜战争结束以来，美国一
直拒绝与朝鲜建立任何正式的外交关系，但克林顿政府把朝鲜的
核问题与其全球核不扩散政策联系在一起，帮助朝鲜实现了直接
与美国接触的主要目标。在得到韩国极不情愿的同意之后，美国
接管了朝鲜的核问题。

　　由于在整个谈判过程中无法对朝鲜做出任何强制性的制裁，
美国几乎只能按照朝鲜制定的规则与之进行博弈。考虑到包括
中国等许多国家的反对，美国很难对朝鲜进行制裁。此外，由
于朝鲜的经济还未融入世界经济体系，这种经济制裁也很难奏
效。同时，韩国也担心对朝鲜的过度施压可能会适得其反。因
此，美国和韩国都尽量避免对朝鲜进行不必要的刺激，尽管它
们很清楚一再退让并不会换来朝鲜的积极配合，反而会让朝鲜
进一步提出更多要求。鉴于对韩国和日本的责任与承诺，美国
被禁止使用军事力量，甚至借助军事力量造势。美国不得不对
朝鲜采取积极制裁。[2]

　　1994 年 10 月 21 日美国和朝鲜签订了《日内瓦框架协议》，
试图借此冻结并解除朝鲜的核武器发展计划。作为奖励，美国答
应在 2003 年之前为朝鲜提供两个轻水反应堆，并且每年提供 50
万吨的重油以解决过渡期朝鲜能源短缺的问题。考虑到朝鲜可能
已经拥有一到两枚核炸弹，美国原本计划将其销毁，但最终选择
了忽略的态度。美国还向朝鲜承诺不对其使用核武器，并消除朝

---

[1]　关于这个转换过程可参见 David A. Baldwin, "Power Analysis and World Politics: New Trends Versus Old Tendencies," Klaus Knorr, *Power*, *Strategy*, *and Security*, Princeton: Princeton University Press, 1983, pp. 5 – 9。

[2]　David A. Baldwin, "Power Analysis and World Politics," *World Politics*, Vol. 31, No. 2 (January 1979), pp. 161 – 194.

美间政治经济往来的障碍，在华盛顿和平壤互设联络处。①

一方面，朝鲜仅通过维持现状便获得了它想要的东西。而另一方面，美国得到的只是朝鲜的一个承诺：停止在现有核反应堆及加工现场的活动。但美国期待的是全面实施该协议，最终消除朝鲜的核发展计划。为了执行《日内瓦框架协议》，美国与包括韩国在内的盟国于 1995 年 3 月 9 日在纽约成立了朝鲜半岛能源开发组织（KEDO）。最终，由朝鲜半岛能源开发组织援建的两个一千兆瓦核反应堆项目于 1997 年 8 月 19 日在朝鲜新浦市破土动工。

通过朝鲜半岛能源开发组织，韩国发现了直接参与《日内瓦框架协议》执行过程的有效方法。因此，韩国在未来的协议进程中将发挥主导作用，尽管截至目前情况乐观，但前方仍有许多挑战。即使在未来的 6 年里，朝鲜半岛能源开发组织能够筹集到 40 亿 ~ 50 亿美元用于项目的运作，朝鲜也必须承担为操作轻水反应堆的电力输出提供配套基础设施的责任。然而朝鲜现有的输电和配电系统不足以操控新型轻水反应堆所产生的电量。

朝韩两国人员之间的直接交流与接触必将会对朝鲜民众的"格式塔"（Grestalt）产生影响，朝鲜人民的这种"格式塔"转换随后也将给朝鲜领导人带来严峻的挑战，而这种挑战丝毫不亚于 20 世纪 80 年代末东欧人民与苏联人民对其政府造成的挑战。这样看来，朝鲜的核武器反而造成了一个自相矛盾的结果，即朝鲜允许韩国的"特洛伊木马"进入自己的国境。在政治上，一个意想不到的后果往往是政治学成为政治科学的巨大障碍。一旦朝鲜领导阶层认识到韩国人的到来将在朝鲜民众中引发剧烈震动，他们有可能会"把洗澡水和孩子一起倒掉"，全盘放弃整个《日

---

① 详情可参见 Michael J. Mazarr, "The US-DPRK Nuclear Deal," *North Korea and the Bomb*, New York：St. Martin's Press, 1995, chap. 7；*Korea and World Affairs*, Vol. 19, No. 3（Fall 1995），pp. 488 – 492。

内瓦框架协议》。考虑到这种可能性，朝鲜半岛能源开发组织的
未来仍然充满不确定性。

朝鲜的另一个游戏：一场博取
同情的残酷游戏

　　最近有报道称，朝鲜的饥荒已达到了自二战结束以来最严重
的程度。① 联合国儿童基金会的报告称，朝鲜约有 80 万儿童严重
营养不良，这个人数接近整个朝鲜学龄前儿童总人数的 40%，而
其中约有 8 万人濒临饿死。② 这些数据引发了世界范围内对道德
危机的讨论。也许只有电视，或所谓的美国有线电视新闻网
（CNN）才能给朝鲜饥饿的孩子带来及时的救济。尽管人们可以
看到遭受苦难的朝鲜人民的少数照片，但电视才能呈现出强烈的
视觉冲击。在世界范围内的电视直播曾经拯救了许多人的生命，
如 1984 年遭受严重饥荒的埃塞俄比亚、1991 年伊朗枪决库尔德
人、1992 年饱受饥饿折磨的索马里、1993 年遭受炮击的萨拉热窝
以及 1994 年的卢旺达大屠杀。当务之急是要唤醒世界人民对这些
年轻受害者悲惨命运的同情。与上述国家不同，朝鲜的饥荒几乎
蔓延到了整个国家。③ 1984 年的埃塞俄比亚和 1992 年的索马里，
只有部分地区遭受了内战、天灾和饥荒，而其他地区并未受到影
响。但朝鲜不存在加剧饥荒的战争。在这项行动中，著名的 CNN
曾一度消失。CNN 国际网络及全球新闻采集总裁伊森·乔丹
（Eason Jordan）曾试图说服朝鲜领导层允许 CNN 对朝鲜受灾民众
进行采访，但朝鲜拒绝了其采访要求。④
　　朝鲜政府无力帮助这些受灾民众，也不愿世界目睹本国的

---

① *Die Frankfruter Allgemeine*, September 17, 1997.
② *The Japan Times*, August 17, 1997.
③ *The Economist*, August 9, 1997, p. 24.
④ *The Japan Times*, August 17, 1997, p. 21.

"耻辱"。朝鲜试图将人民遭受的苦难作为与美国讨价还价的筹码，要求美国在决定结束朝鲜半岛战争局面的四方会谈开启前，向朝鲜提供大量的粮食援助。

朝鲜政府担心涉及大批国际机构的全面援助可能会危及其政权，因此政府试图从美国和韩国获得尽可能多的粮食援助，并承诺以参加四方会谈作为交换的条件。但是美国和韩国希望确保它们提供的援助没有被朝鲜政府用于扩充军队。这种担心并非没有理由，因为早前就曾经出现朝鲜将援助受灾百姓的粮食运往军队仓库的情况。韩国尤其不愿看到这种情况发生，因为朝鲜 2/3 的部队都驻守在两国边境附近，他们的枪都对准了仅 50 公里外的韩国首都——汉城。

在对朝粮食援助的问题上，韩美两国政府在两种截然对立的观点中显得有点不知所措。一方面，支持援助的人们表示对朝鲜的人道主义援助与政治无关。另一方面，反对援助的人们则认为朝鲜的统治是其人民遭受苦难的根源，因此应该施加压力使朝鲜政府屈服。两国政府既不愿被指责是在援助一个经济实力脆弱的敌人，也不愿被指责在面对成千上万的朝鲜人民死于饥饿时无动于衷。从这个意义上来讲，朝鲜的饥荒可以说是一场政治化的人道主义灾难。

即使主要来自韩国和美国的国际粮食援助能在一段时间内缓解朝鲜国内的粮食危机，但人们仍不能期待朝鲜的粮食危机会完全消失。因为朝鲜的农业政策是造成国内粮食短缺的主要原因。从最终的分析结果来看，朝鲜政府的统治才是造成国内粮食长期短缺的根本原因。单纯依靠外部的援助不可能从根本上解决问题，国际援助就好像将水倒入一个无底的水桶，永远也无法将其填满。朝鲜需要的是进行一场彻底的经济改革，但改革同时也意味着统治政权要承担一定的政治风险，而这正是一直以来朝鲜政府竭力避免的。

同情心是人类与生俱来的品质。在通信技术发达的现代社会，人们对灾难的感知不再受距离的限制。在信息革命的影响之下，世界任何角落发生的灾难都无法躲过摄像机的镜头，而且一旦被记录，便会无处不在。通常，我们可以在灾难发生的同时就通过电视屏幕目睹整个过程。无须迈出家门，在按下遥控器的瞬间，便能够感受到从指尖传来的悲伤。由于受灾画面迅速及时的传播，他国政府在全国人民的压力之下会实施人道主义干预。这的确是个美好的愿望，但这是否真的会实现呢？

对于所有电视节目，人们可以选择看或不看。电视观众已经适应了典型的新闻报道节奏：在重大新闻之后播放一些不太重要的节目（例如体育、天气、生活时尚以及娱乐性新闻或节目）。与灾难相关的新闻也许会在一个小时里冲击着人们的大脑，但人们的注意力还是会很快回到日常生活的琐事中。电视制作人深刻地明白，观众希望被娱乐。适量的灾难报道是一种娱乐，但仅限于适量而已。[①]

电视无疑让遥远的灾难变得更加生动，但这并不等于让它们变得更真实。混淆了灾难的真实和虚假在外交实例中显得尤为危险。人们的现实感很快就会消失。这种现实感的减少不仅会引起责任感的缺失，而且会导致有效意志的缺失。而 CNN 对此也无能为力。人们常说电视把整个世界搬进了你的客厅里，但实际上是电视把你带进了你家的客厅，甚至可能把你关在了那里。让·雅克·卢梭是首位支持将政治建立在同情之上的伟大先驱。但他本人并不相信存在全球性的或世界性的同情。[②] 对于那些嘴边挂着"地球村"的电视观众来说，他们必须思考一下"地球村"这个表达方式是否存在误导性。CNN 因素是真实的，但人道主义同情

---

① Clifford Orwin, "Distant Compassion," *The National Interest*, Vol. 43 （Spring 1996）, p. 43.

② Clifford Orwin, "Rousseau and the Discovery of Political Compassion," in Clifford Orwin and Nathan Tarcov, *The Legacy of Rousseau*, Chicago：The University of Chicago Press, 1997, pp. 296 – 320.

却很容易被歪曲并充满不稳定性。朝鲜面对国际社会开展的这一残酷的博取同情的游戏并不能解决全国范围的饥荒问题。

朝鲜半岛统一的漫长道路

　　基于韩国在 20 世纪 80 年代末 90 年代初成功实施的"北方政策",韩朝两国于 1991 年 12 月 13 日达成《南北和解、互不侵犯与合作交流协议书》(该协议于 1992 年 2 月生效)。但该协议无论在内容还是形式上都只是对 1972 年 7 月 4 日发布的《七·四南北联合声明》的重复及一定程度的扩展。基辛格 1971 年秘密访问北京后,东西两大阵营间的对抗有所缓和。这种有所缓和的局势促使韩朝两国高层进行秘密会谈并发表了《七·四南北联合声明》。而在第一次联合声明发表 20 年之后,韩朝两国才最终达成了所谓的"基本协议"[1]。换句话说,韩国与朝鲜用了 20 年的时间才重新确认了双方渴望和平共处与和平统一的愿望。[2]

　　假如我们将朝韩两国人民取得的成绩与东西德在过去 20 年为和平与最终统一所做的努力做比较的话,就会发现 1972 年的《七·四南北联合声明》只不过是两国政治领导人自欺欺人的一场骗局而已。同时,这也揭示了推进朝鲜半岛和平统一进程必将困难重重。古人云:本是同根生,相煎何太急?手足之争往往更加激烈、残酷和血腥。朝韩两个兄弟国家之间日积月累的猜疑与不信任使双方更难以达成妥协。尤其是在一方或者双方都抱有取胜或击败对方的积极目标时(而不仅仅是不投降的消极目标),

---

[1]　它被一些评论家形容为划时代的协议,例如 Choung-Ⅱ Chee, "South Korea's Security in the Age of the New World Order," *Korea & World Affairs*, Vol. 16, No. 1 (Spring 1992), p. 92。

[2]　关于过去二十年间南北对话进程的一个简短调查可参见 Tae Hwan Ok, "The Process of South-North Dialogue and Perspective for Unification of Korea," *The Korean Journal of National Unification*, Vol. 1, 1992, pp. 85 – 106。

政治对话陷入僵局几乎是一个必然的结果。自 1972 年《七·四南北联合声明》发表以来，南北领导人主要面对国内提出大量以国内外宣传为目的的建议和反建议。然而，双方都没有重视彼此的建议，只是草率地提出了反建议。这些建议和反建议就如同 1914 年 6 月奥匈帝国给塞尔维亚发出的最后通牒那样，根本无法让对方接受。

因此，在过去 20 年里，朝鲜与韩国之间展开了一种类似"作文竞赛"式的建议与反建议对话。如今，许多朝鲜问题专家更多关注可能实现"统一"的几种情况。第一种情况假设以德国统一为参照，即东德政权突然崩溃，但当时没有任何东西德问题专家预料到东西德会以如此和平的方式完成统一。因此，支持这一设想的专家们认为应当制定一套应急方案以缓和未来统一之后可能出现的混乱局势。那些孜孜不倦地计算着统一成本以及经济影响的专家便属于这一组。关于第一种设想，笔者将会在下文中继续讨论。

第二种情况假设以南北也门统一为参照，即朝鲜和韩国会通过协议最终完成统一。尽管北也门的封建专制政体和南也门的社会主义政体存在很大差异，但是双方的社会经济结构以及发展程度很相似。而且南北也门最终能够成功统一的最重要因素在于所有人民都信仰伊斯兰教这一宗教，他们可以共同追溯过去，但朝鲜半岛的人民却缺少类似的精神支柱。朝韩共同的基础——儒家文化在两国的影响力日渐衰落。

第三种设想是通过武力完成统一，可以参照的案例有 19 世纪的德国和意大利，以及 20 世纪的越南。这套设想基于大批军事战略家的理论，如克劳塞维茨（Carl von Clausewitz）、赫尔穆特·冯·毛齐（Helmuth von Moltke）、加里波第（Giuseppe Garibaldi）以及武元甲（Vo Nguyen Giap）。考虑到韩国和朝鲜都拥有强大的军事力量，在短时间内很难分出战争的胜负。而且俄罗斯、中国、日本、美国以及联合国都不会允许战争的发生。战争对于朝鲜半岛的所有人民来说都是一场灾难。

最后一种设想则期待朝鲜进行有限的体制改革，即在现有政治体制下实现一定程度的经济自由。这样一来，在一定程度上，朝鲜或许能够在经济领域赶上韩国，但同时也会延长分裂状态的持续时间。从严格意义上来说，这套设想方案并不是针对国家统一而制定的，而是对朝鲜美好未来的一种期待。

在这四种设想中，第二种和第三种显然不成立。那么第一种设想方案能否实现？如果我们发挥想象力，它是有可能实现的。韩国政府以及政府官员们从未表示过韩国想要合并朝鲜，就像当年西德合并东德那样。因为类似言论一旦被公开发表，便会对韩朝之间的政治对话造成巨大的障碍。然而，通过和平合并实现统一也正是韩国统一政策的最终目标。从长远来看，韩国有信心达成这一目标，因为韩国已经在许多方面具备优势，如政治民主化、经济、意识形态和国际声誉等。

那么，我们首先需要考虑的是，第一种设想是否存在理论支持？答案是肯定的。但讽刺的是，笔者认为这种理论支持可能来自朝鲜意识形态之父——卡尔·马克思。卡尔·马克思提出过许多合理的观点，如"量变引起质变的规律"。事物的变化在超出一定范围以后，就便无法保持原状。当事物细微的量变突然到达某个临界点时，就会发生质的变化。[1] 马克思强调人类社会的发展并不是一个渐进的过程，而是一个突变的过程，这个突变的过程被称为革命。马克思根据量变和质变的规律指出了革命的必然性。[2]

其次，是否有分析支持朝鲜政权的突变？弗朗西斯·福山在《历史的终结》一书中指出，苏联集权主义失败的最根本原因在

---

[1]　R. N. Carew Hunt, *The Theory and Practice of Communism*, New York: The Macmillan, 1961, p. 21.

[2]　Loc. cit.

于控制人们思想方面的失败。苏联人民一直保有独立的思考精神。尽管苏联政府做了多年的思想宣传工作，但是大部分苏联人依然清醒地知道政府是在欺骗他们。① 他们知道本国的国家体系存在严重问题，而核恐怖平衡正将全人类带入一条死胡同。

乔治·奥威尔的小说《一九八四》中的政治预言似乎是"斯大林主义"国家的真实写照。但奥威尔式的预言夸大了极权政府控制人民思想的能力。② "脱北者"人数正在逐年增加，其中包括朝鲜劳动党中央委员会书记局书记黄长烨与朝鲜驻埃及大使黄承吉，这向世界证明了一种新思想也许正在朝鲜的土壤上萌芽。③

在短期内，第四种设想——朝鲜在国内实施改革被人们视为最合理与最可行的方案。④ 这也是对朝鲜的未来所做出的最理智与最保守的预测。但有时，分析家的观点完全不同于政治行为体的观点。从朝鲜政治领导人的角度来看，正是经济改革摧毁了东欧的共产主义政权。苏联的经济与政治体制改革不仅摧毁了苏联的经济，也摧毁了苏联的社会主义政权。即使是中国式的改革也不能保证完全没有副作用，虽然改革促进了中国经济的发展，但同时也滋生了一些负面思潮。考虑到朝鲜与韩国之间的殊死斗争，朝鲜发生任何一起破坏性运动，都会对其政权构成巨大的威胁。能够缓解朝鲜经济困境的措施都有可能成为导致其统治政权灭亡的一把双刃剑。但假如朝鲜固执地不采取任何改革措施，其

---

① Francis Fukuyama, *The End of History and the Last Man*, New York: The Free Press, 1992, p. 29.

② Paul Monk, "Coping with the End of History: Pyongyang and Realm of Freedom," *The Korean Journal of Defense Analysis*, Vol. 4, No. 2 (Winter 1992), p. 121.

③ 推行新思维不足以推动变化。首先应该清除阻碍变化的障碍。障碍的清除将决定产生变化的时间。参见 Michael McGwire, *Perestroika and Soviet National Security*, Washington D. C.: Brookings Institution, 1991, pp. 1 – 2。

④ Sang-Woo Rhee, "Inter-Korean Relations in the 21st Century," *Korea and World Affairs*, Vol. 16, No. 1 (Spring 1992), p. 79.

千疮百孔的经济将会继续恶化，并会最终威胁到其政权的合法性与延续性。

朝鲜的核问题也应被置于同样的背景下。朝鲜政权不可能就此放弃或在谈判中承诺永不发展核武器，因为朝鲜将核武器视作确保其政权稳定的保障。《日内瓦框架协议》只可能迫使朝鲜领导人下令暂时冻结核项目，但就此期待朝鲜政府彻底放弃发展核武器是不现实的。朝鲜将拥有核武器视为一种应对未来困难局面不可或缺的保险政策。[①]　总之，无论是解决经济改革问题还是核问题，金正日都面临着进退两难的危险境地，而他应该清楚地认识到，"马基雅维利时刻"[②]已经到来。

结论　从马基雅维利时刻到裴斯泰洛齐[③]实践

有人主张朝鲜的政治领导人应回归"马基雅维利时刻"，即朝鲜无法按自己的要求实现统一。换句话说，南北统一的真正实现需要朝鲜半岛人民，特别是朝鲜领导人完成一种范式或"格式塔"的转变。[④]

毋庸置疑，范式或"格式塔"转变能克服心理偏见或障碍，但无法单独解决国家间的政治冲突。如果一方无法通过武力将自

---

① Sang-Woo Rhee, op. cit., pp. 157 - 158.

② "马基雅维利时刻"是一个关乎共和政体兴衰荣辱的关键时刻，是一个既充满危险又带来机遇的时刻。因此，只有以公民德行来克服偶然的机运，以新的形式克服已经腐朽的现状，才能实现共和政体的创新。在这个时刻，共和政体必然深陷于它必须面对的历史紧张局势与矛盾之中。——译者注

③ 裴斯泰洛齐是 19 世纪瑞士著名的教育实践家和理论家。其理论基础是要素教育理论，是要素教育理论在学科教学中的运用。——译者注

④ Sung-Hack Kang, "The Steps to Confidence-Building for Disarmament Between North and South Korea," *Korea Journal*, Vol. 30, No. 4 (April 1990), pp. 4 - 20.

已的意志强加于另一方，那么政治谈判便成为可能。然而，范式的转变则为成功进行政治谈判创造了新的可能性和有利的环境。如果想解决冲突，那么有关各方应努力使各自追求的目标由互不相容转化为彼此兼容。重新定义的目标应该完全反映当事人的真实愿望。通过清楚理解所面临的形势，他们将会认识到彼此渴望达到的目的是可以共存的。通过推动范式转变，双方首先应该抛弃只论输赢的军事战略思维方式，转而采取能促使双赢的行动方案。

假如韩国的安全取决于朝鲜的正确判断，那么，朝鲜的存亡也将取决于韩国的决策。双方领导人必须认识到，相比建立互信的艰巨任务，在建议和反建议的"作文竞赛"中获取的宣传优势，绝对是微不足道的。没有互信，脆弱而消极且互相依赖的战略关系便无法稳定。这也是为什么韩朝之间的政治对话，无论是否有第三方参与，都会被视为一种"教育"而非正式意义上的政治谈判。对任何人来说，教育都需要很长的时间、一个漫长的过程，而对于一直致力于在"民族解放"的口号下武力推翻朝鲜半岛上一切稳定基础的朝鲜领导人来说，所需教育的过程会更加漫长，更加艰难。一旦认清这一事实，韩国便必须具备耐心和毅力，因为韩国与美国一样，都扮演着一名教育者的角色。虽然阿里斯托芬（Aristophanes）曾经说过，"你永远没办法让螃蟹直着走"，但作为老师的我们应该承受教育一个叛逆学生时所遇到的困难。同时我们唯一需要做的就是确保这个学生不会在我们当中造成破坏。这就要求一位经验丰富的老师在遇到一个不守规矩的学生时能够做到以上这些。总之，在过去半个世纪的冷战中，西方阵营最终赢得胜利的关键就在于其毅力与威慑，而这两个因素也应当在朝鲜半岛的和平与统一之路上再次被强调。

所谓"历史的终结"并非因为共产主义无阶级社会已经来临，而是因为共产帝国已经从历史书中消失。这是黑格尔的胜利，而非马克思的胜利。但正如马克思指出的那样，历史完成了一次跳跃。在全新的世界体系中，朝鲜不可能永远保持刺猬般的姿态。无论迈向哪个方向，它都不可能原地踏步。朝鲜终将打开国门。无论是通过人民革命还是军事政变，这个国家内部日积月累的量变终将发生质变。但即使在这种情况下，朝鲜与韩国都很难做出选择。因为无论朝鲜与韩国做出何种选择，对于周边的四大强国——俄罗斯、中国、日本和美国来说，这都会是一个棘手的问题。世界目睹了几年前发生在德国的那场看似简单的"戏剧"，然而朝鲜半岛却无法享受这种"大团圆结局"。朝鲜半岛的统一之路注定漫长而艰辛。借用雷蒙·阿隆曾经评述冷战体系的一句话来描述当今朝鲜半岛的形势再恰当不过：不太可能爆发战争，但也不可能出现和平。

第十章
阳光政策与韩国安保：朝鲜究竟是伊索寓言中旅行者的大衣还是所罗门王手中的盾牌？*

错不在命运，而在于我们自己。

——莎士比亚

电影《国王与我》中主人公安娜曾对她的儿子路易说："当我害怕的时候，我会扬起头，吹着快乐的曲子，那么就没有人会看出我的恐惧了。"当笔者看到 2000 年在平壤举行的南北首脑会谈中金正日的表现时，脑海里不禁出现了这一幕。

1999 年 6 月 15 日的延坪海战是继朝鲜战争以后，朝韩海军之间展开的又一次武力较量。我们也可推测出，经过那次较量，金正日开始对韩国海军的威力产生畏惧，于是他选择在一年后 6 月 15 日这个特殊的日子，出席了在平壤举行的首脑会谈，不仅

---

* 第十章最早刊载于姜声鹤所著《鲸鱼间小虾的麻烦，或韩国外交政策的国际环境》（韩文版），首尔：博英社，2004，第 201 ~ 225 页 [Sun-Hack Kang, *A Shrimp's Troubles Among the Whales*, *Or the International Setting of Korean Foreign Policy* (in Korean), Seoul; Pakyoungsa Publishing Co. 2004, pp. 201 – 205]。

成功抢占了韩国庆祝胜利的机会，也让人们渐渐忘却一年前的延坪海战。

不可否认的是，南北首脑会谈是金大中政府一贯努力实施阳光政策的结果。但是，阳光政策更像是《圣经·旧约》里的"所罗门王的智慧"，韩国政府本期待这一缕温暖的"阳光"可以撒向朝鲜，却被朝鲜这面"镜子"反射了回来，它像一面盾牌。朝鲜政府向韩国发射了一枚催泪瓦斯——同意离散家庭的团聚，这让韩国人流下了喜悦的泪水。在南北首脑会谈和离散家庭团聚所营造的缓和气氛中，很难不担心韩国人会放松警惕从而对安保问题渐渐失去敏感性。南北首脑会谈确实引人注目。然而，这场首脑会谈究竟会在南北统一后被评价为具有重要历史意义的事件，还是会仅仅被评价为一场聪明的媒体炒作，我们无从而知，唯有历史会对它做出评价。

朝鲜半岛两国间关系的本质

显然，朝鲜半岛在南北首脑会谈后呈现缓和与解冻的迹象。然而，南北间的军事战略形势并无实质性的变化。南北首脑会谈带来了南北交流合作、朝鲜重返国际社会，以及国际对朝鲜的援助、投资等，可以说韩国在无意中为朝鲜这个潜在的敌人建立强大的军事力量提供了帮助。此外，考虑到朝鲜统治体制的特殊性，南北关系也会随着金正日的某些决定随时陷入对峙及敌对的状态。如今，人们在对于朝鲜半岛和平统一的热情中已经忽视了这种危险。

然而，随着时间的推移，这种热情会渐渐消退，人们面临的很可能是南北和解希望的幻灭。这是因为延坪海战更有可能是今后韩国即将要面对的大大小小危机的前奏，而并非朝鲜半岛紧张局势下的最后一场危机。南北间的接触和交流有助于增加南北关系和解的可能性与深度，但与此同时，也会引发更多冲突的因素。

卢梭很早之前便意识到了这一点。这就是为什么当启蒙哲学家兼牧师圣皮埃尔提议为了欧洲的和平成立欧洲联邦国家时，卢梭批判说："通过联邦实现的持久和平，在需要时并不存在，存在时并不需要。"① 在他看来，一方面，君主们不值得信任；另一方面，增进紧密关系本身也会增加威胁和平的因素。卢梭认为，国家关系就像霍布斯所说的"战争状态"，这甚至比个人的"自然状态"更加危险，因为国家是由致命武器武装起来的。

因此卢梭建议，与其在纸上做有关和平的文章，不如将时间用在培养军队上。② 似乎正是考虑了卢梭这种劝告，欧洲国家都积极培养军队，相互加强警戒与牵制，将所谓的权力平衡制度化。当然，这种权力平衡既不完美，也不稳定。但是它让人们相信，为了确保国家安全与世界和平，这是能力范围内可能采取的最佳方式，可以说这个诞生于 17 世纪欧洲的观点，至今仍然是现代国际政治的本质。

现代朝鲜民族所经历的悲剧可以归结为对现代国际政治缺乏正确的认知。19 世纪末，西方帝国主义浪潮波及东北亚，产生了所谓"文明的冲突"，而此时的朝鲜民族却没有做出适当的应对。当时，朝鲜民族的祖先专注于诸如"以仁治国""以德治国""以礼治国"等儒家思想的实践，而对残酷的国际政治现实缺乏正确的认识。他们埋头于修身齐家，而忽视了对武力或军事力量的培养。也许，他们并不认为军队和军事力量是必要的，又或许他们没有足够的经济能力来武装自己。

因此，隐居的朝鲜王国在 20 世纪初遭到了用马基雅维利主

---

① Jean-Jacques Rousseau, "Judgement on Saint-Pierre's Project for Perpetual Peace," M. G. Forsyth, H. M. A. Keens-Soper, P. Savigear, *The Theory of International Relations: Selected Texts form Gentili to Treitschke*, New York: Atherton Press, 1970, p. 157.

② Ibid., p. 161.

义武装起来的武士帝国——日本的威胁。日本被迫打开国门后，通过明治维新实现了富国强兵，然而，即使日本的太阳旗在朝鲜半岛高高升起后，朝鲜民族的祖先却仍在沉睡。一边期待着另一个平静的早晨，一边从睡梦中苏醒的朝鲜民族的祖先们，惊讶地发现他们无助地站在日本人的枪口前。然而，一切都为时已晚。朝鲜王国迟来的挣扎没能得到任何人的同情。因为日本早已经采取了彻底的外交措施，以防任何国家帮助朝鲜。当时，朝鲜民族的祖先们被迫站在了是选择搭乘崛起的日本的便车，还是选择空手一搏、壮烈牺牲的十字路口。正如哈姆雷特"生还是死"的独白，朝鲜民族陷入了进退两难的境地。从历史上看，这种情况绝不只是朝鲜民族的悲剧。许多弱小国家都屡次陷入这样的悲剧。在力量的压迫下，早已无法用道德的力量来反抗，古希腊历史学家修昔底德的《伯罗奔尼撒战争史》[①] 中，雅典人与米诺斯人的对话很好地向人们展现了国家间利用赤裸裸的武力进行野蛮对抗的场景。

雅典人为了展现其海洋帝国的威严和威信，认为有必要让米诺斯人屈服于自己。雅典人威胁米诺斯人：选择屈服则生存，选择反抗则灭亡。米诺斯人宣扬着普遍的正义和神的庇护，试图抵抗雅典的武力压迫，然而毫无力量的正义和对神的召唤都没有对雅典人造成丝毫的威胁。随后，米诺斯人提出了一个保持中立的方案，但是对雅典人来说，米诺斯人的中立可能会引起屈服于雅典的其他海洋国家的反抗，因此拒绝了米诺斯人的提议。米诺斯人将希望寄予斯巴达军队，然而斯巴达却更关心自己的安全，因而没有对米诺斯提供任何帮助。尽管如此，米诺斯人最终还是为了保护本国 700 年的历史和荣誉而决定进行反抗，结果却以惨败收场。米诺斯人无视国际政治的冷酷现实，沉醉于虚无缥缈的希

---

① Robert B. Strassler, ed., *The Landmark Thucydidies: A Comprehensive Guide to the Peloponnesian War*, New York: The Free Press, Book 5.

望和民族的自尊心，忽略了最根本的问题，从而错过了谋取生存空间的最后一次机会。

修昔底德通过两国间的对话，揭示了以力量为基础的国际政治的本质，并指出弱小国家应该如何行动才能在国际社会中谋求生存。这可以通过雅典对米诺斯领导者所说的一句话来表达："国家之间，正义只有当两国力量相当的时候才存在。在国际社会中，强者行其所能为，弱者忍其所必受。"①

命运与德行

马基雅维利认为自己国家的灭亡主要是由于基督教。② 在他看来，佛罗伦萨之所以灭亡，正是因为基督教让佛罗伦萨人民忘却了武力的重要性。基督教是一种软弱与充满幻想的宗教。基督教阻碍了对军人精神的培养，妨碍了人们对正确生活方式的认识。基督教徒认为即使因武力不足而战败，根本上还是因为他们过去犯下不少"罪"而遭到了上帝的遗弃。马基雅维利认为，正是由于国际政治中基督教使人们如此消极，改变了国民的精神状态，曾经建立了罗马帝国的意大利才最终走向灭亡。

另外，儒教最重要的美德"仁"也像基督教所宣传的"爱"那样，倾向于禁止暴力、反对使用武力手段。换句话说，朝鲜半岛人民的儒教世界观阻碍了他们对 19 世纪末以来"越来越小"的地球，以及汹涌而来的帝国主义浪潮的威胁做出正确认识并进行合理应对。因此，朝鲜半岛人民所坚信的"命运"最终还是屈服于日本武士的"德行"。马基雅维利批判称，当时意大利的君主们没有对自己的过失负责，而是将之归于国家的不幸。意大利

---

①　Robert B. Strassler, ed., op. cit., p. 352.

②　Niccolo Machiavelli, "The History of Florence," in *Machiavelli: The Chief Works and Others*, translated by Allan Gilbert, Durham, North Carolina: Duke University Press, Vol. 3, 1965, pp. 1025 – 1435.

君主们是无能的领导者，因为他们甚至未能预见万里晴空背后的乌云密布。19 世纪末 20 世纪初的朝鲜半岛与马基雅维利痛惜的对象——佛罗伦萨尤为相似。

从日本作家池原守的《对韩国及韩国人的批判》[1] 一书中，也可看出日本人的马基雅维利式认识。他反问道，日本侵略韩国时，正值全世界强国征服弱国的帝国主义时代，假如当时韩国是强国，日本是弱国，那么谁能保证韩国不会侵略日本呢？这是在韩国生活 26 年，自称比任何人都深爱韩国的一个日本人的历史观。日本人是绝对不会对侵略朝鲜半岛做出任何历史反省的。这意味着日本人的历史观与雅典人和米诺斯人对话篇中雅典人的认识，两者并没有本质的不同。后来，斯巴达在伯罗奔尼撒战争中取得了胜利，雅典如米诺斯人预言的那样灭亡了。然而，对于那些已经战死的米诺斯男性、被当作奴隶卖掉的女性和孩子来说，这不能给他们带来丝毫的安慰。同样，对于在日本帝国的侵略及痛苦中死去的朝鲜民族祖先们来说，日本帝国的垮台也毫无意义。

如今，勾起朝鲜半岛人民泪水的民族分裂及随之而来的一切痛苦，可以说是 20 世纪初主权丧失的结果。民族的分裂缘于最初主权的丧失，这样说并不为过。因为当时的错误，直到现在，朝鲜半岛人民还在继续承受着血与泪的代价。实现了统一的民族国家、在世界上享有盛誉的德国铁血宰相俾斯麦曾说过，"为了成功，政治领导者应该倾听历史的脚步声"。这意味着只有正确把握时代潮流、顺应历史浪潮的领导者才能走向成功。俾斯麦的成功正是因为他倾听了历史的脚步。几年前，德国总理赫尔穆特·科尔也正是因为在冷战结束的过程中听到了历史的脚步声，而最终实现了德国的统一。

过去，朝鲜民族的祖先在西方现代化革命的浪潮中失败了，

---

[1]　Ikehara Mamoru, *Criticism on Korea and Koreans*, Seoul: Central M&B, 1999, p. 210.

因为他们没能正确倾听历史的脚步。冷战宣告结束，在所谓"历史的终结"① 已经到来的今天，朝鲜半岛人民开始步入民主化、自由市场经济及全球化的时代。朝鲜半岛人民的未来将取决于他们如何驾驭这个时代。

南北交流：特洛伊木马？

新千年来临之际，南北双方能否通过首脑会谈继续携手步入全球化革命时代？尽管存在这种可能，但同时我们也应从其他方面考虑这个问题。因为朝鲜在这一时代的目的，可能是想通过建设强大的军事力量实现朝鲜式的统一，而非和平意义上的统一。因此，虽然某种程度上有必要扩大南北之间的接触和交流，但我们同样不能忽视卢梭的警告，即相互依存的扩大也必然会带来矛盾因素的扩大。

迄今为止，南北交流实际上意味着从南到北的单向经济援助与渗透。韩国试图通过经济因素进入朝鲜的目的是什么？虽然没有直接说明，但韩国认为通过南北交流可以促进朝鲜开放与变化。也就是说，韩国认为南北交流可以成为"特洛伊木马"。金正日没有理由不知道韩国促进交流的意图。然而，为何明知道这个事实，金正日依然邀请韩国经济人士来朝？也许金正日并不觉得进入朝鲜的企业家们是韩国所认为的"特洛伊木马"，反而是随时可以紧紧抓住的"人质"？倘若果真如此，那么朝韩就陷入了究竟是谁在利用谁的问题上。"特洛伊木马"也好，潜在的人质也罢，可以肯定的是，南北之间已经播下了产生纷争和冲突的种子。

韩国可能很快就会面临比延坪岛危机更大的危机。韩国必须

---

① Francis Fukuyama, *The End of History and the Last Man*, New York: The Free Press, 1992.

考虑自己是否能够满足朝鲜日益增长的需求。假如韩国继续对朝进行单向援助，那么韩国社会的反弹将不可避免。韩国的经济不可能具备长期的延伸性。韩国政府将此当作对朝鲜的长期投资。但即使是长期投资，也应该考虑自己的实际能力。过度的投资实际上可能成为未来不幸的种子。此外，不能排除这种投资最终只会成为一种过度消费。过度投资会导致过度消费，同时，也有可能成为让敌人愈加强大的危险行为。马基雅维利曾指出，如果认为谦让的美德可以战胜对方傲慢的行为，那么你就犯了一个严重的错误。

此外，韩国不仅要考虑面对国内不满情绪的危险，还应该担心更多的人力资源相关问题。朝鲜金正日的个人欲求、韩国的政权交替及随之而来的政治变化，也都应该划入考虑范围。朝鲜应该意识到仅依靠政治领导人个人能力的政策不能持久。此外，正如雅典的民主最终导致政治的混乱而造成国家灭亡那样，假如韩国国内的政治混乱，那么南北间的关系将会因为情绪反应或政治领导人的政治地位变化而迅速转为冲突的局面。

和平仅仅是战争通过另一种手段的延续？

更为根本的问题是金正日对和平的认识。卡尔·克劳塞维茨曾说过，"战争只不过是政策通过另一种手段的延续"。① 也许金正日恰恰认为，"和平只不过是战争通过另一种手段的继续"。过去，朝鲜有很长一段时间想要避开韩国，只与美国对话。但是当与美国的关系陷入僵局后，朝鲜又将关注点转向了韩国。可以说，金正日希望转乘"韩国的列车前往美国"。截至目前，金正

① Carl von Clausewitz, *On War*, translated by Michael Howard, Peter Paret, Princeton, New Jersey: Princeton University Press, 1976, p. 87.

日已采用核威胁要挟美国。过去，苏联的赫鲁晓夫也使用过这种战略。正如现居美国的赫鲁晓夫的儿子所说，1960 年初古巴导弹危机时，赫鲁晓夫曾说过："最重要的是让美国人相信我们拥有很多导弹。这样可以防止攻击。我们用并不存在的导弹威胁了美国。过去的苏伊士危机与伊拉克危机也是如此。"[①]

　　然而，美国对苏联挑衅的早期反应过于慎重，从而让对方认识到了美国的软弱，导致当时的形势进一步恶化。1962 年赫鲁晓夫曾想在古巴部署中程核导弹。1961 年的猪湾事件、在维也纳与肯尼迪总统的会谈以及 1961 年修筑柏林墙这一连串事件中，赫鲁晓夫对肯尼迪持轻视态度。他识破了肯尼迪只会在言语上强硬，而实际并无使用武力的意志。"支持一切朋友，反对一切敌人"，肯尼迪总统著名的就职演说中的这句话，虽然给当时的自由世界带来了巨大的鼓励，其实也只不过是一种小心谨慎的态度罢了。猪湾事件、维也纳首脑会谈以及柏林墙事件中，肯尼迪都遭到了赫鲁晓夫的排挤。

　　肯尼迪只是集中深入分析自己的对手，却没有意识到自己的被动反应可能会被理解为软弱、无力或害怕，导致对方的误算和误判，从而产生更大的危险。第二次世界大战前，肯尼迪在哈佛大学读书时，从修正主义历史学家西德尼·费伊的课程中受到启发。[②] 人们普遍认为第一次世界大战爆发的原因在于当时凯撒·威廉二世征服世界的野心。然而，西德尼·费伊却认为凯撒并没有这样的野心，这场战争是由其他国家误判了他的意图并做出过激反应造成的。费伊指出战争的爆发是误判的结果。不仅如此，古巴危机爆发前，芭芭拉·塔克曼的《八月枪声》[③] 亦给肯尼迪

---

①　James G. Blight, Bruce J. Allyn, David A. Welch, *Cuba on the Brink*, New York: Pantheon, 1989, pp. 130 – 131.

②　Donald Kagan, *On the Origins of War and the Preservation of Peace*, New York: Doubleday, 1995, p. 467.

③　Loc. cit.

留下了深刻的印象。芭芭拉·塔克曼在书中分析了第一次世界大战的过程，并认为"施压前提下致命的误算引起了当时谁也不希望看到的战争"。[1] 这加固了肯尼迪总统从西德尼·费伊那里学到的经验。因此，肯尼迪坚定认为必须避免误判对方意图，因此他表现得十分谨慎与被动。

问题在于赫鲁晓夫对肯尼迪做出了正确的判断，从而冒险继续排挤肯尼迪。赫鲁晓夫之所以轻视肯尼迪是因为他能够看穿肯尼迪。然而，不理解美国民主政治制度也成了赫鲁晓夫的缺点和局限。他实际上重犯了过去德意志帝国时期海军之父提尔皮茨、凯撒及希特勒所犯的同样的错误。他只专注于肯尼迪总统的弱点，却忽略了肯尼迪总统并不是像他那样能够独自决策这一事实。他没有认识到一个民主国家的最高领导者不像独裁者那样单独决策，而只能被迫选择符合公众舆论的政策，即使他们并不喜欢这项政策。假如肯尼迪总统能够独自决定一切的话，赫鲁晓夫有可能已经成功在古巴部署导弹了。因为肯尼迪确实已经做好接受的准备，但由于国会的反对，肯尼迪选择了封锁政策，并为防止这项政策失败而准备了炮击和进攻。最终，赫鲁晓夫的要挟失败了。

避免了一场重大冲突后，赫鲁晓夫称这是一场"理性的胜利"，但是，听到这个消息后，毛泽东却谴责他"屈居于美帝国主义"。不仅如此，当时甚至有传言称古巴的卡斯特罗一边踢着墙壁，打碎镜子，一边对赫鲁晓夫各种恶语谩骂。[2] 但赫鲁晓夫认为，假如自己拒绝让步的话，美国会发生军变推翻肯尼迪总统，如果肯尼迪总统被推翻的话，美国将会出台更加强硬的措施，因此他必须避免这种情况的发生。然而，讽刺的是，因为此事被推翻的恰是赫鲁晓夫自己。

---

[1]　Barbara W. Tuchman, *The Guns of August*, New York: Dell, 1963.

[2]　Donald Kagan, op. cit., p. 544.

当时，一度在恐惧中屏住呼吸的美国人为胜利欢呼，肯尼迪也意外地成了英雄。然而，古巴导弹危机本可从一开始就被阻止。假如肯尼迪不采取消极应对或被动防守行动，赫鲁晓夫可能也就不会做出这种鲁莽的尝试。在国际竞争的艰难时期，谨慎和被动式的姿态未必会比大胆的尝试带来更大的安全保障，反而可能会使局势变得更加危险。发生危机时，有必要在特殊情况下采取特殊行动并使之与其他各种行动相结合。然而，古巴导弹危机证明试图仅通过卓越的军事力量来维护和平与安全是不可能的。也就是说，即使是拥有强大军事力量的国家，除非它能说服对手自己有意使用这种军事力量，否则危机一触即发。

阳光政策的完善

上文提到的延坪岛危机不会是最后的危机，也许只是预示着今后将会有更多的危机。虽然韩国试图让阳光政策成为朝鲜半岛和平的开始，但并不能保证一定会成功。事实上，关于未来，我们唯一能够确定的事情就是它的不确定性。如今渐渐扩大的南北交流将会产生很多的问题和困难。最重要的是在发生冲突和危机时，不管是有意的还是无意的，近期的还是远期的，韩国都应该警惕朝鲜对驻韩美军撤离或裁军的要求，因为这可能会威胁朝鲜半岛脆弱的稳定局面。

韩国还应当警惕即使没有力量也可以实现和平的这种想法。国际政治的本质是国家力量的竞争。近年来，在韩国国内经常会听到关于所谓的多边安全机制的讨论。尽管它在一定程度上有助于和平，但绝不能完全对其依赖，因为它只不过是对和平的一种额外支持而已。20 世纪 20 年代，亚太地区曾经出现多边安全机制。不仅如此，国际联盟在形式上也具有多边安全机制的形式。然而，所有的这些多边安保机制都未能被证明比同盟关系更加有效。

不让 6·25 战争的悲剧在朝鲜半岛这片土地上再次发生，这不仅仅是金大中总统一个人的愿望。然而，"不惜付出一切代价阻止战争"的这一决议，稍有不慎就有可能重蹈张伯伦的覆辙。1938 年英国首相张伯伦落入了绥靖政策的陷阱，没能做充分的准备便陷入了与希特勒的战争。虽然有些讽刺，但通过战争维护安全的行为实际上遏制并阻止了战争，这是一个鲜明的历史教训。正如罗马人所说的那样："欲求和平，必先备战。"

如今，韩国人民正在享受着民主政治。然而，民主也需要尊重不断变化的舆论和强烈的集体要求。民主社会的集体舆论和要求通常与国民的福利有关。特别是民主社会还存在一种倾向，即当和平持续一段时间后，人们便开始低估威慑战略及维持和平的军事努力的必要性。今天，所谓的威慑战略是指不使用武力而维护和平的政策。然而，假如这种威慑政策持续成功，人们便不愿意将经费用于和平时期的武器和军备开支。因此，那些主张民主主义和福利社会的人们，便会对维持或增强军备持批判态度，甚至会轻视军事力量本身。如果这一主张得到了舆论的支持，那么民主国家的领导者在支付国家防卫所需要的费用时便会犹豫不决，从而使其不能果断选择此政策。

在自由民主主义国家这是很自然的事。与此同时，对于至今仍持续的和平来说，这也是最大的威胁。基辛格曾说："和平与安全持续太久反而有可能成为一种灾难。"因为在长时间的和平中，人们丧失了悲剧的感觉。他们很容易忘却国家和民族有可能消亡的这个事实。国际政治中，最不可能发生的事情却是最易发生的。这便是国际政治的本质，也是国家间关系的本质。朝韩关系作为民族问题的同时，俨然也是两个国家间的关系问题。因此，不能将南北关系放在国内政治的延长视角下去理解。和平或安全绝不是人与人之间"爱"的礼物，而是让敌人畏惧自己的结果及其副产品。

军备的维持或强化会给国民经济带来不小的负担，这点毋庸置疑，但是绝不能因此而对本国军备的维持和强化有所松懈。和平时期，国防费用的缓慢增加不仅能够减少战争发生时军队的弱点，还可以减少失业，利用未开发的资源。另外，维持相当水平的国防工业还能使国家在今后发生威胁时快速重整军备。突然进行大规模的武装必然会给毫无准备的军火工业和脆弱的经济带来致命的负担。这也是韩国人应该从自己的历史中学到的一个教训。

朝鲜半岛：仍然是马基雅维利的世界，而不是康德的世界

继南北首脑会谈及离散家属团聚后，很多韩国人对于两国的关系既感伤又充满希望。但同时也应时刻保持客观、现实地预防战争的警戒意识。此外，韩国人不应该被"假如发生第二次朝鲜战争怎么办"这样的恐惧麻痹思想和行为，也不应让离散家属喜悦的泪水模糊视线，从而忘却了安保方面的威胁，更不能认为对朝鲜的缓和政策与慷慨援助就可以带来朝鲜半岛的和平统一，从而陷入虚无缥缈的希望或者"巨大的幻影"中。

事实上，民主国家不可能排除道德或舆论。因为普通公民在面对国际问题时，习惯从道德观念出发，跟随舆论趋势。如此一来，政治家们也无法完全无视公民的情绪。然而，由于沉湎于南北局势的暂时缓和，韩国的军事力量准备相对不足，脆弱的军事力量又使得韩国追求更加缓和的政策，倘若陷入了这种恶性循环，将有可能给国家安保带来致命的危险。假如韩国因恐惧而选择了协商，即陷入绥靖政策的话，那么韩国领导人可能会吹着口哨来掩饰自己的恐惧。但朝鲜甚至可能不会给韩国吹口哨的机会，朝鲜半岛可能会淹没在雷鸣般的枪声中。

冷战结束以后，国际政治学界流行所谓的"民主和平论"。它主张民主国家间不会发生战争，因此民主化是通向和平之路，也是获取和平的捷径。这可以被视作伊曼努尔·康德主张的复

兴。尽管在一定程度上可以肯定民主主义与和平之间的相关性，但是这并不意味着它是一个永恒的真理。因为他们所说的民主主义国家实际上是因为面对同一个敌人而处于联盟中的国家，这意味着历史还没有机会对民主国家间是否会爆发战争这一论断做出验证。正如康德所主张的那样，假如让国民在战争与和平之间做选择的话，他们绝不会选择冒着自己生命的危险去战争。如果理解了这一立场，我们其实很难否认民主主义与和平之间存在相关性。但同样，对这一点的确信也还为时过早。

　　因此，朝鲜半岛和东北亚尚未进入"民主和平论"中所提到的康德或威尔逊的世界。可以说朝鲜半岛人民所处的世界，仍然是充满竞争、斗争及战争危险的"马基雅维利的世界"。

为不确定的未来做准备

　　将马基雅维利视作自己唯一老师的西方文明最高军事战略家克劳塞维茨，对战争的原因做了如下解释，"战争是由敌对的情绪和对立的政策目标造成的"。① 南北首脑会谈后，虽然朝鲜半岛的敌对情绪所有缓解，但是南北间对立的政策性目标本身并未发生任何改变。如果说敌对情绪和敌对政策曾决定了冷战时期的南北关系，那么如今虽然敌对情绪多少有所缓解，但是从某种意义上看，更重要的政策性目标却仍然对立。考虑到这一事实，可以说南北关系依旧处于十分危险并随时可能爆发战争的"准战争状态"。

　　南北首脑会谈，离散家属团聚，金刚山、长白山观光等，缓解了敌对情绪，同时，我们也能理解金正日为此所做出的努力。尽管如此，依然不能排除朝鲜继续坚持所谓"解放韩国"这一积极政策目标而先发制人发动进攻的可能性。克劳塞维茨曾说过，

---

　　① Carl von Clausewitz, op. cit., p. 76.

带有更加积极政策目标的一方一定会先发起攻击。南北关系中，带有更加积极政策目标的便是想要"解放韩国"的朝鲜。马基雅维利曾警告我们，只有"德行"才能战胜未来不确定的"命运"。然而，假如认为盲目地援助朝鲜是和平统一的最佳方式，从而落入自我陶醉和自欺欺人的陷阱，那么南北间更进一步的和平交流反而会危及韩国本身。

　　因此，韩国人民有必要反复回味莎士比亚的那句话，"错不在命运，而在于我们自己"。如果南北双方关系中某项政策出现了错误，那么这个错误可能出自韩国本身。假如金正日继续惧怕韩国的军事力量，那么他就会像安娜告诉自己的儿子路易那样，扬起头吹着口哨，用欢快的曲子取代充满敌意的军歌。温斯顿·丘吉尔曾说过，"和平是恐惧之子"。他认为没有恐惧，和平与安全便不可能实现。总之，朝鲜半岛的和平统一在短期内不会实现。也许我们在有生之年无法见证南北的和平统一。因此，韩国不必过于着急，也没有必要过于担心。韩国需要做的是竭尽全力维护自身的安全。韩国应当尽最大的努力强化国防力量，防止金正日突然改变主意而高唱充满敌意的军歌，而应该让他只能继续吹着口哨掩饰自己内心的恐惧。

第十一章
韩美同盟行至岔路口，韩国
何去何从:"中年危机"
或"晚年离异"?*

2003 年是韩美同盟关系建立 50 周年。韩美同盟为我们的安全保障和经济发展做出了巨大的贡献。

我们将促进并发展这一珍贵的同盟。

我们将见证这一同盟渐渐走向成熟，发展成一种更为平等的关系。①

——卢武铉

美国似乎过于强大而难以忽视，过于宽宏大量而难以蔑视，过于傲慢自大而难以崇拜，过于反复无常而难以信任，过于迷惑不清而难以解释。②

——沃尔特·麦克杜格尔

---

* 第十一章最早刊载于《国际研究韩国评论》第 7 卷，2004 年第 1 期。经许可后转载（*Kroean Review of International Studies*，Vol. 7，No. 1，2004. Reprinted by permission）。

① 摘自卢武铉总统于 2003 年 2 月 25 日发表的就职演说。

② Walter A. McDougall, *Promised Land*, *Crusader State*: *The American Encounter with the World Since 1776*, Boston: Houghton Mifflin, 1997, p. 9.

驻韩美军的悖论

奥马尔·布拉德利（Omar N. Bradley）将军曾说："朝鲜战争是一场错误的战争，在错误的地点、错误的时间，对付错误的敌人。"尽管如此，美国在联合国军司令部的指挥下，在朝鲜战争中派送了约 35 万军人，在联合国军中是最多的。美国为此付出了沉重的代价，其中 33629 人阵亡，26617 人非战斗死亡，103284 人受伤。① 对于美国来说，韩国是一个坐落在地球另一端的国家，大多数美国人并没有见过或听说过。当然，韩国的文化与美国的文化存在巨大的差距。然而，为了挽救韩国人民，美军的巨大损失尽管"可能被遗忘"，但不应被低估。② 通过这个惨痛的经历，韩国和美国于 1953 年达成了《韩美共同防御条约》。韩美同意建立驻韩美军基地，以常用手段来阻止另一场可能攻击韩国的武装入侵。此条约于 1954 年 1 月 26 日被美国参议院批准并在同年 11 月 17 日起生效。在关于《韩美共同防御条约》的报告中，参议院外交关系委员会称：

> 本条约的首要目的在于通过明确警示潜在的敌人，以威慑其在太平洋区域的攻击，美国和韩国将视发生在任何一方

---

① Harry G. Summers, Jr., *Korean War Almanac*, New York: Facts and File, 1990, p. 75. 关于美国战斗人员伤亡的官方记录可参见 Walter G. Hermes, *Truce, Tent, and Fighting Front*, Washington D. C.: GPO, 1966。Max Hastings 在其著作 *The Korean War*（New York: Simon & Schuster, 1982）中对盟军和敌对国家的伤亡信息分别做了统计。已有资料证明美国在战争期间至少投入了 260 亿美元。但是，具体的数据范围差别很大，从 250 亿~260 亿美元到 790 亿美元不等。关于这项统计可参见 Nathan White, *U. S. Policy Toward Korea: Analysis, Alternative, and Recommendation*, Boulder: Westview Press, 1979, pp. 224 – 226。

② Clay Blair, *The Forgotten War: America in Korea*, New York: Times Books, 1987.

境内的军事入侵为它们共同的和平与安全威胁，并将在宪法程序下采取行动共同应对这一危机。[1]

在过去半个世纪的历史中，可以说该条约的目的已经实现了。在 1953 年停战协议签订后的 50 年里，驻韩美军在威慑朝鲜的二次入侵中发挥了至关重要的作用。驻韩美军在抵御朝鲜入侵中扮演着类似警报装置的作用，从而保证其能够立即进行自动干预。事实上相比《韩美共同防御条约》的其他条款，驻韩美军是韩国安全最为明确的保障。[2]

国家安全无疑是国家追求的核心价值之一。同时，国家安全也是保障人民追求其他价值的先决条件和目标。自 1953 年停战协议签订以来，基于驻韩美军的安全保障，韩国经济得以在较短的时间内快速持续增长。三年战争使韩国满目疮痍，历经极度贫困并且曾被美国视为"乞丐国家"。[3] 与那个时期相比，韩国不仅成功举办了 1988 年夏季奥林匹克运动会，还在 1996 年 12 月 12 日加入了经济合作与发展组织（OECD）。这意味着世界肯定了韩国的经济实力和人民的富足生活。其中，最显著的成就是韩国与日本成功举办了第 17 届世界杯并且以震惊世界之势闯入了四强。韩国夏季奥林匹克运动会和世界杯的举办源于国家的经济能力和外国游客对韩国安全的信任。换句话说，这一切都与韩国的国家安全和朝鲜半岛的和平稳定密切相关。因此，可以说自 1953 年以

① Jesse A. Helms, "U. S. -R. O. K. Mutual Defense Treaty in Perspective," in Han Sung-Joo, *U. S. -Korea Security Cooperation: Retrospects and Prospects*. Seoul: Asiatic Research Center, Korea University, 1983, p. 14.

② Se-Jin Kim, *Documents on Korea-American Relations, 1943 – 1976*, Seoul: Research Center for Peace and Unification, 1976, pp. 185 – 186.

③ Byong Choon Hahm, "Korea's Mendicant Mentality: A Critique of US Policy," *Foreign Affairs*, Vol. 43, No. 1, October 1964, pp. 165 – 174.

来，美军已成功完成其在韩国的根本使命。①

　　然而，正如托马斯·阿奎纳所说的那样，存在先于本质。矛盾的是，如今，人们开始对驻韩美军的"存在"产生怀疑，而非驻韩美军本质的"使命完成"。虽然在人类事务上，刚开始取得的成功常常会带来另一个成功，但有时也会导致失败。当人们忘却本质并否认其存在时，成功往往引起过度自信，而过度自信就可能导致失败。同理，最近对驻韩美军产生的质疑就可能是美军在韩国领土上成功完成重要使命的结果。

朝鲜对驻韩美军撤离的持续要求：
一项彻底的战略手段

　　自 1953 年停战协议签订以来，尽管朝鲜不断追求朝鲜半岛的共产主义化，但是未曾对韩国发动第二次战争，原因显而易见。这并不是因为朝鲜的军事能力不及韩国，也不是由于朝鲜领导人奉行人道主义政策，担心大规模的毁坏或者人身伤亡将影响朝鲜半岛，而是由于朝鲜领导人意识到美国对韩国的防御承诺。最重要的是，驻韩美军证明这一承诺不容置疑。因此，自停战协议签订后，朝鲜持续要求美军撤出韩国也就不足为奇了。朝鲜有时发动大规模的和平攻势，试图引起一场诉诸民族主义情绪的心理战。当这种心理战毫无作用时，为了在驻韩美军中制造危机感，朝鲜便开始进行武装挑衅。②

---

① 关于驻韩美军历史、战略特征的综合研究可参见 Sung-Hack Kang, *Iago and Cassandra: The United States and Korea in the Age of Air Power*, Seoul: Oreum, 1997, chap. 3, "Changing Historical Meaning of American Troops in South Korea and Its Implication upon the Korean Peninsula"。

② 关于冷战时期主要的危机及其解决可参见 Sung-Hack Kang, "Crisis Management Under Armistice Structure in the Korean Peninsula," *Korea Journal*, Vol. 31, No. 4 (Winter 1991), pp. 14 – 28。

　　在朝鲜领导人看来，韩美同盟体系的建立具体表现在通过驻韩美军保证美国的自动干预。这让韩国的军事和战略重心转移到大洋彼岸的美国华盛顿，而华盛顿超出了朝鲜军事力量的打击范围。相反，朝鲜的军事和战略重心却在美军的集中火力射程之内。这让任何新型的朝鲜战争、外交威胁都变得极其无效，而更可能导致自我毁灭或在国际社会上自取其辱。

　　因此，朝鲜领导人的首要目标在于尽可能地将韩国的军事和战略重心转移到他们的射程之内。为了实现这一目标，将美军驱逐出朝鲜半岛是必要之举。基于这种推理，朝鲜领导人试图通过发展核武器和导弹，威胁美国从韩国撤军。朝鲜军事集结发出了一个预警：驻韩美军连同美国本土的军队都被其视为打击对象。一旦美军从韩国撤离，即使韩美同盟体系持续存在，其自动干预也将变得难以确定。韩美同盟体系基于《韩美共同防御条约》第三条的规定：各缔约方认为国际上仍存在对其自身和平及安全的军事入侵。该条款还明确表示"将在宪法程序下采取行动共同应对这一危机"。因此根据这一条款，美国有可能推迟或无法对韩国进行快速全面的支援。①

　　此外，联合国对朝鲜问题的立场也非常不确定，因为作为安理会常任理事国的中国未承诺一定会支持美国。因此，一旦美军完全撤出韩国，韩国的军事和战略重心将转移回韩国本土。在这种情况下，几乎有全国一半人口居住的韩国首都将会被置于朝鲜

---

　　①　这是韩美双边同盟关系与北约集体防御公约体系之间的根本区别。关于北约条约的原文可参见 The NATO Information Service, *The North Atlantic Treaty Organization: Facts and Figures*, Brussels: NATO, 1989, Appendix No. 2. 当时，美国国务卿杜勒斯将北约条约的具体承诺称为"门罗主义"的原则。关于这一点可参见 Jesse A. Helms, "U. S. -R. O. K. National Defense Treaty in Perspective," in Sung-Joo Han, *U. S. -Korea Security Cooperation: Retrospects and Prospects*, Seoul: The Asiatic Research Center, Korea University, 1983, p. 6.

的射程范围之内，并被朝鲜军方视为呈给金正日的"早餐"。① 这种情况将更易于导致朝鲜领导人主动发动进攻。即使不是如此，韩国也可能会陷入严重的混乱之中，因为朝鲜的勒索和边缘外交政策已将韩国拖入一系列的危机中。如果韩国陷入这种混乱，这将会为"左翼人民起义"提供很好的机会或者有利于"统一战线战略"的积极展开，而这恰好是朝鲜希望看到的结果。这种分析意味着朝鲜将韩美同盟体系，特别是将驻韩美军视为朝鲜半岛共产主义化的最主要障碍。只有将驻韩美军逐出朝鲜半岛才能解散联合国安理会于 1950 年 7 月创建的联合国军司令部，联合国军将朝鲜视作侵略者，而且名义上由驻韩美军司令官指挥。

韩美联合司令部成立于 1978 年，联合国军司令部的权限和职能已经正式移交给了韩美联合司令部。因此，尽管美国指挥官仍然保有联合国军指挥官的头衔，但只有他参加了军事停战委员会才能行使权力。如今，虽然联合国军司令部实际上结束了其军事功能，但它仍然为军事停战委员会中的美国提供有利的外交掩护。换言之，美国的代表可以在没有向朝鲜提供外交承认的前提下同朝鲜进行谈判。他们只不过是利用了联合国的地位而已。②

联合国军司令部对美国的作用远不止于此。第一，假如朝鲜半岛爆发战争，它可以帮助美国避开联合国安理会关于美国介入的授权要求。换句话说，韩美联合军队可以在没有联合国新授权的情况下，再次以联合国军的名义参与战争。第二，联合国军司令部更本质的作用是配合美国驻日本军事基地未来在朝鲜半岛进行军事行动。在 20 世纪 50 年代的朝鲜战争期间，美国与日本达

---

① 这一表达借用托马斯·杰斐逊于 1814 年 1 月 1 日的讲话，他说假如欧洲大陆向拿破仑投降了，那么英国将成为波拿巴的早餐。

② Selig S. Harrison, *Korean Endgame*, Princeton：Princeton University Press, 2002, p. 161.

成的一项协议为七个驻日美军基地赋予了双重法律地位。因此，在朝鲜半岛爆发战争时，联合国军有明确的权力使用这些基地为美军飞机提供燃料补给等服务。1996年新的《美日防务合作指导方针》假定日本在未指明的"区域"危机发生时不断加强对美军的后勤支援。然而，关于美国是否应该运用驻日军事基地对韩国进行后勤支援或军事补给，1960年日美安全条约中的"事前协商制"依然适用。尽管如此，当联合国军需要日本军事基地为前往朝鲜半岛的飞机提供后勤支持或者燃料补给时，其并非必须获得日本的同意。① 这是影响联合国军能否迅速做出军事战略部署的一个重要因素。第三，美国从韩国撤军将导致联合国军的解散，并将严重损害美国控制韩国军事力量的法律和政治基础。而美国对韩国军队的这种控制正源自20世纪50年代朝鲜战争时期指挥权向联合国军的转移。联合国军自创建以来，只有名义上是多方参与，实则由美国主导。鉴于此，朝鲜要求美国从韩国撤军可以解释为对其双重策略的持续践行。因为朝鲜领导人追随着列宁的战略，即重复乃成功之母。

然而，由于朝鲜的一些不当之举，韩国在历史上经历了巨大的悲剧。这种伤痛至今没有消失。美国付出了伤亡15万人以及上百万美元的代价来保护韩国，然而，这依旧没能为朝鲜半岛带来稳定的和平。在这种历史背景下，假如美国仅简单地基于冷战体系的崩溃而从韩国撤军的话，它将重蹈1949年的政治覆辙。韩美两国都在避免这一错误并且通过驻韩美军甚至分担基地花费来维持韩美同盟体系。所以，毫不夸张地说，朝鲜不管出于何种理由要求美军撤出韩国，都是对韩美两国实施的一种军事战略行为，其目的是削弱韩国的军事能力从而最终进行攻击。

① Selig S. Harrison, op. cit. , p. 164.

驻韩美军和美国人民的认知转变:
民主的致命弱点

　　尽管驻韩美军仍然表现得坚如磐石,但是随着1969年7月尼克松主义在关岛的宣布,它开始有所改变。这一声明促使美军撤离越南以摆脱正在进行的战争枷锁。尼克松主义的主要内容是美国将遵从国防条约,并为遭受核武器威胁的所有盟国提供核保护伞。尽管如此,根据这个原则,美国只会对处在进攻威胁下的盟国提供足够的军事和经济援助,而相关国家应当对本国的国防承担主要的责任。

　　当时,韩国领导人将尼克松主义简单视作美国越战后一个长期的政治方向。他们没有想到这一原则的具体政策将导致驻韩美军的减少。当意识到声明中包含驻韩美军的撤退或削减时,他们才开始表现出反对的立场。然而,为了表明从越南撤军并不是由于战争的失败,美国需要证明尼克松主义将被均匀地应用到整个亚洲地区。韩国便是一个可以用来展示尼克松主义正确性的合适地点,并且尼克松总统提到希望从韩国撤离驻韩美军。[1] 另外一个关于削减驻韩美军的解释是,受到越战的影响,美国国会及美国当局计划削减国防开支,以应对社会上所谓的"让他们的孩子回家"的舆论压力。[2] 韩国国会威胁美国说,假如美国在韩国军队实现现代化的情况下减少驻韩美军,他们将集体辞职。韩国甚至批准了反对美国撤军的决议。尽管如此,依据1970年3月2日正式通过的减少驻韩美军的"国家安全决定备忘录",美国最终从韩国撤离了2万名军人。后由于韩国的强烈反对,撤军被拖延

---

①　Chang-Keuk, Moon. *An Anatomy of Korea-US Conflicts*, Korean Version, Seoul: Nanam, 1994, p. 116.

②　Loc. cit.

了几个月。虽然美国对韩国军队提供了 1.5 亿美元的经济援助作为相应补偿，但这同样造成了韩国人民对美国的信任危机。

这种对美信任危机在 1977 年 3 月 9 日卡特政府声明出台后达到顶峰，美国单方面宣布将在未来的 4～5 年撤出所有美军地面部队。尽管卡特政府不断强调美国外交政策的人权目标，但卡特的亚洲政策基本上是尼克松主义的延伸。[①] 不仅如此，卡特政府的单边声明表示在做出军事撤退抉择的同时采取政策上的完全撤退，这不仅引起了韩国政府的不安，也进一步造成韩国对美国的不信任。

幸运的是，卡特总统的撤军方案遭到了美国国会和军事领导人的强烈反对。在撤军计划被无限期延迟后，只有 3600 名军人被撤回。另一个阻碍撤军的因素是苏联在 1979 年底入侵阿富汗。[②] 这被视为苏联扩张主义威胁的复苏。卡特总统于 1980 年 1 月提出卡特主义的目的在于保护波斯湾的安全和加强军备对抗苏联。1981 年 2 月当选的里根总统明确表示，他绝不希望将美军撤出韩国。他将苏联定义为"邪恶帝国"，并将此作为其推动反共的一项政策，而韩国对驻韩美军的存在及其本质的怀疑几乎完全消失了。

1991 年，苏联瓦解，冷战体系走向终结。通过 1991 年海湾战争，美国将自己标榜为世界上唯一的超级大国。同时，对驻韩美军的认知也慢慢地开始在美国内部出现变化。这是一个对冷战时期朝鲜半岛存在范式的挑战。尽管上文提及了一系列军队削减情况，但美军仍然在韩国成功完成了使命。朝鲜战争停战协议的

---

① Sung-Hack Kang, "America's Foreign Policy Toward East Asia in the 1990s: From Godfather to Outsider?" *Korea and World Affairs*, Vol. 11, No. 4 (Winter 1987), p. 707.

② 关于苏联决定入侵阿富汗政策的代表性研究可参见 Woong-Hyun Lee, *Soviet Union's Afghan War: The Policy-Making Processes of the Dispatch of Troops*, Seoul: Korea University Press, 2001。

签订，关于驻韩美军的争议如下。

第一，朝鲜从未放弃通过军事力量将朝鲜半岛共产主义化的目标。朝鲜比韩国投入了更多的国家资源去实现其军事目标。因此，假设当苏联军队和中国军队出现在朝鲜时，韩国需要美军迅速进行军事支援。苏联、中国与朝鲜接壤，中苏可以快速出兵，就韩美之间的距离而言，美国几乎无法实现快速的军队运输。因此，在韩设立美军基地是最好的决策。

第二，从东北亚区域稳定的立场出发，有必要继续在韩设立美军基地。假如美国在朝鲜半岛分裂的情况下撤军，一场新的战争——就算苏联和中国不再像过去那样直接参与——将导致大量难民涌入中国和日本。即使没有新的战争，美军的撤出也会造成朝鲜半岛出现权力真空，并有可能导致如19世纪末邻国强权争夺朝鲜的局面。

第三，也有一些美国官方人士声称在韩设立美军基地，李承晚总统曾经就这样做过。[①]

冷战时期韩国正是基于以上三点而同意设立驻韩美军基地，最重要的是自朝鲜拥有比韩国更加强大的军事力量后，韩国担心在缺少美国军队特别是美国空军的情况下，朝鲜很有可能对韩国采取袭击行为。

这一时期，当朝鲜试图通过大规模武器威胁韩国、日本甚至美国时，美国内部开始对朝鲜产生一种具有讽刺意味的认知变化。如塞里格·哈里森所说的那样，虽然朝鲜没有放弃使韩国共产主义化的目标，但可以说朝鲜现在处于防御的位置，它担心韩

---

① 关于可能造成的危机，即美国是否会被卷入如韩国这种小国的战争或危险中的分析可参见 Glenn H. Snyder, "Alliance Theory: A Neorealist First Cut," 出自 Robert L. Rothstein, *The Evaluation of Theory in International Relations*, South Carolina, Columbia: University of South Carolina Press, 1991, in particular, p. 99.

国可能会统一朝鲜，以及面临来自美国、日本的压力。① 由于来自中国及苏联的大规模援助有所减少，朝鲜如今正处于经济和军事困境当中，朝鲜可能认为基于韩国的经济能力、高科技军事力量及不断发展的国防工业，韩国在没有美国军队支援的情况下也能够经受长期的战争。②

此外，塞利格·哈里森还表示，美国空军为韩国提供了明显超出单独防御朝鲜的优势力量，因此朝鲜除了提前部署军队别无选择。朝鲜只能通过提前部署军队来抵消韩国的这种优势。③ 因此，现有的许多建议，如加强军备控制④和缓和紧张局势都忽略了朝鲜对自身安全的担忧，特别是对美国空军的顾虑。哈里森从这一立场出发从而主张美国应该转变为一个"诚实调节者"，鼓励在朝鲜半岛建立联邦制度，并在未来十年左右逐步实现从韩国撤军。⑤ 他进一步提到，与过去不同，即使没有驻韩美军，朝鲜半岛也不会再出现权力真空，韩国也不会成为周边国家争夺霸权的导火索。⑥

---

① Selig S. Harrison, op. cit. , p. xii.
② Loc. cit.
③ Loc. cit.
④ 关于笔者对朝鲜半岛军备控制的分析可参见 Sung-Hack Kang, *Cameleon and Sysiphus: Changing International Order and Korean Security*, Korean Version, Seoul: Nanam, 1995, chap. 10, "Confidence-Building Measures for the Arms Control on the Korean Peninsula"; Sung-Hack Kang, "Arms Control of North and South Koreas and the Roles and Prospects of the US Forces in South Korea and the United Nations Command After the Coming into Effect of the A-greed Framework," *Arms Control on the Korean Peninsula*, Arms Control Material 9, pp. 66 – 81。
⑤ Sung-Hack Kang, op. cit. , p. 23. 哈里森的观点不能被低估为个人观点，因为它已经被描绘成一个与美国，同样也是与韩国的重要人物的广泛访谈的结果。关于冷战后美国政策变化可能性的主张与之相类似的观点，参见 Sung-Hack Kang, "Changing Strategic Milieu for East Asian Security and Korean Unification," *IRI Review*, Vol. 2, No. 4 (Winter 1997), pp. 151 – 152。
⑥ 更加详细的讨论可参见上述文章的第五部分。

此外，假如没有驻韩美军，韩国将很难维持现有的国防开支。韩国人民目前的生活水平部分依赖驻韩美军。1998 年韩国面临金融危机时，美国延缓了数额为 170 亿美元的援助贷款。同时，美国国会同意延长贷款主要出于美国安全利益的考虑，尽管他们对韩国未来对美国经济的贡献持怀疑态度。韩国承诺会对经济进行根本性改革，以结束不公平的重商主义贸易及投资政策。根据哈里森的观点，韩国一定程度上实现了外国投资自由化，但仍然保持了企业集团的重商主义政策，它成功地抵挡住了本质的结构性改革。他还表示，基于过时的冷战因素，美国过于束缚韩国，使其不能有效地追求本国的经济利益。另外，当未来经济危机再次发生时，美国有可能再次被拖入新一轮的援助贷款。① 换句话说，美国应该警惕成为一个"人质国家"。

综上所述，由于韩国拥有较朝鲜两倍的人口及更强大的经济实力，其有能力承担本国的国防职责。从这点来看，美国更适合在朝韩两国之间扮演一个更加中立的"诚实调节者"角色，而不是与韩国保持片面的同盟关系。只有这样，美国才能本着本国利益高于一切的原则追求其经济利益。美国对朝鲜半岛的政策需要向这个方向转变。随着冷战结束，美国可以强调朝鲜的变化情况，并且可以为帮助朝韩和解而改变其现行政策。继而，美国将很快完成其韩国保护者——"恺撒"的角色，并且将开始在朝韩两国间以"诚实调节者"的美名扮演莎士比亚笔下的"伊阿古"。② 这样一来，驻韩美军的撤出问题将得到积极解决，并且不排除华盛顿单方面解决此问题的可能性。

---

① Sung-Hack Kang, op. cit., p. xxix.

② 这个观点笔者于几年前提出，参见 Sung-Hack Kang, "The Strategic Environment Surrounding the Korean Peninsula and the Role of the US: Is the US Caesar or Iago?" *Hankook Jeongchihakhoebo* (*The Korean Political Science Review*), Korean Version, Vol. 30, No. 3, 1996。

驻韩美军和韩国认知的转变：大国
综合征和坚定的民族主义意识

随着冷战的结束，美国对驻韩美军的认知有了明显的变化。美国曾经从自由主义阵营的领导力量这一角度出发制定其外交政策，而如今，在后意识形态及以个别国家利益为中心的世界，美国选择优先考虑本国利益。同样，韩国也开始优先考虑国家安全利益从而制定外交政策，并开始认识到其不断扩大的民族国家利益是源于其更自主的韩国国家利益。

20世纪70年代初，韩国第一次认识到"自主国家防卫"的必要性。如前所述，美国削减了驻韩美军规模，不顾韩国的意愿而单方面在1969年尼克松主义的实施过程中几乎撤出了一个师的兵力。当时，朝鲜发动的一系列事件使韩国产生了一种危机感。在这种背景下，美国单方面削减驻韩美军成为对韩国自身特别是对韩国领导人的一个沉重打击。假如美国成功完成了削减驻军的任务，韩国人民就需要重新评估美国的作用。韩国人民开始意识到独立自主的民族主义政治，并且开始认识到国家最终应根据其国家利益展开行动的基本原理。因此，韩国开始投身国家自卫防御的国防工业建设。①

总的来说，20世纪70年代早期的反美情绪仅限于针对包括朴正熙总统在内的政治领导人。随后，在1980年5月18日光州民主起义事件发生后，反美情绪广泛传播到了人民大众当中。自朝鲜战争结束以来，再没有任何事件能像5月18日光州民主运动那样深深伤害韩国人民，反美情绪愈演愈烈。同时，媒体报道了美军允许空降特种部队进入光州市。韩国军队第二十师也在韩美联合司令部指挥下特别是美国的指挥下得以部署。这些报道和事

---

① Chang-Keuk, Moon, op. cit., p. 132.

实被新的军队领袖全斗焕利用，并且指明美国介入镇压光州起义的漩涡中。① 美国在光州大屠杀事件中遭受了"附带损失"。② 反美情绪迅速上升到表面。但是它没有波及全体韩国人民，也没有引发让美军撤出韩国的要求。可以说反美情绪仅局限在隶属于所谓的"运动圈子"的大学生中。他们认为美国应该对全斗焕政权的统治负责，并且美国是为实现其冷战目标而试图操纵韩国。③

第二次危机发生在 1987 年。1987 年 6 月 10 日的民主正义党的全国代表大会上，当卢泰愚被正式提名为韩国的下一任总统候选人时，自 1960 年四月革命后，史上最大规模的游行示威活动席卷全国。即使是保守的中产阶级也加入了反对全斗焕高压统治的示威活动中。美国担心全斗焕政府会运用武力镇压示威，或者韩国将会出现另一场军事政变。美国坚信其在韩国所扮演的主要角色一直以来都是一个保护者，使韩国免遭来自外部的威胁。因此，美国通过中国警告朝鲜不要试图在韩国国内动乱时趁机发起行动。④

一年前，美国总统曾在类似的情况下向马科斯总统派遣特使。与此相比，美国政府决定以回复全斗焕总统早先的一份信件的方式来给予其一个"友好的建议"。韩国驻华盛顿大使金琼元提醒美国政府韩国国防部部长曾经转交了一封全斗焕总统写给里根总统的私人信件。于是金琼元建议美国政府予以回复。随后，里根总统也给全斗焕总统写了一封亲笔信，表示维护政治安全要基于一个健全的民主制度，这是韩国长期安全所必需的。他也赞扬了全斗焕总统关于政治权力和平交替的承诺是强化民主政治体

① Don Oberdorfer, *The Two Koreas: A Contemporary History*, re. ed., New York: Basic Books, 2001, pp. 129 - 130.
② Adrian Buzo, *The Making of Modern Korea*, London: Routledge, 2002, p. 154.
③ Don Oberdorfer, op. cit., p. 165.
④ Don Oberdorfer, op. cit., p. 168.

系的关键举措。里根总统指出，对话、妥协和谈判是解决问题和保持国家稳定的有效方式。信中还提到美国将支持该方面的所有重要措施。然而，这封亲笔信的真实意图在于劝导全斗焕采取政治解决方式，而非武力解决方式。① 同时，里根总统个人还表示将于1988年卸任时邀请全斗焕总统访问美国。②

里根总统的亲笔信于1987年6月17日送达美国驻汉城大使馆。6月19日10点，在一次主要由国防部部长、总参谋长以及国家安全策划部长（前韩国情报局局长）参加的会议上，全斗焕总统命令次日凌晨4点在各个大学和城市部署军队。③ 他计划与军队领袖在当日下午5点举行会议。在这种紧急情况下，美国大使李洁明与全斗焕总统会面并转交了里根总统的信件。④ 李洁明已经与驻韩美军指挥官威廉·利弗西（William J. Livsey）讨论了形势的紧迫性，并征得了他的口头同意，即不希望在这次政治危机中看到武装镇压。在利弗西的担保下，李洁明警告说军事介入将有损韩美同盟关系，并导致光州事件的灾难再次上演。他强调："这是美国的立场，也是我与驻韩美军指挥官的立场，我现在代表整个美国。"⑤ 大约一小时后，李洁明离开青瓦台，全斗焕总统的助手听说戒严令被暂时取消了。

1987年6月25日，美国助理国务卿席格尔（Gaston Sigur）在与全斗焕总统会晤时再次强调不应该实行武装戒严。⑥ 6月28日，政治危机随着总统候选人卢泰愚的6·29宣言得以化解。直到现在我们仍然不能确切地了解，也无法确定美国通过暂停军事

---

① Don Oberdorfer, op. cit. , pp. 168 – 169.
② 事实上，全斗焕总统在卸任后两个月即1988年4月曾作为资深政治家访问了美国。
③ Don Oberdorfer, op. cit. , pp. 169 – 170.
④ Don Oberdorfer, op. cit. , p. 170.
⑤ Loc. cit.
⑥ Ibid. , p. 171.

戒严及 6·29 宣言对韩国的民主开放做出了多大的贡献。然而，可以确定的是，假如没有来自驻韩美军指挥官的保证，或者说，假如没有现存的驻韩美军，仅仅靠里根总统的一封亲笔信很难改变全斗焕总统的意愿。因此，不可否认的事实是驻韩美军在威慑朝鲜可能进行的挑衅，以及防止第二个光州运动的悲剧发生中发挥了重要作用。当时，这一事实并不为大部分人所知，韩国人民似乎只专注于民主政治，而反美情绪也在 6·29 宣言后完全消失了。此后一段时间内，甚至在冷战之后，反美情绪以及撤出驻韩美军的要求都没有被公开提及。

韩国成为经济合作与发展组织（OECD）的成员后，被公认为一个经济发达的国家，韩国开始关心韩美同盟体系中的不平等问题。然而，当陷入外汇危机引发的经济危机时，韩国不得不请求由美国主导的国际货币基金组织（IMF）给予帮助，以及美国本国的直接援助。在美国的帮助下，韩国 3 年内进入了所谓的 IMF 体系并证明了国家实力。尽管如此，这并不意味着韩国和美国之间不存在问题。最近，两国间的紧急事件包括 1999 年 9 月 29 日美联社报道的美军在朝鲜战争期间所犯下的"老根里事件"。其他问题还包括驻韩美军地位协定（SOFA）中双方地位的不平等问题、在汉城修建美军人员的公寓问题、美国空军在韩国梅香里乱投弹及其火力范围问题、美国军队环境污染问题以及美军装甲车将两名女中学生碾压致死等问题。尽管这些问题引发了一些大大小小的反美组织举行反抗活动，但它们并没有发展到危及韩美同盟的地步。韩国既没有产生全国范围的反美情绪，也没有要求让美军完全撤出。

然而，假如此类事件频繁发生，人们对于政府对此类不公平事件处理方式的不满可能会慢慢累积，到了一定时期，这种不满可能会扩大成为全国的愤怒。韩国人民的自尊与民族自豪感来自他们所取得的成就，即经济的发展和民主政府的建立，这意味着他们不会接受任何不平等和不公平的待遇。① 特别是 2002 年韩日世界杯上，韩国超越中国和日本进入半决赛，人们为胜利举国欢庆，这更增强了韩国人民的自尊和民族荣誉感。

然而，世界杯也只不过是一项运动赛事。例如，拥有足球实力的巴西和阿根廷并不是国际政治世界里的强国或者 OECD 的成员国。另外，即使是奥地利、比利时、芬兰、卢森堡、荷兰、新西兰、希腊和瑞士这些 OECD 成员国，也并没有被公认为国际社会的强大国家。同样，美国、中国、俄罗斯虽然没能进入半决赛，但这并不意味着它们会滑到弱国的行列。因此，加入 OECD 和进入半决赛也许有助于加强国际社会对韩国的认知及提升其国家形象，但这并不意味着韩国在东北亚传统国际政治现实中会成为一个大国。与其他的周边大国相比，韩国仍然是一个小国。当然，更确切地说韩国是个中等国家。然而，韩国不能忽视在东北亚国际政治中四大强国体系的结构性限制。尽管韩国人民可以沉迷于"大国综合征"，② 在如冷战结束等国际条件的变化中自我陶醉，但放纵和自我陶醉可能会造成对韩国基础安保结构的忽视。一次破坏性的反美运动，或者对于美军撤出韩国的要求，都可能主导社会舆论。

很久以前，亚里士多德认为不平等的人要求平等，而平等的人忽视不平等，这便是革命的源泉。③ 显然，韩美同盟体系中包含着不平等因素。然而，受益者和给予者完全平等的情况在这个

---

① 关于韩美之间日益紧张的局势可参见 David I. Steinberg, "The Dichotomy of Pride and Vulnerability: South Korean Tension in the U. S. Relationship," in Wonmo Dong, ed. , *The Two Koreas and the United States*, Armonk, New York: M. E. Sharpe, 2000, pp. 94 – 115。

② 该表述引自 Robert L. Rothstein, *Alliances and Small Powers*, New York: Columbia University Press, 1968, p. 296。

③ 关于亚里士多德对革命的表述可参见 Sung-Hack Kang, *Socrates and Caesar: Government, Peace, and Power*, Seoul: Park Young Sa. 1997, chap. 6, "Aristotle's Discourse on Revolution"。

世界的任何地方都不存在。因此，尽管韩国人民可以，也应该继续争取安全方面的平等，但他们不得不忍受一定程度的不平等。否则，假如他们试图一夜之间获得完全平等，那么这也将意味着要求美军彻底撤离韩国。美军可以随时在韩国不需要时撤出韩国。[①] 在一个主权国家部署外国军队自然会引起当地人民的紧张。同样，随着朝鲜战争悲惨记忆的消失，驻韩美军成了一个民族主义情绪攻击的目标。小布什总统在"9·11"恐怖袭击事件后，将朝鲜视为一个"邪恶轴心"。自从这一言论发表后，那些为了统一本身而寻求统一的人，如唐·吉诃德，谴责美国作为一个霸权国家通过"安抚"阳光政策阻碍了朝鲜半岛的统一。他们继续在全国范围内煽动反美情绪。假如这种情况继续下去，美军可能将不能继续驻扎在韩国。如此一来，在朝鲜半岛共同生活了半个多世纪的韩国和美国，将在一段"中年危机"后，迈入"晚年离异"的分离期。

韩国安全的基础：历史
教训与悲剧意识

历史学家约翰·刘易斯·加迪斯（John Lewis Gaddis）从世界历史的角度将冷战命名为一个长期的和平阶段，同时他也回顾了点缀这一时期的世界范围内持续不断的战争危机。历史学家可能认为这一时期的国际冲突是由两个超级大国的僵局关系，以及继续保持权力平衡造成的。这意味着 1950 年 6 月 25 日打响的朝鲜战争促使西方世界重整军备，也为以欧洲为中心的世界带来了

---

① Richard H. Solomon, "Korea's Security and the Future of the U. S. -R. O. K. Alliance: Moving Forward to the Past?" in Dong-Sung Kim, Ki-Jung Kim and Hahnkyu Park, *Fifty Years After the Korean War: From Cold War Confrontation to Peaceful Coexistence*, Seoul: Korean Association of International Studies, 2000, p. 260.

长期的和平。朝鲜半岛，这个昔日朝鲜战争的战场、两个超级大国的竞争试验台，理应拥有长期的和平，然而，一直占据朝鲜半岛的却不是和平，而是对抗。2002 年 6 月 29 日，朝韩两国间的黄海武装冲突便是生动清晰的证据。假如西方阵营强大的军事和经济实力为欧洲带来了长期的和平，那么象征强大韩美同盟军事影响力的驻韩美军则阻止了朝鲜的攻击意图，朝鲜的多次挑衅也终未蔓延成第二次朝鲜战争。正如温斯顿·丘吉尔所说的那样，和平是恐怖①生出来的健壮的孩子。盲目的和平主义者却不知道这一点。

1938 年，丘吉尔出版了一部收录自 1932 年以来的演讲文稿的著作，名为《当英国沉睡时》②。他在这本书中指出德国的崛起是英国和世界和平的主要威胁。他主张应当阻止德国的报复行为并强烈要求进行军事戒备以支持这项政策。他的建议一直被英国政府所忽视，因为他们专注于国内问题。不仅如此，普通民众沉迷于个人娱乐，也对战争的可能性持怀疑态度。英国显然在沉睡而失去了阻止或准备战争的最佳时机。约翰·肯尼迪也于两年后的 1940 年出版了一本名为《英国为何沉睡》的书。在这本书里，肯尼迪向美国解释了为何英国在保护世界及其自身和平的行动中失败了。然而，他的努力却只是徒劳。一年后，日本偷袭美国珍珠港，美国在无法阻止或进行准备的情况下被卷入战争。

20 世纪 30 年代的历史表明民主国家采取行动过于缓慢，甚至当它们面临一场几乎不可避免的战争时。人们虽然接受了 1938 年和 1940 年的战争警告，但仍然太迟了。③ 现代军事武装，如基于高科技的空军力量，很难在短时间内获取。丘吉尔和肯尼迪都指出，在和平时期发展强大的军事力量较为困难。对于一个民主

①　指核武器。——译者注
②　Winston Churchill, *While England Slept*, New York：G. P. Putnam's Sons, 1938.
③　John F. Kennedy, *Why England Slept*, New York：Wilfred Funk, 1940.

国家而言，在和平时期很难为其在维持昂贵的武器体系和强大的军用开支上做出合理的解释。民主政府无法摆脱舆论及全体民众要求政府将更多的财力用于增加社会福利的压力。这在自由民主国家里十分正常，但是没有比政府和人民对自身和平持有这种观点更危险的事了。

自 1953 年停战协议签订以来，对于韩国人民来说这可能是最安全的时期。为何他们没有在黄海武装冲突的朝鲜军事袭击中失去安全感？这样的安全感如何维持了将近半个世纪？

难道正如韩国国歌中唱到的那样，韩国的安全来自上天的保护？也许是的。然而，假如韩国人真的这样认为，那么他们将会立即决定将美军撤出韩国并且解散韩美同盟体系。如果真的是上天在保护韩国，那么当 100 多年前朝鲜半岛被日本帝国吞并时，当 50 多年前朝鲜战争爆发时，上天又在哪里？持续了半个多世纪的安全是否都该归功于韩国人民的美德？假如韩国人民真的这样认为，他们可能忽视了韩国国内的违法乱纪、贿赂腐败及荒谬行为。然而，他们能说他们比先辈们更加有美德吗？尽管如此，假如韩国人民认识到超过半个多世纪的安全应归功于韩美同盟体系的军事防御，特别是不可否认的军事威慑能力，那么韩国人民必须在驻韩美军和韩美同盟的基础上加强国防。众所周知，驻韩美军是韩美同盟体系的象征。韩国应该准备建立足够强大的国防能力，以便当美军撤出韩国及韩美同盟解散时，能够取代现存的驻韩美军及韩美同盟体系。

如果韩国足够强大，朝鲜进攻韩国必将是飞蛾扑火。然而，如果韩国国力弱小，包括祈求、贿赂、呼吁国际规范或者国家互助在内的所有手段，都无法让朝鲜尊重韩国的利益，并且限制其威胁行为。在阻止战争方面，越是成功的武装力量，越是很少被使用。然而，和平与安全的气氛如果过于浓厚，反而会让人们失去警惕，和平与安全的时期也可能发生灾难。悲剧意识往往会在长期的和平中渐渐消失。

　　假如韩国人民自1953年停战后长期生活在和平的环境中，渐渐忘却朝鲜战争的悲惨记忆并相信现在的和平会无限期地延续下去，那么这意味着他们将会完全丧失悲剧意识。那些盲目主张统一的人们认为，由于朝韩之间存在巨大的经济落差，韩国应该尽可能无条件对朝鲜提供援助，以减轻统一后的经济成本。他们还主张韩国应该限制"不必要"的军事采购，并让美军撤离韩国领土。在他们看来，驻韩美军不仅刺激了朝鲜，而且在不平等的同盟关系中傲慢自大。然而，韩国真正需要做的是加强国防能力，以防美军突然撤离韩国，同时维持现存的驻韩美军及韩美同盟体系。否则，他们将看到"国家的自我毁灭"而不是"祖国的统一"。为了防止可能发生的国家毁灭，韩国人民应该严防失去"悲剧意识"。

　　前英国首相玛格丽特·撒切尔曾于1996年在布拉格会议中说道：

　　　　假如我们曾经等待欧洲共同体、联合国或者世界银行拖垮苏联帝国，直到今天我们会仍旧在等待。让我们取得冷战胜利的是北大西洋公约，组织捍卫其成员以及它们共同的西方价值观，包括"人权承诺、法治、尊重民主、有限政府、私有财产及宽容忍耐"。①

　　被称为"国防政府"的金大中政府坚信在所谓的"阳光政策"口号下，朝韩两国间的经济援助和互惠合作将有助于未来实现和平统一。这可能是正确的。然而，这种对朝政策的基础，即对经济援助和互惠合作能够取代朝鲜半岛军事对峙政治这一理论的过度期待与信任是错误的。韩国可能希望由经济主导朝韩两国

---

　　① Donald Kagan, Frederick W. Kagan, *While America Sleeps*, New York: St. Martin's Press, 2000, p. viii.

的关系。然而，唯一能够保持朝韩之间和平的途径是改善韩国指挥军事的表现及实施灵活的外交政策。如果两国陷入武装对抗，韩国在朝鲜的投资将会怎样？它将完全是一种浪费。假如韩国希望通过对朝鲜进行经济援助，体现韩国自由市场经济的优越性，那么这将是个巨大的错误。所有的对朝援助都给了朝鲜政府，而对自由市场经济毫无用处。

20 世纪 70 年代，由美国财政部担保的贷款提供给了在勃列日涅夫总书记领导下的苏联，这些资金充其量只是辅助了社会主义，最坏的情况是因国家腐败而被浪费了。只要朝鲜的计划经济没有改变，对朝鲜的经济援助将帮助朝鲜建设所谓的"富强国家"，而不是缓解朝鲜人民生活的痛苦。假如韩国的经济援助被用于发展朝鲜的核武器及导弹，那么韩国将会犯下一个不可逆转的错误。强大的军事力量和深思熟虑的战争准备将成为成功遏制朝鲜一切武装挑衅的唯一有效对策。假如朝鲜拥有大规模杀伤性武器，韩国人民不应该因害怕而逃避强大的军事力量及充分的准备，也不应该屈服于他们所面临的威胁与勒索。因此，韩国应该尝试去扩大而不是缩小两国间现存的经济差距。这种方式吸取了所谓"准备即预防"的历史教训。①

结　论

当美国面临自建国以来的最大危机时，亚伯拉罕·林肯总统如此说道：

> 抑制强者并不能强化弱者。打倒了高个子，矮子还是矮子。消灭了富人，穷人还是穷人。打倒了雇主，雇工还是雇

---

① Walter A. McDougall, *Promised Land*, *Crusader State*, 220, Boston: Houghton Mifflin Company, 1997.

工。花销大于收入，麻烦还是难免。煽动阶级仇恨，无法使人们亲如手足。借来的钱无法确立牢固的安全感。人没了主动性与独立性，便没了人格与勇气。他们可以并应当自己做到的，永远也不要去帮他们。①

19 世纪中叶，林肯从崩溃中挽救并统一了美利坚合众国，为现代美国奠定了基础。他上面的陈述恰好说明了朝韩两国现状的本质。由于韩国逐渐强大，自由民主发展兴旺，经济上也取得了丰硕的成果。反过来，正是由于经济的繁荣，韩国能够对朝鲜慷慨相助，并为民族的统一前景及人民的生活提供希望。

韩国人民不应该将其正在享受的民主自由和经济生活的便利视作理所当然。这并不是来自上天的礼物。这是他们在朝鲜战争的悲剧中，用鲜血、汗水、亲人的牺牲以及先辈们对未来的殷切希望换来的。假如韩国人民沉溺于如今安逸的生活，忘记那些艰难的经历和鲜活的历史教训，那么他们将会迎来"暴力的老师"——"战争"的悲剧，这将让他们再次认识到生活的本质。

实现朝鲜半岛的和平统一激励着每个韩国人。同时，每个韩国人都希望看到统一后的祖国拥有自由民主和优越的经济生活条件。正如罗马不是一天建成的，实现朝鲜半岛的统一也需要很长的时间。因此，韩国人民不应当在统一问题上表现得过于急躁，而应正确地制定对朝政策。

可以说自 2000 年 6 月具有历史意义的朝韩两国峰会结束后，韩国人民不再像 20 世纪 20 年代沉睡的英国或是 90 年代沉睡的美国直到 2001 年被"9·11"事件惊醒那样才开始关注国家的安全。然而，难道仅仅因为这样就不能说韩国人民正安卧在驻韩美

---

① Edward Zorinsky, "The Future of the U. S. -R. O. K. Alliance," in Sung-Joo Han, *U. S. -Korea Security Cooperation: Retrospects and Prospects*, Seoul: Asiatic Research Center, Korea University, 1983, p. 200.

军这块磐石上打盹吗？倘若如此，韩国人民应该立刻从打盹状态中清醒过来，并且在第一时间竭尽所能让韩国成为一个"强大的""有魅力的""引人注目"的国家，接着提供一个绝大多数朝鲜民族同胞渴望的祖国重新统一后的生活方式。为了实现这一目标，韩国应该建立一个能够威慑朝鲜彻底放弃武装挑衅，同时也让周边国家不容忽视的、强大而令人生畏的军事力量。韩国应该维护公平精神、热爱自己的同胞并尊重自由和人权，直到实现祖国的统一。与此同时，韩国既不应当畏惧朝鲜，也不应该为朝鲜半岛目前的分裂而感到沮丧。

第十二章
韩国与联合国的特殊关系：
从受援国到援助国的转变*

> 联合国处于转型之中，尽管有人知道其"始自何方"，
> 却无人知道其将"去向何处"。
>
> ——劳伦斯·芬克尔斯坦

自第二次世界大战结束后联合国成立以来，韩国与联合国之间就形成了一种特殊关系。在1950～1953年朝鲜战争及其艰难的停战过程中，联合国在朝鲜半岛都发挥了与众不同的作用。最近，朝鲜致力于开发核武器及运载工具所引发的危机，进一步凸显了联合国在该地区发挥影响力的必要性。本章将进一步讨论韩国与联合国之间这种长期的特殊关系，为当今发生的事件提供背景与解释。

---

* 第十二章最早刊载于《国际维和：国际和平行动年鉴》第11卷，2007年，第159～202页（*International Peace Keeping*：*The Yearbook of International Peace Operations*，Vol. 11，2007，pp. 159－202）。

朝鲜半岛唯一合法政府成立的标志：
大韩民国在联合国协助下诞生

　　1942 年 1 月，美国、英国与其他 24 个国家共同批准了《大西洋宪章》中的一系列原则，罗斯福总统称这些国家为"联合国"。关于建立一个维护未来世界和平的组织①的设想，更准确地说形成于 1943 年 10 月，在德黑兰会议召开的前一个月，中国、苏联、英国和美国的代表在莫斯科举行会晤。四个国家同意相互合作，在条件允许的情况下尽快建立一个国际组织，该组织的基本原则是："所有热爱和平的国家主权平等，无论国家大小均可加入，致力于维护世界和平与安全。"② 因此，特别会议制定了章程并决定于 1944 年秋开始讨论联合国架构。会议地点定于华盛顿特区附近的敦巴顿橡树园，由美国、英国和苏联代表共同起草宪章。之后中国也加入了美国和英国的讨论，这次讨论不包括苏联。第二次世界大战期间在同盟国与日本之间的战争中保持了中立的国家也加入其中。尽管并未就所有问题完全达成共识，但这些"发起国"基本同意关于成立一个世界组织的一系列提案。后来，英国、苏联和美国的领导人在雅尔塔又进行了进一步的磋商，所形成的提案成为 1945 年旧金山会议的基本内容。1945 年 4 月 25 日至 6 月 26 日，50 个国家的代表齐聚旧金山歌剧院，同意将新的世界组织命名为"联合国"，以纪念旧金山会议临召开前去世的罗斯福总统，他生前曾建议将新的世界组织命名为"联合国"。③

---

① 包括苏联、中国、联邦自治领和大多数被欧洲国家占领的流亡政府。
② The United Nations, *The United Nations at Forty: A Foundation to Build on*, New York, 1985, p. 8.
③ The United Nations, *The United Nations at Forty: A Foundation to Build on*, New York, 1985, p. 9.

4 月 28 日，会议召开后仅 3 天，韩国临时政府（当时位于中国重庆）外交部长赵素昂（Cho So-ang）宣布，韩国希望得到认可并成为联合国成员。

> 韩国申请立即加入联合国，请成员国及时考虑韩国的申请。而且，作为一个主权国家，韩国愿意并随时准备承担作为联合国成员国的全部责任……①

12 月 27 日，各国外交部长在莫斯科发表联合公报时，就朝鲜半岛相关内容指出：未来的联合委员会将向参与托管朝鲜半岛的国家（美国、英国、中国和苏联）提出建议，尽管美国和苏联将做出最终决定。决议规定对朝鲜半岛进行为期五年的托管，这也意味着联合国介入了朝鲜半岛的未来。"国际托管"（international trustship）是一个独特的美国概念，尽管早在 1919 年的巴黎和会期间，它曾作为"委任统治"的形式出现，当时威尔逊总统提出了"委任统治"的思想。该概念集合了对殖民地人民的同情、监护的思想以及对美国使命的信念。罗斯福总统强烈赞成对印度支那、英帝国的前殖民地以及朝鲜半岛进行托管。② 从某种意义上说，这是一种家长制度的国际化。它体现了一种彻底的民族优越感，不仅否认了许多国家的本土制度、文化与政治价

---

① 关于声明的全文，参见 Se-Jin Kim, *Korean Unification: Source Materials with an Introduction*, Seoul: Research Center for Peace and Unification, 1976, pp. 83 – 84。

② 1943 年 3 月，罗斯福总统首次向英国外交大臣艾登建议对韩国采取托管，英国同意了他的建议。尽管这种想法主导着美国人的思想，但在 1943 年 12 月 1 日的《开罗宣言》中并未特别提及，因此，自打败日本直到朝鲜半岛最终独立的这段时间，由盟军控制朝鲜半岛。参见 Robert M. Slusser, "Soviet Far Eastern Policy, 1945 – 1950: Stalin's Goals in Korea," Yonosuke Nagai & Akira Iriye, eds., *The Origins of Cold War in Asia*, University of Tokyo Press, 1977, p. 128。

值——这些国家甚至比美国拥有更长历史的有组织政府，尤其是朝鲜半岛，而且也忽视了当时美苏之间日益恶化的紧张关系。①

当莫斯科协议的消息传来时，整个朝鲜半岛义愤填膺。在朝鲜语中，"托管"一词没有恰当的对应词，"托管"暗示着 35 年日本"奴隶待遇"② 的延续。联合委员会对于如何建立民主、独立、统一的朝鲜半岛并没有达成共识。面对苏联毫不妥协的态度，再加上随后乔治·凯南 2 月 26 日长文电报推波助澜的影响，杜鲁门主义于 1947 年出台，美国政府改变了其世界观。美苏合作基本宣告结束，两国进入对抗时期。美国政策制定者最初希望建立一个具有权威的国际体系，致力于维护和平。但是无论其初衷如何，自 1947 年起美国政府决定：联合国必须抛弃中立的立场，在敌对关系日益明显的美苏之间选择。在美国人心目中，联合国应该运用其一切可能的影响力"遏制"苏联及其盟国。同时，美国启动了对希腊和土耳其的大规模援助计划，美国对联合国的新政策体现了美国对抗苏联扩张的决心，并且支持联合国在朝鲜半岛事务中发挥作用，这标志着美国政策做出重要调整。

1947 年 9 月 17 日，美国驻联合国代表、议员沃伦·奥斯汀（Warren F. Austin）要求联合国秘书长特里格韦（Trygve Lie）将"朝鲜半岛独立问题"列入即将召开的联合国大会议程之中。会议召开当天，美国国务卿马歇尔在联合国大会上致辞。他表示美苏联合国代表团代表仍未同意他们的联合报告，他还表示除了其他事务外，应及时对朝鲜半岛形势予以关注："在 1943 年 12 月的开罗会议中，美国、英国和中国联合宣布，在适当的时候朝鲜半岛应该取得自由和独立。1945 年 7 月的《波茨坦宣言》重申了这

---

① William Morris, *"The Korean Trustship 1941 - 1947: the United States, Russia and the Cold War,"* Ph. D. Dissertation, University of Texas, 1974, p. 4.

② "奴隶待遇"（enslavement）是《开罗宣言》中所运用的词语："我三大盟国稔知朝鲜人民所受之奴隶待遇，决定在相当时期，使朝鲜自由与独立。"

一多边承诺，苏联对日宣战时，对此也予以支持。显然，通过双边谈判解决朝鲜半岛问题只会拖延建立一个独立、统一的朝鲜半岛。现在以实际行动打破朝鲜半岛僵局的时机已到。"[1] 马歇尔国务卿希望成员国做出"公正的判决"。[2]

苏联新任外交部长安德烈·维辛斯基（Andrei Y. Vishinsky）（莫洛托夫已就任总理）愤怒地拒绝了马歇尔提议联合国协助解决朝鲜半岛问题的要求。他说："马歇尔先生提出了一个直接侵犯莫斯科协议中关于朝鲜半岛问题决议的建议"。[3] 苏联驻联合国代表安德烈·葛罗米柯（Andrei Gromyko）坚称，将朝鲜半岛问题置于联合国大会是不合法的。[4] 但是，联合国大会同意，在 9 月 23 日将"朝鲜半岛独立问题"列入讨论日程。几天后，联合国大会第一委员会以压倒多数的赞成票决定将朝鲜半岛问题列入讨论日程，美国尽管赢得了世界性的支持，但也为此付出了代价，联合国大会的投票进一步激化了苏联的敌意，增加了寻求解决朝鲜半岛问题方案的难度。[5]

美国说服其他成员国代表：联合国关于朝鲜半岛问题的考虑是合理的，并成功地论证了它能够证明联合国的目的性。美国代表团成员约翰·福斯特·杜勒斯（John Foster Dulles）在总结美国的立场时表示："我们认为相比将美苏置于一个不切实际的决

---

① William Morris, "*The Korean Trustship 1941 – 1947: the United States, Russia and the Cold War*," Ph. D. Dissertation, University of Texas. 1974, p. 56.

② 关于演说内容，参见 Se-Jin Kim, op. cit., p. 56。

③ Charles M. Dobbs, *The Unwanted Symbol: American Foreign Policy, the Cold War, and Korea 1945 – 1950*, Kent, Ohio: The Kent State University Press, 1981, p. 113.

④ Leon Gordenker, *The United Nations and the Peaceful Unification of Korea*, The Hague: Martinus Nijhoff, 1959. p. 15; Leland M. Goodrich, *Korea: A Study of U. S. Policy in the United Nations*, Westport: Greenwood Press, 1956, p. 30.

⑤ Charles M. Dobbs, The Unwanted Symbol: *American Foreign Policy, the Cold War, and Korea 1945 – 1950*, Kent, Ohio: The Kent State University Press, 1981, p. 114.

议下展开行动的技术性要求，朝鲜半岛三千万人民的利益更加重
要。"① 按照美国的意愿，第一委员会通过了决议，决定在朝鲜半
岛设立联合国朝鲜半岛问题临时委员会（UNTCOK），该委员会
拥有旅行权、监督权并对所有朝鲜半岛事务提供咨询。苏联及其
盟国几乎难以控制美国主导的联合国大会，只能谴责美国将朝鲜
半岛变成了美国的殖民地和军事基地。显然，苏联不会与联合国
朝鲜半岛问题临时委员会合作。联合国朝鲜半岛问题临时委员会
的成立对苏联试图在朝鲜建立一个共产主义政权的计划构成了威
胁。当联合国大会通过了美国的决议后，苏联宣称将拒绝该委员
会进入朝鲜，实际上苏联也确实这样做了。该委员会成员国在这
种情况下不知所措。1948 年 2 月 19 日，联合国朝鲜半岛问题临
时委员会听取了联合国委员会的报告。当联合国委员会于 2 月 26
日召开会议，为联合国朝鲜半岛问题临时委员会负责人提供建议
时，美国获得压倒性多数选票。在数天前，捷克斯洛伐克发生了
一场政变，慕尼黑的记忆笼罩着联合国，这场国际危机强化了美
国的立场：联合国朝鲜半岛问题临时委员会应该在其可以进入的
朝鲜半岛部分地区，即在韩国监督公开选举。②

当美军驻汉城指挥官霍奇（John R. Hodge）将军宣布计划于
1948 年 5 月 9 日举行大选时，联合国朝鲜半岛问题临时委员会反
对临时委员会③的决定，因为尽管临时委员会批准了美国的立场，

----

① Charles M. Dobbs, *The Unwanted Symbol*: *American Foreign Policy*, *the Cold War*, *and Korea 1945 – 1950*, Kent, Ohio: The Kent State University Press, 1981, p. 115.

② Charles M. Dobbs, *The Unwanted Symbol*: *American Foreign Policy*, *the Cold War*, *and Korea 1945 – 1950*, Kent, Ohio: The Kent State University Press, 1981, p. 135.

③ 临时委员会，也称"小型联大"，是由马歇尔将军在之前会议上提出的一
项设想。按照美国官员的设想，联合国临时委员会将在没有召开大会时
处理问题，从而防止关键问题遭到安理会中苏联的否决或持续等待大会
的召开。

但是联合国朝鲜半岛问题临时委员会仍不明确自己的方向，根据联合国朝鲜半岛问题临时委员会的职权范围，只有联合国大会才可以指派它监督选举。委员会成员希望保持其独立性。但是联合国朝鲜半岛问题临时委员会最终决定接受临时委员会的建议，因为别无其他现实性选择。

苏联对此做出了回应，切断了对南方的电力供应，并将北方的控制权交给了由金日成等共产主义者领导的人民委员会。朝鲜半岛与德国发生危机的时机很可能密切相关，例如，朝鲜电力供应被切断了，而柏林地面通道被封锁了。韩国 80% 的电力和煤来自北方，没有了这些供给，脆弱的经济濒临破产，暴乱和游行接踵而至，南方共产党便有可能趁机掌权。①

联合国朝鲜半岛问题临时委员会批准了 5 月 10 日的选举结果后，李承晚于 1948 年 8 月 15 日宣布就职，成为大韩民国的首任总统。1948 年 12 月 6 日，联合国大会开始讨论朝鲜半岛问题。12 月 12 日，联合国大会宣布"已经建立了合法政府（大韩民国），该政府在朝鲜半岛部分地区具备有效的控制权和管辖权，在该地区，联合国朝鲜半岛问题临时委员会能够观察并提供咨询，该地区居住着大部分朝鲜族人民。在朝鲜半岛的这部分地区，政府由选举产生，选民可以自由表达个人意愿，并接受联合国朝鲜半岛问题临时委员会的监督，该政府是朝鲜半岛的唯一合法政府"②。联合国大会决定，还应该在朝鲜半岛建立由澳大利亚、中国、萨尔瓦多、法国、印度、菲律宾和叙利亚组成的委员会，它应被视作取代联合国朝鲜半岛问题临时委员会，同时决定，进驻朝鲜半岛的委员会应该继续保持其地位，它已取代了联

① 当时，几乎没有官员或者说只有少数学者注意到发生在朝鲜和德国的两个事件之间的联系。危机发生在柏林对抗期间也许只是一种巧合。关于这点的详细讨论可参见 Charles M. Dobbs, op. cit. , pp. 144 – 146。

② Se-Jin Kim, *Korean Unification: Source Materials with an Introduction*, Seoul: Research Center for Peace and Unification, 1976, pp. 104 – 110.

合国临时委员会，根据既定决议，联合国大会建议联合国成员国及其他国家与大韩民国建立外交关系。[1] 联合国最终确定了大韩民国的合法地位。

总之，联合国是韩国政府诞生的助产士，同时它也扮演了神父的角色，在国际社会面前宣布了其合法地位。韩国成为在国际上被普遍承认的、获得国际授权的朝鲜半岛唯一合法政府。尽管这一标志得以确立，但自诞生之日起其便时刻面临着挑战。

联合国保护之下的"标志"

1950 年 6 月 25 日，朝鲜战争爆发，这不仅是对此"标志"的亵渎，更是对联合国权威不可容忍的挑战。在美国的安排下，联合国立即对韩国实施援助，并启动了《联合国宪章》中的集体安全条款。联合国安理会立即做出决定：朝鲜对韩国的武装进攻破坏了和平，呼吁朝鲜将其军队撤回 38 度线以北并要求联合国所有成员国为联合国执行此项决议提供一切援助，同时禁止给予朝鲜政权任何援助。[2] 6 月 26 日，韩国议会呼吁联合国大会采取有效措施保卫和平与安全，这不仅是为了韩国，更是为了世界上爱好和平的人民。[3] 6 月 27 日，安理会通过了第二项决议，建议联合国成员国为韩国提供必要的援助，抵制武装进攻，恢复该地区的和平与安全，然而，联合国朝鲜半岛问题临时委员会的报告称朝鲜当局既没有停止敌对，也没有将其军队撤回至 38 度线以北，在这种情况下，需要采取紧急军事措施，以恢复国际和平与安全，而且韩国也呼吁联合国立即采取有效措施以确保和平与

---

① Se-Jin Kim, *Korean Unification: Source Materials with an Introduction*, Seoul: Research Center for Peace and Unification, 1976, pp. 104 – 110.

② Se-Jin Kim, op. cit., p. 123.

③ Lot. cit.

安全。①

　　由于苏联抵制安理会关于中国代表权的问题，两项关键的联合国安理会决议的通过成为可能。根据 6 月 27 日的决议，16 个联合国成员国向朝鲜半岛派出部队以援助韩国。这是联合国历史上首次使用武力反击武装攻击，成为联合国集体安全体制的首次试验。7 月 7 日联合国安理会呼吁在美国领导下设立朝鲜半岛作战行动统一指挥机构。② 在意识到联合国大会决议的目的是成立统一、独立、民主的韩国政府后，联合国大会于 10 月 7 日成立了联合国韩国统一复兴委员会（UNCURK）。③ 当中国于 1950 年 10 月介入朝鲜战争后，苏联代表重回联合国安理会要求恢复中国常任理事国席位及否决权，1950 年秋，人们清楚地看到由于常任理事国之间的僵局，安理会未能履行其维护和平的责任。因此，联合国大会于 1950 年 11 月 3 日通过了"为和平而团结"（uniting for peace resolution）的决议。该决议确定将决定权移交给联合国大会。④

　　12 月初，联合国大会不得不考虑到中国加入支持朝鲜的战争这一问题。最终，在 1951 年 2 月 1 日，联合国大会考虑到 1950 年 11 月的"为和平而团结"决议已赋予其权力，通过了决议，认为中国已构成了对韩国的侵略，⑤ 要求委员会考虑采取其他措

---

① Se-Jin Kim, op. cit. , p. 128.

② Se-Jin Kim, *Korean Unification: Source Materials with an Introduction*, Seoul: Research Center for Peace and Unification, 1976, p. 128.

③ Se-Jin Kim, *Korean Unification: Source Materials with an Introduction*, Seoul: Research Center for Peace and Unification, 1976, pp. 132 – 133.

④ Rosalyn Higgins, *United Nations Peace Keeping 1946 – 1967 Documents and Commentary*, London: Oxford University Press, 1970, pp. 164 – 165. 该决议案的全文可参见 Leland M. Goodrich, Anne p. Simons, *The United Nations and the Maintenance of International and Security*, Washington D. C. : The Brookings Institution, 1955, Appendix F, pp. 669 – 671。

⑤ Rosalyn Higgins, *United Nations Peace Keeping 1946 – 1967 Documents and Commentary*, London: Oxford University Press, 1970, pp. 167 – 168.

施应对这种进攻行动，并随后向联合国大会汇报。① 审查委员会报告后，联合国大会于 1951 年 5 月 18 日通过了另一项决议，该决议呼吁对共产主义中国和朝鲜实行战略禁运。②

朝鲜战争开始后，联合国就深深地卷入关于韩国安全的各项决议中，同时也意识到了其在交战国之间的尴尬地位。在朝鲜半岛上，韩国的和平与安全成为检验联合国权威与能力的试金石。因此，联合国指挥官成为与朝鲜指挥官、中国志愿军指挥官在停战协议上签字的主要当事方。当时成立的联合国军司令部仍是国际集体安全体制独一无二的尝试，即使在 1990～1991 年海湾战争中也没有成立联合国军司令部，解放科威特的军事行动也是以联合国决议的名义展开的。

然而，联合国挽救了韩国这一标志性事件，并且通过联合国军司令部在韩国领土上的驻扎，阻止朝鲜再次发动进攻，联合国扮演着维持和平的角色。③ 朝鲜战争停战后，韩国对联合国政策的核心目标在于让联合国重申韩国政府作为朝鲜半岛唯一合法政府的标志，并致力于推动基于"日内瓦方案"的和平统一，即朝鲜半岛问题应在联合国框架内解决。对于朝鲜半岛统一，"日内瓦方案"重申了联合国的最初计划：建立一个统一、独立、民主的朝鲜半岛。此项计划于 1954 年 12 月 11 日被联合国大会批准。随后在 1954 年 4 月 26 日至 6 月 15 日的日内瓦大会上，关于远东问题中的朝鲜半岛议题部分，西方国家未能与共产主义国家达成一致。同时，这次安理会大会决议要求联合国秘书长将朝鲜半岛问题纳入即将于 1955 年秋举行的联合国大会第十次会议临时议程中。

---

① Rosalyn Higgins, *United Nations Peace Keeping 1946 - 1967 Documents and Commentary*, London: Oxford University Press, 1970, pp. 168.

② Se-Jin Kim, op. cit. , p. 146.

③ 1950～1953 年联合国卷入朝鲜战争的相关内容可参见 Sydney D. Bailey, *How War Ends: The United Nations and the Termination of Armed Conflict 1946 - 1964*, Vol. Ⅱ, Oxford: Clarendon Press, 1982, pp. 381 - 480。

根据上述联合国大会的决议，1955～1970 年，联合国大会几乎每年都要讨论朝鲜半岛问题。[1] 在此期间，关于朝鲜半岛问题的讨论均基于联合国韩国统一复兴委员会的报告，按照 1950 年 10 月 7 日通过的决议，该委员会每年应向下一届联合国大会提交报告。[2]

由于美国及其盟国的支持，韩国能够维持其在朝鲜半岛唯一合法政府的标志，尽管苏联对此表示反对，认为这是美国调动"自动"而"机械"的多数国家投票支持的结果。

然而，作为日益恶化的冷战和朝鲜战争的产物，韩国仍未能成为联合国成员，这可能有助于政治冷战的军事化。无论是美国还是苏联都不希望看到对方阵营的国家加入联合国，但韩国这一标志仍被联合国予以保留。

该"标志"在联合国内受到的挑战

20 世纪 60 年代，韩国这一标志遭到了来自联合国内部和外部的挑战。1965 年——联合国成立 20 年之际，联合国成员国数量已由原来的 51 个扩大到 114 个，联合国内部的力量对比发生了重大的变化。大多数原始成员国为欧洲和美洲国家，而此时大多数成员国为非洲和亚洲国家。这一变化不仅改变了联合国的关注点，也改变了这个世界性组织的性质。[3]

结果，所谓的美国能够调动和依靠的"自动获得多数支持"

---

[1] Chonghan Kim, "Korean Reunification: UN Perspectives," Tae Hwan Kwak, et al. , *Korean Reunification*, Seoul: Kyungnam University Press, 1984, p. 409.

[2] 决议案的全文可参见 Se-Jin Kim, op. Cit. , pp. 132 - 133。

[3] Lawernce S. Finkelstein, "The United Nations: Then and Now," Korean Association of International Relations, *Readings in International Relations*, Seoul: Bak Young Sa, 1968, p. 136. 本章最早刊登在 *International Organization*, Vol. 19 (Summer 1965), pp. 367 - 393。

的力量悄然流失，而韩国的联合国政策也发生了巨大变化。1969
年联合国已拥有 126 个成员国，在一个扩大的、多样化的联合国
中，亚非国家成为一支强有力的投票集团，并且在联合国政治进
程中产生了巨大的影响。在联合国扩大期间，以美国为首的西方
国家继续支持韩国这一标志，通过"史蒂文森修正案"战略应对
新的挑战。在 1961 年第 15 届联合国大会期间，美国驻联合国首
席代表艾德莱·史蒂文森（Adlai Ewing Stevenson）对印尼修正案
中提出向朝鲜发出邀请的内容做出了回应，他表示这违反了美国
于 4 月 10 日提出仅邀请韩国的决议草案。① 史蒂文森随后提到，
朝鲜一再排斥联合国，如果朝鲜政权认识到联合国在处理朝鲜半
岛和平统一问题上的能力和权威，并且表现出愿意遵守联合国关
于朝鲜半岛自由和平统一的决议，届时第一委员会方可向朝鲜发
出邀请。② 史蒂文森的提议十分周密，避免了可能仅有少数西方
国家支持单独邀请韩国而造成的尴尬局面。③

　　假如朝鲜能够展示其加入联合国的意愿，像韩国一样公开、
明确地完成某些义务，美国表示将不再参与关于联合国不公平对
待朝鲜和韩国政府的批判。④ "史蒂文森修正案"对美国而言是
一个战术性的调整，而对于韩国而言，由于此案要由拥有投票权
的多个阵营来决定，似乎并不有利于韩国。韩国希望与联合国保
持一种特殊的关系。然而，韩国也意识到现实的变化，即联合国
成员国在年度讨论中对于朝鲜半岛问题的关注热情正在消退，而
讥讽和厌倦的情绪却与日俱增。⑤

---

① Se-Jin Kim, op. cit. , pp. 256 – 257.

② 关于 1961 年 4 月 11 日，史蒂文森在第 15 届联合国大会第一委员会上的
　演讲可参见 Se-Jin Kim, op. cit. , pp. 257 – 258。

③ Kim Kyung-Won, "Korea, the United Nations and the International System,"
　Report：International Conference on the Problems of Korean Unification. Seoul：
　Asiatic Research Center, 1971, p. 1187.

④ Loc. cit.

⑤ Chonghan Kim, op. cit. , p. 411.

韩国重新开始认真思考其在联合国提出朝鲜半岛问题的新战略。新的战略需要防止朝鲜的支持者利用联合国作为其宣传论坛，以"和平统一朝鲜半岛"拥护者的身份为借口，诋毁韩国的支持者。支持朝鲜的联合国成员国，其典型策略便是提议外国军队撤离韩国，即撤离驻韩美军并解散联合国韩国统一复兴委员会。尽管他们屡试屡败，但却惹恼了包括美国在内的支持韩国的成员国。韩国政府的联合国政策中所采取的新战略是：朝鲜半岛问题无须每年都自动列入联合国大会的议程。①

在新的联合国政策中，韩国希望该问题由联合国韩国统一复兴委员会决定，它可以自主向联合国秘书长或联合国大会提交报告。如果年度报告提交给联合国大会，那么朝鲜半岛问题可列入联合国大会临时议程。但它如果被提交给联合国秘书长后分发给各成员国，则不需要正式考虑。

按照这种自由裁量策略，韩国政府力求收益最大化，试图从联合国大会的年度议程中消除朝鲜半岛问题，以保护其"标志"。韩国的新联合国政策无法使那些用于保护其"标志"的联合国决议以及有关朝鲜问题的决议全部失效。它也不会对联合国韩国统一复兴委员会和驻扎在韩国本土的联合国军司令部的活动产生消极影响。正如"史蒂文森修正案"战略一样，新的"自由裁量策略"也是一个设计周密、致力于保护"标志"被玷污的计划。

可以理解的是，朝鲜并没有采取静观其变的态度。如果说朝鲜采取了什么行动的话，那便是它在1969年要求将最符合其意愿的条款列入第24届联合国大会的议程，即"美国和其他外国军

---

① 1968年前的20年中，根据联合国大会376号决议，联合国韩国统一复兴委员会向大会提交了关于朝鲜半岛问题的年度报告，按照第132条规定，朝鲜半岛问题被自动放置在定期大会的临时议程中。参见 Chi Young Park, "Korea and the United Nations," in Youngnok Koo, Sung-Joo Han, eds., *The Foreign Policy of the Republic of Korea*, New York: Columbia University Press, 1985, p. 264。

队不能以联合国的名义驻扎在韩国，解散联合国韩国统一复兴委员会"①。通过此项行动，朝鲜显然是试图抓住一个机会，以确保在反美和反韩的宣传上占据优势。朝鲜政府的态度与其20世纪60年代所制造的军事危机并行。②

最终，朝鲜所提出的从韩国撤出外国军队、解散联合国韩国统一复兴委员会和联合国军司令部的决议草案在第24届联合国大会上被否决。朝鲜在1970年的第25届联合国大会上再次尝试，同样也以失败告终。因此，尽管在20世纪60年代，韩国这一"标志"与联合国一同经受着严峻的挑战，但韩国仍设法保护并保留了这一"标志"。

"标志"被埋葬

1971年7月9日，美国国务卿亨利·基辛格秘密飞赴北京。6天后尼克松总统宣布了一个震惊世界的消息：他将亲自前往中国以"寻求两国政府间关系正常化"。1971年10月25日，美国打破了阻止联合国驱逐台湾国民政府的外交惯例，将中华民国在联合国安理会的席位转交给中国大陆的共产党政权。伴随中美之间的"外交革命"以及中国成为具有影响力的联合国安理会常任理事国，韩国有必要对其联合国政策进行重新评估。

伴随着基辛格的中国之旅，以及逐渐改善的中美两国关系，韩国向朝鲜提出举行"南北红十字会谈"的建议，基于人道主义精神，协商解决约涉及1000万人的离散家庭团聚问题。朝鲜对此表示赞成后，南北对话于1971年8月20日正式开启。然而，这

---

① *Yearbook of United Nations*, 1969, pp. 167–170.

② 这些行动包括朝鲜突袭韩国总统官邸、1968年1月朝鲜对美国"普韦布洛"号军舰的扣押、1969年4月击落美国海军侦察机EC-121。关于管理朝鲜半岛此类危机的讨论可参见Sung-Hack Kang, "Crisis Management under the Armistice in the Korean Peninsula," *Korea Journal*, Vol. 31, No. 4 (Winter 1991), pp. 14–28。

种南北和解精神，并未能延伸到联合国层面。相反，朝鲜再一次向韩国提出了挑战，借助共产主义阵营，以及所谓的不结盟亚非等联合国成员国的支持，朝鲜向第 26 届联合国大会提出了其政策目标：从韩国撤出打着联合国名义的美国和其他外国军队，并且"解散联合国韩国统一复兴委员会"。[1]

在联合国内部不断变化的情况下，韩国采取了新的策略，即推迟在联合国论坛上讨论朝鲜半岛问题，并通过有效的争论表示推迟讨论是顺应形势发展的，因为"南北红十字会谈"已于近期启动。英国首席代表科林·克罗（Colin Crowe）爵士，在讨论第 26 届联合国大会议题的总务委员会会议上支持韩国的这一立场，他提出根据形势新的重大发展，不仅要推迟讨论朝鲜半岛问题，而且建议联合国大会在重新讨论该问题之前应期待形势有进一步的发展，以避免阻碍对话的展开。[2] 总务委员会批准了韩方的建议，决定推迟讨论朝鲜半岛问题。同时，南北双方的对话达到了顶峰，南北协调委员会宣布了具有历史意义的《七·四南北联合声明》，双方达成了实现朝鲜半岛统一的三项原则。[3]

在 1972 年的第 27 届联合国大会上，韩国再次采取同样的"推迟战略"，成功地将朝鲜半岛问题又推迟了一年。但在 1973 年，韩国面临着朝鲜新的国际地位的挑战。在其 25 年的历史中，朝鲜与几个西方国家，以及芬兰、冰岛、阿根廷、伊朗、多哥、达荷美（贝宁）、冈比亚、毛里求斯正式建立了外交关系。此外，尽管韩国反对，作为联合国专门机构的世界卫生组织仍于 1973 年 5 月 17 日接纳朝鲜为其成员。凭借其在联合国专门机构中的成员身份，朝鲜获得了联合国永久观察员的席位，并于 6 月 1 日和 29

---

①　*Yearbook of the United Nations*, 1971, pp. 162 – 163.

②　Chonghan Kim, op. cit., p. 414.

③　1972 年 7 月 4 日联合公报的全文可参见 Se-Jin Kim, op. cit., pp. 319 – 320。

日相继设立了朝鲜驻日内瓦与朝鲜驻纽约观察员特派团。[①]

在不断变化的环境中，韩国总统朴正熙于 1973 年发表了"6·23 声明"，即"关于朝鲜半岛和平统一外交政策特别声明"，朴正熙总统在声明中宣布，韩国不反对朝鲜与韩国共同加入国际组织，如果有助于缓解紧张局势、促进国际合作，韩国将不会反对与朝鲜共同加入联合国；如果联合国的大多数成员国希望如此，且不会阻碍朝鲜半岛的统一，即使被获准作为成员加入联合国，韩国也不会反对在联合国大会上讨论朝鲜半岛问题时邀请朝鲜代表参加；不论意识形态如何，韩国都愿意本着互惠和平等原则向世界所有国家开放门户。[②]

新政策方向的调整是一场哥白尼式的转变，韩国的政策与美国及其他意识形态不同的国家拉开了距离。韩国显示了愿意埋葬其作为朝鲜半岛唯一合法政府这一"标志"。曾经，为了维护这一"标志"，自 1948 年诞生之日起，韩国付出了巨大的努力。对于韩国领导人而言，他们意识到这一"标志"开始变得难以维持。韩国的联合国政策的显著变化是其适应联合国新形势的一次尝试。[③]

朴正熙总统发表其新政策声明后，同日朝鲜金日成总书记拒绝了朴正熙总统的建议，他表示：这一建议将使朝鲜半岛上的两个国家永远延续民族分裂的状态。金日成建议在民族重新统一之

---

① 尽管联合国秘书长库尔特·瓦尔德海姆正式通知朝鲜，他决定于 6 月 29 日在联合国成立一个朝鲜考察代表团，但这个决定只是形式上的，直到数个星期后才见端倪。关于这点可参见 B. C. Koh, "The United Nations and the Politics of Korean Reunification," in Se-Jin Kim, Chang-hyun Cho, eds. , *Korea*：*A Divided Nation*, Silver Spring Maryland：The Research Institute of Korean Affairs, 1976, p. 272, Note. 11。

② 声明的全文可参见 Se-Jin Kim, op. cit. , pp. 338 – 340。

③ 外交政策可被视作一种适应性行为。参见 James Rosenau, "Foreign Policy as Adaptive Behavior," *Comparative Politics*, Vol. 2, No. 3 （April 1970）, pp. 365 – 387。

前的过渡期，南北双方以"高丽联邦"（Confederal State of Koryo）的形式在联合国保持单一席位。①

　　总体而言，1973 年的形势发展似乎更加有利于朝鲜。② 显然，韩国对朝鲜在联合国外交中取得稳定成果表示震惊，因此决定如果能建立一个维护朝鲜停战状态的协定，韩国不仅自愿解散联合国韩国统一复兴委员会，而且也同意解散联合国在韩国的司令部。此外，正如韩国于 1973 年 6 月 23 日所宣布的那样，不反对朝鲜参与联合国举行的关于朝鲜半岛问题的辩论。按计划，1973 年召开的第 28 届联合国大会上将有两个竞争性的决议草案。一个是有利于韩国的决议草案，反映了"6·23 声明"的和平统一精神，即本着普遍性精神，南北双方在联合国的成员身份将有利于促进并维持地区和平与安全以及实现和平统一的目标。③ 另一个是支持朝鲜的草案，即呼吁无条件地解散联合国军司令部，撤出韩国领土上所有以联合国名义驻扎的外国军队，④ 批准唯一的、统一的朝鲜半岛政权加入联合国。⑤ 10 月 1 日，第一委员会决定邀请南北双方代表团"参与朝鲜半岛问题的讨论但不参与投票"。⑥ 在随后的辩论中，瑞典建议决议草案的发起人要注意其共同立场，并寻求达成一致，至于重要问题，如朝鲜半岛问题，则不应根据狭隘的多数原则做决定。⑦ 第一委员会主席与两个相互竞争的决议草案发起人协商后宣布，两个决议草案都不列入本届

---

① 金正日的反提案是他在欢迎捷克斯洛伐克共产党总书记斯塔夫·胡萨访问时的致辞中提出的。关于金正日在平壤群众大会上演讲的全文可参见 Se-Jin Kim, ed. , op. cit. , pp. 340 – 345。

② Chonghan Kim, op. cit. , p. 416.

③ 支持韩国的 27 个成员国提交了此协议。

④ *Yearbook of the United Nations*, Vol. 27, 1973, p. 153. It was submitted by 35 states.

⑤ B. C. Koh, op. cit. , p. 276.

⑥ B. C. Koh, op. cit. , p. 152.

⑦ *Yearbook of the United Nations*, Vol. 27, 1973, p. 156.

会议的投票表决环节。同日，加纳提出了"澄清与修正"的建议，第一委员会继续为此而努力。第一委员会批准：各方达成共识的文本可由主席宣读。因此，联合国大会于 1973 年 11 月 28 日通过了共识文本。① 在联合国大会行动结束后，南北双方都声称取得了胜利。朝鲜代表宣称，联合国韩国统一复兴委员会的解散意味着韩国及其盟国的失败，而韩国代表则极力主张朝鲜已经同意尽早无条件开启南北对话。② 但事实上，双方均未胜出。它们不得不一次又一次地相互对峙。由于总务委员会将相互对立的决议草案列入会议议程，一场毫无结果的拉票竞争在 1974 年 9 月的第 29 次联合国大会上再一次上演。其中，支持朝鲜的一方要求从韩国领土撤出所有以联合国名义驻扎的外国军队，而支持韩国的另一方则重申，迫切需要全面实施第 28 届联合国大会关于朝鲜半岛问题的共识，以维护朝鲜半岛的和平与安全。在两个对立的决议草案中，有利于朝鲜一方的草案以 48 票赞成、48 票反对、38 票弃权的"微弱态势"在第一委员会遭遇失败。朝鲜的这次失败甚至也令韩国感到吃惊，因为投票结果清楚表明，下一轮的外交对决可能会使韩国及其支持者非常尴尬。尽管如此，1975 年南北双方继续争取选票，为第 30 届联合国大会上的另一次外交摊牌做准备。

正如预期的那样，两个竞争决议草案被列入 1975 年的联合国大会第一委员会的议程。支持朝鲜的决议草案再次要求撤出所有外国军队并且解散联合国军司令部，从而为将朝鲜半岛的停战体制转变为永久和平体制创造条件。支持韩国的决议草案则重申要尽快全面实施第 28 届联合国大会达成的关于朝鲜半岛问题的共识，敦促南北双方继续开展对话，促进朝鲜半岛和平统一，并表

---

① *Yearbook of the United Nations*，Vol. 27，1973，p. 157. 全文可参见 Se-Jin Kim，op. cit.，p. 356。

② 南北对话于 1973 年 8 月 28 日中断。关于朝鲜金英柱暂停对话的声明可参见 Se-Jin Kim，op. cit.，pp. 345 – 349。

示希望所有直接相关各方围绕新协议进行谈判，以新的协议代替停战协议，从而缓和紧张局势，维护朝鲜半岛的和平与安全。①竞争双方的分歧在于，支持朝鲜的一方要求立即无条件解散联合国军司令部，而支持韩国的一方认为，可以接受解散联合国军司令部，但前提条件是要有一个恰当的后续协议，以维持停战协议。韩国常驻联合国观察员在 10 月 13 日向联合国秘书长递交的备忘录中阐明，停战协议是相关各方维持朝鲜半岛和平唯一的法律工具。因此，在新的协定取代它之前，保持其持续有效是延续和平的基本条件。韩国还表示愿意与其他各方直接讨论联合国军司令部解散后维持停战协议的相关方法和手段。②

经过对两种对立决议草案的激烈辩论，第一委员会竟于 1975年 10 月 29 日令人难以置信地批准了这两个相互冲突的决议。③韩国的代表表示，他很遗憾朝鲜一方的提议被批准，因为它与韩国一方的提议明显互不兼容，并声明韩国政府断然拒绝支持朝鲜一方的提议，因为该决议有意阻碍维护朝鲜半岛和平与稳定的进程。④

自 1975 年秋第 30 届联合国大会上的 "荒谬" 事件后，韩国认为在联合国朝鲜半岛问题似乎无法取得任何实质性的进展。因此，韩国决定不在联合国讨论朝鲜半岛问题，因为那可能又是一场不必要的对抗和无用的投票比赛。总之，韩国政府决定让朝鲜半岛问题 "脱离联合国"，⑤ 转而通过与朝鲜直接对话寻求和平统一。

然而，自 1948 年以来朝鲜的决议草案第一次在联合国大会通

---

① Yearbook of the United Nations, Vol. 29, 1975, p. 195.

② Yearbook of the United Nations, Vol. 29, 1975, pp. 197 – 198.

③ 朝鲜方面的提议以 59 票赞成、51 票反对、29 票弃权的结果获得批准，韩国方面的提议以 51 票赞成、38 票反对、50 票弃权的结果获得批准。参见 Yearbook of the United Nations, Vol. 29, 1975, p. 201。

④ Yearbook of the United Nations, Vol. 29, 1975, p. 201.

⑤ Yang Sung-Chul, "The United Nations on the Korean Question Since 1947," Korea Journal, Vol. 21, No. 10, October 1981, pp. 6 – 7.

过，朝鲜受到了鼓励，并试图在 1976 年的第 31 届联合国大会上继续推动解散联合国军司令部及撤出驻韩外国军队。面对挑战，韩国不能简单地坐而视之。韩国的盟国要求在第 31 届联合国大会议程中重申其决议草案，即再次呼吁南北双方重启对话，从而协商南北双方尚未解决的问题，并敦促它们及其他相关各方围绕允许解散联合国军司令部问题进行早期谈判。[1] 然而，围绕朝鲜问题的另一轮辩论并没有如期发生。出乎意料的是，1976 年 9 月 21 日，坦桑尼亚代表支持朝鲜一方，于 1976 年 9 月 21 日通过信函告知联合国秘书长，要求从议程中撤回其决议草案。随后，日本代表支持韩国的一方，告知联合国秘书长他们也要求撤回其决议草案。9 月 23 日，联合国大会委员会记录下这一情况：请求被撤回。[2] 因此，另一轮外交摊牌在第 31 届联合国大会上并未上演。朝鲜方面出人意料地决定撤回其立场，可能有两方面的原因。首先，板门店事件在朝鲜半岛引发了严重危机。[3] 如此野蛮谋杀联合国人员的行动，不可避免地在联合国中将朝鲜推入非常不利的处境。从某种意义上说，这次事件证明联合国军司令部在韩国存在的必要性——防止朝鲜反复无常破坏和平的行为。

其次，1976 年 8 月 16～20 日的会议期间，在斯里兰卡科隆坡举行的不结盟国家峰会上，朝鲜遭遇外交挫折。除了 1961 年 9 月 1～6 日在南斯拉夫贝尔格莱德举行的首次峰会外，在其他所有的不结盟国家峰会上，出席峰会的不结盟国家的外交部长在讨论朝鲜半岛问题时，都倾向于支持朝鲜的统一政策，尽管他们的支持程度和强度有所差异。[4] 但在 1976 年，斯里兰卡成为第五次

---

[1]　*Yearbook of the United Nations*, Vol. 30, 1976, p. 207.

[2]　*Yearbook of the United Nations*, Vol. 30, 1976, p. 207.

[3]　关于这场危机的讨论参见 Sung-Hack Kang, op. cit., pp. 18－20。

[4]　Jae Kyu Park, "Korea and the Third World," in Youngnok Koo, Sung-Joo Han, *The Foreign Policy of the Republic of Korea*, New York: Columbia University Press, 1985, p. 221.

不结盟国家峰会主席国，这时不结盟运动开始呈现温和的新趋势。作为这一趋势的结果，在不结盟国家内部，朝鲜的好战态度无法赢得预期的支持，它必须在一定程度上缓和单方面支持朝鲜的决议。①

因此，自 1976 年以来，朝鲜半岛问题一直未被正式列入联合国大会的议程。南北双方也均再未在联合国提出该问题。对于大多数联合国成员国而言，朝鲜半岛问题作为一个"烫手的山芋"存在了大约 30 年后，终于"脱离了联合国"。直到 1976 年底，朝鲜半岛问题作为冷战两极世界在联合国所进行的零和博弈之焦点，终于走到了终点，朝韩最终以两个国家的身份取得了联合国的承认。

通往联合国成员国的漫长道路

1949 年 1 月 19 日，为了申请成为联合国成员国，一方面，韩国以"大韩民国"的名义由当时的代理外交部长高昌一（Chang Ⅱ Koh）向联合国秘书长递交申请。但由于苏联行使了否决权，韩国的申请被拒绝，联合国安理会投票结果为 9 票赞成，2 票反对。②

而另一方面，朝鲜的申请也以 2∶9 的表决结果被安理会否决。③ 即使在朝鲜战争期间，韩国总理还向联合国秘书长递交了申请信，要求加入联合国。④ 朝鲜也采取了类似的行动，于 1952 年 1 月 2 日向联合国安理会发送了电报，尽管事实上它已被联合

---

① Ministry of Foreign Affairs, ROK, *Hankuk Woekyo 40 Nyun* 1948 – 1988, Seoul: Ministry of Foreign Affairs, 1990, p. 242; Chonghan Kim, op. cit., pp. 420.

② Ministry of Foreign Affairs, ROK, op. cit., p. 249.

③ Ministry of Foreign Affairs, ROK, op. cit., p. 250.

④ Ministry of Foreign Affairs, ROK, op. cit., p. 250.

国认定为侵略者。

然而，美苏两极对抗的格局，以及随之而来的"竞争排斥"①政策阻碍了两国单独或同时加入联合国。两个超级大国反对意识形态不同的朝鲜半岛南北双方都加入联合国。

1955 年 12 月，当所谓的"一揽子协议"，即 18 个国家同时申请加入联合国的议题被同时提交讨论时，韩国的成员国资格问题被重新提出。但由于苏联再次行使了否决权，韩国又被排除在外。② 1957 年至 1958 年，联合国大会通过了一项决议，重申韩国完全符合联合国成员国资格，并要求安理会重新考虑韩国的申请。但苏联在安理会上再一次将之否决。作为反击，苏联也提交了一项决议，要求允许朝鲜半岛南北双方同时加入联合国，③ 但也遭到安理会的否决。④

然而，苏联的建议反映了其在关于朝鲜半岛南北双方的联合国成员国资格问题上立场的变化，即从过去单方面支持朝鲜加入，转变为支持南北双方同时加入。⑤ 由于朝鲜并没有反对苏联提出的南北双方同时加入联合国的提议，因此可有把握地推断，当时朝鲜接受了苏联关于南北双方作为两个独立的成员国身份的主张。在安理会辩论期间，苏联为了对其在朝鲜半岛问题上的"两个成员国身份"的立场进行辩护，重申了联合国普遍性原则。⑥ 1961 年 4 月 21 日，韩国再次尝试加入联合国，向联合国秘书长递交了外

---

① Hong Nack Kim, "The Two Korea's Entry into the United Nations and the Implications for Inter-Korean Relations," in *Korea and World Affairs*, Vol. 15, No. 3（Fall 1991）, p. 399.

② Ministry of Foreign Affairs, ROK, op. cit., p. 250. 16 个国家于 1955 年被联合国接纳。

③ 当时，这个解决方案不仅针对朝韩两国，还针对南越和北越。

④ Ministry of Foreign Affairs, ROK, op. cit., p. 251.

⑤ 美国坚决坚持其原来的主张：韩国单方面加入联合国。

⑥ Erik Suy, *The Admissions of States to the United Nations: The Case of Korea*, The Sejong Institute Seminar series 91 – 101, No. 30, Seoul, Korea, 1991, p. 8.

交部部长郑一亨的信函，要求再次向安理会递交申请，并请求第16届联合国大会考虑接受其申请。然而，联合国安理会并没有采取对韩国有利的行动。考虑到苏联的一再否决及联合国形势的不断变化，韩国政府在接下来的10年当中未选择提交申请。①

　　1973年，韩国彻底改变了立场，宣布不反对与朝鲜共同加入联合国，韩国的联合国政策事实上是推迟接受了苏联的主张，而这也是1957年和1958年朝鲜关于联合国成员国身份及朝鲜半岛问题的立场。但令人惊讶的是，对韩国新的联合国政策，朝鲜当即表示反对。朝鲜反对南北双方同时加入联合国的理由是这一政策是美国及其盟国永久分裂朝鲜半岛的阴谋。此后，直到1991年5月18日，朝鲜都坚持反对南北双方同时加入联合国。② 只要苏联和中国两个安理会常任理事国在朝韩成员国资格问题上持支持朝鲜的立场，韩国就很难加入联合国，1975年韩国单独或与朝鲜同时加入联合国的努力再次受挫。

　　韩国决定等待更有利的时机，即苏联和中国不再支持朝鲜的立场、不再否决韩国加入联合国。机会总是会眷顾那些耐心等待的人。1988年汉城成功举办夏季奥运会，苏联阵营国家和中国均参加了此次运动会。汉城奥运会这一世界性庆典，为主办国向全世界展示其经济成就和文化提供了机会。事实上，韩国作为联合国的政治产物——一个拥有4000万人口的国家，却被排除在联合

---

① Ministry of Foreign Affairs, op. cit. , p. 152. 20世纪60年代，待定的申请者有南北越、东西德以及中华人民共和国。

② 朝鲜的立场是自相矛盾的，因为它加入了联合国下属特殊机构之一世界卫生组织，从而获得了在联合国的永久观察员身份并在日内瓦和纽约执行观察员任务。为了维护其矛盾的立场，朝鲜主张其加入联合国特殊机构是为了同所有国家进行技术和实际合作。关于这一点可参见 Chong-Ki Choi, "The Role of The United Nations and the Korean Question," in Tae-Hwan Kwak, Chonghan Kim, Hong Nack Kim, eds. , *Korean Unification*: *New Perspective and Approaches*, Kyungnam University Press, 1984, pp. 276 – 277, 282 – 283。

国之外，似乎有违常态。1988 年夏季奥运会后，联合国成员国中逐渐形成一种共识，即韩国应该成为联合国的成员国。①

1988 年，韩国也采取了一项针对共产主义国家的新外交政策，即"北方政策"（northern policy）。所谓的"7 月 7 日宣言"也是 1973 年"6·23 声明"的一项成果，韩国向其他国家承诺不会把朝鲜视为敌人，并将努力停止南北双方适得其反的外交竞争。这项新政策恰逢其时，苏联和东欧正经历着政治剧变和经济改革，因此在商业交流和经济合作领域对韩国采取了更为现实的政策。1990 年 10 月 1 日，韩国与苏联建立正常的外交关系时，已与匈牙利、波兰、南斯拉夫、保加利亚、捷克和罗马尼亚建立了外交关系。1990 年 10 月 20 日，中国同意与韩国相互建立领事级的贸易办事处。

韩国不仅成功地举办了奥运会，而且成功地实施了"北方政策"，这促使韩国重新开始寻求加入联合国的外交努力。1989 年 9 月和 11 月，韩国向联合国成员国传递加入联合国的基本立场（S/21827），为加入联合国，韩国外交部长也于 1990 年在纽约开展了积极的外交活动。结果是，1989 年联合国大会上有 48 个国家支持韩国取得联合国成员国资格，1990 年赞成国家的数量增至 71 个。② 不仅是美国布什总统，苏联戈尔巴乔夫总统也在其主旨发言中表达了对韩国加入联合国的支持。在这样一个不断变化的国际环境中，朝鲜拒绝了韩国的提议，即在实现统一之前作为一种临时的方式，南北双方应该同时加入联合国。朝鲜重申了其立场：南北双方应该以统一的名称，即以"高丽联邦"之名加入联合国。随后，韩国拒绝了朝鲜的建议，认为这种想法不符合现实。

联邦是一种国家的联合体，类似于联合国。一个联邦作为联合国成员是没有先例的。此外，联邦是建立于成员国间条约的基础上的。它与朝鲜所谓"联邦"的必要性在于避免国际上承认分

---

① Hong Nack Kim, op. cit., p. 404.

② The Ministry of Foreign Affairs, *Woekyo Baeksuh*, 1991, pp. 73 – 74.

裂的朝鲜半岛这一主张相矛盾，因为"联邦"即意味着相互承认一个地区存在两个独立的主权国家。更何况南北双方早已被国际社会视为两个单独的国家。朝鲜与 100 多个国家建立了外交关系，而韩国也与 140 多个国家建立了外交关系。至 1990 年，朝鲜与韩国几乎是所有联合国特别机构的成员。①

　　朝鲜提议将联合国成员国问题当作 1990 年在汉城举行的"南北总理会谈"的议题之一。该提议的目的在于阻止韩国单方面申请加入联合国。然而，为了防止总理会谈破裂，韩国还是接受了朝鲜的提议，并决定将加入联合国的申请延迟至 1991 年提交。也有资料称韩国决定推迟一年也受到了中国建议的影响。②但直到 1991 年春，韩国领导人确信与朝鲜关于联合国成员国资格的会谈均是徒劳。届时，朝鲜也不再依赖苏联，而苏联也宣布支持韩国申请加入联合国。1991 年 4 月，在济州岛召开的韩苏首脑会谈上，苏联透露了其支持韩国申请联合国成员国资格的消息，中国方面也表示不会反对韩国申请加入联合国。此外，在 1990 年的第 45 届联合国大会期间，没有一个成员国支持朝鲜关于南北双方共享一个联合国席位的立场，相反，有 71 个成员国赞成韩国的立场，即接纳南北双方分别加入联合国。③

　　1991 年 5 月，韩国非常自信地宣布将在 1991 年第 46 届联合国大会上申请加入联合国，并做出外交努力以在世界范围内争取支持，其中包括苏联和中国的支持。对朝鲜而言，时间也所剩无几。在这种情况下，朝鲜外交部正式宣布愿意与韩国一起寻求成为联合国成员国，但前提是分别加入。众所周知，中国不愿否决韩国加入联合国的申请，这对朝鲜改变其政策是一个决定性的因素。不久，安理会于 1991 年 8 月 8 日直接通过了 702 号决议，提

①　Erik Suy, op. cit. , pp. 11 – 12.

②　*Dong-A Ilbo*, August 7, 1991.

③　Hong Naek Kim, op. cit. , p. 406.

议联合国大会承认南北双方的联合国成员国资格。1991 年 9 月 17
日，联合国大会未经表决直接通过了 46/1 号决议，决定同时承认
朝韩两国的联合国成员国资格。①

　　南北之间关于联合国成员国资格的零和博弈，终于在 1991 年
9 月 17 日这一历史性的日子结束了。特别是在联合国门外徘徊了
43 年的韩国，继韩国临时政府外交部长宣布韩国希望取得联合国
成员国资格 40 多年后，终于加入了联合国。因此不难理解韩国
人民对于其成为国际组织中的一员所表现出的高涨热情。但这同
时也充满了讽刺。韩国取得成员国资格意味着在联合国成员资格
问题上，韩国最终在外交上战胜了朝鲜。但同时，南北双方分别
加入联合国也标志着韩国建国之父政策的最终失败。只有改变对
联合国的政策，以及适应不断变化的国际现实，韩国才能够取得
成功。另外，韩国和朝鲜的两个成员国资格显然意味着朝鲜外交
的失败，这一点从 1991 年 9 月 17 日及此后朝鲜的平静表现便可
以看出。然而，同样具有讽刺意味的是，对于朝鲜而言，取得联
合国成员国资格实现了其最初所追求的目标。但朝鲜可能并不认
同这样的看法，因为它改变了其联合国政策目标并企图逆流而
上。因此最终迎来的是南北双方适应不断变化的国际现实的结
果，而不同点在于韩国是自觉地适应，而朝鲜是被动地适应。

联合国的转型：从"刺猬"到"狐狸"

　　当自相残杀的悲剧式的朝鲜战争结束后，朝鲜半岛南北双方
于 1953 年达成了停战协议，20 世纪最有影响的思想家以赛亚·
伯林（Isaiah Berlin）爵士，② 出版了一本名为《刺猬与狐狸》的

---

① *Yearbook of the United Nations*, Vol. 45, 1991, pp. 95 – 96.

② Guy Sorman, *The Real Thinkers of the Twentieth Century*, trans. by Kang
　Wiseok, Seoul: Hankook Gyongjeshinmoonsa, 1991, pp. 409 – 419.

书，书名借用了古希腊诗人阿尔基罗库斯（Archilochus）的一句话。根据阿尔基罗库斯的描述，狐狸知道许多小事，而刺猬只知道一件大事。以赛亚·伯林解读道：这意味着狐狸追求多个不同的目标，这些目标往往看起来毫不相关，甚至相互矛盾，而刺猬会将所有的事情都与它所知道的唯一的一件大事相联系，并认为后者才是最重要的。① 以赛亚·伯林的这种独特解释可以用来说明联合国角色的变化。

　　联合国创建之初就像刺猬，其主要目标是维护国际和平与安全。为了实现这个目标，《联合国宪章》规定运用和平手段解决争端（第六章）并实行集体安全体制（第七章）。第六章中所列出的关于运用和平手段解决冲突的措施在历史上被广为采用，而集体安全体制是非常独特的，国际联盟将其设计为利用集体来惩罚侵略者。讽刺的是，这一手段从未被使用过，但联合国也把后者视为一种维护国际和平与安全的手段。

　　朝鲜战争清楚地显示了联合国集体安全体制的局限性，自1956 年后，联合国趋于被动，其作用仅局限于派遣维和部队监督停战、调解冲突、划定缓冲区，为缓解冲突提供冷却期。在处理直接威胁国际和平与安全的事件中，联合国表现出了其局限性，因此联合国将其关注的焦点转向更为长远的问题。换句话说，联合国认识到全球贫穷是滋生冲突的温床，并宣布 20 世纪 60 年代是"发展的十年"。那一时期，联合国致力于第三世界的发展问题，建立了国际组织，如联合国贸易和发展会议（UNCTAD）等。贫困问题很快蔓延到新兴国家，即那些在联合国帮助下刚刚摆脱殖民地身份的国家。由于贫困现象不断扩大，联合国试图缩小南北经济差距，宣布 20 世纪 70 年代为"第二个发展的十年"，并建立了新的国际经济秩序（NIEO）。然而，新的国际经济秩序

---

　　① Isaiah Berlin, *The Hedgehog and the Fox*, London：Weidenfold & Nicolson, 1953，p. 1.

仍然只是一个口号，20 世纪 80 年代，所谓第三世界国家的债务问题深化了国际经济相互依赖的消极因素。

20 世纪 60 年代至 80 年代末，在冷战竞争的背景下，联合国选票竞争激烈，许多发展中国家都能从美国获得可观的经济援助。① 然而，1989 年 12 月雅尔塔首脑会谈期间，苏联领导人戈尔巴乔夫与美国总统布什宣布冷战结束。苏联于 20 世纪 90 年代初解体，而美国在海湾战争中以压倒性的优势取得了胜利，事实上，国际体制已从两极体制转变为单极体制，在国际体系层面，减少了对和平的威胁。其结果是，美国认为没有必再重视第三世界国家在联合国的选票。在这种情况下，许多第三世界的统治政权垮台，原因在于国家的成长很大程度上依赖冷战期间的外部援助。随着全球主导意识形态的消退，潜在的民族、种族和宗教冲突，包括种族灭绝行为相继爆发。

国际社会和联合国努力保障人类生活的普遍权利，开始致力于解决侵犯人权和环境恶化等问题。因此，个人"基本生活质量"被置于国际议程之中。如今，联合国必须处理的不仅是国际和平与安全问题，也包括改善整个人类的生活状况，解决可持续发展问题。从这种意义上说，联合国在其转型时期，所追求的不仅仅是一件"大事"，而且像狐狸一样，有许多看似无关甚至相互排斥的目标。因此，问题在于联合国是否能够重新扮演刺猬这一角色，而不是狐狸，尽管狐狸能够扮演功能多样而又灵活的角色。② 对现在的联合国来说，做到这一点仍有一些困难。尽管如此，在韩国被接纳成为联合国成员国时，联合国已经完成了从

---

① T. Y. Wang, "US Foreign Aid and UN Voting: An Analysis of Important Issues," *International Studies Quarterly*, Vol. 43, No. 1 (March 1999), pp. 199-210.

② Stanley Hoffmann, "Thoughts on the UN at Fifty," *World Disorders: Troubled Peace in the Post-Cold War Era*, Lanham: Rowman & Littefield, 1998, chap. 12.

"刺猬"到"狐狸"的转变。

联合国反映出国际体系的结构性变化以及国际社会规范性认识的全面转型。1991 年 3 月，将科威特从伊拉克手中解放出来后，美国总统乔治·布什宣布了"新的国际秩序"，"回到《联合国宪章》"的口号传遍全世界，并基于联合国的决议动员了多国军事力量。根据安理会的要求，历史上的首次成员国首脑高峰会议于 1992 年 1 月 31 日召开，随后联合国秘书长布特罗斯·布特罗斯－加利（Boutros Boutros－Ghali）于 1992 年 6 月 17 日宣布了"和平纲领"，呼吁建设和平、预防性外交及维和行动。这些增强了联合国创始者们对其梦想最终实现的期待。

成为联合国正式成员国后，韩国对联合国的政策：从"刺猬"到"狐狸"

联合国一度成为朝鲜半岛南北双方激烈争夺各自合法性的论坛，直到双方于 1991 年 9 月 17 日同时成为联合国正式成员国。更确切地说，联合国一度成为朝鲜半岛南北双方激烈竞争"合法地位"的战场，直到 1976 年朝鲜半岛问题才被移出联合国大会。在此之前，朝鲜半岛问题对于联合国来说，是个"烫手的山芋"，①也是联合国成员国的代表性问题。然而，也可以毫不夸张地说，即使在南北双方都加入联合国后，联合国仍旧是南北双方进行外交对峙的场所。朝鲜半岛问题"脱离联合国"只不过意味着一个暂时延迟，即暂时被搁置于联合国大会之外而已。

在 1948 年后长达 43 年的时间，韩国的联合国政策正如以赛亚·伯林笔下的刺猬。为了确保其唯一的代表地位，韩国持续在联

---

① Kim Hyungsup, *The Negotiators of Humankind: Today's UN and the Future of the Korean Peninsula Seen by a Special Correspondent*, Seoul: Dosuhchulpan Chongwhagak, 1978.

合国推动其"联合国唯一成员国资格"外交政策。尽管在 1973 年 6 月 23 日，韩国宣布不反对南北双方同时加入国际组织，但朝鲜与韩国仍然在联合国体系中继续对峙。[①] 然而，南北双方于 1991 年才同时加入联合国，此前韩国长期奉行的"刺猬政策"是不可取的，实际上是不必要的。联合国的性质在冷战结束后发生了改变，这要求韩国在履行联合国职能的同时还要具备狐狸般的眼光。

此外，世界进入一个不断发展的全球化时代，过去严重的意识形态斗争开始消失，整个世界被一个复杂的网络相连接。在这个转折关头，金泳三宣誓就任韩国总统，并采取了全球化政策。

1993 年，金泳三刚刚就任总统，外交部长韩升洙便提出"国际化"是新外交政策的首要目标。韩升洙部长强调："随着全球化时代的到来，韩国外交需要更加关注普世价值，诸如自由、公正、和平与福利。"他还指出："韩国将积极采取行动参与处理全球问题，诸如国际和平与安全、裁军与军备控制、消除贫困、保护环境以及自然资源的有效利用。"[②]

韩升洙部长格外重视加强联合国的作用，特别是在国际社会发生显著变化的后冷战时代，联合国在维持和平与建设方面的作用。他指出，韩国自 1991 年成为联合国正式成员以来，不断扩大对各种联合国行动的参与程度，韩国也将继续参与维和行动（PKOs）、

---

① 关于联合国对朝韩政策的具体分析可参见 Sung-Hack Kang, "South Korea's Policy Toward the United Nations," *Korea Journal*, Vol. 35, No. 1（Spring 1995），pp. 5 - 29。该论文的韩文翻译版本可参见 Sung-Hack Kang, "Korea's United Nations Policy: The Years of Burial Process of the Only Legal Government and a New Task of Korea Toward International Organization," *Iago and Cassandra: The United States and Korea in the Age of Air Power*, Seoul: Oreum, 1997, chap. 11。

② 摘自 1993 年 5 月 31 日韩升洙部长发表演讲的内容。参见 Sung-Joo Han, *The Korean Diplomacy in the Globalization Era: Collections of Speeches and Contributions of Former Foreign Minister of Korea*, Seoul: Jishiksanupsa, 1995, pp. 77 - 78。相同的内容在韩升洙（Sung-Joo Han）部长于 1994 年第 49 届联合国大会上发表的演说中再次得到确认。

维护国际和平与安全以巩固韩国在国际社会中的地位。韩升洙部长还指出大规模杀伤性武器扩散是一个最严重的问题，他表示韩国全面支持国际社会在军备控制领域的努力，包括严格控制导弹和生物化学武器。他透露，韩国不会试图发展核武器，并明确反对朝鲜的核武装。① 此外，他还承诺韩国支持消除贫困，如果不消除贫困便不可能真正实现持久的国际和平。他强调朝鲜战争后韩国成功克服了贫困，韩国目前世界贸易排名第 13 位，国民生产总值（GNP）排名第 15 位。他还承诺韩国将承担与其国际社会地位相应的责任，增加对发展中国家和国际组织的援助，为实现发展目标不断努力。②

金泳三政府的上述政策让国际社会对韩国在国际舞台上发挥更为积极的作用寄予期望，特别是在通过联合国和其他国际组织解决全球性问题方面。事实上，根据 B. C. Koh 的调查结果，韩国在各种国际组织中的参与程度与中国不相上下，稍落后于日本。换言之，韩国有效地维持了一个高水平的全球网络。③ 因此，可以肯定地说，韩国加入联合国后，并未仅仅坚持唯一的"刺猬"策略，即仅关注国家的合法性和安全问题。相反，韩国奉行以赛亚·伯林的"狐狸"策略，在联合国和其他国际组织中发挥了更为积极的作用。④

---

① Sung-Joo Han, op. cit., p. 79.

② Loc. cit.

③ B. C. Koh, "Segyehwa, the Republic of Korea, and the United Nations," in Samuel S. Kim, ed., *Korea's Globalization*, Cambridge：Cambridge University Press, 2000, p. 201.

④ 1995 年联合国建立 50 周年时，世界范围内对联合国的关心与期待程度普遍较高，韩国的政治研究学界也举行了一系列以联合国等国际组织为主题的国内及国际学术会议，这些会议的进行过程后来编辑成册得以出版。Sung-Hack Kang, *The United Nations and Keeping Peace in North East Asia*, Korea University：The Institute for Peace Studies, 1995；The Korea Committee for the Fiftieth Anniversary of the United Nations, *Solidarity for a Better World：The United Nations Activities and Its Tasks*, Seoul, 1995；Yoon Youngkwan, Hwang Byong-mu, et al., *International Organizations and Korea's Diplomacy*, Seoul：Mineumsa, 1996；Han Sung Joo, *The United Nations：The Next Fifty Years*, Korea University, Ilmin International Relations Institute, 1996.

韩国在联合国的形象

随着冷战结束，国际政治发生了根本性的变化，韩国进入国际社会之后，联合国系统的氛围，包括其专门机构也经历了根本性的改革。此后，联合国不再是一个"危险场所"[1]，也不再是第三世界和共产主义集团抨击西方世界及其意识形态的场所。联合国的专门职能在经历了一段艰难的"政治危机"后，再次获得发展。[2] 因此，韩国也迎来了其在联合国外交及其专门机构中的有利时期。这种氛围代表了一个根本性的变化，韩国过去不仅面临国际上的东西对抗和南北对抗，而且要面对朝鲜半岛南北双方在联合国及其专门机构中的直接对抗。[3] 目前，几乎所有成员国都重新回归《联合国宪章》的初衷，致力于追求国际和平与安全。非政治化的联合国专门机构开始致力于完成其本应担负的使命，承担起服务的职责。新的国际环境对韩国的联合国外交产生了有利的影响，从而提升了韩国的国际形象。

第一，韩国不仅严格履行其积极参与联合国行动的承诺，而且通过总统和外交部长在联合国大会演讲，就其政策立场做出明确声明。例如，外交部长韩升洙明确表示，韩国将继续参加务实性及富有意义的国际行动，如"预防性外交"和"冲突后和平

---

[1] Abraham Yeselsen, Anthony Gaglione, *A Dangerous Place: The United Nations as a Weapon in World Politics*, New York: Grossman Publishers, 1974.

[2] Gene M. Lyons, David A. Baldwin, Donald W. McNemar, "The Politicization Issue in the UN Specialized Agencies," in David A. Key, *The Changing United Nations: Options for the United States*, New York: The Academy of Political Science, 1977, pp. 81 – 92; Douglas Williams, *The Specialized Agencies and the United Nations: The System in Crisis*, New York: St. Martin's Press, 1987.

[3] 关于这一情况以及过去朝鲜处理问题综合而具体的法律分析，参见 Chi Young Pak, *Korea and the United Nations*, The Hague, The Netherlands: Kluwer Law International, 2000。

建设"。① 此外，韩国外交部长还表示，韩国将极力支持防止核武器扩散，支持延长《核不扩散条约》（NPT）有效期，以及努力加强国际原子能机构（IAEA）的防护措施，确保《核不扩散条约》的有效性。② 关于尊重人权这一21世纪的全球议题，韩国外交部长强调，目前韩国的人权发展已经成熟，并且韩国将坚定支持增进人权的国际行动。③ 在联合国第50届联合国大会召开后的第二年，韩国外交部长孔鲁明揭示了朝鲜的人权状况，并敦促朝鲜要铭记国际社会关于尊重人权的要求。④ 他还敦促朝鲜认真遵守《核不扩散条约》、国际原子能机构保障监督协定、1994年朝鲜与美国在日内瓦达成一致的框架协议，以及1991年南北双方签订的《关于朝鲜半岛无核化共同宣言》。⑤

1997年，韩国外交部长柳宗夏在第52届联合国大会上集中讨论了联合国改革问题。他回顾了韩国于8月10日发表的接受联合国秘书长科菲·安南的改革计划，并参加了十六国集团会议，他建议尽最大努力达成关于安理会改革规则的共识。⑥ 韩国在联合国大会和其他委员会中，就全球问题明确表达了其政策立场，发起和推动了许多决议草案，并参加了部分声明的起草。

第二，韩国被多个联合国机构推选担任领导。其中，最重要和最值得注意的便是韩国于1996～1997年被推选为安理会非常任

---

① Sung Joo Han, *Collections of Speeches and Contributions*, pp. 437 – 439.

② Sung Joo Han, *Collections of Speeches and Contributions*, pp. 443 – 444.

③ Sung-Hack Kang, *Chameleon and Sisyphus: Changing International Order and the Korean Security*, Seoul: Nanam, 1995, pp. 572 – 573.

④ Korean Ministry of Foreign Affairs and Trade, Bureau of the United Nations, *The Outcome of the Fiftieth General Assembly of the United Nations*, 1996, Seoul: 1996, pp. 20 – 21.

⑤ Korean Ministry of Foreign Affairs and Trade, Bureau of the United Nations, op. cit., pp. 20 – 22.

⑥ Embassy of the Republic of Korea, *Issues and Policies: Official Speeches*, Washington D. C. (September 29, 1997), pp. 1 – 2.

理事国，2001 年被推选为第 56 届联合国大会主席国，① 韩国将此视为自加入联合国后短时间内自身所取得的重大成就。特别是加入联合国仅 10 年就当选联合国大会主席国，韩国将此视为其联合国外交的顶点。在担任联合国安理会非常任理事国的两年时间内，韩国参与了柬埔寨问题、塞拉利昂军事政变、阿富汗内战、利比亚禁运、扎伊尔蒙博托政权垮台，以及其他一些问题的讨论。在整个讨论过程中，韩国不断发起关于难民问题的公开讨论，并呼吁对人道主义援助和难民保护发表总统声明。韩国在参与联合国安理会事务过程中发挥了重要作用，针对朝鲜士兵在 1996 年 4 月进入共同警备区，以及同年 9 月武装间谍潜艇潜入韩国的行为，韩国均发表了总统声明。韩国还参与了国际原子能机构总干事汉斯·布利克斯向安理会提交的工作报告的撰写，该报告涉及朝鲜违反决议并于 1996 年及 1997 年 11 月拒绝提供相关信息。此外，韩国以安理会成员国身份受邀参加了 1997 年 4 月在新德里举行的不结盟外交部长会议。这些在安理会的经验，成为韩国真正了解全球化的绝佳机会。事实上，在就任联合国大会主席国初的 2001 年 9 月，韩国便发起了一项关于反对国际恐怖主义的决议，韩国饱受朝鲜单方面行动之苦数十年，这项活动被视为具有里程碑意义。② 随后，韩国外交通商部部长韩升洙当选第 56 届

---

① 韩国有公民在包括国际民航组织（ICAO）在内的联合国 14 个机构拥有委员会成员身份。具有代表性的例子有作为亚太经济社会委员会执行秘书的金学洙（Kim Hack Soo），前南斯拉夫问题国际刑事法庭（ICTY）法官权吴坤（Kwon Oh Kon），以及被选为国际海洋法法庭法官的朴春浩（Park Chun Ho）。

② 同联合国安理会的情况不同，即使在 160 个国家代表结束了对恐怖行为进行指责的演讲以后，由于各国对恐怖行为的定义有所不同，联合国大会也未能通过一项反恐决议。联合国大会尽管自国际联盟建立以来就做出了长期不懈的努力，但也仅仅在 1974 年就"侵略"定义通过了决议，鉴于此，这一结果并不令人感到奇怪。关于侵略（aggression）的定义，可参见 Harold K. Jacobson, *Networks of Interdependence : International Organizations and the Global Politics System*, Indeed, New York : Alfred A. Knopf, 1984, p. 154。

联合国大会的主席，任期一年。

第三，韩国参与联合国维和行动也大大提升了韩国在联合国的国际形象。波兰、印度、孟加拉国、芬兰、加纳、奥地利、加拿大等参与维和行动的主要国家在维和领域具有长期的历史，而美国和西欧国家自1991年便开始了人道主义干预行动，与这些国家相比，韩国参与联合国行动仍然处于一个初级和补充的水平。然而，韩国于1993年7月第一次派出6名民事人员参与监督柬埔寨选举，与此同时还向索马里派遣一支252人的工程队，自此，韩国便长期参与在西撒哈拉、安哥拉、格鲁吉亚、克什米尔和东帝汶的维和行动。特别是韩国目前有420个步兵团进驻东帝汶，同时韩国公民孙凤淑（Sohn Bongsook）作为非政府国际组织的成员，当选联合国东帝汶独立选举管理委员会主席，推动完成了2001年8月30日的换届选举。① 2003年10月18日，应联合国请求，而非美国的要求，韩国决定向伊拉克派遣部队。因此，韩国政府明确表示，向伊拉克派遣的韩国部队是维和部队，不属于美国指挥，也不与美军共同参与战斗。2004年2月，韩国政府做出了另外一个历史性的决定，除了于2003年5月派遣674名韩国军事工程师和医务人员外，再增派加强战斗部队赴伊拉克。这支增派的战斗部队包括1400名海军陆战队和特种部队突击队员，以及

---

① 关于韩国维和行动的更多详情可参见 Heung-Soon Park, "UN PKOs: Korean Experiences and Lessons," in Park Soo-Gil, Kang Sung-Hack, Park Heung-Soon, Park Jae-Young, Hong Kyudok, eds., *The UN in the 21st Century: Enhancing the Effectiveness of the UN in the New Millennium*, Seoul: Korean Academic Council on the United Nations System, 2000, chap. 10, pp. 116 – 118; Kim Yeol Soo, *Conflict Management Through International Organization: Peace-Keeping Operations of the United Nations*, Seoul: Oreum, 2000, chap. 8, pp. 229 – 231。关于东帝汶当前维和行动特征的信息可参见 Sung-Hack Kang, "The United Nations and East Asia's Peace and Security: From a Police-man to a Nanny?" Soo-Gil Park, Sung-Hack Kang, *UN. PKO and East Asian Security: Currents, Trends and Prospects*, Seoul: Korean Academics Council on the United Nations System, 2002, pp. 10 – 15。

1600 名军事工程师和医务人员，这让韩国成为继美国和英国之后第三大出兵的国家。[1] 但韩国迄今参与的维和行动仅限于相对安全的地区和任务。然而，未来韩国很可能将继续接受联合国维和请求，参与更具风险性的维和行动。这种情况下，韩国政府可能将面临一个政策困境，即如何在国内反对的呼声下，进行公开承诺并真正参与到联合国的维护行动中。[2]

第四，韩国持续增加其对联合国的财政捐款，成为联合国正式成员国之后的三年中，韩国每年为联合国提供 1000 万美元的摊款，占联合国财政贡献总额的 0.69%。这意味着 1993 年韩国的摊款额在联合国 184 个成员国中名列第 21 位。如果加上其他方面的自愿捐款，韩国年均财政贡献总额为 2800 万美元。1995 年，韩国贡献给联合国相关活动开支超过 3800 万美元，1996 年则增加为 4600 多万美元。韩国的摊款比例也持续上升，1997 年为 0.82%，1998 年为 0.955%，1999 年为 0.994%，2000 年增长到 1.006%。这意味着韩国在联合国的预算摊款比例超过 1%，在成员国中居于第 16 位。2001 年，韩国摊款比例进一步上升至 1.318%，韩国向联合国的常规预算拨款达 140 亿 4800 万美元，

---

[1] 关于更多细节的分析可参见 Kyu-Dok Hong, "Purpose, Role and Prospects of the Dispatched South Korean Troops in Iraq," Tae-Hyo Kim, "Reluctant Commitment: Decision Making Process of the Dispatch of ROK Armed Forces," Sung-Hack Kang, *The United Nations and Global Crisis Management*, Seoul: Korean Academic Council on the United Nations System, 2004, pp. 129 – 148, 159 – 171。

[2] 此外，我们不能完全排除朝鲜半岛成为联合国维和行动目标的可能性。首先，为了在安理会决议和朝韩协定下维护联合国停战协议系统，联合司令部将会被维和部队取代这一假设是可能成立的。关于这一问题，参见 Sung-Hack Kang, *Chameleon and Sisyphus: Changing International Order and the Korean Security*, Seoul: Nanam, 1995, pp. 495 – 496。朝鲜要求解散联合司令部的官方备忘录，参见 Takashi Inoguchi, Grant B. Stillman, *North-East Asian Regional Security*, Tokyo: United Nations University Press, 1997, Appendices 5。另外，也可以假设在大批难民从朝鲜涌入中国、俄罗斯、日本和韩国这种情况下，联合国可能会从人道主义方面进行调停。关于这一问题，参见 Chi Young Pak, op. cit., p. 174。

这些捐款在当年的 191 个成员国中居第 11 位。2002 年和 2003 年韩国的摊款比例达到了 1.866%，排在第 10 位。但 2004 年墨西哥超过了韩国，此后韩国一直保持在第 11 位。还需要强调的是，韩国一直按时缴纳全部摊款，即使在提高了摊款比例的情况下亦是如此。此外，韩国还自愿为联合国机构提供预算支持，包括维和行动及其他各种方案的预算。尽管在加入联合国最初的两年中，韩国的摊款比例低于中国、丹麦、沙特阿拉伯，但自 1998 年起，韩国的摊款比例开始超过这些国家。① 特别是在 1998 年韩国遭受外汇危机的情况下，金大中政府仍然缴纳了全额摊款。另外韩国还增加了对联合国及相关项目的自愿摊付额。这些记录表明韩国政府愿意承担国际合作所必需的财政负担。韩国向联合国缴纳的财政摊付无疑有助于提高韩国在联合国内外的形象。②

第五，韩国政府最近宣布韩国候选人将参选联合国最高职位——联合国秘书长，韩国外交通商部部长潘基文作为亚洲候选人参与该职位的竞争，并向包括朝鲜在内的其他联合国成员国通报了其参选这一职位的意愿。联合国秘书长科菲·安南的第二个五年任期于 2006 年 12 月 31 日到期，如果潘基文当选，他将接替联合国秘书长科菲·安南的工作。潘基文拥有近 40 年的外交和管理经验，这些经验主要关系到和平与安全、发展、人权和民主问题，这三个方面是联合国任务的三大支柱。2001 年韩升洙担任第 56 届联合国大会主席时，潘基文曾担任一年的办公厅主任。

---

① B. C. Koh, op. cit., pp. 209 - 210.

② 韩国于 1996 年成为经济合作与发展组织（OECD）的第 29 位成员国。成员国的职责之一是推动对发展中国家的政府开发援助（ODA）。加入 OECD 后，1996 年，韩国的 ODA 从 0.3% 上升到 0.7%。这超过了 OECD 0.27% 的平均值，而且 1996 年韩国在 30 个国家中支持了 57 个项目。就 1996 年的 GNP - ODA 比例而言，韩国居于第 10 位。此后，韩国考虑将其 ODA 提高到 1% 的水平。尽管 OECD 不属于联合国系统，但韩国 ODA 的增加依然有助于提升其国际形象。更多关于韩国 ODA 的信息可参见 Chi Young Pak, op. cit., pp. 167 - 169。

联合国秘书长由联合国安理会推荐，由联合国大会的 191 个成员国任命。联合国秘书长候选人需要获得 15 个安理会成员的批准，五个常任理事国中的任何一个成员国均可以否决。在国际社会中，像韩国这样一个分裂国家的外交官能够当选联合国秘书长，甚至现在也很难想象，更不用说在半个世纪前的冷战时期。然而，随着苏联帝国的解体和冷战的结束，韩国的国际地位和国际声望发生了根本性的改变，不应放在国际两极体系下来看待。如果韩国候选人潘基文能够当选，那么韩国的联合国政策将使韩国在联合国的形象达到顶峰。

韩国的国际角色：局限与机会

联合国系统由提供谈判和决策的论坛及主要执行具体服务的一般机构组成。一方面，论坛机构为成员国表达其立场和交换看法提供场所和机会，同样也提供各种必要的机会以协商具有约束力的合法文件。成员国经常利用这些论坛组织确保它们提出的政策具有集体合法性。另一方面，这些机构还负责提供服务并整体开展服务活动。然而，如果代表性的子系统作为论坛中的主要角色连接一些国家与联合国，代表性子系统的组成部分及所谓的参与者的子系统都将起到至关重要的作用，其中包括个人，如决策中的组织负责人及国际文职人员等。如此复杂的机构在决策过程中以多种方式发挥着作用。

考克斯和雅各布森将国际会议中个人和集体角色所发挥的影响分为四个主要类型：发起、否决、控制和中间人。① 然而，所有这四种类型都受成员国之间互动时的分析与谈判进程的制约。

---

① Robert W. Cox, Harold K. Jacobon et al., *The Anatomy of Influence: Decision Making in International Organization*, New Haven: Yale University Press, 1974, pp. 12 – 14.

分析行为是一个智力分析过程，这取决于其所处的地位。在此过程中，相关各方在价值追求、原则和标准等方面想达成共识时，便开始全面调查事实并进行理性分析。然而，当达成共识的前提条件不具备时，特别是存在关键利益冲突时，理性分析就失去了功效，讨价还价成为决策的常规方法。因此，一项决议如果处于这种状态，人们将通过交易进行妥协而不是通过理性商讨达成共识。①

在许多情况下，服务机构属于前者，而论坛组织属于后者。此外，每个成员的具体处境也会影响联合国机构，无论其所处环境是一个竞争性的民主体制，还是一个动员体制或专制体制。特别是它们不能脱离联合国系统所处的一般环境。所谓一般环境包括国际体系的结构特征、国家经济和政治特征，以及同盟、联盟与合作的模式。② 这种一般环境的影响可称为国际政治秩序的约束。

在过去，或更具体地说，在 20 世纪 60 年代和 70 年代的缓和时期，那些离开联合国便毫无影响力的国家，拥有强大而嘈杂的"霸权"，并任意地行使其权力。③ 尽管有一个时期，以美国为首的西方国家谴责联合国大会内部存在多数暴政，但随着冷战的结束，影响联合国内部和外部的双重体制已经消失。因此，每个国家无论在联合国内部，还是外部，都可以发挥同样的影响。如此一来，一个国家对联合国的影响与其国家地位及其在国际社会所发挥的作用直接相关。

---

① Robert W. Cox, Harold K. Jacobon et al. , *The Anatomy of Influence*: *Decision Making in International Organization*, New Haven: Yale University Press, 1974, p. 14.

② Robert W. Cox, Harold K. Jacobon et al. , *The Anatomy of Influence*: *Decision Making in International Organization*, New Haven: Yale University Press, 1974, p. 27.

③ Toshiki Morgami, "The United Nations System as an Unfinished Revolution," *Alternatives*, Vol. 15, No. 2 (Spring 1990), p. 179.

关于国家的国际角色，大卫·雷克（David A. Lake）划分了以下四种类型：领导者、支持者、破坏者和搭便车者。[①] 领导者建立并维持国际政治交往的架构；支持者协助维持这个框架；破坏者从这个框架获取好处，但是其行为经常对这个框架产生负面影响；搭便车者从这个框架中获益但不愿意支付该框架的维护成本。一个国家的国际角色取决于其在国际社会中的地位，即与其他主要国家相比自身的大小及能力的强弱。从历史上看，包括美国在内的国际领导者都曾从搭便车者转变为破坏者，又从破坏者转变为支持者，最终成为领导者。因此，国家身份的历史是趋于改变而非永久不变的。从国际政治的历史角度来看，无论在联合国内部还是外部，韩国的国际角色都很清晰。韩国需要创建并监督国际社会规范和规则的框架。韩国的搭便车者身份维持了很长一段时间。韩国是经济合作与发展组织（OECD）的成员国。因此，韩国无法仅考虑狭隘的本国利益而破坏国际秩序。追求一个破坏者的身份不仅会严重损害韩国自身的利益，也会被其自身十分依赖的国际社会所孤立。韩国是否能够成为一个领导者国家？韩国是否具备必要的国家地位或国家能力？此外，韩国外交官的个人性格与能力是否足以承担作为一个领导者国家应负的责任？

---

① 在国际经济领域中，大卫·雷克基于相对规模与生产力将国家的经济政策分为四个类型。笔者认为这一分类是有用的，而且随着冷战结束而崩溃的社会化经济秩序也是适合国际政治的全部领域的，可参见 David A. Lake, "International Economic Structure and American Foreign Economic Policy, 1887 - 1934," *World Politics*, Vol. 35, No. 4, 1983, pp. 517 - 543。另外，利用这一分类，猪口孝（Takashi Inoguchi）将日本的角色定义为一个支持者，并主张日本不得不坚定地保持这一角色，可参见 Takashi Inoguchi, "Japan's Images and Options: Not a Challenger, but a Supporter," *Journal of Japanese Studies*, Vol. 12, No. 1, 1986, pp. 95 - 119; "Looking Ahead with Caution," in Takashi Inoguchi, Daniel Okimoto, eds., *The Political Economy of Japan*, *Vol. 2*: The Changing International Context, Stanford: Stanford University Press, 1988, Takashi Inoguchi, *Japan's Foreign Policy in an Era of Global Change*, London: Pinter Publishers, 1933, pp. 57 - 68。

一个国家的影响力来自每个国家在国际社会中的地位及其外交官的个人性格与能力。①

如果韩国拥有高水平的外交官，其就能成为高水准的领导者吗？我们很难对这个问题做出积极回答。直到最近，韩国也一直将本国视为一个中等国家。② 一个中等国家在国际社会中很难扮演领导者的角色。即使在某些时候或某些相关重大问题上，中等国家能够发挥重要作用，其也需要全力投入，并且需要理解领导者国家与问题本身的关系，而这只能是一种特例，不可能成为常态。因此，韩国仍未具备国际领导者的素质。从这个角度来看，韩国的角色是一个支持者。如果"支持者"这一术语会因自卑感令人感到消极，那么"主要力量"会是一个可以被人接纳的表述，如加拿大③本国及国际社会都认为加拿大是这种类型的国家。然而，名称的更替并不能改变韩国作为一个支持者的国际角色的特征。

韩国应如何定位其联合国政策：做一个像豺一样的追随者？

伊尼斯·克劳德（Inis Claude）将 1815～1914 年定义为"国

---

① 这里的个人属性与个人才能和能力相关，其有助于扩大个人的影响，包括超凡的个人魅力、吸引力、协商能力、号召力、专业知识、语言技能、经验以及威望等。

② Korean Ministry of Foreign Affairs and Trade, "An Assessment of Korea's Policies Toward the United Nations and Their Prospects — on the Occasion of the 10th Anniversary of the Korea's Joining into the United Nations — Vice-Minister of the Korean Ministry of Foreign Affairs and Trade," 韩升洙于 2001 年 9 月 17 日在韩国加入联合国十周年纪念日发表的讲话。

③ 关于加拿大的讨论可参见 Keith Krause, W. Andy Knight, David Dewitt, "Canada, the United Nations, and the Reform of International Institutions," in Chadwick F. Alger, Gene. M. Lyons, John E. Trent, The United Nations System: The Policies of Member States, chap. 4。

际组织准备期”，查德威克·阿杰尔（Chadwick F. Alger）将国际联盟成立至 1990 年这一时期定义为“全球治理准备期”①。如果阿杰尔的描述是正确的，如今冷战已经结束，韩国也已加入联合国，可以说世界进入一个“全球治理”的时代。1995 年，为了纪念联合国成立 50 周年，联合国在其体系内成立了联合国学术委员会。联合国学术委员会发行了一本新的国际学术研究期刊《全球治理》（*The Global Governance*），编者称：“新兴的全球一体化，其目标在于使我们能够设想振兴多边体制，加强合作以应对全球化问题。”② 劳伦斯·芬克尔斯坦（Lawrence Finkelstein）表示：“全球治理的定义为管理，不存在至高无上的权力及超越国界的关系，正如政府管理国内事务那样管理国际事务。”③

现在我们进入了这样一个时期：“我们，联合国的人民”应该“建立一个全球治理的时代”。④ 联合国被寄予厚望——在建立和维持“无政府治理”的秩序中发挥核心作用。⑤

如今，联合国已经进行了相当大的转型，以适应全球治理的新时代角色。

如果要像政府管理国内事务那样处理国际事务，联合国就必须超越其创建者的设想。2001 年 9 月 11 日，纽约世贸中心惨遭恐怖主义者的袭击，这清楚地表明，全球化、开放和自由化的国际生活在适用于所有人的同时，也可能被恐怖主义用于邪

---

① Chadwick F. Alger, "The United Nations in Historical Perspective," Chadwick F. Alger, Gene M. Lyons, John E. Trent, op. cit. , p. 7.

② *Global Governance: A Review of Multilateralism and International Organizations*, Vol. 1, No. 1 (Winter 1995), Editors' Note.

③ Lawrence S. Finkelstein, "What is Global Governance?" *Global Governance*, Vol. 1, No. 3 (September 1995), p. 369.

④ Chadwick Alger, op. cit. , p. 7, 33, 37.

⑤ James N. Rosenau, Ernst-Otto Czempiel, *Governance Without Government: Order and Change in World Politics*, Cambridge: Cambridge University Press, 1992.

恶的目的。联合国在保护和维护全球体系中处于至关重要的地位。联合国能够为促进世界团结提供论坛，能够为打击恐怖主义、确保全球法治提供帮助。它还提供了一个国际法框架，用于消除恐怖主义的各种措施。这些措施包括起诉、引渡罪犯，以及防止洗钱。因此，我们应当利用联合国的各种会议打击全球恐怖主义。①

对于联合国而言，在履行其全球治理使命的过程中，得到成员国的全力支持是十分必要的。然而，正如我们长期所观察到的那样，成员国的利益及其行为模式很可能发生根本性改变。换言之，全球治理仍保持在"国际社会"的层面，而"全球社会"将成为未来的愿景之一。② 轻微的"国家主权的侵蚀"只不过是一种表象特征，而非根本性变革的巨大征兆。尽管如此，大多数国家，特别是超级大国，仍然认为联合国是一个国家的集合，由各国组成，为各国服务，是一种可以通过其外交政策保护和提升其国家利益的手段。③ 首先，美国作为唯一的超级大国，在其联合国政策中暴露出本国的不情愿情绪，例如通过总统决策第25号指令（PDD‐25）提出要对本国参与联合国维和行动进行管制。如果把联合国与美国的关系比作"教皇"和"皇帝"，④ 那么如果没有美国的支持，联合国在"全球治理"中被寄予的过高

① 参见联合国秘书长科菲·安南在2001年9月24日《朝鲜日报》的专栏文章。

② Lawrence S. Finkelstein, "The United Nations at 100?: Alternative Scenarios," in Han Sung Joo, ed., *The United Nations: The Next Fifty Years*, Korea University, Ilmin International Relations Institute, 1996, p. 25.

③ 笔者就该问题的全面讨论可参见 Sung-Hack Kang, "International Organization and Foreign Policy: Is International Organization is a Simple Tool or a Frankenstein?," Kim Dal Choong, *The Theory and Understanding of Foreign Policy*, Seoul: Dosuh Chulpan Oreum, 1998, pp. 405–430。

④ Sung-Hack Kang, "The United Nations and the United States: Like a Pope and a Emperor?," *IRI Review*, Vol. 2, No. 3 (Autumn 1997), pp. 71–127.

期待值只能是一种海市蜃楼般的幻想。因此，假如笔者对联合国的分析是正确的，那么韩国在制定其对联合国的政策时必须慎重考虑以下几点意见。

首先，盲目地参加各国国际活动，而不考虑到国家利益和财政能力，这点是不可取的。韩国倾向于过度强调其与联合国特殊的历史关系，从而忽视了在国际社会中寻求与其所做贡献相匹配的、更高的国家地位。正如联合国应该警惕国际问题"超载"那样，[1] 韩国在增加本国活动时也应当保持一定的克制，约束其"示范性消费"。特别是韩国应该避免过度参与虚荣的项目，避免盲目地发起和赞助新项目以追求国家荣誉和民族自豪感。

其次，有必要关注自加入联合国后，韩国在联合国大会的投票行为。在联合国大会投票中，韩国与美国保持一致的比例，甚至低于前苏联和俄罗斯，除 1996 年和 1997 年外，这一比例也一直远低于日本。韩国不支持第三世界的"77 国集团"时，经常选择弃权。[2] 韩国关于全球化的态度之一便是支持第三世界的立场，自从加入联合国这一国际组织以来，无论是主张的还是被动的，韩国都代表了联合国绝大多数国家的立场。然而，韩国作为与美国关系密切的盟国，即使在联合国的投票行为与美国不一致，至少也应接近日本的水平，如果韩国继续在联合国中表现出与美国相对较低的合作度，那将埋下损害韩美关系的种子。当然，韩国不可能也不应该在所有议题上都与美国保持一致。然而，韩国在联合国大会上与美国相对较低的投票一致率，可能会削减韩国在美国亚太战略中原本就已低于日本的战略价值。

---

[1]　Sung-Hack Kang, "The Theory of International Organization and the United Nations in the Post-Cold War Era: Cross the Rubicon," in Sung-Hack Kang, *Chameleon and Sisyphus: Changing International Order and the Korean Security*, Seoul: Nanam, 1995, p. 212.

[2]　B. C. Koh, op. cit., p. 212.

再次，冷战结束后，联合国改革已经提上议程。为了应对联合国改革问题，联合国大会特别于 1993 年成立了工作小组并开始进行讨论。① 1994 年，日本外交部长河野洋平首次宣布日本准备申请联合国常任理事国资格，1995 年，在联合国大会成立 50 周年大会上，日本再一次提出这一问题。1996 年，日本驻联合国大使小和田恒阐明了日本关于联合国改革的立场，明确提出日本要求获得与现任安理会常任理事国一样拥有否决权的常任理事国资格，因此，日本对安理会提出的确立一种"新的安理会成员资格，即采用半永久或其他形式的成员资格"的建议采取了消极态度。② 由于安理会改革没有取得任何进展，日本外交部长高村正彦于 1999 年 9 月表示除美国以外，日本支付的会费超过了四个常任理事国的总额，因此日本不得不质疑这种情况的公平性。他还透露，日本对于安理会改革的僵局失去了耐心。③ 韩国一直反对扩大具有否决权的安理会常任理事国数目，因为这违反了民主原则，尽管它并没有特指某个国家或哪一个国家集团。尽管如此，韩国试图采取一种务实的立场，在大国之间充当桥梁的作用。④ 韩国关于安理会改革的这种立场，让我们得出了一个合乎逻辑的结论，即韩国反对日本的意愿。一方面，无论韩国赞成还是反对日本的安理会常任理事国成员资格申请，相比中国的否决权，韩国可以行使其投票权，但不会对结果产生关键性影响。

---

① 关于联合国改革的具体讨论，参见 Gene M. Lyons, "Competing Visions: Proposals for UN Reform," in Chadwick F. Alger, Gene M. Lyons, John E. Trent, *The United Nations System: The Policies of Member States*, Toyko, New York, Paris: United Nations University Press, 1995, chap. 2; Takeo Uchida, "Japanese Perspectives on the UN Reform," Won-Soon Kim, "Korean Perspective on the UN Reform," in Park Soo Gil, Sung-Hack Kang et al., op. cit., chap. 6, 7。

② Takeo Uchida, op. cit., pp. 73 – 74.

③ Loc. cit.

④ Won-Soon Kim, op. cit., pp. 88 – 89.

而另一方面，美国会帮助日本成为常任理事国。美国希望日本在国际社会中发挥与其国力相当的重要而积极的作用，从而为美国分担责任。2001 年 9 月 11 日之后，在由美国领导的反恐战争中，日本推出了积极合作政策，包括派遣日本自卫队，并制定了支持反恐战争的专门法律。因此，人们可能期望美国会更为积极地支持日本，帮助其争取联合国安理会成员国的资格。从这个角度看，韩国关于联合国安理会改革的政策不仅可能与日本产生摩擦，还可能与美国产生摩擦。哪个国家对美国更为重要？不言而喻，这个问题不仅会置韩国于外交困境中，还将严重损害其国家利益。

最后，韩国积极参加联合国支持下的东帝汶维持和平行动，支持人权事业和"人道主义干预行动"。同时仍然对民族问题——脱北者问题保持"人道主义沉默"。尽管道德原则是普适的和无限制的，但外交政策却需视具体情况而定。人道主义干预的局限性在于一个国家愿意为此付出多大的伤亡代价和经济摊付。关于干预主义，只有当它取得国民的支持时才会生效，即国民相信当前的收益将超出所付出的代价。正如俾斯麦所说的那样，外交政策是一种"可能的艺术"与"相对的科学"。换言之，对于韩国的外交及其联合国政策而言，注重本国形象不仅是提升国家声望的一种方式，也是朝鲜半岛实现南北统一的必要准备。

像狐狸那样野心勃勃，企图在联合国所有问题上发挥领导作用，对于韩国而言是个过于沉重的负担。韩国是经济合作与发展组织成员国，属于联合国成员国之间的上层集团成员。韩国也被联合国视为"主要力量"。尽管如此，它仍是一个未能实现民族统一的分裂国家，并生活在高度紧张和痛苦之中。然而，这并不意味着韩国应重返冷战时期的刺猬式战争姿态。考虑到朝鲜和韩国之间的经济政治和文化差距，更不用说朝鲜半岛与周边大国之间的根本差异，韩国期望能像豺一样作为国际领导者的追随者,① 保存资源以实现国家统一的艰巨任务。难道说韩国在积极支持联合国政策的有效性的同时，不应该主张在没有任何外部干预的情况下由朝韩双方自主解决"朝鲜半岛问题"吗？

　　联合国的存在对于国际社会至关重要。事实上，联合国难民署高级专员、联合国儿童基金会、联合国维持和平行动、联合国秘书长均被授予了诺贝尔和平奖，这证明了联合国显著的国际作用。因此，联合国自然成为韩国外交政策中最为重要的对象之一。然而，《联合国宪章》中所描述的那种"柏拉图式"的联合国，其实是不存在的。在两个集体安全实例之一的朝鲜战争中经历了"辉煌时刻"后，联合国在朝鲜半岛问题上已经丧失了主动权。1994 年，联合国未能积极应对朝鲜对于《核不扩散条约》的挑战，再次使联合

① 豺，像狼一样，处于一个不满意的状态。但是，豺一方面珍视自己的财产，另一方面在被迫冒险扩充财产的时候又倾向于投机取巧；一方面跟随想要突破现状的狼，另一方面却又追随想要维持现状的狮子，参见 Randall L. Schweller, "Bandwagoning for Profit," in Michael E. Brown, Sean M. Lynn-Jones, Steven E. Millers, eds. , *The Perils of Anarchy*, Cambridge：The MIT Press, 1995, p. 280。搭便车并不总是弱国在同强国交往中外交局势紧张的结果。有些时候，搭便车实际上是有意选择的结果。一般情况下，传统上爱投机取巧的意大利外交政策与豺原则相关。关于这一观点，参见 A. J. P. Taylor, *The Struggle for Mastery in Europe*, 1848 – 1918, Oxford：Oxford University Press, 1954, p. 286；Robert Rothstein, *Alliances and Small Powers*, New York：Columbia University Press, 1968, p. 227。就搭便车而言，世界上不仅有豺一样的国家还有小羊羔一样的国家。小羊羔是指在保卫或扩展其价值方面付出很少代价的国家，参见 Randall L. Schweller, op. cit. , p. 278。若试图从该观点出发对韩国外交传统进行梳理，参见 Sung-Hack Kang, "The Korean Style of Foreign Policy：From Bandwagoning to Quo Vadis?" Yong Soon Yim, Ki-jung Kim, *Korea in the Age of Globalization and Information：Direction of Korea's Diplomacy and Broadcasting Toward the 21st Century*, Seoul：The Korean Association of International Studies, 1997, pp. 3 – 33。该论文的韩文版本载于 *IRI Review*, Vol. 2, No. 2 (Summer 1997)。

国在该问题上被边缘化。① 联合国不是哲学王，也不是国际社会中的利维坦。韩国应该冷静地认识到这个现实，并基于此制定与实施对联合国的政策，那便是亚里士多德式的谨慎政策。

结　论

随着冷战的结束，韩国加入联合国，而世界也进入地球村或者全球化时代。国内问题不再局限于国家内部，而超越国界成为国际性的问题登上了国际舞台。几乎所有关系到人类的生命、世界战争与和平的问题，无论是国内政治还是国际政治，都已经成为当今我们所共同关心的问题。外交政策直接关系到我们所有人的共同命运。为了充分解决这些问题，当今世界强调多边主义，而联合国正是多边主义的象征。因此，发展对联合国的政策将有助于韩国扩大其多边外交的视野，确保其在联合国体系内作为主要力量的国际地位。为了成功通过多边方式处理联合国政治中的各种国际问题，韩国首先应该加强本国的国际地位。然而，仅这样做是远远不够的。为了促进同其他国家的合作，一个国家还应该具备高度复杂的分析能力和协调谈判能力。如今，一个国家的外交政策比历史上任何时期都能更好地以不同的方式反映其历史传统和政治文化。因此，韩国需要在广泛而深刻地了解国际社会各种历史和政治文化的基础上，发展并系统地提高外交政策理性分析能力。韩国国民需要提高自身素养，从而有效地与其他国家以不同的语言进行对话，更好地解释韩国的立场。朝鲜半岛民族的同质性常常被视作一种优势，但是在某些时候也会成为一种劣势，这是因为韩国国民缺少在国际舞台上体验多样性的机会。因此，韩国国民必须有意识地加强与不同文化背景群体之间的理解和交流能力。

---

① Sung-Hack Kang, "The United Nations and East Asia's Peace and Security: From a Policeman to a Nanny?" pp. 17–21. 美国前总统吉米·卡特突然介入朝核问题的处理过程与美国无关。他的调停导致联合国及朝鲜、韩国和美国的能力弱化。

第十三章
21世纪亚太地区地缘政治的新构造：对于区域新世界来说，它是"时间之环"还是"时间之箭"？

没有人喜欢政治现实主义者。

——罗伯特·吉尔平

一般来说，海洋霸权的威胁源于他们做什么，而陆地霸权的威胁源于他们是什么。

——杰克·列维

我的知识是悲观的，但我的意志和希望却是乐观的。

——阿尔贝特·施韦泽

二战之前，德国和日本分别提出"生存空间论"和"大东亚共荣圈"政策，为了避免给欧洲及亚太地区地缘政治带来灾难性后果，联合国得以成立，距今已经过去了60多年。作为其前身的国际联盟仅仅维持了19年，通过这一惨痛的教训，联合国自建立之初便通过各种政治主张建立集体安全体系，在维护世界和平与安全方面不断进行着历史性的尝试。然而，在亚太地区，地缘政治依然存在（且仍然普遍存在）。而且在冷战以后，一个尤为重要的因素出现在亚太地区的地缘政治之中，那便是迅速"崛起的中国"。中共中央党校学者在 2003 年末提出"和平崛起"这一概念。

我们可以从世界历史中了解到，国际体系中一个新生强国的出现，最初往往是造成该体系不稳定的重要因素。随着国际体系的社会化以及主要强国间的互相借鉴，国际体系的结构变化或者会稳定下来或者会陷入两大强国间的霸权争夺中。19 世纪末期崛起的美国属于前者，而其他大多数的历史记录则显示为后者。正如当初在古希腊世界，雅典的崛起以及后来雅典与斯巴达间的霸权争夺最终导致它们陷入悲惨的伯罗奔尼撒战争中。

一般来说，国际体系中最强大的国家——通常是那些赢了最后一场主要战争的国家，试图维持现状并保护其在已有国际秩序中的优势地位。相反，那些因为在之前一场战争中失败而丧失部分领土的强国（例如一战后的德国），或者那些虽然属于战胜国阵营但损失惨重并且在战后未得到满意补偿的强国（例如一战后的意大利），则会因为试图恢复国力或变得更加强大而走上修正主义道路。当其国力发展到一定水平之后，它们可能会采取一定行动来缓解自己的不满，因此，崛起的大国往往具有修正主义色彩，它们渴望在国际社会中获得更多威望并发挥与其强大经济物质实力①相称的政治影响。1978 年改革开放以来，中国发展成为一个专注于国力发展的温和的共产主义国家。但是对于冷战两极国际秩序解体后产生的当代世界秩序和国际体系而言，快速发展的中国即使未被视作直接的威胁，也已经被视作一个新的巨大挑战。在此笔者套用斯蒂芬·杰·古尔德（Stephen Jay Gould）著作的标题提出一个问题：亚太地区的未来将会像战争的"时间之环"，还是像指向地区新世界的"时间之箭"②？

---

① Randall L. Schweller, *Unanswered Threats*, Princeton, NJ: Princeton University Press, 2006, pp. 128 – 129.

② Stephen Jay Gould, *Time's Arrow*, *Time's Cycle*: *Myth and Metaphor in the Discovery of Geological Time*, Cambridge, Mass: Harvard University Press, 1987.

当今单极国际体系下新的
权力与威望之争

自冷战结束以来，人们常常说我们正生活在一个单极国际体系中。但国际体系本身，无论是单极、两极还是多极，都不是一个利维坦的世界。当前的这一单极国际体系并不意味着主要强国间的冲突及随后的权力之争已经结束，也不意味着作为唯一霸权的美国将会或能够一直按照自己的意愿来处理所有事务。[1] 其他国家的政治领导人对于美国向他们摆出的霸权姿态不会停止愤怒。同时他们也不会突然停止关心本国相对于他国的地位。而国际社会中崛起的其他国家自然也会要求加入大国行列。但除非这些后起之国拥有能够与美国抗衡的能力，否则当前的国际体系将会依然保持结构上的单极化。弗朗西斯·福山曾将冷战结束解释为"历史的终结"[2]，然而这一说法在21世纪初期就已经成为幻影。大国间的国际竞争重新回归。事实上，在世界政治中，地位与影响力的斗争依然是国际事务的核心特征。[3] 国际自由主义与反国际自由主义间由来已久的竞争也重新登上了历史舞台。此外，伊斯兰世界与西方文化、权力间的竞争也再次出现。[4] 随着这三种竞争的结合与碰撞，冷战结束后出现的关于和平与安全的新自由主义国际秩序的承诺已经消失。

对美国人来说，作为新单极体系中唯一的超级大国，它看似获得了天赐良机以实现其长久以来成为全球领导者的梦想，这受

---

① Joseph S. Nye, Jr., *The Paradox of American Power: Why the World's only Superpower can't Go it Alone*, Oxford: Oxford University Press, 2002.

② Francis Fukuyama, *The End of History and the Last Man*, New York: The Free Press, 1992.

③ Henry Kissinger, *Diplomacy*, New York: Simon & Schuster, 1994, chap. 31.

④ Samuel P. Huntington, *The Clash of Civilizations and the Remaking of World Order*, New York: Simon and Schuster, 1996.

到了世界的欢迎甚至拥护。另外，对欧洲人来说，新的国际秩序应该效仿欧盟。① 欧洲人过去一直在引领世界步入后现代时期，在这一时期，传统的国家利益和权力政治将受到国际法、超国家机构以及主权共享的支配。特别是困扰人类包括欧洲的文化分裂、种族分裂以及民族分裂，都将会随着共享的价值观念与共同的经济利益而消失。同美国一样，欧盟也具有扩张性，但更多的是以一种后现代的方式，展望一个致力于自由、民主、人权和人类安全的自发式帝国。这种对世界的设想在一段时间内是基于冷战后这一独特的国际环境，同时意味着传统强大国家间军事对抗的暂时缺席。苏联解体后，作为其继任国的俄罗斯非常脆弱，士气低下，国内政治动荡，经济疏于管理，军事力量急剧下降。而中国自北京政治风波后陷入孤立、不安与内省中，未来经济充满不确定性，军事上也未能适应现代的高科技战争。日本则正进入一个十年的经济收缩期。印度也还未开始自己的经济改革。此外欧洲正在反对权力政治并完善其后现代化制度。

然而，后现代告别传统权力政治还为时过早。世界见证的并非其自身特征的本质转变，而仅仅是国家间及其人民间长期竞争与斗争的短暂停顿。文化、文明、宗教，尤其是民族主义等顽固的传统，很快就卷土重来，并且开始抵制或反对民主自由主义和市场资本主义的全球化。后冷战时期的核心设想也开始崩溃。

第一，"历史"突然重返俄罗斯。俄罗斯向自由主义的转变在国内受到了阻碍，并终被推翻，其外交政策也同样如此。俄罗斯新生的民主转型可描述为一个新的沙皇政权，在这个政权中，所有重要的决定均取决于个人及强大的小集团。② 带着强国的雄心壮志和慎重计划，大国民族主义重新回到俄罗斯充满野心与计

---

① Robert Kagan, *The Return of History and the End of Dreams*, New York: Alfred A. Knopf, 2008, p. 9.

② Dmitri V. Trenin, *Getting Russia Right*, Washington D. C.: Carnegie Endowment for International Peace, 2007, pp. 9 – 10.

划的外交政策上。俄罗斯近来的经济增长，大部分取决于石油和天然气的价格上涨，而这些资源在其国内储备丰富。在能源供给方面，欧洲对俄罗斯的依赖程度超过了其对中东地区的依赖。欧洲国家担心俄罗斯会操纵能源的供应。俄罗斯领导人深知能源供应给了他们强迫欧洲人默许自己行为的机会，而这在过去俄罗斯力量较弱时是不可能的。此外，俄罗斯还拥有1.6万枚核弹头，超过百万士兵的现役部队。同时，俄罗斯还研发了新式喷气战斗机、潜艇和航空母舰，并在冷战之后首次重新启用了远程战略轰炸机。在亚太地区，俄罗斯已经成为中国先进武器的主要供应商，也因此使自己再次成为地缘政治结构中又一重要因素。

凭借丰富的自然资源、雄厚的经济实力、在联合国安理会的否决权，以及对欧亚大陆的影响，俄罗斯成为国际政治中的一个重要参与者。如今，这种新的权力意识点燃了俄罗斯人民的民族主义。俄罗斯人认为后冷战的和解只不过是美国和欧洲在俄罗斯较弱时强加给他们的。他们不渴望回到苏联共产主义，但他们向往过去受人尊重并能够影响世界、捍卫本国利益的日子。俄罗斯国内的指责情绪使人不由想起一战后的德国，当时的德国人抱怨并不满战胜国强加在他们身上的"耻辱的"《凡尔赛和约》与在其背后捅刀的腐败政客。① 今天，俄罗斯人试图收回他们曾经丢失的世界影响力。其宏伟目标是要重建俄罗斯在欧亚大陆的主导地位，并成为世界上两大或三大强国之一。

第二，在当下形容中国的词中最引人注目、最常见的便是"崛起"。② 中国是一个崛起的地缘政治大国，也是一个崛起的经

---

① Dmitri V. Trenin, op. cit. , p. 16.

② 关于实例可参见 Jasper Becker, *Dragon Rising：An Inside Look at China Today*, Washington D. C. ：National Geographic Society, 2006；Avery Goldstein, *Rising to Challenge：China's Grand Strategy and International Security*, Stanford, California：Stanford University Press, 2005；Robert G. Sutter, *China's Rise in Asia：Promises and Perils*, Lanham, Maryland：Rawman & Littlefield, 2005。

济巨人。其经济正在发展成为世界最大的经济体，军事实力也在稳步增长，政治影响力也随着经济和军事实力不断扩大。新的力量会带来新的野心，或者说会唤起昔日的野心。这对任何一个国家来说都是一样的，而对新中国来说更是如此。新的权力以及随之产生及恢复的自信心与自豪感，改变了中国人对自己、对国家利益以及对自身国际地位的认识，以及期待别人对待自己的方式。中国的新经济实力唤起了他们所谓的"中华帝国综合征"，这是一种根深蒂固的信念，中国人深信中国曾经是而且未来也会是世界的中心。在千余年的历史中，中国是亚洲的庞大帝国，也是野蛮世界中唯一的先进文明。

第三，日本发展成为世界第二大经济体。尽管日本的国防支出仅占其国民财富的 1/100，但每年的数额也高达 400 亿美元，在世界各国的国防预算中排第三位或第四位。虽然日本没有也表示不会拥核，但一旦面临危机，它也能在短时间内制造出强有力的核武器。通过对联合国外交的重视，日本渐渐显出其强大的野心。面对崛起的中国与拥核的朝鲜，日本人的危机感不断上升，他们也因此相信权力政治依然强大，亚太地区的战争也并非不可能。日本提升了国防部的地位，增加了国防支出比例，并加强了与美国的安保同盟关系。同时，日本扩大了其在全球军事行动中的作用，包括参与联合国维和部队，为伊拉克和阿富汗提供援助，并开始用更为广阔的视野来审视自己在国际社会中的角色。[①]

日本与中国之间的竞争可谓旷日持久，可以追溯到 19 世纪末期。千余年来，在以中国为中心的世界里，中国人将日本人视为一个低等的民族。从中国儒家思想的视角出发，日本或被仁慈地视为中国学校的一个学生、中国家庭中的一个弟弟，又或被恶

---

① 20 世纪 90 年代冷战结束后，人们预测日本将取代美国成为世界上最大的经济体，并假设了一个与其经济权重相匹配的政治地位和影响，从根本上重构亚太地缘政治。然而日本的失败更加普遍地告诉我们有关中国崛起的自然性、美国力量的持久性以及霸权的本质。

意地视为一个海盗国家。当崛起的日本在 1895 年甲午战争中战胜中国并对其大加羞辱时，中国人的优越感变成了对日本的仇恨。此后，中国又遭到日本一系列的野蛮入侵，其中最深刻的便是 20 世纪 30 年代的南京大屠杀。那段记忆依然鲜活并且被绝大多数中国人铭记。因此，中国一代代的人民与军队对日本的不信任根深蒂固。① 同样，日本人也不喜欢中国人，也不喜欢所谓"弟弟"的角色。权力平衡可能正从日本转向中国，这种看法无疑助长了日本的民族主义，并促使日本人为阻止这一变化而努力拉近与美国以及亚洲其他国家距离。尽管中国已经成了日本的最大贸易伙伴，汉语也已经成了继英语之后日本人学习的第二大外语，但是两国人民之间的敌对情绪依然在不断扩大并加深。中日两国间的竞争也依然是亚洲地缘政治的一个核心特征。两国不仅在军事方面，同时也在经济领域不断扩大其力量，提高自身地位。

第四，冷战时期的国际两极体系结束后，在传统意义上一直作为亚太地区局外者的印度也将自己转化成了该地区的一个重要战略因素。印度同样是一个野心勃勃的大国，它拥有发达的服务行业和高科技产业，非常适合在全球化时代中发展成长，并且近年来，印度的经济增长率几乎接近中国。② 同中国一样，印度拥有地区霸权的光辉历史，对英国长期殖民的深重怨恨，并相信自己将在世界舞台上有所作为。印度人始终认为自己是伟大古老文明的后裔，但随着时代的变化这种观念也发生了改变。冷战时期，印度并未将自己构想成一个传统大国，而只是将自己视为超级大国间的一个重要道德砝码。印度的领导者们对权力政治表现出蔑视，他们提出自己的国家将会成为和平共处与多边贸易原则

---

① David Shambaugh, *Modernizing China's Military: Progress, Problems, Prospects*, Berkeley, California: University of California Press, 2004, p. 301.

② Robyn Meredith, *The Elephant and the Dragon: The Rise of India and China and What It Means for all of Us*, New York: W. W., Norton, 2007.

的先驱，如果运用得当，将会改变世界。[1] 然而，冷战结束以后，随着 20 世纪 90 年代经济的快速增长，印度人对本国的形象有了不同的认识：它是一个传统地缘政治意义上的大国，而非印度教或后现代意义上的大国。[2] 与许多人一样，印度人也逐渐认识到在后冷战世界里，权力政治依然主导着国际关系，随着自身实力的增长他们也开始相信权力。印度的核心观点已从"竞争的权力"转变为"权力的竞争"。最能体现这种转变的便是印度一心想要成为一个被认可并被接受的真正拥核国。经济方面的成功也发挥了关键的作用，当印度领导者决定在 1998 年进行一系列核试验时，前十年的经济增长给了他们很大信心。他们相信世界不会惩罚这样一个在世界经济中具有重要价值的合作伙伴，[3] 就好像 20 世纪 30 年代中期意大利侵略北非时，英、法、美等国对待意大利那样。印度之所以致力于加入拥核国家之列是出于它同巴基斯坦和中国可能发生冲突这一战略考虑。

但是更多地从政治角度来看，印度这样做也出于国家荣誉、国际地位和根深蒂固的自尊心等方面的考虑。正如中国与俄罗斯那样，印度也试图在其周边寻求霸权，对诸如尼泊尔、斯里兰卡等较小国家及印度洋的主要岛屿发挥主导影响，同时排斥其他强国与其周边小国建立关系。在印度洋及其沿海地区，印度正在寻求有利的权力平衡并试图阻止中国从中获益。正如拉贾·莫汉（C. Raja Mohan）所言，印度试图在世界权力平衡中扮演一个

---

[1]　如今，后现代欧洲人和全球主义者采纳了这点却又似乎不承认这点。

[2]　关于印度教的观点可参见 D. Mackenzie Brown, "Hindu and Western Realism: A Study of Contrasts," in Joel Larus, *Comparative World Politics: Readings in Western and Premodern Non-Western International Relations*, Belmont, California: Wadsworth Publishing, 1965, pp. 266 – 270; Roger Boesche, *The First Great Political Realist: Kautilya and His Arthashastra*, Lanham, Maryland: Lexington Books, 2002。

[3]　Robert Kagan, op. cit. , p. 42.

"摇摆的国家"的角色。① 用更通俗的语言来讲，印度渴望在国际政治中成为一个"平衡者"，但未能正确地认识到自己在当今单极国际体系中的缺陷。然而，目前印度实现其目标的最大障碍便是中国。两国关于未确定的国界线存在诸多争议，而且中国对巴基斯坦的援助也让印度有所不满。然而近年来，大国间的争夺也呈现新的形式。中国在印度洋附近海军势力的不断扩张令印度深感不安，它抗议中国的军事增长以及其与该地区缅甸、孟加拉国、斯里兰卡、马尔代夫、塞舌尔、毛里求斯和马达加斯加等国的海上联系。② 尽管两国几乎不太可能爆发战争，但地缘政治上的竞争重新塑造了国际地缘政治的权力结构。

　　中国一直保持着与巴基斯坦的同盟关系。作为回应，印度在失去了前同盟——苏联以后，也在极力增进本国与日本和美国的关系。当 2005 年中国试图将印度挡在首次东亚峰会的大门之外时，日本站在了印度一边。当巴基斯坦为中国提供在南亚地区合作联盟中的观察员身份时，印度联合日本、韩国以及美国抵消了中国的影响。③ 日本将印度当作其在亚洲的战略伙伴，为其提供投资和发展援助并组织军事合作，特别是在印度洋地区 。④ 2007 年一场大型的海上军演在孟加拉湾举行，参与国包括印度、日本、澳大利亚、新加坡等，美国也派出了两个飞机战斗组。这是这些国家的首次聚合，从地理位置上来看，它们自东北向东南分布在中国的周围。中国适时地对各国正式提出了抗议并确保这一军演与权力遏制无关。⑤ 尽管如此，这次军演必然预示不久的将来可能出现的危机。

---

① C. Raja Mohan, "India and the Balance of Power," *Foreign Affairs*, Vol. 85, No. 4 (September/ October 2005), pp. 17 – 18.

② Robert Kagan, op. cit. , p. 43.

③ C. Raja Mohan, op. cit. , p. 30.

④ Ibid. , p. 45.

⑤ Ibid. , p. 46.

第五，对美国而言，布什主义在美国的外交政策方面并无新的改革。"9·11"事件以后，在试图逃避美国传统文化和意识形态观念方面，布什并不比任何一位前任总统表现得更有能力。因此，从某种意义上来说，布什政府不过是效仿了前任总统的外交政策。如果其继任者奥巴马面临类似情况，想必他也会做出同样的选择，只不过会采用不同的修辞罢了。① 当人们谈论布什主义时，通常是指三个原则：先发制人的或者防范性的军事行动，对民主的提倡，以及奉行单边主义的外交手段，这意味着美国试图摆脱联合国安理会等国际机构及其盟国的同意而单独开展行动。

美国存在一个特殊的悖论，即大多数美国人不相信他们除了保证自己的基本安全和经济福利外，还有其他的国家野心。只有极少数人认为他们在寻求世界霸主的地位。在人们的想象中，甚至在顶级外交政策机构的评估中，美国常被视作一个"不心甘情愿的警长"，一直只关注自己的事情，直到下一伙亡命之徒跑进城来。而这也正是美国人最喜欢的西部电影中最常见的主题。② 仿佛美国是在无意中达到了世界霸权历史上前所未有的巅峰，而美国人并不愿意，也不渴望成为国际体系中的世界霸权。然而事实是他们不仅渴望而且正在行使这种统治的权力。③ 为了塑造一个符合自身的价值观与偏好的世界，他们时而采用武力，时而采用软实力强迫他人屈服于自己的意志。一个尊重民族自决的国家不会剥夺他国的权利，即使有一个冠冕堂皇的理由。这一悖论不

---

① Timothy J. Linchy, Robert S. Singh, *After Bush: The Case for Continuity in American Foreign Policy*, Cambridge: Cambridge University Press, 2008, p. 297; Robert G. Kaufman, *In Defense of the Bush Doctrine*, Lexington, Kentucky: The University Press of Kentucky, 2007; John W. Dietrich, *The George W. Bush Foreign Policy Reader: Presidential Speeches with Commentary*, Armonk, New York: M. E. Sharpe, 2005.

② Richard N. Haas, *The Reluctant Sheriff: The United States After the Cold War*, New York: The Council on Foreign Relations, 1997.

③ Robert Kagan, op. cit., p. 52.

仅存在于美国。在古希腊世界里，民主雅典的伯里克利也是如此。正如雷茵霍尔德·尼布尔（Reinhold Nieburhr）所说，善良的并非就是无辜的。① 美国人不断寻找一种方式让本国的需求适应特定的世界，他们希望避免金融、道德成本及生命的代价，却将这样一个世界观强加于他国。同时，他们坚信美国可以帮助世界重建国际秩序。这一秩序源自伍德罗·威尔逊的构想，它是一个遵从法律和制度、坚持民主原则、捍卫道德与正义的新世界观。② 因此，一旦美国行使其权利，那么它也将成为服务国际社会的一个不可或缺的国家。

一触即发的朝鲜核弹危机与
动荡的朝鲜半岛

第一次朝核危机③发生于 1993 年 3 月 11 日，朝鲜宣布退出在 1985 年签订的《核不扩散条约》及保障措施协议。随后，朝鲜驱逐了国际核查人员，打破了对燃料棒的封存并将其加工成了钚。作为回应，美国推动联合国安理会对朝鲜进行国际制裁。朝

---

① Reinhold Niebuhr, *The Irony of American History*, Chicago, Ill,: University of Chicago Press, 1985（最早发表于 1952 年），p. 5, 23。

② Joan Hoff, *A Faustian Foreign Policy from Woodrow Wilson To George W. Bush: Dreams Of Perfectibility*, Cambridge: Cambridge University Press, 2008.

③ 关于朝鲜核问题的详细讨论可参见 Leon V. Sigal, *Disarming Strangers: Nuclear Diplomacy with North Korea*, Princeton, NJ: Princeton University Press, 1998; James Clay Moltz, Alexandre Y. Mansourov, London, *The North Korean Nuclear Program: Security, Strategy, and New Perspectives from Russia*, Routledge, 2000; Mitchell Reiss, Dridled Ambition, Washington D. C.: The Woodrow Wilson Center Press, 1995, chap. 6; Michael O'Hanlon and Mike Mochizuki, *Crisis on the Korean Peninsula: How to Deal with a Nuclear North Korea*, New York, McGraw-Hill, 2003; Joel S. Wit, Daniel B. Poneman, Robert L. Gallucci, *The First North Korean Nuclear Crisis: Going Critical*, Washington D. C.: The Brookings Institution, 2004。

鲜发言人宣称制裁将会被视为一种战争行为。美国克林顿政府拟派出5万名士兵前往韩国支援当地的3.7万驻军，同时还计划派出400多架战斗机、50艘军舰、阿帕奇直升机补充营、布拉德利战车、多管火箭及爱国者防空导弹。此外，克林顿总统还下令包括250名军事人员的先遣部队组建成后勤总部，用以管理大量涌入的火力。[1] 这些行动旨在向朝鲜发出一个信号：为了保证燃料棒得到国际控制，美国将不惜参与战争。1994年初，为了遏制朝鲜的进攻，克林顿继续进行大规模军队与军备的动员准备。但同时他也知道军事行动并非一种恰当选择，因为战争一旦爆发，50万美国和韩国军人以及近百万韩国平民将会面临伤亡，并且会造成600亿美元的损失，同时韩国的经济也将遭受近一万亿美元的损失。[2] 此后，由于前总统卡特的突然介入，朝鲜金日成表示假如美国能够提供援助，朝鲜便同意核查人员进入并使燃料棒回归原位。朝鲜与美国在日内瓦举行了正式协商并签订了《日内瓦框架协议》。从表面上来看，第一次朝鲜核危机似乎已经结束了，[3]但事实上并非如此。

2001年，美国遭受了"9·11"恐怖袭击事件，小布什总统随即决定发动反恐战争。第二次朝鲜核危机随之发生。在次年1月的国情咨文中，小布什总统将朝鲜连同伊朗与伊拉克一起称为"邪恶轴心"，并指出对待恶魔的唯一方式是打败它，而非讨价还价。事实上，小布什总统确实发表声明称必要时他不但有能力而且有权力采取行动。至此《日内瓦框架协议》宣告破裂。美国中央情报局（CIA）获悉：早在20世纪90年代末期，朝鲜可能就

---

① Fred Kaplan, *Daydream Believers*, Hoboken, New Jersey: John Wiley & Sons, 2008, p. 55.

② Ibid., p. 56.

③ 更具说服力的说明可参见 Joel S. Witt, Daniel B. Poneman, Robert L. Gallucci, *Going Critical : The First North Korean Nuclear Crisis*, Washington D. C.: Brookings Institution Press, 2004。

已经从巴基斯坦获得了浓缩铀的分离技术。朝鲜（和伊朗）如今能够获得的技术都归功于巴基斯坦的核弹科学家卡迪尔·汗（Abdul Qadeer Khan）。① 与需要广阔场地和电力资源的钚工程不同，铀浓缩项目更易于逃过人造卫星的监测。因此，显然朝鲜在签订《日内瓦框架协议》的两年内已经开始设计发展核武器的路线了。② 2002 年 10 月 4 日，东亚及太平洋事务助理国务卿詹姆斯·凯利（James Kelly）飞往平壤与朝鲜官员核实离心机的证据。他们承认了这一事实。10 月 20 日，小布什总统正式宣布取消《日内瓦框架协议》，他停止了对朝鲜的石油供应，强烈要求其他国家与朝鲜断绝一切经济关系。

朝鲜试图重演第一次核危机。12 月下旬，朝鲜再次驱逐了国际核查人员，重启了位于宁边的核反应堆，并打开了装有 8000 支核燃料棒的试验箱。2003 年 1 月 10 日，朝鲜退出《核不扩散条约》。但同时朝鲜又宣称，假如美国恢复在《日内瓦框架协议》中的责任并签订互不侵犯条约，朝鲜将停止行动并重回《核不扩散条约》。此外，朝鲜的联合国代表团成员拜访了新墨西哥州州长比尔·理查森（Bill Richardson），他曾是克林顿执政时期的美国驻联合国大使。③ 自从 1994 年克林顿总统将吉米·卡特前总统定为"非官方"中间人开启了核谈判，朝鲜官方显然认为这是美国在处理与失宠政权关系上"挽回面子"的一种方式，即利用中间人在幕后做一些总统无法公开进行的事情。理查森很乐意去充

---

① Philip Bobbitt, *Terror and Consent: The Wars for the Twenty-First Century*, New York: Alfred A. Knopf, 2008, p. 117. 2004 年 2 月 4 日，据博比特称，巴基斯坦核弹科学家卡迪尔·汗通过巴基斯坦国家电视台就其出于善意但因判断失误而做出的未经授权的行为向全国道歉。参见 p. 116。

② Philip Bobbitt, op. cit., p. 113.

③ 理查森此前曾与朝鲜进行谈判。作为一名国会议员，他前往平壤索要一名委托人的尸体，该委托人所驾驶的美国陆军直升机在非军事区经过时被击落。此后，他安排了一名无意中穿越朝鲜边境时被朝鲜当作间谍逮捕的背包客的返还。

当这样的一个中间人，但缺乏一段能够打开局面的开场白。作为一名民主党人士同时也是克林顿所在的民主党的拥护者，理查森与小布什总统毫无关系，但朝鲜却没有意识到这一点。① 更重要的是，小布什总统根本无心与朝鲜在核武器或能源需求上进行协商。对于小布什总统来说，这种拒绝是一个关乎原则的问题。在他看来，最重要的是保持道德高地并对朝鲜持续施加压力。2003 年 3 月初，布什对朝鲜实行了一种高压外交政策：他派遣了一个战斗机部队前往位于韩国及关岛的军事基地。3 月 10 日，朝鲜发言人指责美国计划对朝发动核攻击。金正日也在接下来的几周内不见踪影。

2003 年 4 月 9 日萨达姆·侯赛因政权垮台，推翻其他独裁者的想法在小布什政府内部油然而生。为所有可能的突发事件准备战争计划的参谋长联席会议重新修改了对朝作战计划。② 所谓的"5030 作战计划"赋予了美国指挥官在战争爆发前的危机情况下对朝鲜主动出击的权力，以此使朝鲜军队原本就极为稀缺的资源变得更加紧张，同时在朝鲜政府官员中制造足够的混乱以刺激其发动政变推翻金正日。③ 然而，"5030 作战计划"的细节于 7 月被泄露给了《美国新闻与世界报道》（*U. S. News & World Report*），这也可能是个深思熟虑的策略，旨在使朝鲜陷入更大的恐慌之中。但小布什总统意识到战争并不是一个可行的选择，部分原因在于地理位置：韩国的首都——汉城，拥有 1700 万人口，距离非军事区仅有 50 英里。因此，在 4 月下旬，小布什意识到除了与朝鲜进行和平谈判，别无选择。不久以后，美国、中国、俄罗斯、日本以及朝鲜和韩国六个主要利益国家同意在中国北京举行六方会谈。

---

① Fred Kaplan, op. cit. , p. 64.

② Ibid. , p. 67.

③ Ibid. , p. 68.

2003年8月27日，六方会谈正式启动，但无果而终。经历了十个月毫无进展的谈判以后，2004年6月中旬，小布什总统提议为朝鲜解除武装提供一系列鼓励性政策：朝鲜有三个月时间宣布放弃核武器计划，朝鲜一旦如此宣布，美国将暂时承诺不入侵朝鲜或推翻其政权，而其他国家也将每个月固定为朝鲜输送大量燃料。然而，朝鲜不仅拥有了钚并声称已经拥有了核武器。美国不得不为此提供更多的交易筹码。2005年9月19日，六方会谈各国共同签署并发表"联合声明"，朝鲜承诺放弃核武器计划并重返《核不扩散条约》，同时其他五国保证为其提供大量能源支持并尊重其主权，美国在一个月前就已经向朝鲜驻联合国大使朴吉渊承诺，美国将尊重平壤的主权且无意对其发动攻击。① 该声明被普遍誉为一项重大的突破，但朝鲜依然坚持保有轻水核反应堆。

2006年6月，朝鲜宣布将在不久后进行自1998年以来的首次远程导弹试验。该区域的主要大国与美国一同表示抗议，但朝鲜依然在7月4日进行了该试验。此外，朝鲜于2006年10月9日进行了一场更为轰动的地下核试验，这也是其首次尝试进行核试验。如今朝鲜已经成为一个不被国际社会承认的拥核国家。试验后不久，联合国安理会进行了投票表决，最终以13比0的投票结果决定对该试验进行谴责（联合国安理会1718号决议）。但各国的反应仅此而已，并未采取任何后续行动。当朝鲜最终拥有了核武器，无论是最有影响的"教皇"——联合国，还是地球上最有权力的"皇帝"——美国，均没有继续对其进行阻止。

2009年4月5日，朝鲜借发射卫星火箭之名发射了一枚远程导弹。联合国安理会再次谴责朝鲜违反安理会1718号决议，并重申朝鲜必须遵守该决议所包含的义务。同时联合国安理会呼吁早

---

① Fred Kaplan, op. cit., p. 71.

日重启六方会谈，并敦促所有参与国积极全面实施 2005 年 9 月 19 日的联合声明，以和平方式实现朝鲜半岛的无核化，维护朝鲜半岛和东北亚的和平与稳定。但朝鲜对此再次置之不理。至此，六方会谈已经走到了尽头。三年来，六方会谈一直毫无进展，而朝鲜却再次违背联合国安理会决议（1718 号）于 2009 年 5 月 25 日进行了第二次核试验，当天下午，朝鲜还在其东部海岸试射 2 枚地对舰导弹及另外 3 枚导弹。四天之后，即 5 月 29 日，朝鲜又发射了一枚新型地对空短程导弹，此外，朝鲜表示不再受制于曾经中止了朝鲜战争的 1953 年停战协议，以此回应韩国在第二次朝鲜核试验后宣称要完全加入《防扩散安全倡议》（PSI）的声明。如今，从理论上来说，朝鲜半岛再次陷入了"战争状态"。①

　　2009 年 5 月 25 日朝鲜进行第二次核试验之后，联合国安理会于 6 月 12 日通过了 1874 号决议，试图对朝鲜进行经济制裁以及全面武器禁运。该决议比 1718 号决议更为强硬，它呼吁联合国的 192 个成员国如果发现任何可疑的朝鲜货船在公海区域抵制检查，就护送其前往邻近的港口进行强制检查。但是这一决议要遵照《联合国宪章》第 7 章第 41 条，其中包括禁止使用武力，因而也就缺少了强制执行的权限。过去在朝鲜核试验和弹道导弹试验之后通过的其他决议也是如此。

　　朝鲜在第二天对实施新制裁的 1874 号决议提出强烈抗议，并声称将启动铀浓缩计划，并将所有钚制造成武器，以军事行为回应任何封锁行为。朝鲜明确表示永远不会放弃核武器。基于这种发展态势，试图通过六方会谈实现朝鲜无核化的可行性值得怀疑。国际社会和联合国在过去二十余年做出的努力都变成了泡影。面对朝鲜明确的拥核意图，迫切需要一种新方法予以应对。

---

　　①　朝鲜于 2009 年 1 月 30 日宣布取消与韩国签订的所有政治和军事协定，并谴责韩国将两国的关系推向了战争边缘。*The Korea Herald*, January 31, 2009.

2009 年 6 月 16 日，韩国总统李明博和美国总统奥巴马在白宫会晤，他们所能做的只是警告朝鲜放弃核武器，否则将会面临严重后果。① 然而，这种毫无杀伤力的警告难以从朝鲜方面获得令人满意的答复。这可能只是孤独的超级大国美国与其过分乐观的盟国韩国在面对挫折时的一种虚张声势罢了。

地缘政治力量的重新排列与联合国

假如我们所说的联合国是指安理会和联合国大会，那我们无法期待它会在今天以及未来出现太多改变，即使是联合国的重大改革项目也是如此。安理会常任理事国对所有条款保有最终否决权，因此很难真正对这一"非常人性化的机构"② 进行改革。这实际上反映了国际有序或无序的状态。即使在一个单极世界里，霸权也会被一个虽有争议却被广泛接受的权威所限定、控制和授权。因此，联合国在这个单极世界里扮演着一个必不可少的角色。1960 年刚果危机期间，时任联合国秘书长达格·哈马舍尔德（Dag Hammarskjold）曾经说过："我们来这里是为了保护弱者。"这一想法在当时还很不成熟，因此没有受到足够的重视。当时的美国人对这一表述毫无兴趣，戴高乐领导的法国更是如此。③ 毫无疑问，有必要保证对那些小国的保护。但是包括小布什政府成员在内的一些美国人都相信他们能够很好地管理世界秩序，而其他国家则未必能够做到。现在看来，他们再次高估了美国的军事实力，最重要的是，美国国际威望严重受损。

---

① *The Korea Herald*, June 17, 2009.
② 时任美国驻联合国大使的珍妮·柯克帕特里克（Jeane J. Kirkpatrick）称联合国为"非常人性化的机构"，United States Information Agency, October 1984。
③ Stanley Hoffmann, *Gulliver Unbound*, Lanham, Maryland: Rowman & Littlefield, 2004, p. 119.

尽管美国人拥有极强的帝国欲望,[1] 但所谓的"后美国世界"还是到来了。[2] 世界变得愈发复杂,较弱的国家用各种方式反对美国的行为,阻挠其在中东推进民主化的计划——即使这些行为是出于善意并且针对一个理想的目标。此外,正如斯坦利·霍夫曼(Stanley Hoffmann)指出的那样,美国并不适合扮演一个帝国角色。因为这个任务需要耐心、专业知识,并需要巨大的资源。但对于一个至今仍然深深带着反殖民出身的烙印并且将重心放在国内问题上的国家来说,很难找到这样巨大的资源。[3] 不仅如此,美国人清楚地了解当代问题的解决大多需要多国的共同参与,其中包括反恐战争、核扩散问题或者大多数第三世界国家的贫困问题。一个霸权国家要想成为真正意义上的帝国,那么它必须具备成为帝国的意愿,特别是对他国的最终控制(通过直接统治,或有效的间接统治),但这并不符合美国的公众情绪,也不符合当前的国际政治形势。解决全球问题需要加强联合国的地位,但是美国却没有表现出任何这方面的倾向。低效且分散的联合国将会使美国的霸权失去合法性。

鉴于现有多边安全组织的弱点,一个国家在面临严重威胁时选择信任联合国安理会、北大西洋公约组织(NATO)、东南亚国家联盟(ASEAN)、欧盟(EU)或者其他区域组织将是一种不明之举。国民不会对保卫本国安全的行动提出原则性的异议。[4] 然

---

① Robert W. Tucker, David C. Hendrickson, *The Imperial Temptation: The New World Order and America's Purpose*, New York: New York University Press, 1992; Stanley Hoffmann, *Gulliver Unbound: America's Imperial Temptation and the War in Iraq*, Lanham, Maryland: Rowman & Littlefield, 2004.

② Fareed Zakaria, *The Post-American World*, New York: W. W. Norton, 2008.

③ Stanley Hoffmann, op. cit., p. 141.

④ Francis Fukuyama, "Challenges to World Order After September 11," in I. William Zartman, *Imbalance of Power: US Hegemony and International Order*, Boulder, Lynne Rienner, 2009, p. 232。

而，良好制度化的多边组织能够提供"国际合法性"以吸引更广泛的国际支持。但联合国无论在合法性还是在效率上都存在缺陷，任何政治上的改革都不可能完全解决这两个问题。合法性的概念与公正的概念相关但不相等。人们相信一组特定的制度协议是合法的，因为它们是公正的，但合法性只存在于旁观者的眼中。一个机构可能会被一些公正的哲学或绝对原则视为不公正的，但仍然被一个特定的群体视为合法的。从一个机构的持久性与有效性的角度来看，最重要的并不在于它如何衡量绝对的公正标准，而在于人们是否认定它是合法的而遵从它。①

至少从典型的美国角度来看，联合国的合法性问题与国际组织的成员国身份有关，这种身份的确定基于正式的主权而非任何合法性的规定。特别是，联合国没有要求其成员国必须是民主国家。这种在建立之初就形成的对世界政治现实的适应，已经在许多方面影响了国际性组织的后续活动。联合国及其前身——国际联盟将其理论依据追溯到伊曼努尔·康德的《永久和平论》。在书中，康德呼吁以国家联盟的方式去克服国家体系间的冲突。但是深受孟德斯鸠影响的康德也明确指出，联盟的成员国将共享一个共和政体。② 因为只有这样才能保证各国在国际体系试图执行的公正原则上达成共识。然而，国际联盟与联合国自创立之初就由合法性受到质疑的国家构成。

作为一个处理安全威胁的机构，联合国的另一个问题在于它的效率。《联合国宪章》第七章"授权"中指出武力的使用必须通过安理会决议。但通过赋予五个常任理事国否决权，安

① Francis Fukuyama, op. cit., pp. 234–235.
② Daniel H. Deudney, *Bounding Power: Republican Security Theory from the Polis to the Global Village*, Princeton and Oxford: Princeton University Press, 2007; Paul A. Rahe, *Soft Despotism, Democracy's Drift*, New Haven & London: Yale University Press, 2009.

理会被有意设计成了一个脆弱的机构。这保证了安理会在采取行动时将永远不会违背常任理事国的意愿和利益。随着冷战的到来，二战时期的同盟关系土崩瓦解。除了 1950 年的朝鲜战争，以及联合国在伊拉克 1990 年入侵科威特后对其采取行动以外，此后在出现重大安全威胁而需要使用武力时，安理会从未达成一致。

联合国在调用武力解决主要安全威胁上的缺陷，并不意味着其不能在战后重建以及在其他维护和平的活动中发挥重要作用。然而，尽管联合国赋予了国际行动合法性并为其提供了有效的保护伞，其局限性依然显而易见。联合国并不是一个能够采取果断行动的世界政府。其行动必须取决于成员国的共识，特别取决于其主要贡献者。实际上，这些主要贡献者便是提供资金、军事和技术援助的美国、欧洲与日本。此外，即使安理会的成员国可以增加或改变，集体行动的问题依然存在。总之，拥有否决权的成员国的不断增多将使联合国安理会陷入更大的瘫痪中。特别是美国发现自己在安理会投票中被多次孤立后，它绝不会切实地同意投票规则从一致同意转变为任何形式的多数决定原则。

在联合国成员国就合法性和判断能力出现严重分歧的情况下，联合国将授权使用武力，国际社会能否从如此增压的联合国中受益？这确实是一个现实的问题。每当发生国际危机时，联合国的重要作用就会被强调，但实践中它对国际威胁的回应既不及时也不有效。在可以预见的未来，我们很难期待在全球治理中，联合国的作用能够强大到足以担当全球总监。自 20 世纪 90 年代初朝鲜开始发展核武器直到最终拥有核武器的漫长过程中，联合国一直未能采取任何有效的预防措施。换句话说，联合国没能表现得像《联合国宪章》要求的那样，做一个"森林消防员"。考虑到联合国在历史上表现出来的问题与局限性，我们很难预见和期待它能够对亚太地区的国际和平与安全做出比过去更为显著的贡献。① 然而，我们同样不能完全忽视联合国在当今国际社会中的道德权威。合法性毫无疑问是权力的来源，或者用现今更为时髦的表述来说，是软实力的来源。利用不具有合法性的力量迫使他人屈服是一种暴行。吸引忠诚需要具备合法性这一特殊的品质。拿破仑曾说过，国王就算被打败无数次也依然是国王，但自己只要被打败一次便不再是皇帝。国王与拿破仑皇帝之间的区别正是在于有无合法性。我们所处的这个时代，安全取决于人们的心灵与思想，合法性比以往任何时候都更加重要。作为唯一的超级大国，美国可以表现得像拿破仑皇帝，但永远不可能成为一个国王。因此就目前来看，尽管一些国家有些不情愿，但它们也不得不将联合国视为一个合法的政治行为体，即使是最近的伊拉克战争也未阻碍联合国在伊拉克战后重建中发挥重要的作用，由此可见其合法性地位。

包括变化迅速的亚太地区在内的全球政治世界中，联合国依然是普遍合法性唯一的同时也是主要的来源。作为联合国的"公民"，韩国的义务就是帮助联合国更切实地关注亚太区域，给予其思想上与精神上的支持。因为，在我们这个时代，只有以联合国的名义采取的行动才可以为合法性提供最强有力的保护，正如欧洲中世纪的教皇那样，不惜一切努力在所谓的"正义之战"中取得胜利。然而，安理会的常任理事国成员在绝大多数的国际"热点问题"上存在着明显的分歧。在这种情况下，尽管《联合

---

① Sung-Hack Kang, "The United Nations and East Asia's Peace and Security: From a Policeman to a Nanny?", Soo-Gil Park and Sung-Hack Kang, Eds. *UN, PKO and East Asian Security: Currents, Trends and Prospects*, Seoul: Korean Academic Council on the United Nations System, 2002, pp. 1 – 27; Sung-Hack Kang, ed., *The United Nations and Global Crisis Management*, Seoul: Korean Academic Council on the United Nations System, 2004; Sung-Hack Kang, *The United Nations and Keeping Peace in Northeast Asia*, Seoul: The Institute for Peace Studies, Korea University, 1995.

国宪章》几乎"神圣"不可侵犯，但也很难要求联合国安理会成员国采取一致行动。它们之间存在着长期的相互怀疑和日益增加的敌意。安理会每次就某问题达成的共识都是暂时的，但最终这种共识在遭遇第一颗炮弹的考验后便如空中楼阁般灰飞烟灭。自成立以来，联合国在解决国际冲突方面平平的历史战绩，显然为这种不容乐观的前景提供了依据。

结 论

亚太地区是世界上最为动荡不安的地区。中国抓住了多边行动，特别是六方会谈的机会，通过讨论朝核问题，在预防战争的同时，扩大自己在朝鲜半岛的影响力，这符合其自身的区域秩序观。

中国是新型地缘政治重构的主要驱动者，但还不是当今国际体系中真正的一极或成熟的修正主义力量。中国尽管发展迅速，但要走的路还很长。[1]

中国和美国是世界政治舞台上的主要国际性、安全性参与者。然而，两国在亚太地区所追求的外在目标却互不相容。这一地区不仅存在历史遗留下来的强烈"敌对情绪"，还存在极易被点燃的"敌对意图"，这种敌对意图源于崛起的中国与美国的两个军事盟国——具备全球影响力的日本和民主主义的韩国——之间尚未解决的领土纷争问题，更不要说中国台湾问题了。中美之间潜在的地缘政治竞争将会是 21 世纪国际政治的核心挑战。然而，美国已经得出了结论：美国无法遏制一个崛起的中国，但可以试图防止中国的崛起。[2]

---

[1] Susan L. Shirk, *China: Fragile Superpower*, Oxford: Oxford University Press, 2007.

[2] Christopher Coker, *War in an Age of Risk*, Cambridge: Polity Press, 2009, p. 143.

　　然而，亚太地区当前最紧迫的问题在于朝鲜核形势及其对朝鲜半岛和亚太地区的影响，这俨然已经成为一个关系全球安全的问题。1933 年 10 月，希特勒掌舵德国不久，德国退出了国际裁军会议。同时，戈林（Goering）已在秘密组建德国空军。盟军在 1934 年得知这一事实，却未做出有效抗议。1935 年，德国重整军备已成为公开的事实。同年 3 月 16 日，德国再次提出征兵并宣布计划组建超过 50 万人的部队。戈林骄傲地向世人展示德国空军。1936 年 3 月 7 日，当时正处于 1935 年 10 月 3 日爆发的埃塞俄比亚战争期间，希特勒故意派遣一支小分队进入莱茵非军事区以试探盟军的反应。这是对《凡尔赛合约》与《洛迦诺公约》的公然违背。但正如希特勒所预料的那样，盟军毫无反应。国际联盟又一次放弃了积极维护《凡尔赛合约》的机会。不管怎样，许多人无法找到合理原因去解释德国不应该被允许随意在自己的国家部署军队。1938 年 2 月，奥地利纳粹首领阿图尔·赛斯－英夸特（Arthur Seyss-Inquart）邀请德国武装军队"帮忙维护和平"。3 月 12 日破晓时分，德国军队越过奥地利边境，并受到了维也纳和其他奥地利城市群众的热烈欢迎。但正如我们所知道的那样，希特勒并未止步于此。他冷血地违背了《慕尼黑协定》，将目标转向了捷克斯洛伐克、波兰、法国、英国、苏联和美国。一战后，在所谓的二十年危机期间，温斯顿·丘吉尔通过各种方式警告其国民——希特勒政权的威胁迫在眉睫，包括出版《当英国沉睡时》（1938 年），并于 1933 年 11 月倡导国际联盟应当成为维护和平的有效组织。然而，英国的人民、现任领导人，以及国际联盟均对丘吉尔孤独的呐喊充耳不闻。温斯顿·丘吉尔就好像卡珊德拉——一位不为人所信的预言家，但历史告诉我们随后发生了什么，以及他们为自己的沉睡付出了怎样惨重的代价。

　　正如希特勒在 20 世纪 30 年代成功地实现了装备的秘密重整，朝鲜在 20 世纪 90 年代也秘密地准备了朝鲜核军备，并在 21 世初的伊拉克战争中推进了核武器的发展，朝鲜于 2006 年 10 月 9 日表示最终成功拥有了核武器，这对国际社会造成了威胁，而从某种意义上来说，联合国、美国、韩国以及世界上其他爱好和平的国家在过去朝鲜开发核武器的近 20 年中都在沉睡（而且沉睡了太久）。以韩国为例，过去两任总统（金大中与卢武铉——译者注）在执政期间所推行的绥靖政策，至少在某种程度上推动了朝鲜的核开发计划。因此，韩国已无退路，只能硬着头皮面对迫在眉睫的危机。

重新回到中长期的区域问题上来：在 21 世纪，中美之间的军事对抗是否几乎无法避免？假如真的无法避免，那么这种军事对抗是否能被制止？当然，正如自由国际主义者主张的那样，中美之间可能存在重要的缓和因素。贸易、科学、文化以及教育的联系与交流都将在两国间起到缓和的作用。两国间的相互联系越多，对抗深化的可能性就越小。然而，"缓和"并不等同于"消除"。自由国际主义者经常被各种新现象所蒙蔽，例如全球化社会中日益增加的互相联系与相互依存。康德所谓的"天意"至今还未能带领人类走向永久和平的"应许之地"。康德哲学的三角结构由联合国系统（国际组织）、民主及经济的相互依赖构成。亚太地区（甚至全世界）如果想步入该三角结构的永久和平之殿，那么不仅是中国，俄罗斯也应该被纳入该结构中。然而，对我们这一代人来说，这注定会是一条漫漫长路。同时，和平是可能的，但军事冲突在亚太地区也很难避免。从这个意义上说，亚太地区依然属于"时间之环"的世界（马基雅维利），而非一支指向地区新世界的"时间之箭"（康德）。玛格丽特·希金斯（Marguerite Higgins）写了一本《朝鲜战争》（1951 年）献给那些怀抱最后的博爱躺在韩国无名墓碑下的联合国战士们。当时这位战地女记者关于民主的警示，如今似乎仍具有重要的意义：

> 不幸的是，自由国家总是习惯于忽略独裁统治的威胁。

希特勒告诉了我们他要做什么，

朝鲜告诉了我们他要做什么，

……

但因为我们不喜欢他们所告诉我们的信息，

所以我们没有相信他们。

结　语

我的朋友，你的丈夫，正直的、正直的伊阿古。

——奥瑟罗

　　冷战结束后，理查德·哈斯（Richard N. Haass）担任美国国务院政策规划办公室主任。他是二战后美国遏制政策的设计师，并将美国比作一个"不情愿的警长"。① 这个政策规划办公室在半个多世纪前一直是乔治·凯南（George F. Kennan）的办公室。乔治·凯南曾经说："冷战的消逝，为我们带来了另一个世界。在这个世界几乎没有任何一个国家可能被看作这个国家的主要强敌；但也带来一个我们还未做好准备去应对的问题。"② 冷战的结束显然并不意味着美国世界地位的结束，但它让美国丧失了更为广泛的目标。"历史终结"后，世界似乎只是存在于历史的附录当中。

　　在长达十年充满扑朔迷离插曲的后冷战时期，一切似乎都在2001年9月11日的悲惨时刻后突然发生了改变。人们普遍认为，纽约和华盛顿特区的恐怖袭击标志了一个新的时代来临，而这个

---

① Richard N. Haass, *The Reluctant Sheriff: The United States After the Cold War*, New York: The Council on Foreign Relation, 1997.

② George F. Kennan, *Around the Cragged Hill: A Personal and Political Philosophy*, New York: W. W. Norton, 1993, p. 180.

世界——后后冷战世界，不会再像冷战后的世界，美国将再也不会扮演它曾经的角色——不情愿的警长。"9·11"事件迫使美国人清楚地认识到美国的外交政策仍然重要，两大洋和美国的洲际弹道导弹以及导弹防御系统不足以保证美国国土的安全。他们面临一个严峻的现实：假如美国不与世界打交道，世界就会与美国打交道，而且可能会用他们不喜欢的方式。不情愿的警长不得不被解雇，取而代之的是一个更有欲望的新角色。

现在，理查德·哈斯认为美国进入了后后冷战世界（这个词最早由美国国务卿科林·鲍威尔提出），即进入日益强大的跨国挑战与仍然重要的传统问题相互交织的时期。恐怖主义袭击事件是一个严峻的提醒，即全球化的发展增加了跨国威胁的风险。当一个国家遭受煽动、支持、庇护国际恐怖分子的一些国家影响，或无法控制恐怖分子在其领土上的活动时，它有权采取行动来保护它的公民。跨国威胁可能对美国生活方式提出明确的挑战。他们需要做出一个果断的回应。①

因此，美国决定不局限于与其他国家相处，其中包括联合国安理会的常任理事国。美国渴望与其他国家合作，但这并不意味着仅仅因为自己受欢迎，美国便自愿同意去做"不合理"的努力。一个备受瞩目却又几乎空洞无效的协议无法成为有效的外交政策。此外，美国也已经决定，必要时将单独行动。美国人似乎确信不存在"看不见的手"可以让国际社会日益满足他们的利益和价值观，而只有美国人"自己的手"才能完成这项工作。带着这种信念，美国决定入侵阿富汗并攻打伊拉克，并取得了空前的、短暂的军事胜利。尽管这遭到了包括其传统盟友法国和德国，以及新朋友俄罗斯和中国在内的大多数国家的强烈反对。

---

① Richard N. Haass, "Defining U. S. Policy in a Post-Post-Cold War World," *The 2002 Arthur Rass Lecture, Remarks to Foreign Policy Association*, New York, A-pril 22, 2002, http://www. state. gov/s/p/rem/ 9632, htm.

美国已经证明了自己是世界上唯一的超级大国，不仅如此，它也是这个世界上的"超级强国"。诚然，美国统治下的和平（Pax Americana）似乎已经成为现实。美国总统也许不是全球社会的哲学王，但是美国已经几乎成为后后冷战世界的利维坦。美国人可能会重复雅典帝国伟大领袖伯里克利的话，他对雅典人说："简单来说，你所拥有的是暴政，接受它也许是错的，但放弃它必定是不安全的。"①

假如美国为了美式和平而继续扮演一个热心的警长，正如它在阿富汗和伊拉克所做的那样，那么自美国将朝鲜列为另一个邪恶轴心后，朝鲜半岛发生了什么？美国是否会为了维持国际核不扩散体制而进攻朝鲜？朝鲜又是否会成为另一个伊拉克？对朝鲜半岛人民来说，这不仅是耐人寻味的学术问题，也是具有挑战性的现实问题。

美国开设了与朝鲜直接对话的渠道，有时韩国只是作为旁观者。然而，韩国没有反对美国的领导，因为在试图阻止朝鲜半岛核扩散方面，没有比站在美国这一边更好的政策选择了。但是，韩国已经不愿再继续简单搭乘美国的顺风车来进行观望和等待。韩国开始怀疑：是否有利于美国的事情同样有利于韩国，尤其是当韩美同盟不再如前？两国关于再次审定美国对韩国安全协议内容的争论愈演愈烈。假如美国根据当今形势的变化而修改其政策，并且为了达到促进南北和解的目的，美国必须停止在朝鲜半岛扮演一个"监护人"的角色，而应该表现得像莎士比亚笔下"聪明"的伊阿古那样，做一个韩国和朝鲜之间的"调停者"。如果美国能够以这种方式寻求它在朝鲜半岛角色的转变，那么关于驻韩美军撤离或重组的问题自然会得到解决。在这种情况下，该问题几乎将由美国单方面做出决定，正如过去决定减少驻韩美军

---

① Robert B. Strassler, *The Landmark Thucydides*, New York: The Free Press, 1996, p. 126.

一样。

通过威胁会使用大规模杀伤性武器，朝鲜挑战的不仅是美国的核不扩散政策，还有联合国维护国际和平与安全的目的。而朝鲜将继续对美国、韩国和国际社会采取核威胁和乞求援助的边缘政策。在对一切了如指掌的"狐狸"的野生世界里，朝鲜将继续表现得像一只只知道"一件大事"的"刺猬"。[①] 朝鲜关心的唯一"一件大事"便是如何维持朝鲜政权，建立良好的政治、军事环境，以自己的方式统一朝鲜半岛。然而，继阿富汗和伊拉克这两个吃力不讨好的战争后，美国对朝鲜的军事攻击有可能在朝鲜半岛点燃一片"火海"，这会给所有朝鲜半岛人民带来对灾难的强烈恐慌感。

然而，尽管美国承诺将会反对邪恶轴心，并在阿富汗战争和伊拉克战争中取得了胜利，但朝鲜半岛可能不会再次爆发战争。美国不会成为朝鲜半岛的"纵火犯"，原因如下。

第一，美国对朝鲜的战争将不会仅局限于地缘政治。因为韩国将无法接受战争所造成的附带损失，而中国也不会容忍朝鲜的轻易灭亡，这点已经在 60 多年前的朝鲜战争中得到了证明。

第二，在当今的地缘政治中，伊拉克坐落于石油生产的中心地带，但朝鲜只是一个贫穷的小国，并没有任何像石油一样的宝贵自然资源。

第三，在军事变革的时代，朝鲜半岛的战略价值已经大幅度下降。

第四，正如美国战争史告诉我们的那样，当美国重新评估阿富汗战争和伊拉克战争结果时，它将会在一定时期内避免一场耗资巨大、有政治风险的战争。

因此，假如有必要在亚太地区采取一些行动，美国更愿意将

① Isaiah Berlin, *The Hedgehog and Fox*, London: Weidenfeld & Nicolson, 1953, p. 1.

抵消朝鲜大规模杀伤性武器威胁的昂贵负担转移给其他国家，从而加快这一地区的军备竞赛。

总之，尽管笔者的水晶球尚未清晰，但至少可以说，在未来的几年中，美国在朝鲜半岛既不会成为一个"森林消防员"，也不会是一个"纵火犯"。相反，它会扮演一个"调停者"的角色，正如伊阿古所说的那样：

> 无论怎样，我都会受益。①

---

① William Shakespeare, *The Tragedy of Othello, the Moor of Venice*, Act 5, Scene 1.

大事年表：朝鲜半岛被迫开放门户后（1876）

1876 年 2 月 2 日	签订不平等条约《朝日修好条约》（江华岛条约），长期隐居的朝鲜王国被迫开放门户
1881 年 4 月 10 日	绅士游览团赴日本考察
1882 年 4 月 6 日	同美国签订不平等条约
1884 年 4 月 4 日	同英国签订不平等条约
1884 年 5 月 4 日	同意大利签订不平等条约
1884 年 5 月 15 日	同俄国签订不平等条约
1884 年 10 月 17 日	金玉均发动甲申政变，不久后中国镇压了这场政变及其日本支持者
1892 年	东学党成立
1894 年 1 月 10 日	古阜郡农民起义（东学党起义）
1894 年 8 月 1 日	甲午战争爆发
1895 年 4 月 17 日	中日签订《马关条约》，甲午战争结束
1895 年 10 月 8 日	闵妃遇害（乙未事变）
1886 年 5 月 3 日	同法国签订不平等条约
1897 年 8 月 11 日	朝鲜高宗改国号为大韩帝国
1902 年 1 月 30 日	日本与英国缔结防御联盟
1904 年 2 月 8 日	日俄战争爆发
1904 年 2 月 23 日	日本强迫大韩帝国签订《日韩议定书》

1905 年 7 月 29 日	美日签订《桂太郎 – 塔夫脱密约》
1905 年 11 月 17 日	日本剥夺大韩帝国的外交主权
1907 年 6 月	第二次和平会议在海牙举行。大韩帝国皇帝高宗派三名密使前往海牙，企图引起世界对朝鲜半岛问题的关注。但国际代表以合法保护公约的名义拒绝他们出席公共辩论。其中的一名密使——李儁愤死海牙
1910 年 8 月 22 日	1910 年 8 月李完用代表大韩帝国在《日韩合并条约》上签字，至此日本吞并朝鲜半岛
1914 年 7 月 27 日	第一次世界大战爆发
1918 年 2 月 8 日	美国总统伍德罗·威尔逊宣布十四点原则
1918 年 11 月 11 日	第一次世界大战结束
1919 年 2 月 22 日	大韩帝国皇帝高宗去世
1919 年 3 月 1 日	三一运动爆发，迅速蔓延至整个朝鲜半岛，其影响在 4 月初达到顶峰
1919 年 4 月 9 日	大韩民国临时政府在上海成立
1926 年 6 月 10 日	六·十万岁运动，纯宗国葬日
1931 年 9 月	九一八事变后日本侵占东北三省，建立伪满洲国傀儡政府
1937 年 7 月	卢沟桥事变后，日本在中国的军事行动升级为全面侵华战争
1940 年 9 月	金日成放弃游击战，撤退到苏联并参入红军
1941 年 12 月 7 日	日本偷袭珍珠港，太平洋战争爆发
1943 年 11 月 22 ~ 26 日	中、英、美在开罗会议上发表声明，称朝鲜半岛应取得自由与独立
1943 年 11 月 28 日 至 12 月 1 日	中、英、美在开罗会议决定托管战后的朝鲜半岛，准备在适当的时候让其独立，罗斯福提出将朝鲜半岛置于国际托管，斯大林表示同意
1945 年 2 月 8 日	斯大林和罗斯福重申在雅尔塔会议上提出的托管概念
1945 年 7 月	《波茨坦宣言》重申《开罗宣言》
1945 年 8 月 8 日	苏联加入太平洋战争
1945 年 8 月 10 日	首批苏联军队抵达朝鲜半岛北部

1945 年 8 月 15 日	日本投降，朝鲜总督阿部信行将权力交给吕运亨领导下的朝鲜半岛独立临时委员会
1945 年 8 月 24 日	苏联抵达平壤并将权力交给当地朝鲜半岛独立临时委员会，委员会由 32 名成员组成，其中包括 6 名共产党员
1945 年 9 月 6 日	朝鲜半岛独立临时委员会呼吁地方人民委员会成立合法国家政府。大会选出中央委员会，成立一个准政府结构——大韩民国
1945 年 9 月 8 日	美国陆军中将约翰·里德·霍奇抵达汉城，接受了日本的正式投降并就任驻韩美军司令。驻韩美军司令部宣称将完整保留朝鲜半岛的一切政治团体，包括大韩民国
1945 年 9 月 19 日	金日成和 66 名朝鲜官员由西伯利亚抵达元山并复员
1945 年 9 月 28 日	平壤当地共产党领袖玄俊赫惨遭暗杀
1945 年 10 月 8 日	苏联召集民族主义者曹晚植领导下的五道临时人民委员会（共产主义者与民族主义者各占一半），其后来发展成为五道行政局委员会——北朝鲜临时政府
1945 年 10 月 14 日	金日成首次在平壤公开亮相
1945 年 10 月 16 日	李承晚回到汉城，以强大的公共政治形象与驻韩美军司令部对抗
1945 年 12 月 12 日	驻韩美军司令部宣布大韩民国为合法政府
1945 年 12 月 18 日	金日成当选新组建的朝鲜共产党主席
1945 年 12 月 28 日	美国和苏联在莫斯科会议中决定对朝鲜半岛进行托管并成立美苏联合委员会，这将有助于建立临时政府
1946 年 1 月 3 日	朝鲜共产党宣布支持托管
1946 年 1 月 4 日	曹晚植由于公开反对托管被软禁，其民族主义追随者也被朝鲜迅速肃清
1946 年 3 月 20 日	作为莫斯科会议的产物，美苏联合委员会召开会议，苏联要求只有接受托管原则才能共商相关问题，美国提出反对，联合委员会陷入僵局
1946 年 3 月 23 日	金日成宣布其二十点计划，旨在为新朝鲜政权建立主要经济与政治结构
1946 年 5 月 8 日	美苏联合委员会无限期休会，未对朝鲜半岛的独立做出任何决定

1946 年 6 月 10 日	早先归日本所有的全部朝鲜工业实现国有化
1946 年 7 月	美国政府命令驻韩美军司令部鼓励建立一个"温和派"的联合政府，这是对统一的临时韩国政府做出的首次尝试
1946 年 10 月 12 日	宣布成立半选举、半任命的韩国临时立法大会
1947 年 3 月	美国宣布杜鲁门主义
1947 年 7 月	马歇尔计划出台，欧洲开始进入冷战
1947 年 7 月 19 日	美国试图通关过韩国政治团体实现统一，并暗杀左翼派领导人吕运亨
1947 年 8 月 23 日	美国在联合国提出朝鲜半岛问题（从此朝鲜半岛问题在之后的三十年成为联合国的一个热点问题）
1947 年 9 月	尽管苏联反对，但朝鲜半岛的独立问题仍被联合国大会提上议程
1947 年 9 月 24 日	联合国决定成立联合国委员会，加快朝鲜半岛的独立。拒绝承认苏联控制下的朝鲜
1948 年 2 月 8 日	朝鲜人民军正式成立，至 1948 年底已招募六万人。
1948 年 3 月 27 ~ 30 日	朝鲜召开第二次工人代表大会，主要净化北方国内的共产主义者
1948 年 4 月 1 日	苏联对柏林进行封锁，冷战加剧。封锁直至 1949 年 5 月才被解除
1948 年 4 月 3 日	共产主义者领导的济州岛起义爆发
1948 年 5 月 10 日	李承晚在韩国国民会议选举后被任命为大韩民国总统。联合临时委员会重申 5 月选举
1948 年 7 月 17 日	大韩民国新宪法颁布
1948 年 7 月 20 日	李承晚当选大韩民国总统
1948 年 8 月 15 日	大韩民国宣布成立
1948 年 9 月 3 日	朝鲜民主主义人民共和国颁布宪法
1948 年 9 月 9 日	朝鲜民主主义人民共和国宣布成立
1948 年 10 月 20 日	丽水军事叛乱爆发。据统计共造成 2000 人伤亡。1949 年 6 月 26 日民族主义领袖金九在汉城惨遭暗杀
1948 年 12 月 12 日	联合国大会第 195 号（Ⅲ）决议承认大韩民国是朝鲜半岛唯一的合法政府。同时成立韩国委员会取代联合国朝鲜半岛问题临时委员会

续表

1949 年 1 月	韩国首次申请加入联合国，但因苏联的否决权而被拒绝（朝鲜与韩国多次申请加入联合国失败，直至两国在 1991 年同时加入联合国）
1949 年 2 月	朝鲜要求加入联合国，同时反对韩国加入联合国
1949 年 9 月 8 日	韩国委员会发表报告强调无法取得与朝鲜的接触或访问
1949 年 10 月 1 日	中华人民共和国宣布成立
1949 年 10 月	美国国会通过了共同防御援助法案。决定为 65000 人的韩国军队提供资金，以备驻韩美军的撤出
1950 年 2 月 12 日	美国国务卿艾奇逊发表政策讲话称亚洲大陆不包含在美国在亚洲的防守线之内
1950 年 4 月	斯大林与金日成会面后决定批准朝鲜发动军事进攻，并建议其取得毛泽东的同意
1950 年 4 月 6 日	朝鲜政府实施农业用地改革法
1950 年 4 月 13 日	金日成访问北京，获得毛泽东对其军事进攻的同意
1950 年 5 月 30 日	第二次韩国国民议会选举
1950 年 6 月 10 日	莫斯科的最后一次会议批准了平壤的进攻计划，由金日成决定最后的进攻时间
1950 年 6 月 25 日	朝鲜战争爆发。为了应对进攻，联合国安理会通过安理会第 82 号决议，宣布对大韩民国的进攻破坏了朝鲜半岛的和平，呼吁朝鲜将军队撤离至三八线以北，并禁止所有联合国成员对朝鲜当局提供任何援助。6 月 27 日通过第 83 号决议，建议联合国成员国在必要时援助大韩民国击退朝鲜的武装进攻，恢复该地区的国际和平与安全。由于苏联的缺席，这两项决议得以通过
1950 年 6 月 27 日	美国总统杜鲁门命令美国第七舰队阻止台湾海峡的一切军事行动
1950 年 6 月 28 日	朝鲜人民军攻占汉城
1950 年 6 月 30 日	美国军队介入战争
1950 年 7 月 5 日	美军在乌山参加了第一场对朝战役
1950 年 7 月 7 日	联合国军成立。它是由美国领导的统一军事指挥部，旨在恢复朝鲜半岛的原状
1950 年 8 月	朝鲜人民军提前占据最高点

1950 年 9 月 15 日	联合国军登陆仁川并摧毁了四分之三的朝鲜人民军
1950 年 9 月 30 日	联合国军向北追击朝鲜人民军，中国公开警告其不要越过三八线
1950 年 10 月 1 日	联合国军中的韩国军队越过了三八线
1950 年 10 月 2 日	中国决定向朝鲜半岛派兵
1950 年 10 月 3 日	通过外交努力实现停战的方法失败后，联合国决定批准联合国军在三八线附近采取军事行动
1950 年 10 月 7 日	联合国大会根据第 376（Ｖ）号决议成立了韩国统一复兴委员会
1950 年 10 月 8 日	中国告知朝鲜中国人民志愿军将加入战争
1950 年 10 月 25 日	中国人民志愿军跨过鸭绿江
1950 年 11 月 3 日	联合国大会采用了备受争议的"维持和平"决议（联合国大会第 377 号决议），这项决议由美国提出，旨在遏制苏联对朝鲜战争的否决权。"……假如安理会常任理事国由于缺乏一致，而未在和平遭到威胁、破坏、侵略时履行其维护国际和平与安全的主要职责，那么大会应当立即向成员国建议采取集体行动，包括必要时使用武力应对破坏和平或侵略行为，以维护或恢复国际和平与安全。"
1950 年 11 月 24 日	联合国军提出"回家过圣诞节"的口号，对中国展开反击
1950 年 11 月 28 日	联合国军撤退
1950 年 12 月 5 日	中国夺回平壤，毛泽东的目标还未明确，只是命令军队驻扎在三八线附近
1950 年 12 月 21～23 日	朝鲜劳动党中央委员会第三次全体会议肃清武亭及其他从延安回来的军事领导人
1950 年 12 月 31 日	中国进军三八线南部并占领汉城，直到一月下旬
1951 年 2 月 1 日	联合国大会认为中国在朝鲜半岛的行为属于侵略行为并要求对其采取措施
1951 年 2 月 10 日	联合国军夺回汉城
1951 年 3 月	随着"人海战术"的失败，毛泽东告知斯大林其已经改变战术，但难以取得军事胜利
1951 年 3 月 20 日	联合国军司令部指挥官麦克阿瑟反对美国的战争目的，并写了一封题为"没有任何事情可以代替胜利"的信给众议院少数党领袖约瑟夫·马丁

1951 年 4 月 11 日	麦克阿瑟被辞退
1951 年 5 月 13 日	毛泽东同意斯大林签署停战协议，恢复战前状态
1951 年 5 月 18 日	联合国大会通过一项决议，批准对共产主义中国和朝鲜进行战略禁运
1951 年 6 月	联合国军公开停止作战行动，美国宣布准备接受停战协议
1951 年 7 月 10 日	停战谈判正式开始
1951 年 11 月 27 日	在停战线方面取得实质性协议。战俘问题仍然是争论的主要问题
1952 年 8 月 5 日	李承晚以 74% 的选票当选韩国总统
1952 年 11 月	德怀特·戴维·艾森豪威尔当选美国总统
1953 年 2 月	朝鲜外务省外相与韩国共产党领导人朴宪永最后一次公开露面。朴宪永与他的同僚遭到公开谴责
1953 年 3 月 5 日	斯大林去世后，朝鲜半岛事务成为其接班人的高优先级任务
1953 年 7 月 27 日	停战协议于板门店签署，结束了夺去两百万人生命的朝鲜战争
1953 年 8 月 15 日	韩国政府从釜山回到汉城
1953 年 10 月 1 日	《韩美共同防御条约》签署
1954 年 9 月 25 日	日本政府向国际法院提出诉讼，称韩国非法占有独岛及其周边海域。韩国政府不予回应
1956 年 2 月	苏联共产党中央委员会第一书记赫鲁晓夫在苏联共产党第二十次代表大会秘密会议中谴责斯大林，此言论引发包括朝鲜在内的苏联集团国家的去斯大林化
1956 年 8 月 30 日	朝鲜劳动党中央政治局紧急大会抨击金日成的"个人崇拜"。然而，主要反对者遭到逮捕
1959 年 6 月	苏联拒绝给予中国核技术从而违背同中国签订的军事协定，中苏关系恶化
1959 年 12 月 14 日	在日朝鲜人归国运动开始
1960 年 3 月 15 日	李承晚再次当选韩国总统
1960 年 4 月 19 日	四月革命爆发。警方枪杀约四百名示威者，其中主要是学生

续表

1960 年 4 月 26 日	李承晚提出辞呈
1960 年 6 月 16 日	第二共和国宪法颁布
1960 年 7 月 29 日	张勉当选总理
1961 年 5 月 16 日	朴正熙发动军事政变推翻张勉政府
1961 年 5 月 19 日	军政府更名为国家重建最高委员会
1961 年 7 月	金日成访问苏联和中国并签订共同防御条约
1962 年 12 月 17 日	全民公投采取比例代表制通过大韩民国新宪法,其特点是强力的总统制度与软弱的一院制
1963 年 1 月	苏联公开指责朝鲜亲中国后,切断了对其的军事和经济援助
1963 年 2 月 26 日	朴正熙通过民主共和党的形成将其权力制度化,直至1980 年
1963 年 10 月 15 日	朴正熙当选第三共和国总统
1964 年 10 月	赫鲁晓夫倒台。朝鲜致电祝贺苏联的新领导人
1965 年 2 月	苏联总理阿列克谢·柯西金访问平壤,朝苏关系恢复
1965 年 6 月 22 日	韩日基本条约的签署标志了韩日关系的正常化
1965 年 8 月 13 日	韩国政府决定向越南派兵
1967 年 5 月 3 日	朴正熙连任总统
1968 年 1 月 21 日	朝鲜突击队袭击韩国青瓦台。朝鲜扣押美国海军间谍船"普韦布洛号"
1968 年 1 月 31 日	越南发动春节攻势
1968 年 7 月	朝鲜签署《核不扩散条约》
1968 年 11 月 4 日	朝鲜人民军渗透至韩国东海岸
1969 年 7 月 25 日	尼克松在一次记者招待会上提出尼克松主义(关岛主义)
1970 年 3 月 26 日	美国提议撤回 2 万驻韩美军,约占其驻韩兵力的三分之一
1971 年 4 月 27 日	朴正熙第三次连任总统
1971 年 7 月 16 日	美国总统理查德·尼克松宣布访问北京
1971 年 8 月 20 日	南北召开第一次红十字会议
1971 年 11 月 20 日	南北对话随着秘密政治谈判逐渐展开

续表

1972 年 7 月 4 日	朝韩签署《七·四南北联合声明》，确立朝鲜半岛统一的原则
1972 年 10 月 17 日	朴正熙宣布戒严，并通过新宪法（维新政变）
1972 年 12 月	朝鲜宣布制定新的国家宪法
1973 年	朝鲜在纽约开启联合国观察团事务
1973 年 2 月 13 日	金正日为了巩固其在朝鲜劳动党的权力，组织了三大革命运动
1973 年 6 月 23 日	韩国提出南北双方共同加入联合国，朝鲜主张南北建立高丽联邦共和国，并以高丽联邦共和国的身份加入联合国
1973 年 8 月 8 日	金大中在东京遭到韩国中央情报局特工的绑架，暗杀行动失败后，他在 8 月 13 日被释放回到汉城
1973 年 10 月 2 日	公众通过校园示威反对新宪法，11 月下旬，大部分学校被关闭
1974 年 1 月 8 日	朴正熙颁布紧急法令禁止反对新宪法，之后采取了一系列措施减少政治异议
1974 年 4 月	金正日开始在朝鲜劳动党期刊中频繁使用"党中央"一词
1974 年 8 月 15 日	暗杀朴正熙的行动中，其妻子陆英修不幸遇刺
1974 年 11 月 15 日	在非军事区发现由朝鲜通向韩国的主要渗透隧道
1975 年 4 月	南越与柬埔寨陷落。金日成于 4 月 18 日至 26 日访问北京，寻求中国的军事支援以对抗韩国，但未成功。这是他时隔十一年后的首次正式出访
1975 年 7 月	朝鲜首次公开承认不断增长的外债问题
1975 年 8 月	朝鲜承认不结盟运动
1975 年 12 月	金正日领导的三个革命运动正式开始
1976 年	自 1976 年以来，联合国大会在朝鲜半岛问题上未取得任何进展
1976 年 8 月 18 日	板门店斧头杀人事件导致朝美关系对立加剧。目睹美国的军事力量后，金日成对此事件表示遗憾
1977 年 3 月 9 日	美国总统吉米·卡特宣布计划在四到五年内撤回驻韩美军
1978 年 9 月	中日和平友好条约签署
1978 年 12 月	邓小平主张维护中国共产党，施行经济现代化政策

1979 年 1 月 1 日	中美外交正常化
1979 年 10 月 18 日	釜山大学生暴动，政府颁布戒严令
1979 年 10 月 26 日	朴正熙惨遭暗杀，颁布全国戒严令
1979 年 12 月 12 日	全斗焕逮捕陆军参谋总长郑升和，并有效控制了韩国军队
1980 年 5 月 17 日	全斗焕宣布全国戒严，全面接管韩国政府
1980 年 5 月 18 日	光州军队与示威群众发生暴力冲突。政府军队于 20 日撤离并于 27 日夺回光州。此次军事行动造成了大量平民与学生的伤亡
1980 年 8 月 27 日	全斗焕当选韩国总统
1980 年 10 月 10 ~ 14 日	第六次朝鲜劳动党大会在平壤召开，金正日作为其父的继承人出席
1980 年 10 月 22 日	全斗焕通过包括总统间接选举在内的韩国宪法修正案巩固政权，并批准公民投票
1981 年 9 月 30 日	汉城当选成为 1986 年亚运会与 1988 年夏季奥运会举办地
1983 年 9 月 1 日	韩国大韩航空公司 007 号客机在进入苏联领空的库页岛时被苏联空军导弹击落，造成 269 人死亡
1983 年 10 月 8 日	中国告知美国称朝鲜愿意参加韩国列席的三方会谈
1983 年 10 月 9 日	朝鲜特工在仰光烈士纪念堂引爆炸弹，造成 17 名韩国官员死亡，全斗焕侥幸逃生
1984 年 1 月 10 日	朝鲜、美国、韩国三方会谈召开
1985 年 3 月 6 日	全斗焕解除了对主要反对派人士的政治活动禁令，包括金大中、金泳三和金钟泌
1985 年 3 月 10 日	苏联领导人康斯坦丁·契尔年科去世，米哈伊尔·戈尔巴乔夫接任，开始进行广泛的经济和政治改革
1985 年 9 月 4 ~ 6 日	朝鲜政治局委员许锬访问汉城，试图安排一次南北峰会，但以失败告终。
1986 年 7 月	苏联领导人米哈伊尔·戈尔巴乔夫在符拉迪沃斯托克发表演讲，预示着苏联外交政策的重要变化，尤其是在东亚地区
1987 年 6 月	卢泰愚发表八点民主化宣言，包括接受总统的直接选举
1987 年 7 月	中国的对朝政策转折点发生在 1987 年的夏天，当时中国领导人邓小平首次表明中国不会支持朝鲜的军事行动，中韩两国外交秘密展开

1987 年 10 月 27 日	韩国全民投票通过了宪法修正案，从而明确了直接总统选举
1987 年 11 月 29 日	朝鲜特工在孟加拉湾炸毁韩国客机
1987 年 12 月 16 日	卢泰愚当选韩国总统
1988 年 7 月 7 日	卢泰愚发表北方声明，旨在帮助日本及其盟友同朝鲜恢复友好关系
1988 年 9 月 16 日	戈尔巴乔夫的克拉斯诺亚尔斯克宣言预示着苏联与韩国汉城开展经济交流
1988 年 9 月 17 日	汉城奥运会开幕
1988 年 10 月 31 日	美国开始与朝鲜进行非正式会谈
1988 年 11 月 21 日	韩国宣布允许韩国的私营企业、在韩外企与朝鲜的贸易，南北贸易快速发展
1989 年 4 月 3 日	苏联在汉城设立贸易办事处
1989 年 5 月 4 日	美国首次对朝鲜的核计划发表公开声明
1989 年 6 月 5~6 日	北京政治风波爆发
1989 年 11 月 10 日	柏林墙倒塌。这一事件标志了苏联集团的最终崩溃
1990 年 6 月 4 日	卢武铉与戈尔巴乔夫在旧金山举行峰会。戈尔巴乔夫同意与韩国建立全面外交关系，朝韩通过举行总理会谈打破了两国间长期的僵持局面
1990 年 7 月 3 日	朝韩举办第一次总理级会谈
1990 年 9 月 30 日	苏联与韩国建交
1991 年 1 月 17 日	随着伊拉克军队撤离科威特，大范围战争开始爆发
1991 年 1 月 23 日	经安理会 678 号决议授权，韩国派遣医疗支援团支援美国同盟，旨在将科威特从伊拉克手中解放出来
1991 年 1 月 30 日	韩国在北京设立贸易办事处
1991 年 8 月 3 日	韩国宣布申请加入联合国，中国表示不会反对
1991 年 9 月 17 日	韩国和朝鲜成为联合国正式成员国
1991 年 12 月	苏联解体
1991 年 12 月 13 日	南北双方签署和解、互不侵犯和交流合作协议
1991 年 12 月 30 日	朝鲜宣布计划在罗津 - 先锋建立自由经济贸易区

1992 年 1 月 22 日	首次朝美会谈在纽约举行。朝鲜劳工党中央国际部书记金荣淳与美国负责政治事务的副国务卿坎特出席会议
1992 年 1 月 31 日	朝鲜签署国际原子能机构保障措施协议
1992 年 8 月 24 日	中韩正式建立外交关系
1992 年 11 月	国际原子能机构要求调查的宁边的两个核反应堆。朝鲜的拒绝导致国际原子能机构在朝鲜签署的保障协议下实施专项检查
1993 年 3 月 12 日	朝鲜宣布退出《核不扩散条约》。南北对话再次中断
1993 年 5 月 11 日	安理会 825 号决议要求朝鲜重新考虑加入《核不扩散条约》。该决议敦促朝鲜履行条约下的核不扩散义务
1993 年 7 月	韩国派遣一支 250 人组成的工程小组支援索马里展开第二阶段行动
1993 年	韩国为柬埔寨提供选举援助
1993～1995 年	韩国当选经济和社会理事会非常任理事国
1994 年 5 月	朝鲜违反《核不扩散条约》，在没有国际原子能机构的检查下从 5 兆瓦反应堆取出燃料棒，这一举动引发朝美间的重大对抗
1994 年 6 月 16～17 日	金日成在与美国前总统吉米·卡特的会谈中同意与美国谈判解决核问题并会见金泳三
1994 年 7 月 8 日	金日成因心脏病突发去世，享年 82 岁。朝鲜开始进行非正式的三年哀悼
1994 年 9 月	韩国派遣由 20 人组成的医疗小分队参加联合国西撒哈拉全民投票特派团前往西撒哈拉
1994 年 10 月	韩国与美国签署《日内瓦框架协议》，旨在遏制朝鲜的核计划。韩国加入联合国驻格鲁吉亚观察团
1994 年 11 月	韩国加入联合国印巴观察组（印度—巴基斯坦）
1995 年	"脱北者"开始逃往中国（确切人数未知）
1995 年 8 月	洪水造成朝鲜约 200 万吨粮食损失，导致饥荒严重
1995 年 10 月	韩国派遣一支 198 人组成的工程小组参加联合国安哥拉核查团
1997 年 2 月 12 日	朝鲜劳动党中央委员会书记局书记黄长烨叛逃至韩国

1997 年 7 月 26 日	在《日内瓦框架协议》下，朝鲜开始建设两个 1000 兆瓦的核反应堆
1997 年 11 月 23 日	面对重大的金融危机，韩国要求国际货币基金组织进行干预，以支持韩元
1997 年 12 月 18 日	金大中当选总统
1997~1999 年	韩国再次当选经济和社会理事会非常任理事国
1998 年	联合国对朝鲜饥荒受害者提供粮食援助
1998 年	联合国难民署首次介入朝鲜难民问题
1998 年 4 月	时隔 4 年后，朝韩在北京再次举行会谈，但未取得实质性成果
1998 年 7 月 15 日	美国确认在《日内瓦框架协议》下四年的会谈后仍然缺乏朝鲜钚储备的相关信息
1998 年 8 月 31 日	朝鲜试射中程导弹，导弹越过日本后降落在距离韩国海岸 1380 公里的太平洋
1998 年 9 月 5 日	朝鲜第十届最高人民会议第一次会议修改宪法，推选金正日为朝鲜国防委员会委员长
1999 年 6 月 15 日	朝韩军舰在黄海交火，造成韩国一艘 40 吨鱼雷艇沉没，5 人丧生
1999 年 9 月 15 日	美国朝鲜事务政策协调员威廉·佩里向克林顿及美国国会提交政策报告，主要建议是：为了让朝鲜停止导弹试射，可放宽对其经济援助
1999 年 10 月	韩国参加联合国东帝汶过渡行政当局
2000 年 3 月 9 日	韩国总统金大中在柏林宣言中提出朝韩政府层面的经济合作，并承诺增加在朝鲜社会基础设施建设方面的投资
2000 年 6 月 13 日	金大中访问平壤，与朝鲜领导人金正日举行首次南北首脑会谈
2000 年 6 月 15 日	韩国总统金大中与朝鲜领导人金正日签署《南北共同宣言》五项基本原则
2000 年 8 月 15 日	边境联络办公室在板门店停战村重新开放
2001 年 9 月 11 日	"9·11"事件发生。这是一系列由基地组织针对美国的协调好的自杀式袭击事件
2001~2002 年	韩升洙主持联合国大会第五十六届会议

2002 年	联合国难民事务高级专员办事处要求探访在中国的朝鲜人，遭到拒绝
2002 年 1 月 29 日	美国总统布什将朝鲜同伊拉克和伊朗一起视为"邪恶轴心"
2002 年 6 月 29 日	朝韩两国海军舰艇在黄海海域发生交火冲突事件，这是三年来双方最为严重的冲突，造成 30 多名朝鲜士兵及 4 名韩国士兵丧生
2002 年 10～12 月	爆发核危机。10 月，美国称朝鲜已承认拥有一个秘密武器计划，美国决定停止对平壤运输石油。12 月，朝鲜开始恢复宁边核反应堆，并驱逐国际核查人员
2002 年 12 月 19 日	卢武铉当选韩国总统
2003 年 1 月 10 日	朝鲜宣布退出《不扩散核武器条约》，此重要国际协议旨在防止核武器扩散
2003 年 8 月	在北京就朝核问题举行的六方会谈未能成功搭建华盛顿与平壤间的桥梁
2003 年 9 月	韩国参加联合国赖比瑞亚特派团
2003 年 10 月	平壤称已经完成 8000 根核燃料棒的回收，足以制造六枚核弹
2003 年	联合国人权委员会通过一项决议，呼吁朝鲜尊重基本人权
2004 年 4 月 28 日	联合国安理会第 1540 号决议申明"核武器、大规模杀伤性武器及其运载工具对国际和平与安全构成威胁"，要求各国应采取和实施相关法律及其他有效措施，以防止这些武器及其运载工具扩散到非国家行为体
2004 年 9 月 18 日	关于朝鲜核计划的第三轮六方会谈无果而终。朝鲜退出原定于 9 月举行的会谈
2005 年 2 月	平壤正式宣布国家拥有核武器
2005 年 9 月	关于朝鲜核计划的第三轮六方会谈举行。朝鲜承诺放弃核计划以换取援助和安全保障。但朝鲜之后要求拥有一个民用核反应堆
2006 年 7 月	朝鲜试射一枚远程导弹及一些中程导弹，遭到国际社会的强烈抗议。尽管报道称朝鲜已经具备袭击美国的能力，但美国官员表示大浦洞 2 号导弹在起飞后不久便坠毁
2006 年 10 月	朝鲜声称要进行首次核武器试验

2006 年 10 月 13 日	潘基文当选联合国第七届秘书长，并于 2007 年 1 月就任
2006 年 10 月 14 日	朝鲜进行核试验后，联合国安理会 1718 号决议表示将对朝鲜实行经济制裁
2007 年 2 月	朝韩同意重启自 2006 年 7 月以来的首脑会谈讨论朝鲜核试验问题。韩国同意美国的意见，于 2012 年后收回战时作战指挥权
2007 年 7 月	国际原子能机构核查人员核实宁边核反应堆的关闭
2007 年 10 月 4 日	朝韩两国领导人承诺举行会谈以寻求朝鲜战争的正式结束
2007 年 10 月 14 日	朝韩两国总理时隔 15 年后首次会面
2007 年 12 月 19 日	李明博当选韩国总统
2008 年 4 月	朝鲜抨击韩国新总统李明博，称其强硬立场可能会导致"灾难性后果"
2008 年 6 月	朝鲜提交了核资产声明，被视为朝鲜实现无核化的关键一步
2008 年 7 月	朝鲜士兵在金刚山旅游区射杀一名韩国女性，导致双方关系紧张
2008 年 9 月	朝鲜指责美国没有履行部分援助协议，并称准备重启宁边核反应堆
2008 年 10 月	朝鲜警告韩国自 12 月 1 日起停止越过边界，作为对韩国"对抗"政策的回应
2009 年 1 月	朝鲜称鉴于韩国的"敌意"，朝将取消与韩国的所有军事和政治交流，导致两国关系更加恶化
2009 年 5 月 25 日	朝鲜进行第二次核试验
2009 年 5 月 26 日	韩国加入防扩散安全倡议
2009 年 5 月 27 日	朝鲜宣布退出 1953 年的停战协议
2009 年 6 月 2 日	继朝鲜核试验之后，联合国安理会通过了 1874 号决议，谴责朝鲜的试验并称将会加强对朝鲜的制裁
2010 年 3 月 26 日	韩国"天安号"警戒舰在朝鲜半岛西部海域遭鱼雷袭击，导致 46 名舰上官兵死亡。韩国谴责朝鲜是此事件的制造者，但朝鲜拒绝承担任何责任
2010 年 7 月 9 日	联合国安理会通过了关于"天安号"事件的主席声明，但未指出攻击方

参考书目

Ahn, Byung-Joon, "South Korean-Soviet Relations: Issues and Prospects," *Korea and World Affairs*, Vol. 14, No. 4 (Winter 1990), pp. 671 – 686.

Albright, David, "How Much Plutonium Does North Korea Have?" *Bulletin of the Atomic Scientist* (September 1994), pp. 46 – 53.

Allan Bloom, "Response to Fukuyama," *The National Interest*, No. 16, Summer, 1989, pp. 19 – 21.

Allison, Roy and Phil Williams (eds.), *Superpower Competition and Crisis Prevention in the Third World*, Cambridge: Cambridge University Press, 1990.

Armbrister, Trevor, *A Matter of Accountability*. New York: Coward-McCann, 1970.

Aron, Raymond, *Peace and War: A Theory of International Relations*, trans, by Richard Howard and Annette Baker Fox, New York: Frederick A. Praeger, 1966.

——, *Clausewitz: Philosopher of War*. London: Routledge and Kegan Paul, 1976.

Aspaturian, Vernon V. , *Process and Power in Soviet Foreign Policy*. Boston: Little, Brown, 1971.

Axelrod, Rober, *The Evolution of Cooperation*. New York: Basic

Books, 1984.

Bader, William, "Congress and the Making of U. S. Security Policies," in Christoph Bertram (ed.), *America's Security Policy in the 1980s*. London: The Macmillan Press, 1982.

Bailey, Sydney D. , *How War Ends: The United Nations and the Termination of Armed Conflict* 1946 – 1964, Vol. II . Oxford: Clarendon Press, 1982.

Baldwin, David A. , "Power Analysis and World Politics," *World Politics*, Vol. 31, No. 2 (January 1979), pp. 161 – 194.

Barbara Tuchman, "The American People and Military Power in an Historical Perspective," in Christoph Bertram (ed.), *America's Security in the* 1980s, London: The Macmillan Press, 1982.

Barnet, Richard J. , *Allies: America, Europe, Japan Since the War*. London: Jonathan Cape, 1984.

Barraclough, Geoffrey, *An Introduction to Contemporary History*. Pelican Books, 1967.

Beale, Howard K. , *Theodore Roosevelt and the Rise of America to World Power*. Baltimore: The Johns Hopkins University Press, 1956.

Beard, Charles A. , *The Idea of National Interest: An Analysis Study in American Foreign Policy*. New York: Macmillan, 1934.

Becker, Jasper, *Hungry Ghosts: Mao's Secret Famine*. New York: Free Press, 1997.

Beloff, Max, *Soviet Policy in the Far East*, 1944 – 1951. London: Oxford University Press, 1953.

Berlin, Isaiah, *The Hedgehog and Fox*. London: Weidenfeld & Nicolson, 1953.

Betts, Richard K. (ed.), *Conflict After the Cold War: Arguments on Causes of War and Peace*. New York: Macmillan, 1994.

———, *Surprise Attack*. Washington: The Brookings Institution, 1982.

Blainey, Geoffrey, *The Causes of War*. London: Macmillan, 1973.

Blair, Clay, *The Forgotten War: America in Korea*. New York: Times Books, 1987.

Blij, Harm de, *Why Geography Matters*. New York: Oxford University Press, 2005.

Blum, John Morton, *The Republican Roosevelt*, 2nd ed. , Cambridge: Harvard University Press, 1977.

Bobbitt, Philip, *The Shield of Achilles: War, Peace, and the Course of History*. New York: Alfred A. Knopf, 2002.

——, *Terror and Consent: The Wars for the Twenty-First Century*. New York: Alfred A. Knopf, 2008.

Boesche, Roger, *The First Great Political Realist: Kautilya and His Arthashastra*. Lanham, Maryland; Lexington Books, 2002.

Bracken, Paul, *Fire in the East*. New York: Harper Collins Publisher, 1999.

Brands, H. W. Jr. , "The United States and the Reemergence of Independent Japan," *Pacific Affairs*, Vol. 59, No. 3 (Fall 1986), pp. 387 – 401.

Breeder, Michael, and Jonathan Wilkenfeld, *Crisis, Conflict and Instability*. Oxford: Pergamon Press, 1989.

Brennen, Donald G. (ed.), *Arms Control, Disarmament, and National Security*, New York: George Braziller Inc. , 1961.

Brodie, Bernard, *War and Politics*. New York: Macmillan, 1973.

Brown, Michael E. , Sean M. Lynn-Jones, and Steven E. Miller (eds.), *The Perils of Anarchy: Contemporary Realism and International Security*, Cambridge, Massachusetts: The MIT Press, 1995.

Buchholz, Todd G. , *New Ideas from Dead Economists*. re. ed. , New York: Penguin Putnam, 1989.

Buhite, Russell D. , *Decisions at Yalta*. Delaware: Wilmington,

Scholarly Resources Inc. , 1986.

Bull, Hedley, *The Control of the Arms Race*, 2nd ed. , New York: Frederick A. Praeger, 1961.

Bull, Hedley, and Adam Watson (eds.), *The Expansion of International Society*. Oxford: Clarendon Press, 1984.

Burns, Timothy (ed.), *After History*, Lanham, Maryland: Rowman & Littlefield Publishers, 1994.

Burton, John, *Global Conflict: Domestic Sources of International Crisis*. College Park, MD. : University of Maryland Center for Intl, 1984.

Buzan, Barry, *People, States, and Fear*, 2nd ed. , Boulder, W. : Lynne Rienner, 1991.

Buzo, Adrian, *The Making of Modern Korea*. London: Routledge, 2002.

Byman, Daniel L. , and Kenneth M. Pollack, "Let Us Praise Great Men; Bringing the Stateman Back in," *International Security*, Vol. 25, No. 4 (Spring 2001), pp. 107 – 146.

Call, Alberto R. , "Edward Gibbon's History of the Decline and Fall of the Roman Empire," *The Political Science Reviewer*, Vol. 16, Fall 1986, pp. 97 – 126.

Calvocorcssi, Peter, *World Politics Since 1945*, 5th ed. , London: Longman, 1987.

Cantori, Louis J. , and Steven L. Spiegel, *The International Politics of Regions: A Comparative Approach*. Englewood Cliffs, New Jersey: Prentice-Hall, 1970.

Carnesale, Albert, Paul Doty, Stanley Hoffmann, Samuel P. Huntington, Joseph S. Nye, Jr. and Scott D. Sagan, *Living with Nuclear Weapons*. Cambridge: Harvard University Press, 1983.

Chadwick F. Alger, Gene M. Lyons, and John E. Trent (eds.), *The United Nations System: The Policies of Member States*. Tokyo: United Nations University Press, 1995.

Chay, Jongsuk, *Diplomacy of Asymmetry: Korea-American Relations to* 1910. Honolulu: University of Hawaii Press, 1990.

Cho, Soon Sung, "North and South Korea: Stepped up Aggression and the Search for New Security," *Asian Survey*, Vol. 9, No. I (January 1969), pp. 29 – 39.

Choi, Chong-Ki, "The Role of the United Nations and the Korean Question" in Tae-Hwan Kwak, Chonghan Kim and Hong Nack Kim (eds.), *Korean Unification: New Perspective and Approaches*, Kyungnam University Press, 1984.

Choucri, Nazli, and Robert C. North, "Dynamics of International Conflict: Some Policy Implications of Population, Resources, and Technology," in Raymond Tanter and Richard H. Ullman (eds.), *Theory and Policy in International Relations*, Princeton, NJ.: Princeton University Press, 1972.

——, *Nations in Conflict: National Growth and International Violence.* San Francisco: W. H. Freeman, 1975.

Choucri, Nazli, Robert C. North, and Susumu Yamakage, *The Challenge of Japan Before World War II and After.* London: Routledge, 1992.

Chung, Chin W. , *Pyongyang Between Peking and Moscow: North Korea's Involvement in the Sino-Soviet Dispute*, 1958 – 1975. Tuscaloosa: The University of Alabama Press, 1978.

Churchill, Winston, *While England Slept.* New York: G. P. Putnam's Sons, 1938.

Claude, Inis L. Jr. , *Power and International Relations.* New York: Random House, 1962.

Clausewitz, Carl von, *On War*, ed. and trans. by Michael Howard and Peter Paret, Princeton, New Jersey: Princeton University Press, 1976.

Clesse, Armand, Richard Cooper, and Yashikazu Sakamoto

(eds.), *The International System After the Collapse of the East-West Order.* Dordrecht, The Netherlands: Martinus Nijhoff Publishers, 1994.

Clouph, Ralph N., *Deterrence and Defense in Korea: The Role of U. S. Forces.* Washington D. C. : The Brookings Institution, 1976.

Cohen, Eliot A. , "A Strange War," *National Interest*, No. 65-S, Thanksgiving, 2001, pp. 11 – 22.

——, *Supreme Command: Soldiers, Statesmen, and Leadership in Wartime.* New York: The Free Press, 2002.

Cohen, Warren I. , *East Asia at the Center: From Thousand Years of Engagement with the World.* New York: Columbia University Press, 2000.

Coker, Christopher, *War in an Age of Risk.* Cambridge, Polity Press, 2009.

Collins, J. Lawton, *War in Peacetime: The History and Lessons of Korea.* Boston: Houghton Mifflin, 1969.

Collinswood, R. C. , *An Autobiography.* Oxford: University Press, 1939.

Constantine C. Menges, *China: The Gathering Threat.* Nashville, Tennessee: Neson Current, 2005.

Conquest, Robert, *Reflections on a Ravaged Century.* New York: W. W. Norton & Company, 2000.

Corwin, Edwin S. , *The President: Office and Powers.* New York: New York University Press.

Cox, Michael, *US Policy After the Cold War: Superpower Without a Mission.* London: Pinter, 1995.

Cox, Robert, "Social Forces, Slates and World Order: Beyond International Relations Theory," *Millennium*, Vol. 10, No. 2 (1981), pp. 126 – 155.

——, "Gramsci, Hegemony and International Relations: An Essay in Method," *Millennium*, Vol. 12, No. 2 (1983), pp. 162 – 175.

Cox, Robert W. , and Harold K. Jacobson (eds.) , *The Anatomy of Influence: Decision Making in International Organization*. New Haven: Yale University Press, 1974.

Crick, Bernard (ed.) , *Machiavelli: The Discourses*. Harmondsworth: Penguin Books, 1985.

Cumings, Bruce, *The Origin of the Korean War*, Vol. II , Princeton: Princeton University Press, 1990.

Curtis, Gerald L. and Sung-Joo Han (eds.) , *The US-South Korean Alliance*, Lexington: D. C. Heath and Co. , 1983.

Demko, George J. and Wood, William B. (eds.) , *Reordering the World: Geopolitical Perspectives on the Twenty-first Century*, Boulder: Westview Press, 1994.

Deng, Yong, *China's Struggle for Status: The Realignment of International Relations*. Cambridge: Cambridge University Press, 2008.

Deudney, Daniel H. . *Bounding Power: Republican Security Theory from the Polis to the Global Village*. Princeton and Oxford: Princeton University Press, 2007.

Dietrich, John W. (ed.) , *The George W. Bush Foreign Policy Reader: Presidential Speeches with Commentary*. Armonk, New York: M. E. Sharpe, 2005.

Dobbs, Charles M. , *The Unwanted Symbol: American Foreign Policy, the Cold War, and Korea* 1945 – 1950. Kent, Ohio: The Kent State University Press, 1981.

Doi, Takeo. , *The Anatomy of Self*. Tokyo: Kodansha International, 1985.

Donelan, Michael, "The Elements of United States Policy," in F. S. Northedge (ed.) , *The Foreign Policies of the Powers*, New York: The Free Press, 1974.

Dong, Wonmo (ed.) , *The Two Koreas and the United States*, Armonk, New York: M. E. Sharpe. 2000.

Duss, Peter, *The Abacus and the Sword: The Japanese Penetration of Korea*, 1895 – 1910. Berkeley: University of California Press, 1995.

Etzioni, A., *The Hard Way to Peace*. New York: Collier Books, 1962.

Evera, Stephen Van, "The Cult of the Offensive and the Origins of the First World War," *International Security*, Vol. 9, No. 1 (Summer 1984), pp. 58 – 107.

Finkelstein, Lawernce S., "The United Nations: Then and Now," *International Organization*, Vol. 19 (Summer 1965), pp. 367 – 393.

——(ed.), Politics in the United Nations System. Durham and London: Duke University Press, 1988.

——, "The United Nations at 100?: Alternative Scenarios," in Han Sung Joo (ed.), *The United Nations: The Next Fifty Years*, Korea University, Ilmin International Relations Institute, 1996, pp. 9 – 30.

Forde, Steven, *The Ambition to Rule*. Ithaca: Cornell University Press, 1989.

Forsyth, M. G., H. M. A. Keens-Soper, and P. Savigear (eds.), *The Theory of International Relations: Selected Texts from Gentili to Treitschke*, New York: Atherton Press, 1970.

Franck, Thomas M., and Edward Weisband, *Foreign Policy by Congress*. Oxford: Oxford University Press, 1979.

Freedman, Lawrence, Paul Hayes and Robert O'Neill (eds.), *War, Strategy, and International Politics*, Oxford: Clarendon Press, 1992.

Fukuyama, Francis, *The End of History and the Last Man*. New York, Free Press, 1992.

——, "Challenges to World Order After September 11," in I. William Zartman (ed.), *Imbalance of Power: US Hegemony and International Order*, Boulder, Lynne Rienner, 2009, pp. 227 – 243.

Gaddis, John Lewis, "The Long Peace," *International Security*, Vol. 10, No. 4 (Spring 1986), pp. 99 – 142.

——, "Toward the Post-Cold War World," *Foreign Affairs*, Vol. 70, No. 2, Spring 1991, pp. 102 – 122.

——, *Strategies of Containment*. Oxford: Oxford University Press, 1982.

——, *The Long Peace: Inquiries into the History of the Cold War.* Oxford: Oxford University Press, 1987.

Garby, Craig, and Marry Brown Bullock, *Japan: A New Kind of Superpower?* Baltimore, Maryland: The Johns Hopkins University Press, 1994.

Garthoff, Raymond L. , *Detente and Confrontation.* Washington, D. C. : The Brookings Institution, 1935.

——, *The Great Transition: American-Soviet Relations and the End of the Cold War.* Washington D. C. : The Brookings Institution, 1994.

George, Alexander L. (ed.), *Managing U. S. -Soviet Rivalry: Problems of Crisis Prevention.* Boulder: Westview Press, 1983.

George. Alexander L. , David K. Hall, William E. Simons, *The Limits of Coercive Diplomacy.* Boston: Little, Brown, 1971.

George, Alexander C. , and Richard Smoke, *Deterrence in American Foreign Policy: Theory and Practice.* New York: Columbia University Press, 1974.

George, Alexander L. , Philip J. Farley and Alexander Dallin (eds.), *U. S. -Soviet Security Cooperation.* Oxford: Oxford University Press, 1988.

Gilpin, Robert, *War and Change in World Politics.* Cambridge: Cambridge University Press, 1981.

Goldmann, Kjell, "Change and Stability in Foreign Policy: Detente as a Problem of Stabilization," *World Politics*, Vol. 34, No. 2

(January 1982) , pp. 230 – 266.

——, *Change and Stability in Foreign Policy*. Princeton: Princeton University Press, 1988.

Goldstein, Avery, *Rising to Challenge: China's Grand Strategy and International Security*. Stanford, California: Stanford University Press, 2005

Goldstein, Judith, and Robert O. Keohane, *Ideas and Foreign Policy*. Ithaca: Cornell University Press, 1993.

Goncharov, Sergei N. , John W. Lewis, and Xue Litai, *Uncertain Partners*. Stanford: Stanford University Press, 1993.

Gong, Gerrit W. (ed.) , *Remembering and Forgetting*, Washington D. C. : The Center for Strategic and International Studies, 1996.

Goodby, James E. , "Can Negotiations Contribute to Security and Cooperation in Korea?" *Korea Journal*, Vol. 29, No. 7 (July 1989) , pp. 43 – 45.

Goodrich, Leland M. , *Korea: A Study of U. S. Policy in the United Nations*. Connecticut: Greenwood Press, 1956.

Goodrich, Leland M. , and Anne P. Simons, *The United Nations and the Maintenance of International and Security*. Washington D. C. : The Brookings Institution; 1955.

Gordenker, Leon, *The United Nations and the Peaceful Unification of Korea: The Politics of Field Operations*, 1947 – 1950. The Hague, Netherlands: Martinus Nijhoff, 1959.

Gould, Stephen Jay, *Time's Arrow, Time's Cycle; Myth and Metaphor in the Discovery of Geological Time*. Cambridge, Mass. : Harvard University Press, 1987.

Goulden, Joseph C. , *Korea: The Untold Story of the War*. New York: times Books, 1982.

Grenville, J. A. S. , *A History of the World in the Twentieth Centu-*

ry. Canbridge, Massachusetts: The Belknap Press of Harvard University Press, 1994.

Gulic, Sidney Lewis, *White Peril in the Far East*. New York: Fleming H. Revell, 1905.

Gurr, Ted Robert, *Why Men Rebel*. Princeton: Princeton University Press, 1970.

Haas, Richard N. , *The Reluctant Sheriff: The United States After the Cold War*. New York: The Council on Foreign Relation, 1997.

Hahm, Byong Choon, "Korea's Mendicant Mentality: A Critique of US Policy," *Foreign Affairs*, Vol. 43, No. 1 (October 1964), pp. 165 – 174.

Halliday, Fred, *The Making of the Second Cold War*. London: New Left Books, 1984.

Han, Sung-Joo(ed.), *Soviet Policy in Asia—Expansion or Accommodations?* Seoul: Panmun Book, 1980.

——(ed.), *U. S. -Korean Security Cooperation: Retrospects and Prospects*, Asiatic Research Center, Korea University, 1983.

——, *The Failure of Democracy in South Korea*. Berkley: University of California Press.

——(ed.), *The United Nations: The Next Fifty Years*, Korea University, Ilmin International Relations Institute, 1996.

Hanson, Victor, *An Autumn of War: What America Learned from September 11 and the War on Terrorism*. New York: Anchor Books, 2002.

Harrison, Selig S. , *Korean Endgame*. Princeton: Princeton University Press, 2002.

Hastings, Max, *The Korean War*. New York: Simon & Schuster 1982.

Head, Richard G. , Frisco W. Short, and Robert C. McFarlanc, *Crisis Resolution: Presidential Decision Making in the Mayaguez and Ko-*

rean Confrontations. Boulder: Westview Press, 1978.

Hedges, Chris, *War Is a Force that Gives Us Meaning.* New York: Anchor Books, 2003.

Hermes, Walter G. , *Truce, Tent, and Fighting Front.* Washington D. C. : GPO, 1966.

Hersh, Seymour M. , *The Target Is Destroyed.* New York: Random House, 1986.

Higgins, Rosalyn, *United Nations Peace Keeping* 1946 – 1967 *Documents and Commentary.* London: Oxford University Press, 1970.

Hirsch, Fred, *Social Limits to Growth.* Cambridge, Mass. : Harvard University Press, 1976.

Hobbes, Thomas, *Leviathan* by Michael Oakeshott, New York and London: Collier Macmillan, 1974.

Hoff, Joan, *A Faustian Foreign Policy from Woodrow Wilson to George W. Bush: Dreams of Perfectibility.* Cambridge: Cambridge University Press, 2008.

Hoffmann, Stanley, *Contemporary Theory in International Relations.* Englewood Cliffs, N. J. : Prentice-Hall, 1961.

———, *Gulliver's Troubles, or the Setting of American Foreign Policy.* New York: McGraw-Hill, 1968.

———, *Conditions of the World*, Boston: Houghton Mifflin Co. 1968.

———, *Primacy or World Order: American Foreign Policy Since the Cold War.* New York: McGraw-Hill, 1978.

———, *Duties Beyond Borders.* Syracus: Syracus University Press, 1981.

———, *Janus and Minerva: Essays in the Theory and Practice of International Politics.* Boulder: Westview Press, 1987.

———, *World Disorders: Troubled Peace in the Post-Cold War Era*, Lanham: Rowman & Littefield, 1998.

——, *Gulliver Unbound: America's Imperial Temptation and the War in Iraq*. Lanham, Maryland: Rowman & Littlefield, 2004.

Holmes, Jack, *The Mood/Interest Theory of American Foreign Policy*. Lexington: The University Press of Kentucky, 1985.

Hong, Kyu-Dok, "Purpose, Role and Prospects of the Dispatched South Korean Troops in Iraq," *The United Nations and Global Crisis Management*, Seoul: Korean Academic Council on the United Nations System, 2004, pp. 129 – 148.

Howard, Michael, *The Causes of War*. London: Temple Smith, 1983.

——, *The Lessons of History*. Oxford: Clarendon Press, 1991.

——(ed.)., *The Oxford History of the Twentieth Century*. Oxford: Oxford University Press, 1998.

Hunt, R. N. Carew, *The Theory and Practice of Communism*. New York: The Macmillan, 1961.

Huntington, Samuel P., "The Clash of Civilization," *Foreign Affairs*, Vol. 72, No. 3, (Summer 1993), pp. 22 – 49.

——, *The Clash of Civilizations and the Remaking of World Order*. New York: Simon and Schuster, 1996.

Inkeles, Alex, *National Character*, New Brunswick. NJ: Transaction Publishers, 1997.

Inoguchi, Takashi, "Japan's Images and Options: Not a Challenger, but a Supporter," *Journal of Japanese Studies*, Vol. 12, No. 1, 1986, pp. 95 – 119.

——, *Japan's Foreign Policy in an Era of Global Change*. London: Pinter Publishers, 1933.

Inoguchi, Takashi and Daniel Okimoto (eds.), *The Political Economy of Japan*, Vol. 2: *The Changing International Context*, Stanford: Stanford University Press, 1988.

Inoguchi, Takashi and Grant B. Stillman (eds.), *North-East Asi-*

an Regional Security. Tokyo: United Nations University Press, 1997.

Iriyc, Akira, "Culture and Power: International Relations as Intercultural Relations," *Diplomatic History*, Vol. 3, No. 2 (Spring 1979), pp. 115 – 128.

Jacobson, Harold K. , *Networks of Interdependence: International Organizations and the Global Politics System*. New York: Alfred A. Knopf, 1984.

Jervis, Robert and Jack Snyder (eds.), *Dominoes and Bandwagons' Strategic Belief and Great Power Competition in the Eurasian Rimland*, New York: Oxford University Press, 1991.

Johnson, Thomas J. , "The Idea of Power Politics: The Sophistic Foundation of Realism," *Security Studies*, Vol. 5, No. 2, Winter 1995, pp. 194 – 247.

Johnston, Alastair Iain, "Is China a Status Quo Power?" *International Security*, Vol. 27, No. 4 (Spring 2003), pp. 5 – 56.

Jordan, Amos A. , and William J. Taylor Jr. , *American National Security*, re. ed. , Baltimore: The Johns Hopkins University Press, 1984.

Kagan, Donald, *On the Origins of War and the Preservation of Peace*. New York: Doubleday, 1995.

Kagan, Donald, and Frederick W. Kagan, *While America Sleeps*. New York: St. Martin's Press, 2000.

Kagan, Robert, *The Return of History and the End of Dreams*. New York: Alfred A. Knopf, 2008.

Kang, Jean S. , "Food for China: A U. S. Policy Dilemma, 1961 – 1963," *The Journal of American East-Asian Relations*. Vol. 7, No. 1 – 2 (Spring-Summer 1998), pp. 39 – 72.

Kang, Sung-Hack, "ASEAN-the U. S. S. R. : A Polar Bear Who's Coming to the Lilliputians' Dinner?" *The Journal of Asiatic Studies*, Vol. 30, No. 1 (January 1985), pp. 111 – 127.

——（ed.）, *The United Nations and Keeping Peace in Northeast Asia.* Seoul: The Institute for Peace Studies, Korea University, 1995.

——, "The United Nations and East Asia's Peace and Security: From a Policeman to a Nanny?" in Soo-Gil Park and Sung-Hack Kang (eds.), *UN, PKO and East Asian Security: Currents. Trends and Prospects*, Seoul: Korean Academic Council on the United Nations System, 2002, pp. 1 – 28.

——（ed.）, *The United Nations and Global Crisis Management.* Seoul: Korean Academic Council on the United Nations System, 2004.

Kaplan, Fred, *Daydream Believers.* Hoboken, New Jersey: John Wiley & Sons, 2008.

Kaplan, Morton A. , *System and Process in International Politics.* New York: Wiley, 1957.

Kaplan, Robert D. , "The Coming Anarchy," *The Atlantic Monthly*, (February 1994).

——, *Warrior Politics: Why Leadership Demands a Pagan Ethos.* New York: Random House, 2002.

Kaplan, Stephan S. (ed.), *Diplomacy of Power: Soviet Armed Forces as a Political Instrument*, Washington D. C. : The Brookings Institution, 1981.

Kapstein, Ethan B. and Michael Mastanduno (eds.), *Unipolar Politics*, New York: Columbia University Press, 1999.

Katz, Joshua D. and Tilly C. Friedman-Lichtschein (eds.), *Japan's New World Role*, Bolder: Westview Press, 1985.

Katzenstein, Peter J. , *Cultural Norms and National Security.* Ithaca: Cornell University Press, 1996.

Kaufman, Robert G. , "To Balance or to Bandwagon: Alignment Decisions in the 1930s Europe," *Security Studies*, Vol. 1, No. 3 (Spring 1992), pp. 417 – 447.

———, *In Defense of the Bush Doctrine. Lexington*, Kentucky: The University Press of Kentucky, 2007,

Keal, Paul, *Unspoken Rules and Superpower Dominance.* London: Macmillan Press, 1983.

Kegley, Charles W. , Jr. , and Patrick J. McGowan (eds.), *Challenges to America: United States Foreign Policy in the* 1980s, Beverly Hills: Sage Publications, 1979.

Keith Krause, W. Andy Knight, and David Dewitt, "Canada, the United Nations, and the Reform of International Institutions," in Chadwick F. Alger, Gene. M. Lyons, and John E. Trent (eds.), *The United Nations System: The Policies of Member States*, Tokyo: United Nations University, 1995.

Kennan, George F. , *Memoirs*, 1925 – 1950. Atlantic-Little Brown, 1967.

———, *Around the Cragged Hill: A Personal and Political Philosophy.* New York: W. W. Norton, 1993.

Kennedy, John F. , *Why England Slept.* New York: Wilfred Funk, 1940.

Key, David A. , *The Changing United Nations: Options for the United States*, New York: The Academy of Political Science, 1977.

Keylor, William R. , *The Twentieth Century World*, 2nd ed. Oxford: Oxford University Press, 1992.

Khrushchev, *Remembers.* Boston: Little Brown, 1970.

Kim, Joungwon A. , "North Korea's New Offensive," *Foreign Affairs*, Vol. 48, No. 10 (October 1969), pp. 166 – 179.

Kim, Key-Hiuk, *The Last Phase of the East Asian World Order: Korea, Japan, and the Chinese Empire*, 1860 – 1882. Berkeley: University of California Press, 1980.

Kim, Kyung-Won, "Korea and the US in the Post-Cold War

World," *Korea and World Affairs*, Vol. 18, No. 2 (Summer 1994), p. 213 – 232.

Kim, Kyung-Won, *Revolution and International System*. New York: New York University Press, 1970.

Kim, Se-Jin (ed.), *Korean Unification: Source Materials with an Introduction*. Seoul: Research Center for Peace and Unification, 1976.

——, *Documents on Korea-American Relations*, 1943 – 1976. Seoul: Research Center for Peace and Unification, 1976.

Kim, Se-Jin and Chang-hyun Cho (eds.), *Korea: A Divided Nation*, Silver Spring Maryland: The Research Institute of Korean Affairs, 1976.

Kim, Tae-Hyo, "Reluctant Commitment: Decision Making Process of the Dispatch of ROK Armed Forces," in Sung-Hack Kang (ed.), *The United Nations and Global Crisis Management*, Seoul: Korean Academic Council on the United Nations System, 2004, pp. 159 – 171.

Kissinger. Henry A., "The White Revolutionary: Reflections on Bismarck," *Daedalus*, Vol. 97, (Summer 1968), pp. 888 – 923.

——, *A World Restored*. Boston: Houghton Mifflin, 1957.

——, *Nuclear Weapons and Foreign Policy*. New York: W. W. Norton, Council on Foreign Relations, 1957.

——, *The White House Years*. Boston: Little, Brown, 1979.

——, *Years of Upheaval*. Boston: Little, Brown, 1982.

——, *Diplomacy*. New York: Simmons & Schuster, 1994.

——, *Does America Need a Foreign Policy? Toward a Diplomacy for the 21st Century*. New York: Simon & Schuster, 2001.

Klingberg, Frank L., "The Historical Alternation of Moods in American Foreign Policy," *World Politics*, Vol. 4, No. 2 (January 1952), pp. 239 – 273.

———, *Cyclical Trends in American Foreign Policy Moods: The Unfolding of America's World Role.* Lanham: University Press of America, 1983.

Knorr, Klaus (ed.), *Power, Strategy, and Security,* Princeton: Princeton University Press, 1983.

Koh, B. C. , "The Pueblo Incident in Perspective," *Asian Survey,* Vol. 9, No. 4 (April 1969), pp. 264 – 280.

———, "Segyehwa, the Republic of Korea, and the United Nations," in Samuel S. Kim (ed.), *Korea's Globalization,* Cambridge: Cambridge University Press, 2000.

Kojéve, Alexander, *Introduction to the Readings of Hegel,* ed. by Allan Bloom, trans. by J. H. Nichols, Ithaca: Cornell University Press, 1968.

Koo, Young-nok and Dae-Sook Suh (eds.), *Korea and the United States: A Century of Cooperation.* Honolulu: University of Hawaii Press, 1984.

Koo, Young-nok and Sung-joo Han (eds.), *The Foreign Policy of the Republic of Korea,* New York: Columbia University Press, 1985.

Krakau, Knud, "American Foreign Relations: A National Style?" *Diplomatic History,* Vol. 8, No. 3 (Summer 1984), pp. 253 – 272.

Krasner, Stephan D. (ed.), *International Regimes.* Ithaca: Cornell University Press, 1983.

Krepon, Michael, "Verification of Conventional Arms Reduction," *Survival,* (November/ December 1988), pp. 545 – 555.

Labs, Eric J. , "Do Weak States Bandwagon?" *Security Studies,* Vol. 1, No. 3 (Spring 1992), pp. 383 – 416.

Lake, David, "International Economic Structure and American Foreign Economic Policy, 1887 – 1934," *World Politics,* Vol. 35, No. 4, 1983, pp. 517 – 543.

Langer, William L. , *The Diplomacy of Imperialism*, 1890 – 1902, 2nd ed. New York: Alfred A. Knopf, 1956.

Lasswell, Harold D. , *National Security and Individual Free-dom*. New York: McGraw-Hill, 1950.

Layne, Christopher, "The Unipolar Illusion: Why Few Great Powers Will Rise," *International Security*, Vol. 17, No. 4 (Spring 1993), pp. 5 – 51.

Lebow, Richard Ned, "Is Crisis Management Always Possible," *Political Science Quarterly*, Vol. 102, No. 2 (Summer, 1987), pp. 188 – 190.

——, *Between Peace and War*. Baltimore: The Johns Hopkins University Press, 1981.

——, *The Tragic Vision of Politics: Ethics, Interests and Orders*. Cambridge: Cambridge University Press, 2003.

——, *A Cultural Theory of International Relations*. Cambridge: Cambridge University Press, 2008.

Leffler, Melvyn P. and Jeffrey W. Legro (eds.), *To Lead the World: American Strategy After the Bush Doctrine*, Oxford: Oxford University Press, 2008

Legvold, Robert, "Containment Without Confrontation," *Foreign Policy*, No. 40 (Fall, 1980), pp. 74 – 98.

Leifer, Michael(ed.), *The Balance of Power in East Asia*, London: Macmillan, 1986.

Leonard, L. Larry, *International Organization*. New York: McGraw-Hill Book Company, 1951.

Lim, Un, *The Founding of a Dynasty in North Korea: An Authentic Biography of Kim Ⅱ Sung*. Tokyo, 1982.

Linchy, Timothy J. , and Robert S. Singh, *After Bush: The Case for Continuity in American Foreign Policy*. Cambridge: Cambridge University Press, 2008.

Littwak, Robert S. , *Detente and the Nixon Doctrine*. Cambridge: Cambridge University Tress, 1984.

Lothar Gall, *Bismarck: The White Revolutionary*. London: Unwin Hyman, 1986.

Lowe, Peter, *The Origins of the Korean War*. London: Longman, 19SC.

Lundestad, Geir, "Uniqueness and Pendulum Swings in U. S. Foreign Policy," *International Affairs*, Vol. 62, No. 3 (Summer 1986), pp. 405 – 421.

Lynn, John A. , *Battle: A History Of Combat And Culture*. Colorado: Westview, 2003.

Lynn-Jones, Sean M. (ed.), *The Cold War and After: Prospects for Peace*, Cambridge. Massachusetts: The MIT Press, 1993.

MacDonald, Callum A. , *Korea: The War Before Vietnam*. London: Macmillan, 1986.

MacDonald, Donald Stone, *The Koreans: Contemporary Politics and Society*, 2nd ed. , Boulder: Westview Press, 1990.

Machiavelli, Niccolo, "Letter to Vettori," in *Machiavelli: The Chief Works and Others*, trans. by Allan Gilbert, Durham: Duke University Press, 1958.

——, "Words to be Spoken on the Law for Appropriating Money, After Giving a Little Introduction and Excuse," in *The Chief Works and Others*, trans. by Allan Gilbert, Durham: Duke University Press, 1958.

——, *The Art of War*, trans. by Ellis Farnsworth, New York: A Da Capo, 1965.

——, *The Discourse*, Penguin Books, 1983.

——, *The Prince*, trans. by Harvey Mansfield, Jr. , Chicago: The University of Chicago Press, 1985.

Mackinder, Halford J. , *Democratic Ideals and Reality.* London: Constable, 1919.

Magai, Yonosuke and Akira Iriye (eds.) , *The Origins of the Cold War in Asia*, Tokyo: University of Tokyo Press, 1977.

Mahoney, Daniel J. , *In Defense of Political Liberalism*: *Essays by Raymond Aron.* Maryland: Rowman & Littlefield, 1994.

Malozemoff, Andrew, *Russian Far Eastern Policy*, 1881 - 1904. Berkeley: University of California Press, 1958.

Mancall, Mark, *China at the Center*: 300 *Years of Foreign Policy.* New York, the Free Press, 1984.

Mandelbaum, Michael, *The Nuclear Revolution.* Cambridge: Cambridge University Press, 1981.

Mansfield, Harvey C. , "Hobbes and the Science of Indirect Government", *American Political Science Review*, Vol. 65, No. 1 (March, 1971), pp. 97 - 110.

——, "Machiavelli's Political Science," *American Political Science Review*, Vol. 75, No. 2, (June 1981), pp. 293 - 305.

——, *Machiavelli's Virtue.* Chicago & London: The University of Chicago Press, 1996.

Mansourov, Alexander Y. , "The Origins, Evolution and Future of the North Korean Nuclear Program," *Korea and World Affairs*, Vol. 19, No. 1 (Spring 1995), pp. 42 - 44.

Marks III, Frederick W. , *Velvet on Iron*: *The Diplomacy of Theodore Roosevelt.* Lincoln: University of Nebraska Press, 1979.

Martin, Lawrence (ed.) , *Strategic Thought in the Nuclear Age*, Baltimore: The Johns Hopkins University Press, 1979.

May, Ernest R. , *Lesson of the Past*: *The Use and Misuse of History in American Foreign Policy.* Oxford University Press, 1973.

——, *American Imperialism.* Chicago: Imprint Publications, 1991.

Mazarr, Michael J. , "The US-DPRK Nuclear Deal," *Korea and World Affairs*, Vol. 19, No. 3 (Fall 1995), pp. 488 – 492.

——, *North Korea and the Bomb.* New York: St. Martin's Press, 1995.

McCormick, James M. , *American Foreign Policy and Process*, 2nd ed. , Itasca, Illinois: F. E. Peacock, 1992.

McDougall, Walter A. *Promised Land, Crusader State.* Boston: Houghton Mifflin , 1997.

McGwire, Michael, *Perestroika and Soviet National Security.* Washington D. C. : Brookings Institution, 1991.

McKercher, B. J. C. (ed.), *War in the Twentieth Century: Reflections at Century's End.* London: Praeger, 2003.

McRae, Hamish, *The World in* 2020: *Power, Culture, and Prosperity.* Boston, Massachusetts, Havard Business School Press, 1994.

Mearsheimer, John J. , "Why We Will Soon Miss the Cold War," *Altantic Monthly*, (August 1990), pp. 35 – 40.

——, *The Tragedy of Great Powers Politics.* New York: W. W. Norton, 2001.

Meirion and Susie Harries, *Soldiers of the Sun.* New York: Random House, 1991.

Mekenzie, F. A. , *Korea's Fight for Freedom.* New York: Fleming H. Revell, 1920.

Meredith, Robyn, *The Elephant and the Dragon*; *The Rise of India and China and What It Means for All of Us.* New York: W. W, Norton, 2007.

Meririon and Susie Harries, *Sheathing the Sword.* London: Hamish Hamilton, 1987.

Merrill, John, *Korea: The Peninsula Origins of the War.* New York: University of Delaware Press, 1989.

Mitchell Reiss, *Without the Bomb: The Politics of Nuclear Nonproliferation.* New York: Columbia University Press, 1988.

Moltz, James Clay, and Alexandre Y. Mansourov (eds.), *The North Korean Nuclear Program: Security, Strategy, and New Perspectives from Russia.* London: Routledge, 2000.

Moon Chang Keuk, *Hanmi Galdeungeui Haebu (The Anatomy of the South Korea-US Conflict)*, Seoul: Nanam Publishing House, 1994. (in Korean)

Morgenthau, Hans J. , *Vietnam and the United States.* Washington D. C. : Public Affairs Press, 1965.

——, "The Far East," *Truth and Power*, New York: Praeger, 1970.

——, *Politics among Nations: Struggle for Power and Peace.* 5th ed. , New York : Alfred A. Knopf, 1973.

Morris, Edmund, *Theodore Rex.* New York: Modern Library, 2002.

Morris, William, "The Korean Trustship 1941 – 1947: The United States, Russia and the Cold War," Ph. D. Dissertation, University of Texas. 1974.

Morrison, Charles E. , and Astrid Suhrke, *Strategies of Survival.* New York: St. Martin's Press, 1978.

Mosher, Steven W. , *China's Plan to Dominate Asia and the World Hegemon.* San Francisco: Encounter Books, 2000.

Mouritzen, Hans, *Theory and Reality of International Politics.* Aldershot, England: Ashgate, 1998.

Mueller, John E. , "Trends in Popular Support for the Wars in Korea and Vietnam," *American Political Science Review*, Vol. 65 (June 1971) , pp. 358 – 375.

Nathan, White, *U. S. Policy Toward Korea: Analysis, Alternative, and Recommendation.* Boulder: Westview Press, 1979.

Nelson, Frederick, *Korea and the Old Orders in Far Eastern Asia*. Baton Rouge: Louisiana State University Press, 1946.

Niebuhr, Reinhold, *The Irony of American History*. Chicago, Ill. : University of Chicago Press, 1952.

Niou, Emerson M. S. , Peter C. Ordeshock, and Gregory F. Rose, *The Balance of Power*. Cambridge: Cambridge University Press, 1989.

Nixon, Richard, President of the United States, *U. S. Foreign Policy for the 1970's: Building for Peace*. A Report to the Congress, February 25, 1991.

Northedge, F. S. (ed.), *The Foreign Policies of the Powers*, New York: The Free Press, 1974.

Nye, Joseph Jr. , "Soft Power," *Foreign Policy*, No. 80 (Fall 1990), pp. 153 – 171.

——(ed.), *The Making of America's Soviet Policy*, New Haven: Yale University Press, 1984.

——, *The Paradox of American Power: Why the World's only Superpower can't Go it Alone*. Oxford: Oxford University Press, 2002.

O'Hanlon, Michael, and Mike Mochizuki, *Crisis on the Korean Peninsula: How to Deal with a Nuclear North Korea*. New York, McGraw-Hill, 2003.

O'Neill, Robert A. , *Australia in the Korean War* 1950 – 1953. Canberra: Australian Government Press, 1981.

——(ed.), *Security in East Asia*, Hants, Great Britain: Cower Publishing Co. , 1984.

O'Sullivan, Patrick, *Geopolitics*. New York: St. Martin's Press, 1986.

Oberdorfer, Don, *The Two Koreas: A Contemporary History*. re. ed. New York: Basic Books, 2001.

Orwin, Clifford and Nathan Tarcov (eds.), *The Legacy of Rousseau*, Chicago: The University of Chicago Press, 1997.

Paige, Glenn D. , *The Korean Decision.* New York: Free Press, 1968.

Pak, Chi Young, *Korea and the United Nations.* The Hague, The Netherlands: Kluwer Law International, 2000.

Palais, James B. , *Politics and Policy in Traditional Korea.* Cambridge, Massacusetts: Harvard University Press, 1991.

——, *Confucian Statecraft and Korean Institutions: Yu Hyongwon and the Late Choson Dynasty.* Seattle: University of Washington Press, 2002.

Pangle, Thomas L. , *The Ennobling of Democracy: The Challenge of the Postmodern Age.* Baltimore: The Johns Hopkins University Press, 1992.

Panikkar, K. M. , *In Two Chinas: Memories of a Diplomat.* London: Allen and Unwin, 1955.

Paret, Peter (ed.), *Makers of Modern Strategy: From Machiavelli to the Nuclear Age*, Oxford: Clarendon Press, 1986.

Perkins, Dexter, *The American Approach to Foreign Policy.* Cambridge, Mass. : Harvard University Press, 1952.

Peter Lawe, *The Origins of the Korean War.* London: Longman, 1986.

Pieragostini, Karl, "Arms Control Verification," *Journal of Conflict Resolutions* (September 1986), pp. 420 – 444.

Pitkin, Hannah Finichel, *Fortune is a Woman: Gender and Politics in the Thought of Niccolo Machiavelli.* Berkeley: University of California Press, 1984.

Podhoretz, Norman, *The Present Danger.* New York: Simon and Schuster, 1980.

Pratt, Julius W. , *A History of United States Foreign Policy*, 2nd ed. Englewood Glills, N. J. : Prentice-Hall, Inc. , 1965.

Pritchard, Charles L. , *Failed Diplomacy: The Tragic Story of How North Korea Got the Bomb.* Washington D. C. , The Brookings Institution, 2007.

Quester, George, "The Malaise of American Foreign Policy: Relating Past to Future," *World Politics*, Vol. 33, No. 1 (October 1980), pp. 82 – 95.

Rahe, Paul A. , *Soft Despotism, Democracy's Drift*. New Haven & London: Yale University Press, 2009.

Rees, David, *Korea: The Limited War*. New York: St. Martin's, 1964.

——(ed.) , *The Korean War: History and Tactics*. London: Orbis Publishing, 1984.

Reiss, Mitchell, *Without the Bomb: The Politics of Nuclear Nonproliferation*. New York: Columbia University Press, 1988.

——, *Bridled Ambition: Why Countries Constrain Their Nuclear Capabilities*. Washington D. C. : Woodrow Wilson Press, 1995.

Ridgway, Matthew B. , *The Korean War*. New York: Doubleday, 1976.

Rivera, Joseph de, *The Psychological Dimension of Foreign Policy*. Columbus, Ohio: Merrill, 1968.

Robert H. Ferrell, *American Diplomacy*, 3rd ed. , New York: W. W. Norton & Company, 1975.

Rockhill, William W. (ed.) , *Treaties and Conventions with or Concerning China and Korea*, 1894 – 1904. Washington, 1904.

Rosecrance, Richard, *The Rise of the Trading State*. New York: Basic Books, 1986.

Rosenau, James N. , "Foreign Policy as Adaptive Behavior: Some Preliminary Notes for a Theoretical Model," *Comparative Politics*, Vol. 2, No. 3 (April 1970), pp. 365 – 387.

——(ed.) , *International Politics and Foreign Policy*, 2nd ed. , New York: Free Press, 1969.

——, *Turbulance in World Politics*. Princeton, New Jersey: Princeton University Press, 1990.

Rosenau, James N. , and Ernst-Otto Czempiel, *Governance Without Government: Order and Change in World Politics.* Cambridge: Cambridge University Press, 1992.

Rothstein, Robert L. , *Alliances and Small Powers.* New York: Columbia University Press, 1968.

——(ed.), *The Evaluation of Theory in International Relations*, South Carolina, Columbia: University of South Carolina Press, 1991.

Russett, Bruce, "The Americans' Retreat from World Power," *Political Science Quarterly*, Vol. 90, No. 1 (Spring 1975), pp. 1 – 21.

Schell, Jonathan, *The Time of Illusion.* New York: Vintage Books, 1976.

Schlesinger, Arthur Jr. , "Congress and the Making of American Foreign Policy," *Foreign Affairs*, Vol. 51, No. 1 (Fall 1972), pp. 78 – 113.

——, *Paths to the Present*, New York: Macmillan, 1949.

——, *The Cycles of American History.* Boston: Houghton Mifflin Co. , 1986.

Schroeder, Paul, "Historical Reality vs. Neo-Realist Theory," *International Security*, Vol. 19, No. 1 (Summer, 1994), pp. 108 – 148.

Schweller, Randall L. , *Unanswered Threats.* Princeton, NJ: Princeton University Press, 2006.

Segal, Gerald (ed.), *Arms Control in Asia*, London: The Macmillan Press, 1987.

Sergei N. Goncharov, John W. Lewis, and Xue Litai, *Uncertain Partners*, Stanford: Stanford University Press, 1993.

Shambaugh, David, *Modernizing China's Military: Progress, Problems, Prospects.* Berkeley. California: University of California Press, 2004.

Shirk, Susan L. , *China: Fragile Superpower.* Oxford: Oxford University Press, 2007.

Shultz, George P. , *Turmoil and Triumph: My Years as Secretary of State*. New York: Charles Scribner's Sons, 1993.

Sigal, Leon V. , *Disarming Strangers: Nuclear Diplomacy with North Korea*. Princeton, NJ: Princeton University Press, 1998.

Silverlight, John, T*he Victors' Dilemma: Allied Intervention in the Russian Civil War* 1917 – 1920. New York: Weybright and Talley, 1970.

Sloan, G. R. , *Geopolitics in United States Strategic Policy* 1890 – 1987. New York: St. Martin's Press, 1988.

Spykman, N. J. , *America's Strategy in World Politics*. New York: Harcourt Brace, 1942.

——, *The Geography of the Peace*. New York: Harcourt Brace, 1944.

Stauss, Leo, *On Tyranny: Including the Strauss- Kojéve Correspondence*, re. and exp. eds. , Victor Gourevitch and Michael S. Roth, New York: The Free Press, 1991.

Stein, Harold (ed.), *American Civil-Military Decisions*, Birmingham, AL: University of Alabama Press, 1963.

Steinbruner, John, *The Cybernetic Theory of Decision*. Princeton: Princeton University Press, 1974.

Stokesbury, James L. , *A Short History of the Korean War*. New York: William Morrow, 1988.

Strassler, Robert B. (ed.), *The Landmark Thucydides: A Comprehensive Guide to the Peloponnesian War*. New York: The Free Press, Book 5.

Strauss, Leo, *Thoughts on Machiavelli*. Chicago: University of Chicago Press, 1958.

Strausz-Hupée, Robert, *Democracy and American Foreign Policy: Reflections on the Legacy of Alexis de Tocqueville*. New Brunswick, New Jersey: Transaction Publishers, 1955.

Stuart, Douglas T. (ed.), *Security Within the Pacific Rim*, England: Gower, 1987.

Suh, J. J. Peter Katzenstein, and Allen Carlson (eds.), *Rethinking Security in East Asia: Identity, Power, and Efficiency*, Stanford, CAL: Stanford University Press.

Sullivan, Vickie B. , *Machiavelli's Three Romes: Religion, Human Liberty, and Politics Reformed.* Dekalb: Northern Illinois University Press, 1996.

Summers, Harry G. Jr. , *On Strategy: A Critical Analysis of the Vietnam War.* Novato, California: Presidio Press, 1982.

——, *Korean War Almanac.* New York: Facts and File, 1990.

Sunoo, Harold Hakwon, *20th Century Korea.* Seoul: Nanam Publishing House, 1994.

Sutter, Robert G. , "Realities of International Power and China's ' Independence' in Foreign Affairs, 1981 – 1984 ," *Journal of Northeast Asian Studies*, Vol. 3. No. 4, pp. 3 – 28.

——, *China's Rise in Asia: Promises and Perils.* Lanham, Maryland: Rawman & Littlefield, 2005.

Suy, Erik, *The Admissions of States to the United Nations: The Case of Korea.* The Sejong Institute Seminar series 91 – 01, No. 30, Seoul, Korea, 1991.

Tannenbaum, Frank, *The American Tradition in Foreign Policy.* Norman, Oklahoma: University of Oklahoma Press, 1955.

Tayler, A. J. P. , *The Struggle for Mastery in Europe*, 1848 – 1918. Oxford: Oxford University Press, 1954.

Terrill, Ross, *The New Chinese Empire and What It Means for the United States.* New York: Basic Books, 2003.

Thakur, Ramesh (ed.), *International Conflict Resolution*, London: Westview Press, 1988.

Thee, Marek (ed.) , *Armaments, Arms Control and Disarmament*, Paris: The UNESCO Press, 1981.

Thomas Schelling and Morton Halperin, *Strategy and Arms Control*. New York: The Twentieth Century Fund, 1961.

Tien, Chen-Ya, *Chinese Military Theory: Ancient and Modern*, Oakville, Ontario: Mosaic Press, 1992.

Tocqueville, Alexis de, *Democracy in America*. , ed. Phillips Bradley, New York: Alfred A. Knopf, 1960.

Toulmin, S. E. , *The Uses of Argument*. Cambridge: Cambridge University Press, 1964.

Trager, F. N. and P. S. Kronenberg (eds.) , *National Security and American Society*, Lawrence: University of Kansas, 1973.

Trani, Eugene P. , *The Treaty of Portsmouth*. Lexington: University of Kentucky Press, 1969.

Trenin, Dmitri V. , *Getting Russia Right*. Washington D. C. : Carnegie Endowment for International Peace, 2007.

Treverton, Gregory F. , *Making the Alliance Work*. London: Macmillan, 1985.

Truman, Harry S. , *Year of Decision*. Suffolk: Hodder and Stoughton, 1955.

Tsipis, Kosta, David V. Hafemlister, and PennyJaneway (eds.) , *Arms Control Verification*, Washington D. C. : Pergamon, Brassey's International Defense Publishers, 1986.

Tuchman, Barbara W. , *The Guns of August*. New York: Dell, 1963.

Tucker, Robert W. , *A New Isolationism: Threat or Promise?* Washington D. C. : Potomac Associates, 1972.

——, William Watts, and Lloyd A. Free, *The United States in the World: New Directions for the Post-Vietnam Era?* Washington D. C. : Potomac Associates, 1976.

———, *The Inequality of Nations*. New York: Basic Books, 1977.

—— *The Purpose of American Power*. Praeger, 1981.

Tucker, Robert W. and David C. Hendrickson, *The Imperial Temptation: The New World Order and America's Purpose*. New York: New York University Press, 1992.

Tzu, Sun, *Art of War*, trans. by Samuel B. Griffith, London: Oxford University Press, 1963.

Uchida, Takeo, "Japanese Perspectives on the UN Reform," in Park Soo Gil and Kang Sung-Hack (eds.), *The UN in the 21st Century: Enhancing the Effectiveness of the UN in the New Millennium*, Seoul: Korean Academic Council on the United Nations System, 2000, pp. 71 – 80.

Vermon V. Aspaturian, *Process and Power in Soviet Foregin Policy*. Boston Little, Brown, 1971.

Walt, Stephen M. , *The Origins of Alliance*. Ithaca: Cornell University Press, 1987.

Waltz, Kenneth N. , "The Stability of a Bipolar World," *Daedalus*, Vol. 93, No. 3, (Summer 1964).

———, "The Emerging Structure of International Politics," *International Security*, Vol. 18, No. 2 (Fall 1993), pp. 44 – 79.

———, *Foreign Policy and Democratic Politics: The American and British Experience*. Boston: Little, Brown, 1967.

———, *Theory of International Politics*. Reading, Mass: : Addison-Wesley, 1979.

Walzer, Michael, *Just and Unjust Wars*. New York: Basic Books, 1977.

Wang, T. Y. , "US Foreign Aid and UN Voting: An Analysis of Important Issues," *International Studies Quarterly*, Vol. 43, No. 1 (March 1999), pp. 199 – 210.

Watson, Adam, *The Evolution of International Society.* London: Routledge, 1992.

Weber, Max, *The Protestant Ethic and the Spirit of Capitalism.* New York: Scribner's, 1958.

Weiler, Lawrence D. and Anne Patricia Simons, *The United States and the United Nations: The Search for international Peace and Security.* , New York: Manhattan Pubishing Company, 1967.

Wesson, Robert G. , *Foreign Policy for New Age.* Boston: Houghton Milllin, Co. , 1977.

Whelan, Richard, *Drawing the Line: The Korean War*, 1950 – 1953. Boston: Little Brown, 1990.

White, John Albert, *The Diplomacy of the Russo-Japanese War.* Princeton: Princeton University Press, 1964.

White, Nathan, *U. S. Policy Toward Korea: Analysis, Alternatives, and Recommendations.* Boulder: Westview Press, 1979.

Whiting, Allen S. , *China Crosses the Yalu: The Decision to Enter the Korean War.* Stanford: Stanford University Press, 1968.

Wight, Martin, *Systems of States.* England: Leicester University Press, 1977.

——, *Power Politics*, 2nd ed. , Penguin Books, 1979.

William M. Carpenter, *The Maintenance of U. S. Forces in Korea.* Washington D. C. : Stanford Research Institute, 1975.

William Stueck, "The Korean War as International History," *Diplomatic History*, (Fall 1986), pp. 293 – 94.

Williams, Douglas, *The Specialized Agencies and the United Nations: The System in Crisis.* New York: St. Martin's Press, 1987.

Williams, William J. (ed.), *A Revolutionary War: Korea and the Transformation of the Postwar World*, Chicago: Imprint Publications, 1993.

Witt, Joel S. , Daniel B. Poneman, and Robert L. Gallucci, *Going*

Critical: *The First North Korean Nuclear Crisis.* Washington D. C. : Brookings Institution Press, 2004.

Wolfers, Arnold, *Discord and Collaboration.* Baltimore: The Johns Hopkins University Press, 1962.

Yeselsen, Abraham, and Anthony Gaglione, *A Dangerous Place*: *The United Nations as a Weapon in World Politics.* New York: Grossman Publishers, 1974.

Zakaria, Fareed, *The Post-American World.* New York: W. W. Norton, 2008.

Zartman, I. William (ed.), *Imbalance of Power.* Boulder: Lynne Rienner, 2009.

Zhao, Suisheng. , *Power Competition in East Asia*: *From the Old Chinese World Order to Post-Cold War Regional Multipolarity.* New York: St. Martin's Press, 1997.

译后记

本书英文原版于 2011 年首次在英国出版后，引起了韩国与英国政治学界的广泛关注。当时译者在导师姜声鹤教授的指导下完成了题为《中国外交政策的演变》的硕士论文，并在他的建议下，选择将中韩关系作为博士论文的研究课题，开始了博士研究生的学习。其间，译者认真查阅了大量资料，仔细研读国际关系方面的著作，发现国际关系理论著作多以西方国家政策或事件为例，鲜有将亚洲国家外交政策理论化的著作。中国和韩国作为亚洲重要国家，在促进亚洲区域经济合作与维护区域安全方面扮演着重要角色。冷战结束后，世界政治格局多极化的趋势进一步加强，地缘政治学因素重新在国际关系中发挥作用，加深了国际社会相互依赖的复杂程度。亚洲地区仍然面临各种传统和非传统安全威胁，中韩两国关系的稳定有助于促进亚洲的和平与发展。国际关系是由国家之间的互动产生的，这种互动主要体现在国家的外交政策方面。正确地认识并应对他国的外交政策对两国关系有着至关重要的作用。于是，译者向姜教授表示希望将这本蕴藏着历史、哲学、政治学术价值的英文著作译成中文，以丰富中国读者对韩国外交政策的理解，他欣然同意并愿意与英国出版社联系中文版权转让事宜。

国际关系作为政治学的一个分支，是一个既古老又年轻的学科。说其古老，是因为在古希腊和古罗马时代，城邦与城邦之间已经有了国际关系这个概念；说其年轻，是因为直到第一次世界大战后，国际关系才正式成为一门学科。现代国际关系同样出自历史考察和历史理解，以修昔底德所著的《伯罗奔尼撒战争史》为先导，霍布斯的《利维坦》、马基亚维利的《君主论》等经典著作让国际关系从历史学的范畴中逐渐分离出来。如果说国际关系是国际政治学的实践，那么外交政策就可以说是国际关系学的实践，如结束欧洲三十年战争的《威斯特伐利亚和约》、中国战国时期苏秦、张仪的"合纵连横"等。

外交政策是一个国家在处理与他国政府、政府间组织、非政府组织和国际社会中各种关系时所遵循的基本原则和行动方针，其手段和目标是以国家利益为出发点和归宿的。国家利益一旦确定，决策就是对特定国际环境下的目标和手段的准确计算。因此，一个政治体为了在不断变化的环境中生存和发展，必须符合国际政治体系的要求。韩国外交政策的发展史也是其国家利益和国家安全的发展史。韩国诞生于冷战结束后美苏两极的权力角逐中，自建国之初就面临来自国内外的各种安全威胁。"国家安全"和"民族统一"无疑成为韩国的主要国家目标。"国家安全"意味着韩国需要维持现状，避免刺激朝鲜挑起第二次朝鲜战争，而"民族统一"意味着韩国需要改变现状，寻求与朝鲜的接触与谈判。这两个相互矛盾的国家目标导致了韩国外交政策的困境。纵观历史，韩国的外交政策经历了从全面反共到有选择性反共、从军队建设到民主建设、从追随美国到自主外交的变化。尽管如此，它始终未能摆脱这一政策困境。外交政策只是政治制度适应环境或控制环境的一种体现。换句话说，外交政策的目的是保障国家利益。问题在于，决策者试图寻求的国家利益究竟是什么，什么样的行动才能满足这些利益。基于对19世纪大国间没有发生重大战争原因的探索和对两次世界大战教训的分析，基辛格认为20世纪后期外交政策研究的一个明确而又核心的任务，就是以史为鉴，运用外交手段重塑一个较少有冲突的国际社会，用一个跨越不同文化、意识形态、历史经历和国家制度的共同语言去定义国际秩序的本质。

本书的英文原版中共有十五章，为了突出主题，中文版译作中删除了原著中的十一章（朝鲜的安保政策与军事战略：从西西弗斯到变色龙的战略性转变？）以及第十二章（"9·11"事件后的朝鲜政权：民主海洋中的一座独裁之岛？），如果读者希望更多了解朝鲜在历届韩国政府制定外交政策过程中的作用，以及朝鲜安保政策的特征，可参阅原著。此外，由于朝鲜半岛特殊的历史背景，在本书的翻译过程中，译者将1910年8月日本吞并前的朝鲜译为"李氏朝鲜或朝鲜王国"（Korea）；日本统治下的朝鲜译为"日殖朝鲜半岛"；对二战后，1948年9月9日成立的朝鲜民主主义共和国（Democratic People's Republic of Korea）简称为"朝鲜"（North Korea）；将1948年8月15日成立的大韩民国（Republic of Korea）简称为"韩国"（South Korea），以帮助读者明确韩国外交政策各个历史时期的特点。

在译作即将出版之际，译者首先要感谢姜声鹤教授多年来的帮助和指导，此外，还要向韩国地缘政治学研究所创始人李永锡（Lee Young Suk）博士的慷慨资助，以及洪冕基（Hong Myeon Key）博士的帮助表示衷心的感谢。

本书的出版离不开社会科学文献出版社高明秀和王小艳老师的支持。尽管工作任务繁忙，她们仍抽出大量时间对译文进行了认真仔细的校对，并就其中出现的问题和翻译错误提出了宝贵的修改意见。本书内容仅代表作者本人的观点，不代表出版社的立场。近年来，社会科学文献出版社在出版界致力于推动我国国家关系学的发展，出版的著作产生了十分广泛的影响，在译稿的编辑过程中，高明秀和王小艳老师的严谨态度和敬业精神，令我由衷地感到钦佩。

最后，本书的翻译还得到了很多老师和学者的帮助，他们分别是刘群教授、牛晓萍博士、吴珊、赵懿黑，在此表示感谢。

　　本书内容包罗万象，涉及历史、政治、经济、哲学等多个学科内容，但鉴于译者的学养有限，尽管始终谨慎动笔，仔细求证，难免还会存在疏漏。如有纰漏之处，还望专家和读者指正。

王亚丽

高丽大学

2017 年 3 月

图书在版编目（CIP）数据

韩国外交政策的困境：国家安全与国家统一目标的
定义／（韩）姜声鹤著；王亚丽译. -- 北京：社会科
学文献出版社，2017.9
　　书名原文：Korea's Foreign Policy Dilemmas：
Defining State Security and the Goal of National
Unification
　　ISBN 978 - 7 - 5097 - 9603 - 0

　　Ⅰ.①韩…　Ⅱ.①姜…　②王…　Ⅲ.①对外政策 - 研
究 - 韩国 - 现代　Ⅳ.①D831.260

中国版本图书馆 CIP 数据核字（2016）第 196662 号

韩国外交政策的困境
——国家安全与国家统一目标的定义

著　　者／〔韩〕姜声鹤（Sung - Hack Kang）
译　　者／王亚丽

出 版 人／谢寿光
项目统筹／高明秀
责任编辑／仇　扬　王小艳　朱　芹

出　　版／社会科学文献出版社·当代世界出版分社（010）59367004
　　　　　　地址：北京市北三环中路甲 29 号院华龙大厦　邮编：100029
　　　　　　网址：www. ssap. com. cn
发　　行／市场营销中心（010）59367081　59367018
印　　装／三河市东方印刷有限公司

规　　格／开 本：880mm × 1230mm　1/32
　　　　　　印 张：14　字 数：372 千字
版　　次／2017 年 9 月第 1 版　2017 年 9 月第 1 次印刷
书　　号／ISBN 978 - 7 - 5097 - 9603 - 0
著作权合同
登 记 号／图字 01 - 2016 - 3248 号
定　　价／79. 00 元

本书如有印装质量问题，请与读者服务中心（010 - 59367028）联系